LES
GRANDS ÉCRIVAINS
DE LA FRANCE

NOUVELLES ÉDITIONS

PUBLIÉES SOUS LA DIRECTION
DE M. AD. REGNIER
membre de l'Institut

SUR LES MANUSCRITS, LES COPIES LES PLUS AUTHENTIQUES
ET LES PLUS ANCIENNES IMPRESSIONS
AVEC VARIANTES, NOTES, NOTICES, PORTRAITS, ETC.

J. DE LA FONTAINE
TOME VI

PARIS
LIBRAIRIE HACHETTE ET Cie
BOULEVARD SAINT-GERMAIN, 79

M DCCC XC

LES
GRANDS ÉCRIVAINS
DE LA FRANCE
NOUVELLES ÉDITIONS
PUBLIÉES SOUS LA DIRECTION
DE M. AD. REGNIER
Membre de l'Institut

ŒUVRES
DE
J. DE LA FONTAINE

TOME VI

PARIS. — IMPRIMERIE A. LAHURE
Rue de Fleurus, 9

ŒUVRES
DE
J. DE LA FONTAINE

NOUVELLE ÉDITION
REVUE SUR LES PLUS ANCIENNES IMPRESSIONS ET LES AUTOGRAPHES
ET AUGMENTÉE
de variantes, de notices, de notes, d'un lexique des mots
et locutions remarquables, de portraits, de fac-similé, etc.

PAR M. HENRI REGNIER

TOME SIXIÈME

PARIS
LIBRAIRIE HACHETTE ET Cie
BOULEVARD SAINT-GERMAIN, 79

1890

CONTES ET NOUVELLES

CINQUIÈME PARTIE
(1682-1696)

CONTES ET NOUVELLES

CINQUIÈME PARTIE[1]
(1682-1696)

I

LA CLOCHETTE.
CONTE.

Nous avons collationné ce conte, dont l'origine nous est inconnue, qui est peut-être de l'invention de la Fontaine, sur un ma-

---

1. Les contes qui suivent n'ont jamais été groupés ainsi par la Fontaine, car il ne fit plus de recueil à part depuis la sentence d'interdiction prononcée par le lieutenant de police contre la IVe partie (tome V, p. 285, note 1). *La Matrone d'Éphèse* et *Belphégor* parurent en 1682, à la suite du *Poëme du Quinquina*, aux pages 57-93 d'un volume in-12, publié, à Paris, chez Denis Thierry et Claude Barbin, qui contient aussi, après ces deux contes, les fragments de l'opéra de *Galatée* et l'opéra de *Daphné*. *La Clochette, le Fleuve Scamandre, la Confidente sans le savoir, le Remède, les Aveux indiscrets,* sont aux pages 137-189 du tome I des *Ouvrages de prose et de poésie des sieurs de Maucroix et de la Fontaine,* à Paris, chez Claude Barbin, 1685 (2 volumes in-12) : ils ont été réimprimés tous les cinq, avec *la Matrone d'Éphèse* et *Belphégor,* dans l'édition de Henry Desbordes, Amsterdam, 1686, in-12, et, avec les figures de Romain de Hooge, dans celle de Pierre Brunel, Amsterdam, 1696, in-8°. *La Clochette* l'avait été déjà au tome I de l'impression hollandaise de 1685. Le conte des *Quiproquo* a vu le jour pour la première fois dans les *OEuvres posthumes de M. de la Fontaine,* publiées à Paris, en 1696, chez Jean Pohier, 1 volume in-12, p. 151-160; il fut joint, en 1699, à un choix de pièces galantes (Utrecht, Antoine Schouten, 1 volume in-12), et en 1705, à un recueil de

nuscrit appartenant à M. le baron de Ruble, et qui paraît bien être autographe, sans que nous puissions toutefois en garantir l'authenticité.

Il n'est pas sans quelque analogie avec une historiette du *Moyen de parvenir* (chapitre XXI) : « De la fille du mestayer qui auoit perdu ung mouton », qui commence ainsi : « Reuenue au soir auec ses moutons, la fille de nostre mestayer fut tancée de ce qu'elle en auoit esgaré ung; et sa mere, la voulant battre, luy dit : « Va, mes- « chante, va chercher ton ouaille ! » La pauure fille, qui ne sçauoit où la prendre, s'en alla pleurant, et se mit soubz ung arbre, etc. » Mais, dans cette historiette, si le dénouement est à peu près le même que dans notre conte, il n'est pas question de clochette pour « détourner » la jeune fille.

Dans la IV⁰ partie du recueil de Daniel de la Feuille (1695 Amsterdam, p. 3-5), il a pour titre : *De Colin et d'Isabeau*.

Il a été mis en action dans une comédie en un acte, en vers, mêlée d'ariettes, *la Clochette*, d'Anseaume, musique de Duni, représentée au Théâtre-Italien le 14 juillet 1766, analysée dans le *Dictionnaire dramatique*, tome I, p. 253. Les amoureux de cette comédie s'appellent *Colin*, comme dans le recueil de Daniel de la Feuille, et *Colinette*.

> Oh! combien l'homme est inconstant, divers,
> Foible, léger, tenant mal sa parole[1]!

contes (Amsterdam, Pierre Brunel, 1 volume in-12). Nous reproduisons pour *les Quiproquo* les variantes d'un manuscrit que Walckenaer a eu entre les mains, variantes qu'il considérait comme les dernières corrections de l'auteur.

Nous avons dit au tome III, p. 171, que *la Matrone d'Éphèse* et *Belphégor*, sauf le prologue à la Champmeslé, furent publiés de nouveau par la Fontaine dans son recueil de fables de 1694. On sait qu'il y plaça aussi *Philémon et Baucis* et *les Filles de Minée*, déjà parus en 1685, que nous donnons à la suite de cette V⁰ partie des Contes. Quant à son repentir, à ses scrupules au sujet de ces fantaisies licencieuses de sa muse, et à la rupture de l'engagement qu'il avait pris d'y renoncer, nous renvoyons à la *Notice biographique*, qui est en tête de notre tome I, p. CXXVIII-CXXXIV.

1. « Certes c'est ung subiect merueilleusement vain, diuers et ondoyant que l'homme : il est malaysé d'y fonder iugement constant

CINQUIÈME PARTIE.

J'avois juré[1] hautement en mes vers[2]
De renoncer à tout conte frivole[3] :
Et quand juré ? c'est ce qui me confond,
Depuis deux jours[4] j'ai fait cette promesse[5].
Puis fiez-vous à rimeur qui répond
D'un seul moment[6]. Dieu ne fit la sagesse
Pour les cerveaux qui hantent[7] les neuf Sœurs :

et uniforme. » (MONTAIGNE, tome I, p. 9.) « L'homme est un animal bien divers et bien bigarré. » (BALZAC, *Socrate chrétien*, discours x.) Horace avait dit aussi :

> *Mea quum pugnat sententia secum,*
> *Quod petiit spernit ; repetit quod nuper omisit ;*
> *Æstuat, et vitæ disconvenit ordine toto ;*
> *Diruit, ædificat, mutat quadrata rotundis.*
> (Livre I, épître 1, vers 97-100.)

Comparez Boileau, satire VIII, vers 49-54 ; et surtout, dans les Poésies diverses de Racine (tome IV, p. 156-157), le cantique III, tiré de *Saint Paul aux Romains*, chapitre VII, *Plaintes d'un chrétien sur les contrariétés qu'il éprouve au dedans de lui-même* :

> .... Hélas ! en guerre avec moi-même,
> Où pourrai-je trouver la paix ?
> Je veux et n'accomplis jamais.
> Je veux, mais, ô misère extrême !
> Je ne fais pas le bien que j'aime,
> Et je fais le mal que je hais.

1. Semblable début au vers 1 des *Lunettes* : « J'avois juré, etc. »

2. J'avois juré, même en assez beaux vers.
(1685, 1686, 1705, Amsterdam.)

3. A tout « conte bleu » (tome V, p. 12 et note 5).

4. Il n'y a que deux jours que, etc.

5. Voyez la *Notice biographique*, déjà citée, p. CXXIX et CXXXIII : si nous prenions ce vers au pied de la lettre, nous daterions ce conte du 4 mai 1684.

6. D'être sage un seul moment. — « Pourquoi ne me rétracterois-je pas ? Tant de grands hommes se sont rétractés ! Et puis fiez-vous à nous autres faiseurs de vers. » (Lettre de la Fontaine à M. ***, du 2 juillet 1659.)

7. Tome V, p. 583 et note 2.

Trop bien[1] ont-ils quelque art qui vous peut plaire,
Quelque jargon[2] plein d'assez de douceurs ;
Mais d'être sûrs, ce n'est là leur affaire.

Si me faut-il[3] trouver, n'en fût-il point,
Tempérament pour accorder ce point[4] ;
Et, supposé que quant à la matière 15
J'eusse failli[5], du moins pourrois-je pas
Le réparer[6] par la forme en tout cas[7]?
Voyons ceci. Vous saurez que naguère
Dans la Touraine un jeune bachelier[8]....
(Interprétez ce mot à votre guise : 20
L'usage en fut autrefois familier
Pour dire ceux qui n'ont la barbe grise;

1. Tome V, p. 562 et note 3.
2. Jargon, au sens de langage tout particulier, comme dans la fable xv du livre X, vers 32, où ce mot est appliqué au blason. Comparez tome V, p. 108 et note 2; et dans la poésie intitulée *le Florentin* (tome V M.-L., p. 120) :

.... Du doux, du tendre, et semblables sornettes,
    Petits mots, jargons d'amourettes
        Confits au miel.

3. Tome V, p. 522 et note 2.
4. Un accommodement, un expédient, un biais, pour n'avoir point trop l'air de faillir à ma promesse et d'être en contradiction avec moi-même. — Tome I, p. 12 : « Enfin il avoit trouvé un tempérament, etc. »
5. Tome V, p. 410 et note 3. — Même tour, *supposé que*, dans la fable des *Deux Aventuriers*, vers 19, dans *le roi Candaule*, vers 66, dans *les Quiproquo*, vers 94.
6. *Le réparer*, réparer cela.
7. En tous cas. (1685, 1686, Amsterdam.) — Rapprochez *le Tableau*, vers 22 et suivants :

Qui pense finement et s'exprime avec grâce
    Fait tout passer, car tout passe :
    Je l'ai cent fois éprouvé.

8. Tome V, p. 584 : un jouvenceau, un *bachelor*.

CINQUIÈME PARTIE.

> Ores¹ ce sont suppôts² de sainte Église³.)
> Le nôtre soit sans plus un jouvenceau,
> Qui dans les prés, sur le bord d'un ruisseau,   25
> Vous cajoloit⁴ la jeune bachelette⁵
> Aux blanches dents, aux pieds nus, au corps gent⁶.

1. Maintenant, à présent : voyez tome IV, p. 161 et note 3 ; Marot, tomes I, p. 5, 61, II, p. 223, et *passim*.

2. Tome V, p. 395 et note 7. On disait de même : suppôts d'université, de justice, etc. — Dans une ballade de notre auteur (tome V *M.-L.*, p. 11) : « suppôts de saint Pierre ».

3. Bacheliers d'église, bacheliers en théologie. Le mot *bachelier*, qui était le titre immédiat au-dessous d'*écuyer*, s'appliquait aussi bien jadis à des gens de guerre : « Aulcuns preux cheualiers et bacheliers d'Ecosse cheuaucherent à la foiz reueiller l'ost aux Anglois. » (FROISSART, livre I, chapitre 1, § 58.) « Quant ie reuins à ma nef, ie mis en ma petite barque uns escuier que ie fis cheualier..., et deux moult vaillans bacheliers. » (JOINVILLE, chapitre XXXIII.)

4.
> Que si sur mon chemin quelque nymphe jolie
>   Se rencontre en passant, je prétends bien aussi
>   La cajoler, m'approcher d'elle,
>   Non pas en amoureux transi.
>   (*Daphné*, vers 236-239.)

Comparez *le Petit Chien*, vers 64 et note 3.

5.
> Adonc me dit la bachelette :
> « Que vostre coq cherche poulette. »
>   (*Janot et Catin*, vers 10.)

« Ung bachelier dit à une ieune bachelette.... » (RABELAIS, tome II, p. 302.) « Ces statues antiques sont bien faictes, ie le veulx croire. Mais, par sainct Ferreol d'Abbeuille, les ieunes bachelettes de nos pays sont mille foiz plus aduenantes. » (*Ibidem*, p. 308.) « La bachelette gentille.... » (*Ibidem*, p. 448.)

> Ne vous fiez, bachelettes rusées,
> A ce galant qui vous vient épier.
>   (J.-B. ROUSSEAU, Épigrammes, I, XXVI.)

6. Gentil, gracieux : tome V, p. 538 et note 3. — Telle est la ponctuation de l'édition originale et du manuscrit de M. de Ruble. Les textes de 1685, 1686, 1705, Amsterdam, ont une virgule ici, et un point, deux vers plus bas, après *mangeant*.

Pendant qu'Io[1] portant une clochette
Aux environs alloit l'herbe mangeant,
Notre galant vous lorgne[2] une fillette, 30
De celles-là que[3] je viens d'exprimer :
Le malheur fut qu'elle étoit trop jeunette[4],
Et d'âge encore incapable d'aimer.
Non qu'à treize[5] ans on y soit inhabile[6];
Même les lois[7] ont avancé ce temps : 35
Les lois songeoient aux personnes de ville,
Bien que l'amour semble né pour les champs[8].

1. Une vache : Io, fille d'Inachus, métamorphosée en génisse par Jupiter : tome III, p. 135 et note 10.
2. Regarde avec convoitise. — « On l'écouta tant qu'il voulut, on se laissa lorgner. » (HAMILTON, *Mémoires du comte de Grammont*, chapitre VI.) « Elle prit le parti de se délivrer du roi d'Égypte par une innocente adresse : elle le regarda du coin de l'œil, ce qui plusieurs siècles après s'est appelé « lorgner ». (VOLTAIRE, *la Princesse de Babylone*, chapitre IV.) C'est aussi le sens du verbe familier« guigner » :

.... Jupin, qui du ciel toujours guigne
Quelque femelle en droite ligne.
(SCARRON, *la Gigantomachie*, chant I.)

3. Tome V, p. 566 et note 3.
4. Comparez le conte I de la IIe partie, vers 3.
5. *Treize*, dans le manuscrit de M. de Ruble, est au-dessus de *quinze*, biffé.
6. « Les filles, dès lors qu'elles sont en la verdeur de leur aage, bruslent aisement et si bien qu'on diroit que dès le ventre de leur mere elles en rapportent la chaleur amoureuse..., iusque là qu'elles n'attendent pas seulement l'aage de maturité qui peut estre à douze ou treize ans, qu'elles montent en amour, mais plus tost, etc. » (BRANTÔME, tome IX, p. 578.)
7. « Il y a, dit Walckenaer, dans mon exemplaire de Maucroix une note manuscrite du temps ainsi conçue : « Permettant le ma-« riage des filles à douze ans. » Suivant l'ordonnance de 1639, l'âge requis pour la validité du mariage est fixé à la puberté, c'est-à-dire à douze ans pour les filles et à quatorze pour les garçons.
8. Né pour la paix, pour la poésie des champs, où les filles, ajouterons-nous, sont plus tôt formées physiquement, si elles ont l'esprit moins ouvert.

CINQUIÈME PARTIE.

Le bachelier déploya sa science.
Ce fut en vain : le peu d'expérience[1],
L'humeur farouche, ou bien l'aversion,   40
Ou tous les trois, firent que la bergère,
Pour qui l'amour étoit langue étrangère[2],
Répondit mal à tant de passion[3].

Que fit l'amant? Croyant tout artifice
Libre en amours[4], sur le rez de la nuit[5]   45

1. Dans *l'Ermite*, vers 177-178 :

> Sept mois entiers la galande attendit;
> Elle allégua son peu d'expérience.

Voyez aussi *le Tableau*, vers 70-73 :

> Le bachelier
> Leur avoit rendu familier
> Chaque point de cette science,
> Et le tout par expérience.

2. Ci-dessus, vers 11 et note 2.
3.
> Vous me parlez tous deux une langue étrangère,
> Et moins qu'auparavant je connois ce mystère.
> L'amour n'est pas, je crois, facile à pratiquer,
> Puisqu'on a tant de peine à pouvoir l'expliquer.
> Mon esprit est borné; je ne veux point apprendre
> Les choses qui me font tant de peine à comprendre.
> (REGNARD, *Démocrite*, acte I, scène v.)

4.
> Adresse, force, et ruse, et tromperie,
> Tout est permis en matière d'amour.
> (*Richard Minutolo*, vers 168-169.)

> Mais quoi! la tromperie est permise en amour.
> (*L'Eunuque*, vers 1236.)

5. *Ad rasum*, tout contre; à l'entrée de la nuit : voyez les exemples cités par du Cange; et comparez les expressions « rez pied, rez terre ou de terre, rez de mur, rez de chaussée, rez à rez », ou « ric à ric, ric à rac », comme on dit familièrement.

— Libre en amours, sur le coi de la nuit.
(1685, 1686, 1705, Amsterdam.)

« .... Lesquelz sur le coi et serein de la nuict s'estoient tapis et

Le compagnon détourne¹ une génisse
De ce bétail par la fille conduit.
Le demeurant² non compté³ par la belle
(Jeunesse n'a les soins qui sont requis)
Prit aussitôt le chemin du logis.   50
Sa mère, étant moins oublieuse qu'elle,
Vit qu'il manquoit une pièce⁴ au troupeau :
Dieu sait la vie⁵ ! elle tance Isabeau,
Vous la renvoie; et la jeune pucelle
S'en va pleurant, et demande aux échos   55
Si pas un d'eux ne sait nulle nouvelle
De celle-là, dont⁶ le drôle à propos
Avoit d'abord étoupé⁷ la clochette;
Puis il la prit, et, la faisant sonner⁸,
Il se fit suivre; et tant que la fillette   60
Au fond d'un bois se laissa détourner⁹.

mussez emprez une porte. » (MONSTRELET, *Chroniques*, tome I, p. 91.) *Sur le coi*, c'est-à-dire sans doute à ce moment qui suit le crépuscule, et où il semble que tout repose dans la nature.

1. Au sens propre du mot : ci-dessous, vers 61, et tome II p. 356 et note 21.
2. Tome V, p. 173 et note 1.
3. *Conté*, dans l'édition originale (1685 Paris), et dans le manuscrit de M. de Ruble.
4. « Voyant en votre écurie sept ou huit pièces de grands chevaux des plus beaux de France.... » (SULLY, *Mémoires*, tome I, p. 201.)
5. Même expression : « Dieu sait la vie », dans la fable XVII du livre III, vers 6. Comparez *le Bât*, vers 6 et note 3.
6. Ci-dessus, vers 31 et note 3.
7. Bouché avec de l'étoupe. — Chez Voiture (*Poésies*, p. 124) :

    Le noir Pluton les lui coupa (*les oreilles*),
    Et les conduits en étoupa.

8.   Puis il la prit, puis la faisant sonner.
                (1685, 1686, 1705, Amsterdam.)

9.   J'ai vu le temps qu'une jeune fillette

Jugez, lecteur, quelle fut sa surprise
Quand elle ouït la voix de son amant.
« Belle, dit-il, toute chose est permise
Pour se tirer de l'amoureux tourment¹. » 65
A ce discours la fille toute² en transe³
Remplit de cris ces lieux peu fréquentés⁴.
Nul n'accourut. O belles, évitez
Le fond des bois et leur vaste silence⁵.

> Pouvoit sans peur aller au bois seulette, etc.
> (*Daphné*, acte I, scène II.)

1. Ou l'amoureux martyre : tome V, p. 563 et note 3. — Voyez ci-dessus, vers 44-45 et note 4.
2. Tout. (1685, 1686, 1705, Amsterdam.)
3.   Se blottissant, l'une et l'autre est en transe.
                                    (*L'Ermite*, vers 55.)

4. Comparez le vers 131 du *Petit Chien* : « ce lieu peu fréquenté ».
5. Car, comme le dit Remy Belleau (tome I, p. 226) :

> Si la nuict brunette
> Dedans ces bois vous rencontre seulette,
> J'ay crainte, las ! que le loup bocager,
> Sentant vos pas, ne vous vienne outrager.

II

LE FLEUVE SCAMANDRE.

CONTE.

La source de ce conte, qui a quelque analogie avec le précédent, pour le tour très peu excusable qui y est joué à la simplicité, à la candeur, est la dixième des lettres attribuées à Eschine, lettre que nous donnons à l'*Appendice* de ce volume. La même aventure est racontée dans les *Mille et un Jours* (Paris, 1838, in-8°, p. 155); dans les *Dialogues des morts* de Fontenelle, dialogue xx; et par François de Lantier, dans ses *Voyages d'Anténor en Grèce et en Asie*, 15° édition (Paris, 1821, in-8°, tome I, p. 365-375). Lantier la met dans la bouche du philosophe Bion, qui, dans des circonstances presque identiques, aurait sauvé une jeune fille nommée Théophanie, trompée, séduite de même par un galant sans scrupules : celui-ci s'est fait passer pour le fleuve Méandre, a rendu mère la naïve pucelle, l'a épousée à contre-cœur, puis a voulu tuer son enfant et elle-même (*ibidem*, p. 382-383).

On sait que le Scamandre (voyez notre tome II, p. 170 et note 4), ce dieu-fleuve de la Troade, dont les eaux rendaient blondes, dit-on, la chevelure des femmes et la toison des brebis (de là aussi son nom de Xanthe), jouissait de ce qu'on a appelé plus tard le droit du seigneur. Les jeunes filles, la veille de leur mariage, venaient se baigner dans ses ondes et lui offrir leur virginité, et parfois le fleuve se soulevait pour les embrasser mieux, il les enlevait, les entraînait dans une grotte où il les initiait aux mystères de l'amour, puis les reportait lentement sur la rive. Plus d'un galant, on le devine, eut l'art de profiter de cette croyance populaire; plus d'une jeune ingénue voulut bien se laisser surprendre dans sa première innocence.

L'antiquité, il est vrai, est pleine de ces histoires d'hommes pris pour des dieux, ou, au contraire, de divinités prises pour des hommes. Nous avons eu plusieurs fois l'occasion de rappeler dans les *Fables* que les anciens mêlaient beaucoup les dieux aux actions humaines et leur prêtaient volontiers toutes nos passions.

Marmontel a donné le même thème un peu scabreux à sa tragédie de *Numitor* qui n'a jamais été représentée, et où Amulius, usurpateur du trône d'Albe, recourt à un subterfuge analogue pour abuser de la vestale Ilie, fille de Numitor, qu'il a détrôné. Voici comment il fait à sa victime l'aveu de sa ruse, au commencement de la scène I de l'acte V :

> Oui, Madame, il est temps que le crime s'expie.
> Punissez-moi. Je suis ce ravisseur impie
> Qui, sous le nom d'un Dieu, dans un temple introduit,
> Abusai lâchement d'un cœur faible et séduit.

Voyez aussi la scène III de l'acte I.

Ce conte de la Fontaine a été réimprimé, avec ses Fables, dans les deux éditions données à Amsterdam en 1722 et en 1727.

Il a inspiré deux comédies, un opéra-ballet, et un opéra-comique : *les Saturnales ou le Fleuve Scamandre*, comédie en trois actes, en prose, par Fuselier, avec prologue et vaudevilles, jouée au Théâtre-Italien le 2 août 1723 ; *le Fleuve Scamandre*, comédie pastorale en un acte, en prose, mêlée d'ariettes, par Renout, musique de Barthelmont, donnée aux Italiens en 1768, et dont on peut lire l'analyse au tome III du *Dictionnaire dramatique*, p. 491 ; *les Stratagèmes de l'amour*, opéra-ballet, en trois actes et un prologue, représenté, le 28 mars 1726, à l'Académie royale de musique, paroles de Roy, musique de Destouches (Paris, Ribou, 1726, in-4°; 1ᵉʳ acte : « le Fleuve Scamandre » ; 2ᵉ : « les Abdérites » ; 3ᵉ : « la Fête de Philotis »); *le Fleuve Scamandre*, opéra-comique en un acte, par l'Affichard, représenté, le 6 septembre 1734, à la Foire Saint-Laurent, analysé dans le *Dictionnaire dramatique*, tome I, p. 510.

> Me voilà prêt à conter de plus belle ;
> Amour le veut et rit de mon serment[1] :
> Hommes et dieux, tout est sous sa tutelle,
> Tout obéit, tout cède à cet enfant[2].

1. Comparez le début du conte précédent.
2. *Hic deus et terras et maria alta domat.*
(PROPERCE, livre II, élégie XXVI, vers 52.)

Rapprochez *la Courtisane amoureuse*, vers 2 et note 2.

J'ai désormais besoin, en le chantant, 5
De traits moins forts et déguisant¹ la chose² ;
Car, après tout, je ne veux être cause
D'aucun abus³ ; que plutôt mes écrits
Manquent de sel, et ne soient d'aucun prix⁴ !
Si, dans ces vers, j'introduis⁵ et je chante 10
Certain trompeur et certaine⁶ innocente,
C'est dans la vue et dans l'intention
Qu'on se méfie en telle occasion⁷.
J'ouvre l'esprit, et rends le sexe habile
A se garder de ces pièges divers. 15
Sotte ignorance en fait trébucher⁸ mille,
Contre une seule à qui nuiroient mes vers⁹.

J'ai lu qu'un orateur¹⁰ estimé dans la Grèce,
Des beaux-arts autrefois souveraine maîtresse,
Banni de son pays¹¹, voulut voir le séjour 20
Où subsistoient encor les ruines de Troie ;

1. *Déguisans*, dans nos anciens textes : tome III, p. 31 et note 11.
2.   Il me faut tirer de ma tête
  Nombre de traits nouveaux, piquants, et délicats
     Qui disent et ne disent pas, etc.
       (*Le Tableau*, vers 4-6 et note 3.)
3. Tome V, p. 490 et note 4.
4. Comme dans les vers 15-17 du conte précédent, la Fontaine fait sans doute allusion ici à l'interdiction de la Reynie.
5. Comparez tomes I, p. 364, II, p. 249, III, p. 168, 212, et ci-dessous, p. 127.
6. Tome V, p. 541 et note 5.
7. *Ibidem*, p. 214 et note 3.
8.   ....J'en vais donner pour preuve une personne
    Dont la beauté fit trébucher Rustic.
      (*Le Diable en enfer*, vers 12 et note 3.)
9. Rapprochez le début des *Oies de frère Philippe*.
10. Eschine, le rival de Démosthènes.
11. Condamné à une amende de mille drachmes, il s'exila pour

Cimon, son camarade, eut sa part de la joie [1].
Du débris [2] d'Ilion s'étoit construit un bourg
Noble par ses malheurs [3] : là Priam et sa cour
N'étoient plus que des noms dont le temps fait sa proie [4].
Ilion, ton nom seul a des charmes pour moi;
Lieu fécond en sujets propres à notre emploi [5],
Ne verrai-je jamais rien de toi, ni la place
De ces murs élevés [6] et détruits par des dieux,

ne pas la payer, et, après quelques voyages, finit par aller s'établir à Rhodes, où il ouvrit une école d'éloquence. Les douze lettres publiées sous son nom (ci-dessus, p. 12) sont apocryphes.

1. Dans la comédie de *Clymène*, vers 600 :

.... Car mes mains n'ont point eu de part à cette joie.

2. Ce singulier était autrefois très usité. Comparez le vers 66 de *Philémon et Baucis*; Malherbe, tome I, p. 287 : « le débris d'autrui »; Corneille, tomes IX, p. 269 : « le débris des murailles fracassées », X, p. 114 : « le débris des bastions forcés » :

A peine de Hesdin les murs sont renversés,
Que sur l'affreux débris des bastions forcés
Tu reçois le bâton de la main de ton maître,
Généreux maréchal !

Racine, *Athalie*, vers 961 : « le débris, le ravage et les morts »; etc.

3. Par le souvenir des malheurs d'Ilion. — « Par ces malheurs », dans l'édition originale et dans le texte de 1686 Amsterdam, faute probable.

4. *Tempus edax rerum, tuque invidiosa vetustas,
Omnia destruitis, vitiataque dentibus ævi
Paulatim lenta consumitis omnia morte.*

(OVIDE, *Métamorphoses*, livre XV, vers 234-236.)

5. A notre emploi de poètes. Voyez tome II, p. 86; et la comédie de *Clymène*, vers 9 :

Adieu donc, ô beautés ! je garde mon emploi
Pour les surintendants.

6. Troie bâtie par Apollon et Neptune : « Ces ouvrages des mains célestes,

Que jusques à leurs derniers restes
La flamme grecque a dévorés. »
(MALHERBE, *Poésies*, LXIV.)

Ni ces champs où couroient la Fureur et l'Audace[1], 30
Ni des temps fabuleux enfin la moindre trace
Qui pût me présenter l'image de ces lieux[2] ?

Pour revenir au fait, et ne point trop m'étendre[3],
    Cimon, le héros de ces vers,
    Se promenoit près du Scamandre. 35
Une jeune ingénue en ce lieu se vient rendre[4],
Et goûter la fraîcheur[5] sur ces bords toujours verts[6].
Son voile au gré des vents va flottant dans les airs;

1. .... *Quas inter Furor, abruptis ceu liber habenis,*
   Sanguineum late tollit caput.
              (PÉTRONE, *Satyricon*, § CXXIV.)

Comparez, pour ces personnifications hardies, les fables XXIII du livre VIII, vers 3 :

    Tout fuyoit devant lui; l'horreur suivoit ses pas;

1 du livre XI, vers 31-32 : « L'alarme se promène de toutes parts » ; et *la Fiancée du roi de Garbe*, vers 73 et note 1 : « Grifonio le gigantesque
        Conduisoit l'horreur et la mort. »

2. .... Quel plaisir de te suivre aux rives du Scamandre,
   D'y trouver d'Ilion la poétique cendre ! etc.
          (BOILEAU, épître IV, vers 161-162.)

— A propos de ce rapprochement heureux des petites choses et des grandes, qui est une des habitudes et un des charmes de la Fontaine, voyez tome II, p. 169 et note 1.

3. Mon dessein n'étoit point d'étendre cette histoire.
          (*Le roi Candaule*, vers 117.)

4. Vient se rendre. (1686 Amsterdam.)

5.   Reposer son corps lassé
    Dessus les fleurs d'ung riuage.
        (RONSARD, tome I, p. 207.)

6. .... D'arbrisseaux toujours verts les bords en sont ornés.
      (*Psyché*, livre I, tome III M.-L., p. 86.)

Sa parure est sans art; elle a l'air de bergère [1],
Une beauté naïve, une taille légère.   40
Cimon en est surpris, et croit que sur ces bords
Vénus vient étaler ses plus rares trésors [2].

Un antre étoit auprès [3] : l'innocente pucelle
Sans soupçon y descend, aussi simple que belle.
Le chaud, la solitude, et quelque dieu malin [4],   45
L'invitèrent d'abord à prendre un demi-bain.
Notre banni se cache : il contemple, il admire;
    Il ne sait quels charmes élire;
Il dévore des yeux [5] et du cœur cent beautés [6].
Comme on étoit rempli de ces divinités [7]   50

1. Dans *le Diable de Papefiguière*, vers 147 : « en âge de bergère ».

2.   J'entends nonnains ayant tous les trésors
    De ces trois sœurs, etc.
              (*Les Lunettes*, vers 94.)

3. Or au fond de ce bois un certain antre étoit.
              (*La Fiancée*, vers 200.)

4. L'Amour, l'enfant malin. — Comparez la fable 1 du livre VII, vers 51-52 :

    La faim, l'occasion, l'herbe tendre, et, je pense,
    Quelque diable aussi me poussant....

5. « Mes yeux dévorent des charmes dont ma bouche n'ose approcher. » (J.-J. ROUSSEAU, *la Nouvelle Héloïse*, I, VIII.) Dans *la Jument*, vers 44 : « ronger des yeux ». — Rapprochez *le Cas de conscience*, vers 46-51, et *Clymène*, vers 601.

6. ....L'émotion croissoit, tant tout lui sembloit beau.
              (*Le roi Candaule*, vers 51.)

7. Comme on avait l'esprit rempli de ces divinités, l'imagination sans cesse hantée par elles, comme on croyait les voir en tous lieux. Ce vers rappelle le début si connu du *Rolla* de Musset, qui en est comme le développement :

    Regrettez-vous le temps où le ciel sur la terre
    Marchait et respirait dans un peuple de dieux, etc.

Que la Fable a dans son empire,
Il songe à profiter de l'erreur de ces temps,
Prend l'air d'un dieu des eaux, mouille ses vêtements,
Se couronne de joncs¹ et d'herbe dégouttante²,
Puis invoque Mercure et le dieu des amants :   55
Contre tant de trompeurs qu'eût fait une innocente ?
La belle enfin découvre un pied dont la blancheur
        Auroit fait honte à Galatée³,
        Puis le plonge en l'onde argentée,
Et regarde ses lis⁴, non sans quelque pudeur.   60
Pendant qu'à cet objet sa vue⁵ est arrêtée,
Cimon approche d'elle⁶ : elle court se cacher

1.   .... Mais Arne (*le fleuve Arno*) qui l'entreuit
       Poussant l'eau de ses espaules,
       Hors des flots la teste mit
       Ceincte de ioncs et de saules, etc.
               (RONSARD, tome I, p. 208.)

2. Comparez Racine : « les ronces dégouttantes » (*Phèdre*, acte V. scène VI, vers 1557).

3. Tome V, p. 183 et note 1. — La « blanche Galatée, plus blanche que le lait », comme l'appelle Théocrite (idylle XI, vers 19-20) ; « plus blanche que les cygnes », dit Virgile dans sa VIIᵉ églogue, vers 38. Voyez aussi Ovide, *Métamorphoses*, livre XIII, vers 789 :

    Candidior nivei folio, Galatea, ligustri.

Rapprochez *la Courtisane amoureuse*, vers 233-234 : « un sein pour qui l'ivoire auroit eu de l'envie ».

4. Tome V, p. 236.

—   .... Au coulant argentin se veut aller baigner....
       Que de lis, que d'œillets, que de roses nouuelles,
       Quel beau marbre voulté en deux pommes iumelles ! etc.
               (REMY BELLEAU, tome I, p. 208-209.)

5. Tome V, p. 418 et note 3.

6.   .... Yer repeus en l'herbage ;
       Pour la chaleur ie ius mes atours,
       Et me cuiday baigner sur ung riuage,
       Quand il saillit tout seul en tapinage,

Dans le plus profond du rocher¹.
« Je suis, dit-il, le dieu qui commande à cette onde ;
Soyez-en la déesse, et régnez avec moi : 65
Peu de Fleuves pourroient dans leur grotte profonde²
Partager avec vous un aussi digne emploi³.
Mon cristal⁴ est très pur; mon cœur l'est davantage⁵ ;
Je couvrirai pour vous de fleurs tout ce rivage⁶ :
Trop heureux si vos pas le daignent honorer⁷, 70
Et qu'au fond de mes eaux vous daigniez vous mirer !
Je rendrai toutes vos compagnes

   Et par derrier me prit....
   Si n'iray plus seulette au courtillage.
    (Eustache Deschamps, ballade, tome III, p. 231.)

1. De l'antre (vers 43).

2. Laissez votre Naïade en sa grotte profonde.
    (Livre X, fable x, vers 15 et note 4.)

3. C'est-à-dire : peu de Fleuves pourraient vous offrir un aussi digne emploi, un aussi bel empire.

4. Image qui revient souvent chez notre poète : voyez livre VI, fable IX, vers 1 : « le cristal d'une fontaine »; *Adonis*, vers 150 : « les longs replis du cristal vagabond »; etc., etc.

5. Comme celui de l'Hippolyte de Racine :

  Le jour n'est pas plus pur que le fond de mon cœur.
    (*Phèdre*, acte IV, scène II, vers 1112.)

6.   Brillantes fleurs, naissez,
   Herbe tendre, croissez,
   Le long de ces rivages, etc.
    (*Galatée*, acte I, scène I.)

Durant que son bel œil ces lieux embellissoit,
L'agréable printemps sous ses pieds florissoit,
Tout rioit auprès d'elle, et la terre parée
  Estoit énamourée.
    (Regnier, *Plainte*, vers 41-44.)

7. Livre IX, fable II, vers 74 et note 27 :

   .... Les lieux
Honorés par les pas, éclairés par les yeux, etc.

Nymphes aussi, soit aux montagnes¹,
Soit aux eaux, soit aux bois² ; car j'étends mon pouvoir
Sur tout ce que votre œil à la ronde peut voir. »   75

L'éloquence du dieu, la peur de lui déplaire,
Malgré quelque pudeur qui gâtoit le mystère³,
　　Conclurent tout en peu de temps :
La superstition⁴ cause mille accidents⁵.
On dit même qu'Amour intervint à l'affaire⁶.   80
Tout fier de ce succès, le banni dit adieu :
　　« Revenez, dit-il, en ce lieu;
　　Vous garderez ⁷ que l'on ne sache
　　Un hymen qu'il faut que je cache :
Nous le déclarerons⁸ quand j'en aurai parlé   85
Au conseil qui sera dans l'Olympe assemblé. »

1. 　　J'ai des forêts, j'ai des campagnes,
　　Des parcs où vous et vos compagnes
　Pourrez chasser : tous ces biens sont à vous.
　　　　　　(*Galatée*, acte II, scène II.)

2. Comparez tome III, p. 331 et note 15 :

　Fier et farouche objet, toujours courant aux bois,
　Toujours sautant aux prés....

3. Le scrupule survint, et pensa tout gâter.
　　　　　(*Le Cas de conscience*, vers 55.)

4. « ....Tant la superstition avoit de pouvoir sur les premiers hommes! » (*Psyché*, livre I, tome III M.-L., p. 31.)« La superstition, crainte mal réglée de la Divinité. » (La Bruyère, tome I, p. 65.)

5. On connaît le vers de Lucrèce (102 du 1ᵉʳ livre) :

　.... *Tantum religio potuit suadere malorum!*

6. Amour même, dit-on, fut de l'intelligence.
　　　　　(*Le roi Candaule*, vers 88.)

　　Amour enfin, qui prit à cœur l'affaire....
　　　　　(*Le Cocu*, vers 47 et note 4.)

7. Prendrez garde : tome II, p. 284 et note 19.
8. Révélerons, annoncerons : tome V, p. 268 et note 7.

CINQUIÈME PARTIE.

La nouvelle déesse[1] à ces mots se retire,
Contente[2], Amour le sait. Un mois se passe, et deux,
Sans que pas un du bourg s'aperçût de leurs jeux.
O mortels! est-il dit qu'à force d'être heureux   90
Vous ne le soyez plus? Le banni, sans rien dire,
Ne va plus visiter cet antre si souvent.
   Une noce enfin arrivant,
Tous, pour la voir passer, sous l'orme[3] se vont rendre.
La belle aperçoit l'homme[4], et crie en ce moment :   95
  « Ah! voilà le fleuve Scamandre! »
On s'étonne, on la presse; elle dit bonnement[5]
Que son hymen se va conclure au firmament[6].
On en rit; car que faire? Aucuns[7] à coups de pierre
Poursuivirent le dieu, qui s'enfuit à grand'erre[8] ;   100

 1. Semblable ironie ci-dessous, vers 105, et dans le conte de *l'Ermite*, vers 199 : « La signora.... »
 2. Tome V, p. 597 et note 8. — Comparez, pour le tour, *Joconde*, vers 39 :

   Marié depuis peu ; content, je n'en sais rien.

 3. Sous l'orme planté sur la place du bourg.
 4. Dans la lettre d'Eschine citée à la notice, c'est pendant une procession en l'honneur de Vénus que la jeune Callirhoé aperçoit Cimon qui regardait fort tranquille, « comme quelqu'un qui n'eût fait aucun mal ».
 5. Tout naïvement.
 6. Chez les Dieux : tome III, p. 311 et note 12.
 7. Quelques-uns : tome V, p. 397 et note 10.
 8. « A grand'erre, en grand'erre, à belle erre, de belle erre, à bonne erre », à grand train, en grande hâte, à bride abattue. Voyez les *Poésies diverses* de notre auteur (tome V *M.-L.*, p. 111) :

   Et je maintiens, comme article de foi,
   Qu'en débridant matines à grand'erre
   Les Augustins sont serviteurs du Roi;

les *Miracles de Nostre Dame*, tome III, p. 263 : « Or vas bonne erre »; Marot, tome III, p. 242 :

   (*Elle*) prit à fuyr, et deslogea grand'erre;

D'autres rirent sans plus¹. Je crois qu'en ce temps-ci
L'on feroit au Scamandre un très méchant parti.
   En ce temps-là semblables crimes
S'excusoient aisément : tous temps², toutes maximes³.

L'épouse du Scamandre en fut quitte à la fin   105
   Pour quelques traits de raillerie⁴.
Même un de ses amants l'en trouva plus jolie⁵ :
C'est un goût. Il s'offrit à lui donner la main⁶.
Les dieux ne gâtent⁷ rien : puis, quand ils seroient cause

ibidem, p. 147, 232, tome IV, p. 131 :

   Ethiopes viendront grand'erre
   Se cliner deuant luy ;

ibidem, p. 144 ; etc. ; et Rabelais, tomes II, p. 434 : « Ie m'en vays belle erre » ; III, p. 31 : « L'asne commençoit à escamper du lieu à grand'erre » ; Brantôme, tomes I, p. 131 : « Il s'enfuyt trez bien et beau et à belles erres », p. 205 : « Il les a pris auecques luy (ses éperons) pour mieux picquer et se sauluer de belle erre », IV, p. 340 : « L'on courut aprez luy, mais il s'en alla grand'erre », p. 385 : « Pour attraper Monsieur, qui s'en alloit à belle erre, le Roy y auoit enuoyé un boiteux » ; Montaigne, tome I, p. 446 : « Baiazet, aprez cet aspre estour où il fut rompu par Tamburlan, se sauluoit belle erre » ; etc., etc.

1. Tome V, p. 494, ci-dessus, p. 7, et *passim*.
2. Tout temps. (1705.)
3. Autant de temps, autant de maximes ; autres temps, autres mœurs.
4. « Pour un peu de plaisanterie » (*les Oies*, vers 11).
5.   J'ai retrouvé Tiennette plus jolie, etc.
            (*Les Troqueurs*, vers 134.)
6. A l'épouser : *darse las manos*.
   Pour vous ôter de doute, agréez que demain
   En qualité d'époux je vous donne la main.
            (Corneille, *le Menteur*, vers 980.)

   Adieu : donne la main ; que malgré ta jalouse
   J'emporte chez Pluton le nom de ton épouse.
            (Ibidem, *Médée*, vers 1497.)

7. Tome V, p. 57 et note 4.

CINQUIÈME PARTIE.

Qu'une fille en valût un peu moins, dotez-la, 110
   Vous trouverez qui la prendra :
   L'argent répare toute chose[1].

> 1.   .... Néherbal n'étoit homme
> A cela près. On donna telle somme
> Qu'avec les traits de la jeune Alibech
> Il prit pour bon un enfer très suspect,
> Usant des biens que l'hymen nous envoie.
>   (*Le Diable en enfer*, vers 200-204 et note 5.)

« .... Il leur aprit le branle des p...... Toutes foiz ne laisserent à estre bien mariées, car elles estoient riches ; et sur ce nom de richesse on n'y aduise rien, on prend tout. » (BRANTÔME, tome IX, p. 565.)

>   .... On ne s'enquiert s'elle a fait le pourquoy
> Pourvu qu'elle soit riche et qu'elle ait bien de quoy
> Quand elle auroit suivy le camp à la Rochelle,
> S'elle a force ducats elle est toute pucelle.
>   (RÉGNIER, satire III, vers 143-146.)

III

LA CONFIDENTE SANS LE SAVOIR
ou
LE STRATAGÈME.

CONTE.

Ce conte est tiré de la IIIe nouvelle de la IIIe journée de Boccace, dont voici le sommaire :

Sotto spetie di confessione et di purissima coscienzia, una donna innamorata d'un giovane induce un solenne frate, senza advedersene egli, a dar modo che'l piacer di lei havesse intero effetto.

« Soubz couleur de confession et de trez pure conscience, une trez belle dame, amoureuse d'ung honneste homme, introduysit ung deuot et solennel religieux à luy donner moyen, sans qu'il s'en apperceust, de iouyr de son amy. »

Le même récit est dans les *Nouuelles Recréations et Ioyeulx Deuis* de Bonaventure des Périers, nouvelle CXIV : « D'une finesse dont usa une ieune femme d'Orleans pour attirer à sa cordelle ung ieune escolier qui luy plaisoit. »

Il est aussi dans l'*Apologie pour Hérodote* d'Henri Estienne, chapitre XV, § 30, en termes presque identiques à ceux de B. des Périers; chez Masuccio, nouvelle XXX ; chez Frischlinus, livre III de ses *Facéties : de Astutia mulierum*, fol. 125 v°-126 r° du recueil de 1609, anecdote que nous donnons à l'*Appendice*; et dans l'*Arcadia in Brenta ovvero la malinconia sbandita*, de G. Vacalerio (Bologne, 1667, in-12), journée IV, p. 224.

Nous rencontrons une situation analogue dans la comédie de Lope de Vega intitulée *la Discreta enamorada*, « l'Amoureuse avisée ». Dans cette pièce, le religieux, le confesseur, est remplacé par un vieillard, amoureux d'une jeune fille qu'il veut épouser. Ce vieillard a pour rival son propre fils; et la dame charge ce père trop crédule d'un tendre message pour le jeune homme, message à mots couverts, il est vrai, où elle a l'air de le prier de mettre fin à ses importunités, à ses poursuites. C'est l'idée que Molière a reprise et développée avec tant d'esprit et de verve dans le second acte de son *École des maris*, où Isabelle se sert de son tuteur Sganarelle pour faire savoir à son jeune galant Valère qu'elle a deviné son amour et qu'elle y répond. Cette idée est à peine indiquée chez Lope de Vega, et on se demande comment Riccoboni[1] a pu prétendre que les principaux ressorts de la comédie de Molière ont été empruntés à cette pièce insipide, si peu digne de l'auteur espagnol.

M. Despois renvoie, dans sa Notice sur *l'École des maris*, où sont analysés le conte de Boccace et la comédie de Lope de Vega (tome II, p. 340-344), à un acte, en vers, de Dorimond, comédien de Mademoiselle, *la Femme industrieuse*, qui paraît avoir été jouée deux mois avant la pièce de Molière; dans cette petite comédie, d'ailleurs très plate, et parfois très grossière, Isabelle, femme du Capitan, pour faire connaître son amour à Léandre, qui ne l'a jamais vue, charge le Docteur, précepteur de Léandre, d'avertir celui-ci qu'elle s'est aperçue de sa passion et qu'elle s'en trouve offensée.

Comparez enfin le début du conte oriental résumé dans la notice de *la Servante justifiée*; les récits du *Baitâl Pachisi*, mentionnés par M. Landau (p. 101); le roman provençal de *Flamenca* ou *la Dame de Bourbon* (Paris, 1865, in-8°), dont quelques épisodes offrent une certaine analogie avec *la Confidente*; et *der Schüler zu Paris*, « l'Étudiant à Paris », déjà cité au tome V, p. 558.

Rappelons, comme imitée des contes ou des comédies dont nous avons parlé, *l'Amante ingénieuse, ou la double Confidence*, comédie en un acte, en prose, avec un divertissement, par Disson, jouée, en 1748, à Lille.

Je ne connois rhéteur ni maître ès arts[2]
Tel que l'Amour[3]; il excelle en bien dire[4]:

---

1. Voyez ses *Observations sur la comédie et sur le génie de Molière* (Paris, 1736, in-12), p. 157-165.
2. Tome IV, p. 223 et note 6.
3. Rapprochez, pour ce prologue, la fin de la fable II du livre XI, *les Dieux voulant instruire un fils de Jupiter*, et les notes.
4. Tome V, p. 584 et note 2 : « bien disant ».

Ses arguments, ce sont de doux regards,
De tendres pleurs, un gracieux sourire.
La guerre aussi s'exerce en son empire : 5
Tantôt il met aux champs ses étendards¹ ;
Tantôt couvrant sa marche et ses finesses,
Il prend des cœurs entourés de remparts.
Je le soutiens : posez deux forteresses² ;
Qu'il en batte³ une, une autre le dieu Mars ; 10
Que celui-ci fasse agir tout un monde⁴,
Qu'il soit armé, qu'il ne lui manque rien :
Devant son fort⁵ je veux qu'il se morfonde⁶ ;
Amour tout nu fera rendre le sien :
C'est l'inventeur des tours et stratagèmes⁷. 15

J'en vais dire un de mes plus favoris :
J'en ai bien lu, j'en vois pratiquer mêmes⁸,
Et d'assez bons, qui ne sont rien au prix⁹.

1. Ce vers manque dans l'édition de 1686 Amsterdam.
2. Voyez tome V, p. 31 et note 1, où nous rencontrons de semblables images de guerre, de siège et d'assaut.
3. « Il inuenta art et moyen de bastre et desmolir forteresses et chasteaulx par machines et tormens bellicques, beliers, balistes, catapultes. » (Rabelais, tome II, p. 486.) « Monsieur le Prince résolut de faire battre un autre endroit, où les maisons n'auoient point de caves. » (La Rochefoucauld, tome II, p. 337.)
4. Comparez tome III, p. 213 : « tout un monde d'ennemis ».
5. Souvent ces jeunes cœurs sont plus durs qu'on ne croit ;
Pour gagner son amour je ne sais point de voie :
C'est un fort à tenir aussi longtemps que Troie.
(*L'Eunuque*, vers 702.)
6. Tome V, p. 239 et note 2.
7. Tome IV, p. 224.
8. Autrefois on écrivait souvent, en prose aussi bien qu'en vers, *même* adverbe avec une *s* : voyez, outre tous nos vieux auteurs, les *Lexiques de Malherbe* et *de Corneille*; le *Dépit amoureux*, de Molière, acte I, scène 1, vers 67 ; Boileau, épître x, vers 75 ; etc.
9. En comparaison : tome IV, p. 250 et note 3.

La jeune Aminte, à Géronte donnée,
Méritoit mieux qu'un si triste hyménée[1] :
Elle avoit pris en cet homme un époux
Malgracieux[2], incommode[3] et jaloux.
Il étoit vieux[4] ; elle, à peine en cet âge
Où, quand un cœur n'a point encore aimé,
D'un doux objet[5] il est bientôt charmé.
Celui d'Aminte ayant sur son passage
Trouvé Cléon, beau, bien fait[6], jeune et sage,
Il s'acquitta de ce premier tribut[7],
Trop bien peut-être, et mieux qu'il ne fallut :
Non toutefois que la belle n'oppose
Devoir et tout à ce doux sentiment ;
Mais lorsqu'Amour prend le fatal moment[8],
Devoir et tout, et rien, c'est même chose.

1.   Chacun la jugeoit digne
  D'un autre époux.
   (*La Mandragore*, vers 7-8 et note 2.)

2.   Il n'est point trop mal gracieux.
   (MAROT, tome III, p. 94.)

Monsieur votre père, le plus malgracieux des hommes, m'a chassé dehors malgré moi. » (MOLIÈRE, *l'Avare*, acte II, scène 1.) « Après tant de bonté et de confiance que je vous ai témoignée, vous me refusez rudement et malgracieusement. » (MME DE SÉVIGNÉ, tome VIII, p. 60.) — « *Malgracieux* est bas, dit Vaugelas, et je ne le voudrois pas écrire dans le style noble. » (*Remarques*, tome III, p. 324.)

3.   Onc il ne fut un moins commode époux.
   (*Féronde*, vers 94 et note 2.)

4. Chez Boccace c'est moins la différence des âges que celle des conditions qui dégoûte la femme de son mari.
5. Tome V, p. 516 et note 1.
6. *Bello et grande della persona.* (BOCCACE.) « Bien fait, beau personnage » (tome V, p. 111 et note 9).
7. Tribut payé à la nature et au pouvoir souverain de l'amour.
8. Le moment marqué par le destin : tome V, p. 53.

Le but d'Aminte en cette passion
Étoit, sans plus, la consolation   35
D'un entretien sans crime, où la pauvrette[1]
Versât ses soins[2] en une âme discrète.
Je croirois bien qu'ainsi l'on le prétend[3] ;
Mais l'appétit vient toujours en mangeant[4] :
Le plus sûr est ne se point mettre à table[5].   40
Aminte croit rendre Cléon traitable[6].
Pauvre ignorante[7] ! elle songe au moyen
De l'engager à ce simple entretien,
De lui laisser entrevoir quelque estime,
Quelque amitié, quelque chose de plus[8],   45
Sans y mêler rien que de légitime :
Plutôt la mort empêchât tel abus[9] !

1. Tome V, p. 295 et note 2.
2. Son chagrin, ses soucis : comparez la fable VIII du livre XI, vers 9; et *passim*.
3. Qu'ainsi le prétendent d'ordinaire les femmes qui ont besoin d'être consolées ; je pense bien qu'elles se flattent qu'elles n'iront pas plus loin.
4. « L'appetit vient en mangeant, disoit Angest (Jérôme de Hangest, docteur de Sorbonne). » (RABELAIS, *Gargantua*, chapitre v, tome I, p. 23.)

5.   .... A tels périls ne faut qu'on s'abandonne.
                    (*Le Diable en enfer*, vers 10.)

6. Elle croit qu'il se contentera du rôle platonique qu'elle lui destine. Rapprochez *la Courtisane amoureuse*, vers 51 et note 1.

7.   Pauvre ignorant que le compère Étienne.
                    (*Les Troqueurs*, vers 150.)

8.   ..,. Je serois plus contente
     Si vous vouliez changer votre ardeur véhémente,
     En faire une amitié, quelque chose entre deux,
     Un peu plus que ce n'est quand un cœur est sans feux
     Moins aussi que l'état où le vôtre se treuve.
                    (*Clymène*, vers 159-163.)
9. Ci-dessus, p. 14 et note 3.

Le point¹ étoit d'entamer² cette affaire.
Les lettres sont un étrange mystère :
Il en provient maint et maint accident³ ; 50
Le meilleur est quelque sûr confident.
Où le trouver ? Géronte est homme à craindre.
J'ai dit tantôt qu'Amour savoit atteindre
A ses desseins d'une ou d'autre façon⁴ :
Ceci me sert de preuve et de leçon⁵. 55

Cléon avoit une vieille parente,
Sévère et prude, et qui s'attribuoit
Autorité sur lui de gouvernante.
Madame Alis⁶ (ainsi l'on l'appeloit)
Par un beau jour⁷ eut de la jeune Aminte 60
Ce compliment, ou plutôt cette plainte :
« Je ne sais pas pourquoi votre parent,
Qui m'est et fut toujours indifférent,
Et le sera tout le temps de ma vie,
A de m'aimer conçu la fantaisie. 65

1. Tome II, p. 338 et note 7.
2. « Quelques affreux périls qu'il commence à prévoir dans la suite de son entreprise, il faut qu'il l'entame. » (LA BRUYÈRE, tome II, p. 125.)
3.   Se déclarer de bouche ou par écrit
  N'étoit pas sûr.
      (*Le Muletier*, vers 37-38.)

— *Et ella che molto cauta era ne per ambasciata di femina ne per lettera ardiva di fargliele sentire, temendo de' pericoli possibili ad advenire.* (BOCCACE.)
4. Ci-dessus, vers 1-15, tome V, p. 562, et *passim*. — « Tenez une femme serrée, gardée et obligée tant que vous voudrez : si fera elle ung sault en rue malgré vos dents. » (NOEL DU FAIL, tome I, p. 164.)
5. De glose, de développement.
6. Tome V, p. 234 et note 1.
7. Comparez *la Servante*, vers 22.

Sous ma fenêtre il passe incessamment[1] ;
Je ne saurois faire un pas seulement
Que je ne l'aie aussitôt à mes trousses[2] :
Lettres, billets pleins de paroles douces,
Me sont donnés par une dont le nom 70
Vous est connu : je le tais, pour raison.
Faites cesser, pour Dieu! cette poursuite[3] ;
Elle n'aura qu'une mauvaise suite :
Mon mari peut prendre feu[4] là-dessus.
Quant à Cléon, ses pas sont superflus : 75
Dites-le-lui de ma part, je vous prie[5]. »
Madame Alis la loue, et lui promet
De voir Cléon, de lui parler si net[6]
Que de l'aimer il n'aura plus d'envie[7].

Cléon va voir Alis le lendemain : 80
Elle lui parle, et le pauvre homme nie
Avec serments[8] qu'il eût un tel dessein.
Madame Alis l'appelle enfant du diable[9].

1. Dans *le Magnifique*, vers 134 : « vos fréquentes passades ».
2. *Ne posso farmi ne ad uscio ne a finestra, ne uscir di casa, che egli incontanente non mi si pari innanzi; et maravigliom'io come egli non è hora qui.*
3. Tome V, p. 113 et note 1.
4. « Vous voudriez que je prisse feu d'abord contre eux. » (MOLIÈRE, *l'Impromptu de Versailles*, scène v.) « Il prend feu contre l'interrupteur. » (LA BRUYÈRE, tome I, p. 218.)
5. *Perche io vi priego per solo Iddio che voi di cio il dobbiate riprendere, et pregare che piu questi modi non tenga.*
6. Dans *la Courtisane*, vers 123 et note 1 : « Je vous dirai tout net ». Voyez aussi livre VII, fable I, vers 54.
7. La Fontaine, comme on le voit, a remplacé, sans doute par scrupule, le religieux, le confesseur, qui, chez Boccace, chez des Périers, etc., sert d'entremetteur involontaire, par une respectable matrone, par une prude.
8. Avec serment. (1705.)
9. Comparez *le Psautier*, vers 73 et note 3 : « fille du diable ».

c. III] CINQUIÈME PARTIE. 31

« Tout vilain cas, dit-elle, est reniable[1] ;
Ces serments vains et peu dignes de foi 85
Mériteroient qu'on vous fît votre sauce[2].
Laissons cela : la chose est vraie ou fausse,
Mais fausse ou vraie, il faut, et croyez-moi,
Vous mettre bien dans la tête qu'Aminte
Est femme sage, honnête, et hors d'atteinte[3] : 90
Renoncez-y[4]. — Je le puis aisément »,
Reprit Cléon. Puis, au même moment,
Il va chez lui songer à cette affaire :
Rien ne lui peut débrouiller le mystère[5].

Trois jours n'étoient passés entièrement 95
Que revoici chez Alis notre belle.
« Vous n'avez pas, Madame, lui dit-elle,
Encore vu, je pense, notre amant ;
De plus en plus sa poursuite s'augmente[6]. »
Madame Alis s'emporte, se tourmente : 100
« Quel malheureux[7] ! » Puis, l'autre la quittant,
Elle le mande. Il vient tout à l'instant.
Dire en quels mots Alis fit sa harangue[8],
Il me faudroit une langue de fer[9] ;

1. « Tous vilains cas sont reniables. » (LOYSEL, *Institutes coustumières*, § 803.)
2. Faire, donner, apprêter, une sauce à quelqu'un, le saucer, ou lui tremper une soupe : le réprimander, le châtier comme il le mérite, le rosser même.
3. Ci-dessous, p. 61 et note 6.
4. *Et percio, per honor di te et per consolatione di lei, ti priego te ne rimanghi et lascila stare in pace.*
5. Dans le *Mari confesseur*, vers 40 : « débrouiller l'énigme ». — Chez Boccace, des Périers, Frischlinus, le jeune homme comprend du premier coup.
6. Ci-dessus, vers 72.
7. Quel vilain homme ! quel coquin ! c'est un grand malheureux.
8. Livre I, fable XIX, vers 27.
9. Pour ne pas m'exposer à l'user, tant et si fort elle parla ; et

Et, quand de fer j'aurois même la langue,   105
Je n'y pourrois parvenir : tout l'enfer
Fut employé dans cette réprimande.
« Allez, Satan ; allez, vrai Lucifer[1],
Maudit de Dieu[2]. » La fureur fut si grande,
Que le pauvre homme, étourdi dès l'abord[3],   110
Ne sut que dire. Avouer qu'il eût tort,
C'étoit trahir par trop sa conscience.
Il s'en retourne, il rumine[4], il repense,
Il rêve tant, qu'enfin il dit en soi :
« Si c'étoit là quelque ruse d'Aminte !   115
Je trouve, hélas[5] ! mon devoir dans sa plainte[6].

pour bien exprimer toute la rudesse de ses propos. — On dit de même une main de fer, un corps de fer, une santé de fer.

— *Non mihi si linguæ centum sint, oraque centum,*
  Ferrea vox, etc.
            (Virgile, *l'Énéide*, livre vi, vers 625-626.)

« Encores que j'eusse cent langues, cent bouches, et la voix de fer, etc. » (Rabelais, tome III, p. 75.)

Non, quand j'aurois de fer cent bouches et cent langues, etc.
            (Baïf, tome II, p. 125.)

« Quand j'aurois la parole de fer.... » (Du Bellay, tome I, p. 423.)
« Oh ! quand j'aurais une langue de fer.... » (Voltaire, tome XI, p. 102.)

Quand d'une voix de fer je frapperois les cieux.....
            (*Psyché*, livre I, tome III *M.-L.*, p. 24.)

1. Ci-dessus, vers 83.
2. *Maladetto da Dio.*
3. Tome V, p. 471, et *passim* : tout de suite, dès les premières paroles.
4. Même locution figurée dans *les Troqueurs*, vers 167 et note 3.
5. Pourquoi cet *hélas ?* Parce qu'il se reproche sans doute d'avoir été trop longtemps à comprendre. Du reste, *hélas !* n'est pas une exclamation nécessairement dolente.
6. En se plaignant de ce qui n'est pas, elle ordonne ou supplie que cela soit : en disant que je l'aime, elle me conjure de l'aimer.

Elle me dit : « O Cléon ! aime-moi,
« Aime-moi donc, » en disant que je l'aime.
Je l'aime aussi, tant pour son stratagème
Que pour ses traits [1]. J'avoue en bonne foi 120
Que mon esprit d'abord n'y voyoit goutte [2] ;
Mais à présent je ne fais aucun doute :
Aminte veut mon cœur assurément.
Ah ! si j'osois, dès ce [3] même moment
Je l'irois voir ; et, plein de confiance, 125
Je lui dirois quelle est la violence,
Quel est le feu [4] dont je me sens épris [5].
Pourquoi n'oser ? offense pour offense,
L'amour vaut mieux encor que le mépris.
Mais si l'époux m'attrapoit au logis !... 130
Laissons-la faire, et laissons-nous conduire. »

Trois autres jours n'étoient passés encor [6],
Qu'Aminte va chez Alis, pour instruire
Son cher Cléon du bonheur de son sort.
« Il faut, dit-elle, enfin que je déserte [7] : 135
Votre parent a résolu ma perte ;

1. Ci-dessous, vers 197. — Dans *l'École des maris* de Molière, acte II, scène v, vers 528-531 :

    Ah ! je la trouve là tout à fait adorable.
    Ce trait de son esprit et de son amitié
    Accroit pour elle encor mon amour de moitié ;
    Et joint aux sentiments que sa beauté m'inspire....

2. Tome V, p. 479 et note 8. — 3. Dès le. (1686 Amsterdam.)
4. Quelle est la violence du feu, etc.
5. Dans *les Aveux*, vers 20 :

    Je suis épris d'une si douce flamme....

6. Ci-dessus, vers 95-96. — Chez des Périers, Frischlinus, etc., elle se borne à une seule visite.
7. Que je quitte la partie, que je m'enfuie.

Il me prétend avoir par des présents :
Moi, des présents ! c'est bien choisir sa femme¹.
Tenez, voilà rubis et diamants ;
Voilà bien pis ; c'est mon portrait, Madame : 140
Assurément de mémoire on l'a fait,
Car mon époux a tout seul mon portrait.
A mon lever, cette personne honnête²
Que vous savez, et dont je tais le nom³,
S'en est venue, et m'a laissé ce don. 145
Votre parent mérite qu'à la tête
On le lui jette⁴, et, s'il étoit ici....
Je ne me sens presque pas de colère⁵.
Oyez le reste⁶ : il m'a fait dire aussi
Qu'il sait fort bien qu'aujourd'hui pour affaire 150
Mon mari couche à sa maison des champs⁷ ;
Qu'incontinent qu'il croira que mes gens
Seront couchés et dans leur premier somme⁸,

1. Bien s'adresser.
2. Comparez la fable XII du livre VIII, vers 21.
3. Ci-dessus, vers 70-71. Rapprochez la courtière d'amour, « la vieille faite au badinage », du *Roi Candaule* (tome V, p. 443 et note 4).
4. Dans le conte de Boccace, la jeune dame remet cette fois à son confesseur une ceinture et une bourse qu'elle se plaint d'avoir reçues de son persécuteur, et le charge de lui porter ces cadeaux qu'elle déguise ainsi sous une prétendue restitution.
5. « Je suis dans une colère que je ne me sens pas. » (MOLIÈRE, *le Mariage forcé*, scène IV.)

  A ces mots le Corbeau ne se sent pas de joie.
      (Livre I, fable II, vers 10.)

6. Même hémistiche dans *la Mandragore*, vers 120.
7. Votre mari ne se tiendra jamais
 Qu'à sa maison des champs, je vous l'assure,
 Tantôt il n'aille éprouver sa monture.
   (*Le Magnifique*, vers 149-151 et note 4.)
8. Tome V, p. 79 et note 6.

Il se rendra devers¹ mon cabinet².
Qu'espère-t-il? pour qui me prend cet homme?
Un rendez-vous! est-il fol en effet?
Sans que je crains³ de commettre⁴ Géronte,
Je poserois tantôt un si bon guet
Qu'il seroit pris ainsi qu'au trébuchet⁵,
Ou s'enfuiroit avec sa courte honte⁶. »   160
Ces mots finis, madame Aminte sort⁷.

Une heure après, Cléon vint; et d'abord
On⁸ lui jeta⁹ les joyaux et la boëte¹⁰ :
On l'auroit pris à la gorge au besoin.
« Eh bien! cela vous semble-t-il honnête¹¹ ?   165

1. Voyez le vers 16 du conte v de la IIᵉ partie; et *passim*.

  Pardonnez moy, ma commere m'amye,
  Si deuers vous bien tost ne puis aller.
      (Marot, tome III, p. 51.)

2. Ci-dessous, vers 186. — 3. Tome V, p. 80 et note 8.
4. De compromettre : voyez les *Lexiques de Corneille, Racine, la Rochefoucauld, Sévigné*.
5. « Il sera pris sans s'en pouvoir dédire » (*Richard Minutolo*, vers 63).
6. *Courte*, parce qu'elle n'a été précédée d'aucune espèce de succès, compensée par aucun avantage, parce qu'elle a été immédiate; de là sans doute l'expression populaire : « s'en retourner avec une veste », remporter une veste », quelque chose de très court aussi.

  Le chat court, mais trop tard, et bien loin de son compte,
  N'eut ni lard ni souris, n'eut que sa courte honte.
     (La Motte, *Fables*, livre IV, fable viii.)

7. La dame, chez Boccace, fait dire au jeune homme, par son confesseur, de pénétrer subrepticement dans son jardin et de monter, à l'aide d'un arbre, jusqu'à la fenêtre de sa chambre. Comparez la note 7 de la page suivante.
8. *On* : Alis. — 9. Vers 146-147.
10. La boîte où était le portrait, la miniature. — *Boîte* ou *boëte* se prononçait autrefois *bouète :* prononciation qui se retrouve encore dans quelques provinces.
11. Dans *le Faucon*, vers 195 : « Il ne m'est guère honnête, etc. ».

Mais ce n'est rien, vous allez bien plus loin ! »
Alis dit lors, mot pour mot, ce qu'Aminte
Venoit de dire en sa dernière plainte[1].
Cléon se tint pour dûment averti[2] :
« J'aimois, dit-il, il est vrai, cette belle ;   170
Mais, puisqu'il faut ne rien espérer d'elle,
Je me retire, et prendrai ce parti.
— Vous ferez bien ; c'est celui qu'il faut prendre, »
Lui dit Alis. Il ne le prit pourtant.

Trop bien[3], minuit à grand'peine sonnant[4],   175
Le compagnon[5] sans faute se va rendre
Devers[6] l'endroit qu'Aminte avoit marqué :
Le rendez-vous étoit bien expliqué[7];
Ne doutez point[8] qu'il n'y fût sans escorte[9].

1. Vers 116.
2.   Il s'en tint donc pour averti.
                          (*Le roi Candaule*, vers 36.)

— *Il valente huomo havendo assai compreso di quello che gli bisognava, come meglio seppe e pote con molte ampie promesse racchetó il frate.*
3. Ci-dessus, p. 6 et note 1.
4. Venant à peine de sonner. *A grand'peine* exprime bien l'impatience de l'amant.
5. Tome V, p. 196 et note 4. — 6. Vers 154.
7. Il l'est également chez des Périers : « Et sur cela, comme celle qui feignoit tout cecy à fin de faire venir à soy celuy qu'elle accusoit faussement d'y venir, elle disoit quant et quant à ce pere confesseur, par le menu, tous les moyens desquelz l'escolier usoit, racomptant qu'il auoit accoustumé de passer au soir par dessus une telle muraille, à telle heure, pour ce qu'il sçauoit que son mary n'y estoit pas alors ; et qu'il montoit sur ung arbre, pour puis aprez entrer par la fenestre : bref, qu'il faisoit ainsy et ainsy. »
8. Ne doutez pas. (1686 Amsterdam.)
9.   Le temps venu d'aller au rendez-vous,
    Minutolo s'y rend seul de sa bande.
                    (*Richard Minutolo*, vers 99-100.)

CINQUIÈME PARTIE.

La jeune Aminte attendoit à la porte :   180
Un profond somme occupoit tous les yeux ;
Même ceux-là qui¹ brillent dans les cieux²
Étoient voilés par une épaisse nue³.
Comme on avoit toute chose prévue⁴,
Il entre vite, et sans autres⁵ discours   185
Ils vont.... ils vont au cabinet d'amours⁶.
Là le galant dès l'abord se récrie,
Comme la dame étoit jeune et jolie,
Sur sa beauté ; la bonté vint après,
Et celle-ci suivit l'autre de près.   190
« Mais, dites-moi de grâce, je vous prie,
Qui vous a fait aviser de ce tour⁷ ?

1. Ci-dessus, p. 10 et note 6.
2. Pour cette expression : « les yeux qui brillent dans les cieux », et d'autres analogues, voyez tome V, p. 587 et note 8 ; et ce jeu de mots de Rotrou (*Venceslas*, acte V, scène IV) :

   Tout obscure qu'elle est, la nuit a beaucoup d'yeux.

3. C'était « une nuit sombre

   Et propre à ces douceurs
   Dont on confie aux ombres le mystère. »
           (*Le Psautier*, vers 44-45.)

4. Tome V, p. 421 et note 4.
5. Sans autre. (1686 Amsterdam.)
6. Comparez *Mazet*, vers 117 et note 8.

— Ie derobai, larron, et ton ame et ta vie ;
Ce fut au cabinet où ie pris amoureux
Les faueurs dont i'espere enfin me rendre heureux,
Cabinet le secours des baisers et des graces,
La retraicte d'Amour, où mourant de plaisir
Heureux ie mis la main sur les mignonnes traces
Qu'Amour pour se loger a bien voulu choisir.
           (REMY BELLEAU, tome I, p. 129.)

« Quel est son soulas, sinon de se vautrer.... dans les cabinets de Venus ? » (LANOUE, *Discours politiques et militaires*, p. 512.)

7. Dans *le Muletier*, vers 129 : « s'aviser d'un secret ».

Car jamais tel ne se fit en amour :
Sur les plus fins[1] je prétends qu'il excelle,
Et vous devez vous-même l'avouer. »   195
Elle rougit et n'en fut que plus belle.
Sur son esprit, sur ses traits, sur son zèle[2],
Il la loua. Ne fit-il que louer[3] ?

1. « Les tours en amour les plus fins » (*les Lunettes*, vers 9).

2. *Son zèle*, son amour pour lui : tome V, p. 225 et note 7. Rapprochez l'ancienne locution : « faillir de zèle », manquer à ses serments d'amour, de fidélité.

3. Boccace est plus explicite : *Insieme con gran diletto si sollazzarono, et dato ordine a'lor fatti si fecero che, senza haver piu a tornare a messer lo frate, molte altre notti con pari letitia insieme si ritrovarono : alle quali io priego Iddio per la sua santa misericordia che tosto conduca me e tutte l'anime christiane che voglia n'hanno.* « Ilz prindrent leur soulas ensemble auec grant plaisir et donnerent depuis si bon ordre à leur cas que, sans auoir plus affaire de retourner deuers Monsieur le beau pere (le confesseur de la dame), ilz se retrouuerent ensemble plusieurs nuictz auec pareil plaisir; ausquelles nuictz ie prie Dieu qu'il veuille par sa saincte misericorde me conduire bien tost et toutes les aultres ames chrestiennes qui en ont volunté. » C'est la signora Filomena, qui a raconté l'histoire, qui la termine par cette impiété. — Chez Frischlinus :.... *Unde monachus magis exasperatus dedit juveni modum quo tandem ad mulierem perveniret, seque ignarus gessit copulatorem illorum amoris.* — Voici la fin du récit de B. des Périers, qui dit, lui, un mot du dépit de l'entremetteur involontaire : « Le ieune homme, allant de mal en pis, ne faillit à tenir le chemin qu'on luy enseignoit : de sorte qu'au bout de quelque temps le poure beau pere, qui y auoit esté à la bonne foy, se voyant auoir esté ainsy trompé, ne se put garder de crier en pleine chaire : « Ie la voy celle qui a faict son maque- « reau de moy ! »

IV

LE REMÈDE.

CONTE.

Nous ignorons d'où la Fontaine a tiré cette anecdote. On sait combien étaient communes autrefois ces facéties triviales, basses, grossières, combien nombreux ces bouffons, baladins, bateleurs, conteurs de tréteaux, comédiens de foires, de halles, de carrefours, dont la verve épaisse égayait tant nos bons aïeux. Si on voulait se donner la peine de feuilleter les recueils, jadis si répandus, d'équivoques, de brocards, turlupinades, joyeusetés, naïvetés, simplicités, gausseries, où « l'escopette d'Esculape » joue un si grand rôle, tous les récits plaisants, toutes les comédies désopilantes, où des apothicaires de tout rang et de toute espèce sont mis en scène, depuis les farces de nos vieux auteurs jusqu'à Gros-Guillaume, Gautier Garguille, Guillot Gorju, Tabarin, Scarron, Molière, Dominique, Gueullette, Regnard, etc., on y rencontrerait peut-être une historiette analogue à celle-ci. Ajoutons que la Fontaine a bien pu l'emprunter à son propre fonds, quoiqu'il prétende (vers 110-111) « n'avoir rien avancé qu'après des gens de foi ».

Rappelons cependant la méprise, non moins amusante, dont, s'il faut en croire Saint-Simon (*Additions au Journal de Dangeau*, tome II, p. 135), Estoublon, maître d'hôtel de la reine Anne d'Autriche, et Mme de Brégis, auraient été l'un le héros, l'autre la victime :

« Passant devant la chambre de Mme de Brégis, qui donnoit sur une galerie, à Saint-Germain, Estoublon en trouva la porte entr'ouverte, et la vit sur son lit le derrière à l'air, et une seringue appuyée au lit ; il se glisse doucement, insinue le lavement, remet la seringue, et se retire. La femme de chambre, qui étoit allée dans la garde-robe chercher je ne sais quoi, revient et propose à sa maîtresse de se remettre en posture ; elle demande ce qu'elle veut dire, et ajoute enfin qu'elle rêve apparemment. Grande cacophonie entre elles. Enfin la femme de chambre regarde à la seringue, et la trouve vide, et proteste tant et si bien qu'elle n'y a pas touché,

que la Brégis croit que c'est le diable qui lui a donné son lavement.
.... Dès qu'elle parut chez la reine-mère, voilà le Roi et Monsieur à lui parler de son lavement; et elle, étonnée et furieuse tout ce qu'on peut l'être, apprit la dernière de la cour ce qu'elle devoit à Estoublon. »

Cette aventure eut une grande vogue, et a été bien souvent racontée, avec plus ou moins de variantes : voyez, dans *l'Élite des bons mots* (Amsterdam, 1725, in-12, 1re partie, p. 167-170), la pièce intitulée « le Clystère »; et nombre d'autres nouvelles galantes ou cavalières, ainsi qu'on disait autrefois, de scènes burlesques, d'imaginations, allusions, allégories, folâtres, comme « l'Apothicaire de qualité », « l'Apothicaire dévalisé », de Villiers, « l'Apothicaire parfumé », « l'Apothicaire empoisonné », de Préfontaine, « l'Allée de la Seringue », de le Noble, etc., etc.

Si l'on se plaît à l'image du vrai,
Combien doit-on rechercher le vrai même[1]!
J'en fais souvent dans mes contes l'essai,
Et vois toujours que sa force est extrême,
Et qu'il attire à soi tous les esprits[2].   5
Non qu'il ne faille en de pareils écrits
Feindre les noms; le reste de l'affaire
Se peut conter sans en rien déguiser;
Mais, quant aux noms, il faut au moins les taire[3],

1. Rien n'est beau que le vrai, le vrai seul est aimable :
   Il doit régner partout.
                (BOILEAU, épître IX, vers 43-44.)

2. Rapprochez *la Fiancée*, vers 1-7 et note 6. Le poète a dit ou du moins semblé dire le contraire à la fin de la Préface de sa première partie : « Ce n'est ni le vrai ni le vraisemblable qui font la beauté et la grâce de ces choses-ci; c'est seulement la manière de les conter. » Les deux propositions sont soutenables : tantôt c'est le sel, l'esprit, les saillies, que l'auteur répand dans une nouvelle, les ornements, plus ou moins agréables, dont il l'enrichit, qui « attirent » le lecteur, tantôt c'est un simple fait raconté naïvement, un tableau d'après nature. — Voyez ci-dessous, les vers 96-105.

3. Comparez *la Coupe enchantée*, vers 82 et note 5 :
                Il étoit un quidam

Et c'est ainsi que je vais en user. 10

Près du Mans donc, pays de sapience,
Gens pesant[1] l'air[2], fine fleur de Normand[3],
Une pucelle eut naguère un amant

Dont je tairai le nom, l'état, et la patrie;
le Cuvier, vers 12, et le conte précédent, vers 71 et 144.

1. Le texte de nos anciennes éditions est *pesans*. — Dans une lettre de Patru à Charpentier sur la question de savoir si l'on doit ou non décliner les participes[a], Patru cite des exemples qui prouvent que Rabelais, Calvin, et Malherbe, dans sa traduction de Tite-Live, les ont toujours déclinés, et il ajoute : « Voilà les pères de notre langue, et une tradition bien suivie qui nous mène jusqu'à la naissance de l'Académie. » Et plus bas : « Un de mes bons amis et des vôtres m'apporta, il y a peu de jours, sa dernière production, où vous lirez :

Près du Mans donc, pays de sapience,
Gens pesans l'air, fine fleur de Normand.

Ici convenez que *pesans* est préférable à un gérondif[b] non décliné. » C'est tout le contraire que l'Académie a depuis décidé, et tous les grammairiens ont adopté sa décision qui a passé dans l'usage.

2. Difficultueux, retors, chicaniers.
3. Voyez tome V, p. 320 et note 1, où l'expression : « pays de sapience » est appliquée à la Normandie : « le pays de sapience, où les chiens s'assirent sur leur queue quand on fit vendange, dit Normandie » (*la Conférence des servantes de la ville de Paris*, 1636, in-8°, p. 2). — Rappelons que dans *les Plaideurs* de Racine, on lit, à propos de témoins, de faux témoins (acte III, scène III, vers 723-724) :

Monsieur, ils sont du Maine.
— Il est vrai que du Mans il en vient par douzaine.

Dans le *Testament* de Scarron, vers 21-23 :

Si ce n'étoit qu'assurément
Je passerois pour un Normand,

[a] La lettre de Patru est imprimée dans le recueil intitulé : *Opuscules sur la langue françoise de divers Académiciens*, Paris, 1754, in-12, p. 348; mais l'éditeur n'a point donné la date de cette lettre.

[b] Nom employé aussi par d'Olivet pour « le participe actif » (*Essais de grammaire*, Paris, 1732, in-12, chapitre IV).

Frais, délicat¹, et beau par excellence²,
Jeune surtout; à peine son menton   15
S'étoit vêtu de son premier coton³.
La fille étoit un parti d'importance⁴ :
Charmes et dot, aucun point n'y manquoit⁵ ;

Je me dédirois bien encore ;

chez Regnard, *les Ménechmes* (acte I, scène II) :

Ce meuble de chicane (*ce sac de procès*) appartient sûrement
A quelque homme du Maine ou quelque bas-Normand ;

chez Dufresny, *les Mal-Assortis* (acte II, scène v) :

Le seul défaut de ta laide
C'est qu'elle achète un amant
Aussi cher que, quand tu plaides,
Tu payes un témoin Normand.

1. « Jeune et frais, blanc, poli, bien formé » (*le Cas de conscience*, vers 49-50 et note 1).
2. Tome V, p. 472 et note 3.
3. Poil follet.

Encor qu'en sa ieunesse, auant que son menton
Se frisast de la fleur de son premier coton....
(Ronsard, tome II, p. 13.)

.... Ung crespelu coton
Ne faict que poindre autour de son menton.
(*Ibidem*, p. 317.)

Et ne tarderont ses conquêtes,
Dans les oracles déjà prêtes,
Qu'autant que le premier coton,
Qui de jeunesse est le message,
Tardera d'être en son visage,
Et de faire ombre à son menton.
(Malherbe, tome I, p. 50.)

— Dans *la Gageure*, vers 46 :

Un beau jeune garçon,
Frais, délicat, et sans poil au menton.

4. Dans *Nicaise*, vers 105 et note 5 :

Il s'offre un parti d'importance.

5. « Rien n'y manquoit » (*le Magnifique*, vers 26).

Tant et si bien, que chacun s'appliquoit
A la gagner[1] : tout le Mans y couroit[2]. 20
Ce fut en vain ; car le cœur de la fille
Inclinoit trop pour notre jouvenceau[3] :
Les seuls parents, par un esprit manceau[4],
La destinoient pour[5] une autre famille.
Elle fit tant autour d'eux[6] que l'amant, 25
Bon gré, mal gré, je ne sais pas comment,
Eut à la fin accès chez sa maîtresse.
Leur indulgence, où plutôt son adresse,
Peut-être aussi son sang et sa noblesse,
Les fit changer : que sais-je quoi ? tout duit[7] 30
Aux gens heureux ; car aux autres tout nuit.
L'amant le fut : les parents de la belle
Surent priser son mérite et son zèle[8] :

1. .... Quoique pour la gagner il tentât tout moyen.
(*La Coupe enchantée*, vers 162.)
Le poursuivant s'applique
A gagner celle où ses vœux s'adressoient.
(*Belphégor*, vers 120.)

2. Sa sagesse, son bien, le bruit de ses beautés,
Mais le bien plus que tout y fit mettre la presse.
(*La Coupe enchantée*, vers 133-134.)

3. Entendez que la dame
Pour l'autre emploi inclinoit en son âme.
(*Les Rémois*, vers 177-178.)

4. Esprit de contradiction, de chicane, et aussi d'intérêt.

5. Tour fréquent au dix-septième siècle : livre III, fable XII, vers 4 ; et *Lexiques de Corneille, de Racine, de Sévigné*.

6. Elle sut si bien les circonvenir.

7. Convient, réussit : voyez tome II, p. 436 et note 3 ; et la Bruyère, tome II, p. 213 et note 3. — Dans une lettre de notre auteur à Mme la duchesse de Bouillon de novembre 1687 : « Tout vous duit. » Chez Voltaire, tome VIII, p. 142 :

Tout m'est égal, tout m'est bon, tout me duit.

8. Son amour fervent : comparez l'avant-dernier vers du conte précédent et la note.

C'étoit là tout[1]. Eh! que faut-il encor?
Force comptant[2]; les biens du siècle d'or[3]   35
Ne sont plus biens, ce n'est qu'une ombre vaine.
O temps heureux! je prévois qu'avec peine
Tu reviendras dans le pays du Maine!
Ton innocence eût secondé l'ardeur
De notre amant, et hâté cette affaire;   40
Mais des parents l'ordinaire lenteur
Fit que la belle, ayant fait dans son cœur
Cet hyménée, acheva le mystère[4]
Selon les us de l'île de Cythère.
Nos vieux romans, en leur style plaisant,   45
Nomment cela « paroles de présent[5] ».

1. Tout ce qu'il avait.
2. Rapprochez la fable XVII du livre I, vers 5-7 :

> Il avoit du comptant,
>   Et partant
> De quoi choisir ; toutes vouloient lui plaire.

3. L'or de cet âge vieil où régnoit l'innocence....
(MALHERBE, tome I, p. 300.)

4. Dans *la Fiancée*, vers 263-264 :

> Le reste du mystère
> Au fond de l'antre est demeuré.

5. « La Sicilienne est mariée par paroles de présent, comme disent les vieux romans. » (VOLTAIRE, lettre au comte d'Argental du 24 octobre 1759.) Par opposition à épouser par paroles de futur (se fiancer) : anciens termes de jurisprudence. — « Paroles de présent, dit Littré, qui cite notre exemple, acte par lequel deux personnes, après s'être préalablement présentées à leur curé, déclaraient par devant notaire qu'elles se prenaient pour mari et femme (de présent signifie ici : les personnes étant présentes). » Ce terme vient plutôt, comme le remarque M. Moland, de ce que « les deux parties contractantes stipulaient sur un fait présent et actuel (*de præsenti*), tandis que, dans les contrats de mariage ordinaires, on ne stipule qu'en vertu d'un acte futur (*de futuro*), c'est-à-dire de la célébration du mariage. » Dans notre conte, c'est l'Amour qui sert de curé et de notaire (ci-dessous, vers 51).

Nous y voyons pratiquer cet usage,
Demi-amour et demi-mariage,
Table d'attente¹, avant-goût de l'hymen².
Amour n'y fit un trop long examen : 50
Prêtre et parent tout ensemble, et notaire³,
En peu de jours il consomma l'affaire ;
L'esprit manceau n'eut point part à ce fait⁴.
Voilà notre homme heureux et satisfait,
Passant les nuits avec son épousée⁵. 55
Dire comment, ce seroit chose aisée :
Les doubles clefs, les brèches⁶ à l'enclos⁷,

1. Proprement plaque de métal, ou pierre, sur lesquelles il n'y a encore rien de gravé; bossage, réservé, sur les façades, aux inscriptions et aux sculptures.

2. Même il est mieux de cette façon-là ;
Un tel hymen à des amours ressemble :
On est époux et galant tout ensemble.
(*La Courtisane*, vers 263-265 et note 7.)

Comparez la comédie de *Clymène*, vers 438-439 :

Vous vous marierez donc, ainsi qu'au temps jadis
Oriane épousa Monseigneur Amadis?

— C'est ce qu'on appelait autrefois des « mariages sous la cheminée ».

3. .... Prêtre, notaire, hymen, accord ;
Choses qui d'ordinaire ôtent toute la grâce
Au présent que l'on fait de soi.
(*La Coupe*, vers 110-112 et note 4.)

4. Il n'y eut aucune difficulté : ci-dessus, vers 23.
5. Tome V, p. 232 et note 1 :

Qui t'a, dit-il, donné telle épousée?

6. Et non « les bréchets » ou « le bréchet », faute qui se trouve dans les éditions d'Amsterdam, 1696 et 1705, et dans quelques autres.

7. *L'enclos* : quelques vieilles murailles sans doute, coupées de haies.

Les menus dons qu'on fit à la soubrette [1],
Rendoient l'époux jouissant en repos
D'une faveur douce autant que secrète.   60
Avint pourtant que notre belle un soir,
En se plaignant, dit à sa gouvernante,
Qui du secret n'étoit participante :
« Je me sens mal; n'y sauroit-on pourvoir? »
L'autre reprit : « Il vous faut un remède [2] ;   65
Demain matin nous en dirons deux mots. »
Minuit venu, l'époux mal à propos,
Tout plein encor du feu qui le possède,
Vient de sa part [3] chercher soulagement [4],
Car chacun sent ici-bas son tourment.   70
On ne l'avoit averti de la chose.
Il n'étoit pas sur les bords du sommeil
Qui suit souvent l'amoureux appareil [5],
Qu'incontinent l'Aurore aux doigts de rose

1.   Bons dormitifs en or comme en argent
       Aux douagnas.
                    (*Le Magnifique*, vers 201.)

2. Mot plus noble que *clystère* ou *lavement*, et que l'Académie, sur le désir, dit-on, du Roi lui-même, inséra dans son Dictionnaire (1694), avec cette nouvelle acception. — « Monsieur, voici un petit remède, un petit remède, qu'il vous faut prendre, s'il vous plaît. » (MOLIÈRE, *Monsieur de Pourceaugnac*, acte I, scène XI.) « On a fait refus de prendre le remède que j'avois prescrit..., un clystère que j'avois pris plaisir à composer moi-même. » (Ibidem, *e Malade imaginaire*, acte III, scène V.)
3. Vient lui aussi : tome V, p. 314 et note 1.
4. Dans *le Berceau*, vers 35 :

       Les rendez-vous et le soulagement....

Dans *les Quiproquo*, vers 9 :

       Au bout d'un an la belle se dispose
       A me donner quelque soulagement.

5. L'amoureux accouplement. On dit: apparier, ou appareiller, des oiseaux, des chevaux, des moutons, etc.; mener appareiller

Ayant ouvert les portes d'Orient[1],   75
La gouvernante ouvrit tout en riant,
Remède en main, les portes de la chambre :
Par grand bonheur il s'en rencontra deux[2];
Car la saison approchoit de septembre,
Mois où le chaud et le froid sont douteux[3].   80
La fille alors ne fut pas assez fine[4];
Elle n'avoit qu'à tenir bonne mine[5],
Et faire entrer l'amant au fond des draps,
Chose facile autant que naturelle.
L'émotion lui tourna la cervelle[6];   85
Elle se cache elle-même, et tout bas
Dit en deux mots quel est son embarras.
L'amant fut sage[7] : il présenta pour elle
Ce que Brunel à Marphise montra[8].

une vache, la mener saillir; apparieuse, ou appareilleuse, une femme qui s'entremet dans des appareils, ou appareillements, dans des commerces d'amour. Comparez tome IV, p. 329 et note 2.

1. Un matin que l'Aurore au teint frais et riant
   A peine avoit ouvert les portes d'Orient....
           (*Adonis*, vers 265-266.)

2. Deux portes à ouvrir; de sorte que la jeune fille eut le temps d'avertir son amant et de se cacher sous les draps.

3. Où l'on ne sait trop s'il fait, ou fera, chaud ou froid, et où l'on prend ses précautions.

4. Ci-dessous, vers 100-101.

5. «.... Toutefois, pource que c'étoit une affaire faite..., ils se résolurent de tenir bonne mine. » (MALHERBE, tome I, p. 399.) Rapprochez *la Coupe enchantée*, vers 424 : « tenir sa morgue ».

6.   Elle eût à Job fait tourner la cervelle.
           (*Belphégor*, vers 313.)

« Je ne souffrirai point que l'amour lui fasse tourner la cervelle jusqu'à ce point-là. » (REGNARD, *la Sérénade*, scène VIII.)

7. Habile, avisé : ne perdit pas sa présence d'esprit. Comparez tome V, p. 299; et *passim*.

8. Brunel poursuivi par Marphise, dont il avait dérobé l'épée :

La gouvernante, ayant mis ses lunettes [1], 90
Sur le galant son adresse éprouva;
Du bain interne elle le régala,
Puis dit adieu, puis après s'en alla.
Dieu la conduise, et toutes celles-là
Qui [2] vont nuisant aux amitiés secrètes! 95

Si tout ceci passoit pour des sornettes [3]
(Comme il se peut, je n'en voudrois jurer),
On chercheroit de quoi me censurer.
Les critiqueurs [4] sont un peuple sévère;
Ils me diront : « Votre belle en sortit 100
En fille sotte et n'ayant point d'esprit :
Vous lui donnez un autre caractère;
Cela nous rend suspecte cette affaire :
Nous avons lieu d'en douter; auquel cas
Votre prologue [5] ici ne convient pas. » 105
Je répondrai.... Mais que sert de répondre?

Tal volta i panni in capo si levava,
E squadernava (intendetemi bene),
Con riverenzia, il fondo dele rene.
(BERNI, *Orlando innamorato*, livre II, chant XI, stance 6.)

1. Comme la prieure du conte XII de la IV° partie.
2. Ci-dessus, p. 37 et note 1.
3. Rapprochez *les Rémois*, vers 37 : « gens sots, gens à sornettes »; et dans *la Fiancée*, vers 3 : « les récits qui passent pour chansons » : *sornette* a bien ici le sens d' « histoire inventée à plaisir ».
4. Ceux qui ont la manie de critiquer : Littré ne cite point d'autre exemple de ce mot qui est dans Richelet, mais ne se trouve ni chez Nicot, ni chez Furetière, ni dans aucune des éditions du Dictionnaire de l'Académie.
5. Le prologue où elle a montré tant d'adresse. — Voyez ci-dessus, vers 1-5; et comparez *Joconde*, vers 286 et suivants:

> J'entends déjà maint esprit fort
> M'objecter que la vraisemblance
> N'est pas en ceci tout à fait, etc.;

et *le Petit Chien*, vers 511 et note 5.

CINQUIÈME PARTIE.

C'est un procès qui n'auroit point de fin[1] :
Par cent raisons j'aurois beau les confondre ;
Cicéron même y perdroit son latin[2].
Il me suffit de n'avoir en l'ouvrage   110
Rien avancé qu'après des gens de foi :
J'ai mes garants[3] : que veut-on davantage ?
Chacun ne peut en dire autant que moi.

1.   Le procès pend, et pendra de la sorte
        Encor longtemps, comme l'on peut juger.
                (*La Gageure*, vers 329-330.)

2. Tome V, p. 556 et note 4. — « Luy et ses inquisiteurs y perdront leur latin, leur science, et leur lecture. » (BRANTÔME, tome V, p. 103.)

        Revesche à mes raisons, il se rend plus mutin,
        Et ma philosophie y perd tout son latin.
                (REGNIER, satire XV, vers 19-20.)

Comparez *les Cent Nouvelles nouvelles*, p. 53 : « L'aultre, qui entendoit son latin..., s'aduisa de battre le fer tandis qu'il estoit chauld » ; et Montaigne, tome III, p. 408 : « Qu'il oste son chaperon, sa robe, et son latin... : vous le prendrez pour l'ung d'entre nous, ou pis. »

3. « Je réponds en peu de mots que j'ai mes garants.... J'abandonne le reste aux censeurs : aussi bien seroit-ce une entreprise infinie que de prétendre répondre à tout. Jamais la critique ne demeure court, ni ne manque de sujets de s'exercer : quand ceux que je puis prévoir lui seroient ôtés, elle en auroit bientôt trouvé d'autres. » (Préface de la Ire partie des Contes, tome IV, p. 14-16.)

V

LES AVEUX INDISCRETS.

CONTE.

Ce conte paraît imité de la fin de la vıııᵉ des *Cent Nouvelles nouvelles :* comparez celui du sieur d'Ouville intitulé : « Naïveté d'une jeune femme à son mari, la première nuit de ses noces » (p. 11 de la seconde partie des *Contes aux heures perdues,* titre de la 1ʳᵉ édition de ce recueil, Paris, 1643; ou p. 1 de *l'Élite des contes du sieur d'Ouville,* Rouen, 1680) ; et, parmi les gaietés ou facéties analogues, celle de Poge qui a pour titre *Repensa merces* (tome I, p. 165 de l'édition de 1798) ; une autre de Frischlinus : *Par pari relatum* (p. 13-14 du recueil de 1651); la nouvelle xviii de Malespini; la serée v de Guillaume Bouchet, *passim;* dans *le Moyen de parvenir,* p. 353 : « Comme fit la ieune mariée à son mary... : Le matin il vint plusieurs femmes, filles et garses, veoir le nouueau marié, c'est à dire le ieune homme; et chascune, le baisant, luy donna une fouace. Sa femme, ayant veu ce mystere, luy demanda affectueusement ce que c'estoit; et il luy dit que c'estoit ung adieu que lui disoient toutes les femmes, filles et garses, qu'il auoit accolées. « He dea, dit elle, « vous auez grand tort! que ne me l'auez vous dit? l'en eusse « aduerty tous ceux qui me l'ont faict; ilz m'eussent apporté du « vin; nous eussions eu à boire et à manger pour d'icy à Pasques »; *le Facétieux réveille-matin des esprits mélancoliques* (Rouen, 1699, in-12, p. 26-27) : « Repartie que fit une jeune mariée à son mari la première nuit de ses noces »; les *Contes à rire :* « D'un fiancé à sa fiancée » (tome I, p. 72); les *Nouveaux contes à rire,* même titre (tome I, p. 227), anecdote dont on peut rapprocher « la Fiancée ingénue » (*ibidem,* p. 229), « Ingénuité d'une femme à son mari la première nuit de ses noces » (*ibidem,* tome II, p. 20), et une lettre de Maucroix du 16 janvier 1682 (*Œuvres,* tome II, p. 121-123), où semblable historiette est racontée.

A propos des sornettes, sottises, naïvetés, balourdises, plus ou moins sincères, plus ou moins affectées, des femmes « simples et niaises, ou bien fines, doubles et rusées, ainsi qu'on voudra », voyez Brantôme, tome IX, p. 353 et suivantes.

De cette historiette ont été tirés trois opéras-comiques, en un acte, portant tous trois le même titre que notre conte : le premier de la Ribadière, musique de Monsigny, joué à la Foire Saint-Germain, le 7 février 1759, analysé dans le *Dictionnaire dramatique*, tome I, p. 152; le second, de Taconnet, représenté la même année sur le théâtre des comédiens de Versailles; le troisième, de Marsy, joué à Francfort, en 1760.

    Paris, sans pair[1], n'avoit en son enceinte
    Rien dont les yeux semblassent si ravis
    Que de la belle, aimable, et jeune Aminte[2],
    Fille à pourvoir[3], et des meilleurs partis[4].
    Sa mère encor la tenoit sous son aile ;   5
    Son père avoit du comptant et du bien[5] :
    Faites état[6] qu'il ne lui manquoit rien[7].

1. Sans qu'on pût rien trouver qui fût égal à cette jeune beauté. — Chez Corneille (*Mélite*, variante du vers 1268) : « Ce pair d'amants sans pair ». Rapprochez la fable IV du livre XII, vers 30; et *le Diable en enfer*, vers 95 et note 2.

2. C'est aussi le nom de l'héroïne du conte III de cette V^e partie.

3. Tome IV, p. 349 et note 1 :

    .... Moi, fille jeune et drue,
    Qui méritois d'être un peu mieux pourvue.

4.   La fille étoit un parti d'importance.
        (*Le Remède*, vers 17 et note 4.)

5. De l'argent comptant et des terres, des biens-fonds; comparez ci-dessus, p. 44, et le conte V de la IIIe partie, vers 69 et 132.

6. Tenez pour assuré : voyez *le Diable en enfer*, vers 107 ; et les *Lexiques de Malherbe* et *de Corneille*.

7.   Somme qu'enfin il ne lui manquoit rien.
        (*Le Cocu*, vers 15.)

Ci-dessus, p. 42 et note 5 :

    .... Charmes et dot, aucun point n'y manquoit.

Le beau Damon s'étant piqué pour elle[1],
Elle reçut les offres de son cœur[2].
Il fit si bien l'esclave de la belle[3],
Qu'il en devint le maître et le vainqueur,
Bien entendu sous le nom d'hyménée[4] :
Pas ne voudrois qu'on le crût autrement.

L'an révolu, ce couple si charmant,
Toujours d'accord, de plus en plus s'aimant[5]
(Vous eussiez dit la première journée),
Se promettoit la vigne de l'abbé[6],

1. Tome V, p. 561 et note 3.
2. Chez Corneille, *Cinna*, acte V, scène II, vers 1632 :
.... Et l'offre de mon bras suivit celle du cœur.
3. Il a gagné votre âme en faisant votre esclave.
(Molière, *le Misanthrope*, vers 486 et note 3.)
4. Dans *Nicaise*, vers 38 :

Heureux seroit
Celui d'entre eux qui cueilleroit,
En nom d'hymen, certaine chose, etc.

5. Les mariés n'avoient souci
Que de s'aimer et de se plaire.
(*La Coupe enchantée*, vers 152-153.)

6. *Avoir* ou *se promettre la vigne de l'abbé*, c'est-à-dire une belle vigne, c'est-à-dire une vie de délices. « On dit d'un mari et d'une femme qui passent la première année de leur mariage sans s'en repentir qu'*ils auront la vigne de l'évêque* », qu'ils seront très heureux. (*Dictionnaire comique, satirique et critique* de le Roux de Lincy, tome II, p. 586.) La 1ʳᵉ édition du Dictionnaire de l'Académie donne de cette locution proverbiale une explication conforme à celle de le Roux; mais la seconde ne reproduit pas cette explication. Si nous en croyons Quitard (*Proverbes sur les femmes*, p. 368), cette expression doit son origine à une vieille histoire, « d'après laquelle un abbé aurait fait publier qu'il donnerait une belle vigne au couple conjugal qui prouverait que pendant un an, à dater du jour de ses noces, il n'avait pas eu la moindre altercation. » Talle-

Lorsque Damon, sur ce propos tombé[1],
Dit à sa femme : « Un point trouble mon âme[2] ;
Je suis épris d'une si douce flamme[3],   20
Que je voudrois n'avoir aimé que vous,
Que mon cœur n'eût ressenti que vos coups,
Qu'il n'eût logé que votre seule image[4],

mant des Réaux (tome IX, p. 96) parle aussi d'une vigne « qu'on dit que Monsieur l'Archevêque doit donner à celui qui, au bout de l'an, n'aura point de repentir de s'être marié. » — Comparez Noël du Fail (tome II, p. 140) : « A l'abaye Sainct Melaine, prez Rennes, y a, plus de six cens ans sont, ung costé de lard encore tout frais et non corrompu, et neantmoins voué et ordonné aux premiers qui par an et iour ensemble mariez ont vescu sans debat, grondement, et sans s'en repentir. » — Mais la source première de cette image est sans contredit dans l'Écriture : voyez notre tome IV, p. 177 et note 7, à laquelle nous joindrons, entre beaucoup d'autres, un exemple d'Ovide (*Métamorphoses*, livre XIV, vers 665-668) :

> *Hæc quoque, quæ juncta vitis requiescit in ulmo,*
> *Si non nupta foret, terræ adclinata jaceret.*
> *Tu tamen exemplo non tangeris arboris hujus ;*
> *Concubitusque fugis, nec te conjungere curas ;*

un de l'Arioste (*Orlando furioso*, chant X, stance 9) :

> *Senza amante,*
> *Saresté come inculta vite in orto,*
> *Che non ha palo, ove s'appoggi, o piante ;*

un de Chappuys (tome I, fol. 144 r°) : « Ce n'estoit ung terroir (cette femme) pour y mettre et planter la vigne » ; et celui-ci de Marot (tome IV, p. 162) :

> Quant à l'heur de ta ligne,
> Ta femme en ta maison
> Sera comme une vigne
> Portant fruict à foyson.

1. « Ils tombèrent enfin sur ce qu'on dit, etc. » (*l'Oraison de saint Julien*, vers 35-36).
2. « Un seul point l'arrêtoit » (*le roi Candaule*, vers 236).
3. Dans *la Confidente*, vers 127 : « le feu dont je me sens épris ».
4. Dans *la Courtisane amoureuse*, vers 28 : « loger des flammes en son cœur ».

Digne, il est vrai, de son premier hommage.
J'ai cependant éprouvé d'autres feux :   25
J'en dis ma coulpe¹, et j'en suis tout honteux.
Il m'en souvient : la nymphe² étoit gentille,
Au fond d'un bois, l'Amour seul avec nous³ ;
Il fit si bien (si mal, me direz-vous),
Que de ce fait il me reste une fille⁴.   30
— Voilà mon sort⁵, dit Aminte à Damon :
J'étois un jour seulette⁶ à la maison ;
Il me vint voir certain fils de famille⁷,
Bien fait et beau⁸, d'agréable façon :
J'en eus pitié ; mon naturel est bon ;   35
Et, pour conter tout de fil en aiguille⁹,

---

1. *Mea culpa.* « Si congneut qu'il auoit erré, si battit sa coulpe. » (*Les Cent Nouvelles nouvelles*, p. 238.)

Encor la coulpe m'en remord.
(Marot, tome III, p. 65.)

« Ce bon vieillard.... bat sa coulpe. » (Saint-Gelais, tome II, p. 76.) « Ie prends tout sur ma coulpe et sur mon blasme. » (Brantôme, tome I, p. 112.) « Je dis ma coulpe de, etc. » (Chapelain, *Lettres*, tome I, p. 4-5.) C'est un terme de dogme, de dévotion, particulièrement dans les monastères : « dire sa coulpe », avouer publiquement ses fautes devant ses frères ou ses sœurs.

2. Tome V, p. 516.
3. Comparez *la Fiancée*, vers 200 ; et *la Clochette*, vers 69 :

O belles, évitez
Le fond des bois et leur vaste silence.

4. Rapprochez *les Lunettes*, vers 25-28 :

.... Cet entre-temps ne fut sans fruit : le sire
L'employa bien ; Agnès en profita.
Las ! quel profit ? j'eusse mieux fait de dire
Qu'à sœur Agnès malheur en arriva.

5. Ci-dessous, vers 70.
6. Tome V, p. 331 et note 2.
7. Dans *le Berceau*, vers 11 : « jeune homme de famille ».
8. « Beau, bien fait » (ci-dessus, p. 27).
9. « Ie vou diray de fil en aiguille.... » (Du Fail, *Baliuerneries*,

Il m'est resté de ce fait un garçon[1]. »

Elle eut a peine achevé la parole,
Que du mari l'âme jalouse et folle
Au désespoir s'abandonne aussitôt[2]; 40
Il sort plein d'ire[3], il descend tout d'un saut,

p. 153.) Ibidem, *Propos rusticques*, p. 93 : « conter de fil en aiguille. » Voyez aussi Regnier, satire XIII, vers 58, Sévigné, tome VII, p. 345, Saint-Simon, tome XVI, p. 70 ; etc.

1. A la fin de la VIIIe des *Cent Nouvelles nouvelles* l'aveu de la femme est précédé, comme ici, d'un aveu non moins maladroit du mari : « ....Quand nostre homme eut tout au long compté, sa femme ne reprint que l'ung de ses poincts et dit : « Comment! « dit elle, dites vous qu'elle dit a sa mere que vous auiez couché « auecques elle? — Oy, par ma foy! dit il, elle luy congneut tout. « — Par mon serment! dit elle, elle monstra bien qu'elle estoit « beste; le charreton de nostre maison a couché auecques moy « plus de quarante nuictz, mais vous n'auez garde que i'en disse « oncques ung seul mot à ma mere; ie m'en suis bien gardée. — « Voire, dit il, de par le deable! Dame, estes vous telle? Le gibet « y ait part! Or allez à vostre charreton, si vous voulez, car ie n'ay « cure de vous. » Si se leua tout à coup et se vint rendre à celle qu'il engrossa, et abandonna l'aultre. » — Le récit du sieur d'Ouville n'est pas tout a fait le même : une jeune fille refuse rigoureusement à son fiancé, malgré ses instantes prières, toute espèce de faveur. Puis enfin le mariage est consommé : « ....Comme il fut dans le lit avec elle, il lui dit : « Eh bien, ma mie, c'est à ce coup que « je vous tiens.... Je vous veux franchement avouer que vous avez « très bien fait de ne m'avoir rien voulu accorder auparavant notre « mariage, et que je ne le faisois que pour vous éprouver; car si « vous eussiez été assez facile pour condescendre à ma volonté, je « vous proteste que je ne vous aurois jamais épousée. » A quoi la jeune fille, sans considérer ce qu'elle disoit, repart tout à l'heure : « Vraiment, je n'avois garde d'être si sotte, j'y avois déjà été « attrapée deux ou trois fois. » C'est le mot de Claudine à Lubin dans la scène I de l'acte II du *George Dandin* de Molière : « Clau- dine, je t'en prie, sur l'et-tant-moins (c'est-à-dire : comme acompte). — Eh! que nenni : j'y ai déjà été attrapée. »

2. « Je vous laisse à penser si le jeune homme demeura satisfait de cette naïveté », ajoute simplement d'Ouville.

3. De colère : *ira*, mot qu'on trouve encore parfois dans nos

Rencontre un bât, se le met, et puis crie :
« Je suis bâté[1] ! » Chacun au bruit accourt,
Les père et mère, et toute la mégnie[2],
Jusqu'aux voisins. Il dit, pour faire court[3], 45
Le beau sujet d'une telle folie.

Il ne faut pas que le lecteur oublie
Que les parents d'Aminte, bons bourgeois[4],

poètes modernes. Comparez *Adonis*, vers 472, le *Poème de la captivité de saint Malc*, vers 257 et 461, *les Filles de Minée*, vers 657 ; Marot, tomes I, p. 9, 20, 76, II, p. 42, 252, etc.; Molière, *l'Amour médecin*, acte II, scène VII ; et les *Lexiques de Malherbe* et *de Corneille*.

1. Voyez le conte VIII de la IIIe partie, où la même figure, *bâter*, se rapporte, plus ironiquement encore, bien qu'indirectement, au mari trompé.

2. Ou *mesnie*, *mesnée*, *mesgnie*, *meignie*, *maisnie*, *maisniée*, *maignis*, *maigniée*, *maignée*, etc., terme très général, qui, comme *mesnil* (manse, ferme, habitation de campagne), est resté dans une foule de noms d'hommes et de lieux : toute la maison, tous les gens qui habitent dans la maison, ou la fréquentent, la famille, les amis, les domestiques, les *mesniers* ou *maisniers :* toute la maisonnée, comme on dit familièrement ; en italien *masnada*, en espagnol *manada*.

.... Et Ysengrin et sa mesgnie
Qui moult est belle et alignie.
(*Roman de Renart*, vers 26321.)

« Il abandonna sa belle et bonne femme et sa belle maignie d'enfans, parens, amis. » (*Les Cent Nouvelles nouvelles*, p. 79.) « Tel maistre, tel valet : selon le seigneur, la mesnie est duite. » (Du Fail, tome I, p. 66.)

Ie cognois toute la mesgnie
De leans : quelle compagnie !
(Marot, tome IV, p. 33.)

Ce bon pere, ce bon vieillard,
Voyant trop griefuement chargée
Sa maison de trop de maignée....
(Remy Belleau, *la Reconnue*, acte V, scène v.)

« .... Il y mène souvent ses sœurs et leur maignie. » (Tallemant des Réaux, tome V, p. 207.)

3. Tome IV, p. 260 et note 5. — 4. Tome V, p. 208 et note 2.

Et qui n'avoient que cette fille unique,
La nourrissoient, et tout son domestique [1],   50
Et son époux [2], sans que, hors cette fois,
Rien eût troublé la paix de leur famille.
La mère donc s'en va trouver sa fille;
Le père suit, laisse sa femme entrer,
Dans le dessein [3] seulement d'écouter.   55
La porte étoit entr'ouverte : il s'approche;
Bref, il entend la noise [4] et le reproche
Que fit sa femme à leur fille, en ces mots :
« Vous avez tort, j'ai vu beaucoup de sots,
Et plus encor de sottes, en ma vie;   60
Mais qu'on pût voir telle indiscrétion [5],
Qui l'auroit cru? Car enfin, je vous prie,
Qui vous forçoit? quelle obligation
De révéler une chose semblable?
Plus d'une fille a forligné [6]; le diable   65
Est bien subtil [7]; bien malins sont les gens :
Non pour cela que l'on soit excusable;
Il nous faudroit toutes dans des couvents [8]

1. Toute sa maison. — « Ses équipages et son domestique. » (SAINT-SIMON, tome III, p. 59.)
2. Ils vivoient tous ensemble.
3. Tome IV, p. 303 et note 4 : « à dessein de ».
4. Voyez *le Diable en enfer*, vers 166 et note 7.
5. Comparez le vers 31 de la fable II du livre X :

Son indiscrétion de sa perte fut cause.

6. *Forligner*, aller hors de la ligne, s'écarter de l'honnêteté, manquer à l'honneur. Rapprochez Molière, *George Dandin* (acte I, scène IV) : « Jour de Dieu! je l'étranglerois de mes propres mains, s'il falloit qu'elle forlignât de l'honnêteté de sa mère »; et Regnard, *le Bal* (scène VIII) :

On dit qu'à forligner il (*le sexe*) a propension.

7. Tome V, p. 373 et note 3.
8. Convents. (1686 Amsterdam.)

Claquemurer jusques à l'hyménée[1].
Moi qui vous parle ai même destinée ; 70
J'en garde au cœur un sensible regret :
J'eus trois enfants avant mon mariage.
A votre père ai-je dit ce secret ?
En avons-nous fait plus mauvais ménage ? »

Ce discours fut à peine proféré 75
Que l'écoutant[2] s'en court[3], et, tout outré,
Trouve du bât[4] la sangle, et se l'attache,
Puis va criant partout : « Je suis sanglé[5] ! »
Chacun en rit, encor que chacun sache
Qu'il a de quoi faire rire à son tour. 80
Les deux maris vont dans maint carrefour,
Criant, courant[6], chacun à sa manière :
« Bâté » le gendre, et « sanglé » le beau-père.

On doutera de ce dernier point-ci ;
Mais il ne faut telles choses mécroire[7] ; 85
Et, par exemple, écoutez bien ceci :
Quand Roland sut les plaisirs et la gloire[8]
Que dans la grotte avoit eus son rival,

1. Comparez *la Coupe enchantée*, vers 107-116 :

    ....Il vous mit donc la créature
    Dans un convent.

2. Pour cet emploi du participe présent, voyez tome V, p. 85 et note 3.
   3. Se met à courir : *ibidem*, p. 531 et note 1.
   4. Ci-dessus, vers 42. — 5. Ci-dessous, vers 94 et note 4.
   6. En courant.
   7. Nous avons déjà rencontré ce verbe au tome IV, p. 396 et note 10 :

    On en pourra gloser ; on pourra me mécroire.

   8.   Rien n'y manquoit, la gloire et le plaisir.
                  (*Le Magnifique*, vers 26.)

CINQUIÈME PARTIE.

D'un coup de poing il tua son cheval[1].
Pouvoit-il pas, traînant la pauvre bête[2],
Mettre de plus la selle sur son dos ;
Puis s'en aller, tout du haut de sa tête[3],
Faire crier et redire aux échos :
« Je suis bâté, sanglé[4] ! » car il n'importe,

90

---

1. Le cheval de son rival Médor : voyez l'Arioste, *Roland furieux*, fin du chant XXIII et du chant XXIX :

> *Come Orlando senti battersi dietro,*
> *Girossi, e nel girare il pugno strinse,*
> *Et con la forza che passa ogni metro,*
> *Feri il destrier che'l Saracino spinse.*
> *Feri sul capo; e come fosse vetro,*
> *Lo spezzò si che quel cavallo estinse.*
> (Chant XXIX, stance 63.)

2. C'est la jument d'Angélique qu'il traîne en réalité derrière lui, après l'avoir portée sur ses épaules :

> *.... Al fin dal capo le levò il capestro,*
> *E dietro la lego sopra il pie destro ;*
>
> *E cosi la strascina e la conforta,*
> *Che lo potra seguir con maggior agio.*
> *Qual leva il pelo, e quale il cuojo porta,*
> *Dei sassi ch'eran nel cammin malvagio.*
> *La mal condotta bestia restò morta*
> *Finalmente di strazio e di disagio.*
> *Orlando non le pensa, e non la guarda,*
> *E via correndo il suo cammin non tarda.*
>
> *Di trarla, anco che morta, non rimase,*
> *Continuando il corso ad Occidente.*
> (*Ibidem*, stances 70-72.)

3. Comparez tome V, p. 18 et note 1 :

> Du haut de leur tête
> Ils crioient....

4. Noël du Fail emploie une expression analogue, au même sens, dans ses *Baliuerneries*, p. 150 : « Onc homme de ma paroisse ne prez, ne enuiron, n'en eut si prez des sangles », dit un villageois trompé par sa femme. *Ibidem*, p. 155 : « Ie, pauure vilain, estois à toucher ma jument..., et icelle mesme sangler, tandis, hauf!

Tous deux sont bons¹. Vous voyez de la sorte   95
Que ceci peut contenir vérité².

qu'on sangloit celle de chez nous. » « Jupiter est sanglé! » (Scarron, *la Gigantomachie*, chant III.) — « Frere Iacobon, gentil prescheur de nostre pays, ne fut pas traité tant fauorablement, car on luy fit porter pour ses paillardises endiablées, deux ans entiers. ung bast d'asne lié sur la teste et la croupiere entre les dentz....

Pourquoy porta deux ans Iacobon, le bon frere,
La croupiere en la bouche et le bast garroté?
C'est pour auoir dix ans chevauché sans croupiere,
Et sanglé les nonnains en asne desbaté. »

(D'Aubigné, *les Aventures du baron de Fœneste*,
livre IV, chapitre XI.)

Voyez aussi la *Confession du sieur de Sancy*, du même, livre I, chapitre II, où reviennent ces plaisanteries sur frère Jacobon; et Regnard, *les Momies d'Égypte*, scène III : « Je me sens si frappée de ce M. de Groupignac que, si mon bâtier de mari étoit mort, je n'en ferois pas à deux fois, et je l'épouserois d'abord. » — Ces locutions : « bâter, sangler, seller », appliquées aux hommes, doivent probablement leur origine à la Bible, où Jérémie se charge d'un bât et d'un collier et se fait lier avec des cordes (*Jérémie*, chapitre XXVII, verset 2). Elles rappellent également le conte arabe : « le Visir sellé et bridé » (comme les fakirs de l'Inde), et le célèbre lai d'Aristote et de la maîtresse d'Alexandre, où l'on voit le philosophe, également sellé et bridé, chevauché par l'enchanteresse. C'est aussi sans doute une allusion à l'usage ancien d'après lequel le vassal ou le vaincu, pour mieux s'humilier et inspirer la pitié, se jetait aux pieds de son suzerain ou de son vainqueur une bride à la bouche, une selle sur le dos, ou tout au moins la corde au cou : voyez Quitard, *Proverbes sur les femmes*, p. 239-243. — Ainsi que le remarque philosophiquement Voltaire, dans une lettre à M. Damilaville du 16 mai 1767 : « C'est la vertu des ânes; mais il faut que chacun porte son bât dans ce monde. »

1. « L'un et l'autre y vient de cire » (*le roi Candaule*, vers 84).
2. « Qu'est-ce en somme que l'amour sinon une folie ? », comme dit l'Arioste, déjà cité, au sujet de la démence de son héros Roland (chant XXIV, stance 1) :

Chi mette il pie sull' amorosa pania,
Cerchi ritrarlo, e non v' inveschi l'ale;
Che non è in somma amor se non insania,

Ce n'est assez; cela ne doit suffire,
Il faut aussi montrer l'utilité
De ce récit; je m'en vais vous la dire.
L'heureux Damon me semble un pauvre sire[1] : 100
Sa confiance eut bientôt tout gâté[2].
Pour la sottise et la simplicité[3]
De sa moitié, quant à moi, je l'admire.
Se confesser à son propre mari,
Quelle folie! Imprudence est un terme 105
Foible à mon sens pour exprimer ceci[4].
Mon discours donc en deux points se renferme :
Le nœud d'hymen[5] doit être respecté,
Veut de la foi, veut de l'honnêteté;
Si par malheur quelque atteinte[6] un peu forte 110
Le fait clocher[7] d'un ou d'autre côté,
Comportez-vous[8] de manière et de sorte

A giudicio de' savi universale?
E sebben, come Orlando, ognun non smania,
Suo furor mostra a qualch' altro segnale.

1. Tome V, p. 279 et note 1.
2. Ci-dessus, p. 20 et note 3.
3. Rapprochez *l'Ermite*, vers 29, et *la Mandragore*, vers 268.
4. Comparez *les Rémois*, vers 27-28. — Et se confesser à sa femme? est-ce moins fou? C'est pourtant ce que fit la Fontaine : voyez la *Notice biographique* en tête de notre tome I, p. XLI-XLIII; et la fin de ce conte.
5. Dans *Belphégor*, vers 294 : « le nœud du mariage ».
6. Même locution, au même sens, dans *le Diable en enfer*, vers 183, et ci-dessus, p. 31.
7. Expression que nous rencontrons, au propre, dans la fable 1 du livre III, vers 51 :

C'est grand'honte
Qu'il faille voir ainsi clocher ce jeune fils;

et, au figuré, dans une lettre à l'abbé Vergier du 4 juin 1688; etc. Chez Montaigne (tome III, p. 338) : « Les mariages de ce pays là clochent en cecy.... »
8. Tome V, p. 200 et note 4.

Que ce secret ne soit point éventé[1] :
Gardez de faire aux égards banqueroute[2] ;
Mentir alors est digne de pardon.
Je donne ici de beaux conseils, sans doute :
Les ai-je pris pour moi-même ? hélas ! non.

1. Dans *la Coupe enchantée*, vers 382-383 et note 1 :

   .... Cette honte, qu'auroit le silence enterrée,
   Court le pays, et vit du vacarme qu'il fait.

2. Je ne fais de léger banqueroute à l'école....
   (REGNIER, satire XV, vers 86.)

   .... J'ai fait banqueroute à ce fatras de lois.
   (CORNEILLE, *le Menteur*, vers 4.)

   Je fais, par cet hymen, banqueroute à tous autres.
   (*Ibidem*, vers 1017.)

VI

LA MATRONE D'ÉPHÈSE.

Ce conte, une des plus piquantes de ces fables Milésiennes qui ont diverti le monde, a été tiré par la Fontaine de Pétrone (*Satyricon*, chapitres cxi et cxii). Le récit de *la Métamorphose* d'Apulée (livre ii), qu'on en a également rapproché, n'offre avec lui qu'un rapport éloigné, malgré l'analogie de quelques circonstances : il s'agit chez Apulée d'un homme qui, après avoir dépensé tout son argent, se charge, faute de mieux, moyennant salaire, de garder un mort durant toute une nuit. Pendant ce temps la veuve du défunt se console (on l'en accuse du moins), mais non avec le gardien du mort. On l'accuse aussi d'avoir empoisonné son époux, pour hériter de sa succession, et se livrer sans contrainte à un amour adultère.

L'histoire, telle que la raconte Pétrone, ne serait pas une fiction ; elle serait arrivée sous le règne de Néron, si nous en croyons Dacier (*Mémoires de l'Académie des Inscriptions*, tome XLI, p. 523): Quoi qu'il en soit, elle est très répandue, elle a couru tous les pays : on la lit, avec plus ou moins de changements, d'altérations, de variantes, dans le second appendice des fables de Phèdre, fable 14, *Mulier vidua et Miles, quanta sit inconstantia et libido mulierum* (édition Weise, Lipsiæ, 1866, p. 86; et L. Hervieux, *les Fabulistes latins, etc.*, Paris, 1884, tome II, p. 66 ; Phèdre, qui écrivait sous les règnes de Tibère et de Claude, la rapporte comme un événement contemporain); chez Romulus, livre IV, fable ix, *Femina et Miles* (tome II, p. 462 et p. 515 du Phèdre de Lemaire; Hervieux, tome II, p. 208); dans l'Anonyme de Nevelet, fable 48, *de Milite et Femina* (p. 521 de Nevelet; Hervieux, tome II, p. 408); chez Marie de France, fable 33, *de la Fame qui feseit duel de sun Mari*, alias *de l'Oume mort e de sa Moilier;* dans Ysopet I, fable 44 ; chez Eustache Deschamps, *Exemple contre ceulx qui se fient en amour de femmes;* chez Jean de Sarisbery, au xiie siècle, *Polycraticus, sive de nugis curialium*, livre VIII, chapitre ii ; dans le *Dolopathos* ou *Roman des sept Sages de Rome*, chapitre xv, « Comme l'enfant fut saulué par le moyen de Ioachim, septiesme maistre, à l'exemple de la femme, laquelle rompit à son mary les dentz et le visage » (l'auteur a emprunté à Pétrone quelques circonstances, mais en les rendant atroces); dans le *Ludus septem sapientium, etc.*, « Zamolxis exemplum »; dans le *Matheolus* de le Febvre de Thérouane, *s. l.*, 1488, in-fol., livre II, fol. 15; dans l'Ésope de frère Julien Macho, fable 49; ehez Camerarius, fable 193, *Muliebris luctus*[1].

Elle fait également le sujet du fabliau intitulé : *de Celle qui se fit f..... sur la fosse de son mari* (Barbazan-Méon, tome III, p. 462; et Montaiglon, tome III, p. 118), et de plusieurs autres (Dacier, déjà cité, *Mémoires de l'Académie des Inscriptions*, tome XLI, p. 523-545; Legrand d'Aussy, tome III, p. 62; et Dinaux, *Trouvères de la Flandre*, tome II, p. 32-33).

Comparez aussi les *Ciento novelle antike*, nouvelle 56, *Qui conta d'un gentiluomo che l'imperadore fece impendere;* les *Ciento novelle amorose degli incogniti*, nouvelle 2; Campeggi, tome IV, p. 283, du *Novelliero italiano* (Venise, 1754, in-8°), *la Donna d'Epheso*; les *Quarante vezirs*, contes turcs, *Histoire d'un tailleur et de sa femme*; les *Minnesinger*, fable 57; *Fabulas y exemplos, etc.*, livre III, fable IX, *de la Muger y del marito muerto;* Gratian du Pont, *Controuerses des sexes masculin et femenin* (Toulouse, 1534, in-fol.), fol. 97; Charleton, *Matrona ephesia, sive lusus serius de amore* (Londres, 1665, in-12); Brantôme, *Dames galantes*, discours VII, tome IX, p. 660-662; et une imitation, en prose, du récit de Pétrone par Saint-Évremond, qui fut insérée dans le premier et le troisième recueils de Contes donnés par la Fontaine, en 1665, chez Claude Barbin, p. 33-60 et 31-48, et que nous transcrivons à l'*Appendice*, ainsi que le récit de Brantôme : voyez notre tome IV, p. 3, note 1.

On retrouve cette histoire jusque dans l'Inde, qui est remplie, il est vrai, comme tous les pays d'Orient, de mille contes à peu près semblables aux nôtres; là sans doute est son origine : elle remonte à la plus haute antiquité. En effet, tous les textes auxquels nous renvoyons ne sont que des versions différentes du *Livre*

1. La fable 102 d'Abstemius (p. 577 de Nevelet), *de Vidua quæ operarium suum sibi conjugio copulavit*, et celle qui est dans la Vie d'Esope de Planude (p. 76 de Nevelet), n'ont, surtout la première, d'autre similitude avec notre histoire que cette vérité banale que la femme est prompte à la tentation.

de *Sindebad* (voyez Loiseleur Deslongchamps, *Essai sur les fables indiennes*, p. 161, note 1; et Benfey, *Pantschatantra*, tome I, p. 460). Elle est aussi populaire en Chine : elle a été traduite par le P. d'Entrecolles, publiée par le P. du Halde dans sa *Description historique de la Chine* (Paris, 1735, in-fol., tome III, p. 324), et reproduite dans le *Journal étranger* de décembre 1755, p. 176 : *Tchouang-Tse et Tien*, histoire chinoise, puis, par Abel Rémusat, avec corrections, dans ses *Contes chinois* (Paris, 1827, in-18), sous le titre de *la Matrone du pays de Soung*.

J.-B. Rousseau y fait allusion dans son ode VII du livre II, une de ses plus élégantes et de ses mieux tournées :

A une jeune veuve.

Quel respect imaginaire
Pour les cendres d'un époux
Vous rend vous-même contraire
A vos destins les plus doux?...

Pourquoi ces sombres ténèbres
Dans ce lugubre réduit?
Pourquoi ces clartés funèbres,
Plus affreuses que la nuit?
De ces noirs objets troublée,
Triste, et sans cesse immolée
A de frivoles égards,
Ferez-vous d'un mausolée
Le plaisir de vos regards?

Voyez les Grâces fidèles
Malgré vous suivre vos pas,
Et voltiger autour d'elles
L'Amour, qui vous tend les bras.
Voyez ce dieu, plein de charmes,
Qui vous dit, les yeux en larmes :
« Pourquoi ces soins superflus,
Pourquoi ces cris, ces alarmes?
Ton époux ne t'entend plus. »

.... De la célèbre matrone
Que l'antiquité nous prône,
N'imitez point le dégoût;
Ou, pour l'honneur de Pétrone,
Imitez-la jusqu'au bout.

> Les chroniques les plus amples
> Des veuves des premiers temps
> Nous fournissent peu d'exemples
> D'Artémises de vingt ans.
> Plus leur douleur est illustre,
> Et plus elle sert de lustre
> A leur amoureux essor :
> Andromaque, en moins d'un lustre,
> Remplaça deux fois Hector.

Ajoutons que M. Alphonse Daudet s'en est inspiré dans le chapitre VI de son roman, *l'Immortel*.

On lit dans l'*Histoire philosophique et politique des établissements et du commerce des Européens dans les deux Indes*, par l'abbé Raynal (Genève, 1780, in-8°, tome V, p. 197), un petit conte inventé par Steele et inséré dans *le Spectateur*, que Voltaire rapporte aussi dans son *Dictionnaire philosophique* (tome I, p. 299-300). Steele veut faire de son historiette la contre-partie de *la Matrone d'Éphèse*, et prouver que les hommes ne sont pas plus constants que les femmes : sauvé, sur le continent d'Amérique, par une jeune et jolie Caraïbe, le marchand Inkle s'enfuit avec elle à la Barbade. Dès qu'ils y sont arrivés, il va vendre sa bienfaitrice au marché. « Ah, ingrat ! ah, barbare ! lui dit la pauvre fille; tu veux me vendre et je suis grosse de toi ! — Tu es grosse ? répond le marchand anglais; tant mieux, je te vendrai plus cher. » Ce dernier trait, qui peut bien être vrai, quoique Voltaire semble en douter, a été adapté depuis à beaucoup d'anecdotes du même genre; mais l'historiette ne peut guère être opposée à notre conte. La matrone d'Éphèse, comme le remarque Voltaire, avec un excès d'indulgence pour elle, « n'a qu'une faiblesse amusante et pardonnable », tandis que le marchand Inkle « est coupable de l'ingratitude la plus affreuse ».

Ce conte, qui parut d'abord, nous l'avons dit plus haut, p. 3, en 1682, à la suite du *Poème du Quinquina*, forme la fable XXVI du recueil de *Fables choisies* de 1694. On peut lui comparer la fable XXI du livre VI, *la Jeune Veuve*.

Plusieurs pièces de théâtre ont été tirées de cette antique légende. Citons : *l'Éphésienne*, tragi-comédie, en cinq actes, en vers, par Pierre Brinon, jouée au Théâtre-Français en 1614.

La Matrone d'Éphèse ou Arlequin Grapignan, comédie en trois actes, en prose, par Noland de Fatouville, représentée pour la première fois par les comédiens italiens du Roi dans leur hôtel de Bourgogne, le 12 mai 1682. Une seule scène, il est vrai, se rattache à notre conte dont elle est la parodie, celle qui est intitulée : *Scène du compliment et de la bouteille :* voyez ci-dessous, p. 80, note 5.

La Matrone d'Éphèse, comédie en un acte, en prose, par Houdart de la Motte, représentée au Théâtre-Français le 23 septembre 1702.

La Matrone d'Éphèse, opéra-comique en trois actes, par Fuselier, donnée à la Foire Saint-Laurent en 1714.

La Matrone chinoise ou l'Épreuve ridicule, comédie-ballet en deux actes, en vers libres, par le Monnier, Paris, 1764, in-12.

La Matrone d'Éphèse, comédie en un acte, en vers, par Legay, Paris, 1788, in-12.

La Matrone d'Éphèse, comédie en un acte, mêlée de vaudevilles, par Radet, représentée sur le théâtre du Vaudeville le 13 octobre 1792.

La Matrone d'Éphèse, comédie en un acte, en vers, par Verconsin, jouée sur le théâtre du Gymnase en 1869.

S'il est un conte usé, commun, et rebattu[1],
C'est celui qu'en ces vers j'accommode[2] à ma guise.
    « Et pourquoi donc le choisis-tu ?
    Qui t'engage à cette entreprise ?
N'a-t-elle[3] point déjà produit assez d'écrits ?   5
    Quelle grâce aura ta Matrone
    Au prix[4] de celle de Pétrone ?
Comment la rendras-tu nouvelle à nos esprits ? »
Sans répondre aux censeurs, car c'est chose infinie[5],
Voyons si dans mes vers je l'aurai rajeunie.   10

1. Tome V, p. 515 et note 1.
2. Comme on dit d'un mets :

    Accommodez chez vous ce poisson promptement.
        (*Le Cas de conscience,* vers 124.)

3. L'entreprise de raconter l'histoire rebattue de la Matrone, n'a-t-elle, etc.
4. Ci-dessus, p. 26 et note 9.
5. Page 49 et note 3.

Dans Éphèse il fut autrefois
Une dame en sagesse et vertus sans égale,
Et, selon la commune voix,
Ayant su raffiner sur l'amour conjugale[1].
Il n'étoit bruit que d'elle[2] et de sa chasteté : 15
On l'alloit voir[3] par rareté[4] ;
C'étoit l'honneur du sexe[5] : heureuse sa patrie !
Chaque mère à sa bru l'alléguoit pour patron[6] ;
Chaque époux la prônoit à sa femme chérie[7] :
D'elle descendent ceux de la Prudoterie, 20
Antique et célèbre maison[8].

1. Rapprochez *les Troqueurs*, vers 13 :

Pour telles gens qui n'y raffinent guère, etc.

2. Même locution et même tour aux vers 249-250 de *Belphégor*.
3. Chez Pétrone : *Matrona quædam Ephesi tam notæ erat pudicitiæ, ut vicinarum quoque gentium feminas ad sui spectaculum evocaret.*
4. Comme une rareté, à cause de sa rareté. — « ....Sérieusement, rien n'est plus beau (que ce tour de perles) ; il vient de l'ambassadeur de Venise..., qui en donnoit par rareté. » (MME DE SÉVIGNÉ, tome II, p. 523.)
5. Semblable expression au tome V, p. 63 et note 2. — Chez Jodelle (tome I, p. 98) : « Ma femme..., honneur des aultres dames. »
6. Pour modèle. Comparez Montaigne, tome I, p. 162 : « Ce prince est le souuerain patron des actes hazardeux » ; Malherbe, tome I, p. 178 :

Belle âme ! beau patron des célestes ouvrages !

ibidem (tome IV, p. 222) : « Souvenez-vous que vous avez un frère que non seulement votre cour, mais toutes les cours étrangères, prennent pour un patron de vertu. »
7. Si la rime n'appelait pas ce mot, on pourrait y voir une intention quelque peu ironique.
8. C'est Molière qui a illustré cette antique maison dans *George Dandin*, joué en 1668, quatorze ans avant la publication de *la Matrone d'Éphèse* : « MONSIEUR DE SOTENVILLE. Ne comptez-vous rien, mon gendre, l'avantage d'être allié à la maison de Sotenville? MADAME DE SOTENVILLE. Et à celle de la Prudoterie, dont j'ai l'honneur d'être issue, maison où le ventre anoblit, et qui, par ce beau

c. vi] CINQUIÈME PARTIE. 69

Son mari l'aimoit d'amour folle¹.

Il mourut. De dire comment,
Ce seroit un détail frivole².
Il mourut; et son testament   25
N'étoit plein que de legs qui l'auroient consolée³,
Si les biens réparoient la perte d'un mari
   Amoureux autant que chéri⁴.
Mainte veuve pourtant fait la déchevelée⁵,

privilège, rendra vos enfants gentilshommes? » (Acte I, scène IV : voyez le tome VI de Molière, p. 520 et notes 2 et 3.)

1. Comparez, pour le genre, ci-dessus, vers 14, et, pour le tour, tome II, p. 361. — Dans *le Faucon*, vers 8 :

   Comment aimer? c'étoit si follement, etc.

2. Tour et locution analogues aux vers 193-194 du *Magnifique* :

   .... Dire comment les choses s'y passèrent,
   C'est un détail trop long.

3. Rapprochez *le Faucon*, déjà cité, vers 105 et suivants :

   Mort vint saisir le mari de Clitie, etc.

4. « Aimés aussi bien qu'amoureux » (*la Fiancée du roi de Garbe*, vers 131).

5. Laisse flotter ses cheveux en désordre, comme si elle avait envie de les arracher. — « La nouuelle mariée pleurante rioit, riante pleuroit, de ce que Chicanous l'auoit lourdement descheuelée. » (RABELAIS, tome II, p. 325.) « Elles (les veuues) ont beau s'escheueler et s'esgratigner, etc. » (MONTAIGNE, tome III, p. 116.) Ce participe se rencontre aussi dans le LXVII° dialogue des morts de Fénelon, où la duchesse de Montpensier reproche à Henri III les repas qu'il faisait avec ses mignons, et où il était « servi par des femmes nues et déchevelées ». Il est également chez Joinville, chez Juvénal des Ursins, chez Comynes (voyez le *Dictionnaire de Littré*), chez Chappuys, tome I, fol. 130 v° : « une femme descheuelée ». — Comparez Brantôme (tome IX, p. 660) : « I'ay cogneu une trez belle dame, laquelle, aprez la mort de son mary, vint à estre si esplorée et desesperée qu'elle s'arrachoit les cheueux, se tiroit la peau du visage, de la gorge, l'allongeoit tant qu'elle pou-

Qui n'abandonne pas le soin du demeurant[1], 30
Et du bien qu'elle aura fait le compte en pleurant.
Celle-ci, par ses cris, mettoit tout en alarme[2];
      Celle-ci faisoit un vacarme[3],
Un bruit[4] et des regrets[5] à percer tous les cœurs;

uoit; et, quand on luy remonstroit le tort qu'elle faisoit à son beau visage : « Ah Dieu! que me dictes vous? disoit elle; que « voulez vous que ie fasse de ce visage? pour qui le contregarde- « ray ie, puisque mon mary n'est plus? » Au bout de huict mois aprez, ce fut elle qui s'accommoda de blanc et rouge d'Espagne, les cheueux de poudre : qui fut ung grand changement. »

1. Au sens propre du mot, ce qui reste : ci-dessus, p. 10 et note 2, « le demeurant non compté par la belle ».

2. Tome V, p. 413, note 9; et ci-dessous, p. 114. — Comparez un tableau contraire dans la comédie de *Je vous prends sans verd*, scène 1 :

On ne parle que joie et que réjouissance.
Tous les jours ce ne sont que plaisirs bout à bout,
Promenades ici, ménétriers partout,
Petits jeux, cotte verte, allégresse, ripailles,
Sérénades, concerts, charivaris, crevailles,
Vous voyant tout de bon gisé dans le cercueil;
Et c'est de la façon qu'elle en porte le deuil.

3.   La nuit ni son obscurité,
    Son silence et ses autres charmes,
De la reine des bois n'arrêtoit les vacarmes.
        (Livre X, fable XII, vers 5-7.)

4. La perte d'un époux ne va point sans soupirs;
On fait beaucoup de bruit, etc.
        (*La Jeune Veuve*, vers 1-2.)

5. Au tome III, p. 221 : « pousser maint regret ».

—   .... Loris encor faisant
Tout à part soy ses regretz et clamours.
        (MAROT, tome II, p. 271.)

« ....En ayant sceu la mort, elle en fit des lamentations si grandes, des regretz si cuisans, qu'oncques puis elle ne se put remettre. » (BRANTÔME, tome VIII, p. 119.) « Ainsy prioit nostre reyne pour l'ame du roy son mary, qu'elle regretta extresmement, en faisant

> Bien qu'on sache qu'en ces malheurs, 35
> De quelque désespoir qu'une âme soit atteinte,
> La douleur est toujours moins forte que la plainte[1] :
> Toujours un peu de faste entre parmi les pleurs[2].

ses plainctes et regretz, non comme une dame desesperée et forcenée, faisant ses haultz cris, se deschirant la face, s'arrachant les cheueux, ni contrefaisant la femme qu'on loue pour plourer, mais se plaignant doulcement. » (*Ibidem*, tome IX, p. 595.) « A ce mesme massacre de la Sainct Barthelemy fut faicte une vefue par la mort de son mary, tué comme les aultres : elle en fit un tel extresme regret que, etc. » (*Ibidem*, p. 666.) — Au vers 138 de *Féronde* et note 1 : « faire un soupir ». Chez Marot, déjà cité, tome I, p. 31 :

> I'ay faict tout ce qu'on sçauroit faire,
> I'ay souspiré, i'ay faict des cris.

> Et quant ce vint à l'enterrer,
> Dont oïssiez fame crier...,
> Et poins detordre et cheueux trere....
> Quant li corps fut en terre mis,
> Dont s'escria à moult haultz cris;
> Si ce decire, et pleure, et brait....
> (*De Celle qui se fit, etc.*, fabliau cité à la notice.)

1. Comme le dit un ancien proverbe rapporté par Brantôme (*ibidem*, p. 694) : « Plus de mine en une femme perdant son mary que de melancolie. » — « Les unes (nos veuves déplorées) despitent le ciel, les aultres maugreent la terre; les unes blasphement contre Dieu, les aultres maudissent le monde; les unes font des esuanouyes, les aultres contrefont des mortes; les unes font des transies, les aultres des folles, des forcenées, et hors de leurs sens, qui ne cognoissent personne, qui ne veulent parler. Bref, ie n'aurois iamais faict si ie voulois specifier toutes leurs methodes hypocrites et dissimulées, et symagrées dont elles usent pour monstrer leur deuil et ennuy au monde. » (*Ibidem*, p. 658.)

2. J'irai me délasser parmi les bienséances,
Briller au plus profond d'un noir appartement,
Me parer de l'éclat d'un lugubre ornement,
Promener en spectacle un deuil en grand volume,
Et donner en public des pleurs à la coutume.
(*Je vous prends sans verd*, scène vi.)

Comparez la maxime ccxxxiii de la Rochefoucauld et les notes.

72 CONTES.

Chacun fit son devoir de¹ dire à l'affligée
Que tout a sa mesure, et que de tels regrets   40
 Pourroient pécher par leur excès² :
Chacun rendit par là sa douleur rengrégée³.
Enfin, ne voulant plus jouir de la clarté
 Que son époux avoit perdue⁴,

1. Tome V, p. 69 et note 1.
2. Chez Pétrone aussi ses parents, les magistrats eux-mêmes, cherchent à calmer l'excès de sa douleur ; il est vrai qu'elle s'est déjà renfermée dans l'hypogée où elle a accompagné le défunt, qu'elle ne veut pas en sortir, et paraît résolue à s'y laisser mourir de faim.
3. L'aggrava, la rendit plus vive. On disait *engreger, engregier, rengreger, rengregier, rengrangier, rengraingner, rengrigner, rengrainner*, etc. — « La maladie commença à engregier en l'ost en tel maniere.... » (JOINVILLE, § LX.) « Elle s'appensa de non plus comparoir à fin encore de luy rengreger et plus accroistre sa maladie. » (*Les Cent Nouvelles nouvelles*, p. 301.) « Ce mal se rengregeoit. » (G. CHAPPUYS, tome I, fol. 172 r°.)

  Pourquoy icy doncques ne me plaindray ie
  De ce cruel, qui chacun iour rengrege
  Mes longs ennuys?
    (MAROT, élégie xx, tome II, p. 48.)

  Ma douleur se rengrège et mon cruel martyre
  S'augmente et devient pire.
    (REGNIER, *Plainte*, vers 65.)

« .... Le médecin qui voit rengréger une maladie, dont il a trop hardiment espéré la guérison. » (MALHERBE, tome IV, p. 225.) Nous trouvons aussi *rengrègement* chez Amyot, traduction de la *Vie de Marius* (tome I, p. 790); chez Marot déjà cité (tome I, p. 95); et chez Molière (*l'Avare*, acte V, scène III, tome VII, p. 192 et note 1): « Rengrègement de mal! surcroît de désespoir ! »

4. Comparez la fable XIV du livre XII, vers 17 :

  Elle lui donne un coup si furieux,
  Qu'il en perd la clarté des cieux ;

Molière, *l'Étourdi* (acte IV, scène II, vers 1426):

Mais où vous a-t-il dit qu'il reçut la clarté?

CINQUIÈME PARTIE.

Elle entre dans sa tombe, en ferme volonté 45
D'accompagner[1] cette ombre aux Enfers descendue[2].

Et voyez ce que peut l'excessive amitié,
Ce mouvement[3] aussi va jusqu'à la folie,
Une esclave en ce lieu la suivit par pitié,
 Prête à mourir de compagnie; 50
Prête, je m'entends bien, c'est-à-dire, en un mot,
N'ayant examiné qu'à demi ce complot,
Et jusques à l'effet[4] courageuse et hardie.
L'esclave avec la dame avoit été nourrie[5];
Toutes deux s'entr'aimoient, et cette passion 55
Étoit crue avec l'âge au cœur des deux femelles[6] :
Le monde entier à peine eût fourni deux modèles
 D'une telle inclination.
Comme l'esclave avoit plus de sens que la dame,
Elle laissa passer les premiers mouvements[7]; 60
Puis tâcha, mais en vain, de remettre cette âme
Dans l'ordinaire train des communs sentiments.

Racine, *Phèdre* (acte V, scène VII, vers 1643) :

> Et la mort, à mes yeux dérobant la clarté,
> Rend au jour, qu'ils souilloient, toute sa pureté.

1. Même tour, chez Regnier, satire III, vers 249 : « Elle s'approche..., en volonté de lire. »
2. Dans *les Filles de Minée*, vers 118 :

> Te voilà, par ma faute, aux Enfers descendue !

3. Père, dit-elle, un mouvement m'a pris.
 (*Le Diable en enfer*, vers 43 et note 5.)

4. C'est-à-dire jusqu'au moment de passer de la résolution à l'effet, jusqu'au moment de mourir en réalité.
5. Élevée : tome V, p. 16 et note 3.
6. *Ibidem*, p. 268 et note 5.
7. Ci-dessus, vers 48 et note 3. — Il n'est pas question de cette esclave ou suivante chez Brantôme.

Aux consolations la veuve inaccessible
S'appliquoit seulement à tout moyen possible
De suivre le défunt aux noirs et tristes lieux [1].   65
Le fer auroit été le plus court et le mieux;
Mais la dame vouloit paître encore ses yeux [2]
   Du trésor qu'enfermoit la bière,
   Froide dépouille, et pourtant chère :
   C'étoit là le seul aliment   70
   Qu'elle prît en ce monument [3].
   La faim donc fut celle des portes
   Qu'entre d'autres de tant de sortes
Notre veuve choisit pour sortir d'ici-bas [4].
Un jour se passe, et deux [5], sans autre [6] nourriture   75

1. *Au noir rivage :* tome V, p. 435 et note 6.

— Encor si je pouvois le suivre en ces lieux sombres !
       (*Adonis*, vers 571.)

2. Rassasier ses yeux.

   Tu vodras moult ententis estre
   A tes yex saouler et paistre.
    (*Roman de la Rose*, vers 2348-2349.)

3. En ce tombeau : comparez le conte xiv de la II[e] partie, vers 292 et note 1.

— Ceulx qui par leurs escripts se vantent de reuiure,
Et se tirer tous vifz dehors des monumens....
    (Du Bellay, tome II, p. 169.)

   On en a pour toute sa vie
   Quand on est dans le monument
   Une minute seulement.
    (Scarron, *le Virgile travesti*, livre ii.)

4. Car de se poignarder, la chose est trop tôt faite.
     (*La Fiancée*, vers 335.)

5. « Et de faict fit ceste vie l'espace de deux ou trois iours. » (Brantôme, *ibidem*, p. 661.)

6. Sans d'autre. (1686 Amsterdam.)

Que ses profonds soupirs, que ses fréquents hélas[1],
　　Qu'un inutile et long murmure[2]
Contre les dieux, le sort, et toute la nature.
　　　Enfin sa douleur n'omit rien[3],
　　Si la douleur doit s'exprimer si bien[4].　　　　　80

Encore un autre mort faisoit sa résidence
Non loin de ce tombeau, mais bien différemment,
　　　Car il n'avoit pour monument
　　　Que le dessous d'une potence :
Pour exemple aux voleurs on l'avoit là laissé[5].　　85
　　　Un soldat bien récompensé[6]
　　　Le gardoit avec vigilance.
　　　Il étoit dit par ordonnance
Que si d'autres voleurs, un parent, un ami,
L'enlevoient, le soldat nonchalant, endormi,　　　　90
　　　Rempliroit aussitôt sa place[7].

1. Substantivement. « Je n'en arrachois que de profonds hélas. » (CORNEILLE, *Sophonisbe*, vers 465.)

2. 　　　Crois-moi, ton deuil a trop duré,
　　　Tes plaintes ont trop murmuré.
　　　　　　(MALHERBE, tome I, p. 271.)

3. Tome V, p. 129 et note 3.

4. Voyez ci-dessus, les vers 35-38. — « *Nulli jactantius mœrent quam qui maxime lætantur.* » (TACITE, *Annales*, livre II, chapitre LXVII.)

5. Selon l'antique usage : tomes III, p. 321 et note 12, IV, p. 271, note 5.

6. Bien payé.

7. Serait pendu à sa place. Cette condition rigoureuse n'est pas dans Pétrone. Mais le soldat n'en sera pas moins effrayé lorsqu'il verra qu'on lui a enlevé son pendu.

— 　　　Par la cuntrée fut criei,
　　　Qui le larron aureit ostei,
　　　Sun iuigemens mesmes aureit :
　　　S'atains esteit, pendus sereit.
　　　　　　(MARIE DE FRANCE.)

« La loy de là portoit que quiconque soldat s'endormoit en garde

C'étoit trop de sévérité :
Mais la publique utilité[1]
Défendoit que l'on fît au garde aucune grâce.

Pendant la nuit il vit aux fentes du tombeau 95
Briller quelque clarté, spectacle assez nouveau[2].
Curieux, il y court, entend de loin la dame
  Remplissant l'air de ses clameurs.
Il entre, est étonné, demande à cette femme
  Pourquoi ces cris, pourquoi ces pleurs[3], 100
  Pourquoi cette triste musique,
Pourquoi cette maison noire et mélancolique[4].
Occupée à ses pleurs[5], à peine elle entendit

et qui laissoit emporter le corps, debuoit estre mis en sa place et estre pendu. » (BRANTÔME, *ibidem*, p. 662.)

1. « Il ne voulut, dans toutes ses actions..., d'autre but que l'utilité publique. » (FLÉCHIER, Oraison funèbre de M. de Lamoignon.) « Se sacrifier à l'utilité de son pays.... » (RACINE, tome VI, p. 311.)

2. C'est également la lumière qui brille au milieu des tombes qui, chez Pétrone et dans l'Anonyme de Nevelet, donne l'éveil au soldat. Mais dans l'Anonyme, ce n'est pas la simple curiosité qui l'attire vers le caveau où gémit la matrone, c'est aussi la soif, et il lui demande à boire.

3. Dans Pétrone, à l'aspect de cette femme merveilleusement belle, il croit d'abord à une apparition surnaturelle, il reste stupéfait : *Visa.... pulcherrima muliere, primo, quasi quodam monstro infernisque imaginibus turbatus, substitit.*

4. La bière est un séjour par trop mélancolique.
  (MOLIÈRE, *Sganarelle*, scène XVII, vers 433.)

5. Absorbée par sa douleur, s'appliquant, pour ainsi dire, à voir, à sentir, couler ses larmes. Comparez tome II, p. 265 et note 4 :

Une nuit que chacun s'occupoit au sommeil ;

et, au livre II de *Psyché* (tome III *M.-L.*, p. 158) :

La belle les plaignit, et ne put sans frémir
Voir tant de malheureux occupés à gémir.

Toutes ces demandes frivoles.
Le mort pour elle y répondit : 105
Cet objet¹, sans autres paroles,
Disoit assez par quel malheur
La dame s'enterroit ainsi toute vivante.
« Nous avons fait serment, ajouta la suivante,
De nous laisser mourir de faim et de douleur². » 110
Encor que le soldat fût mauvais orateur,
Il leur fit concevoir ce que c'est que la vie.
La dame cette fois eut de l'attention³ ;
   Et déjà l'autre passion
   Se trouvoit un peu ralentie⁴ : 115
Le temps avoit agi⁵. « Si la foi du serment,
Poursuivit le soldat, vous défend l'aliment⁶,
   Voyez-moi manger seulement,
Vous n'en mourrez pas moins⁷. » Un tel tempérament⁸
Ne déplut pas aux deux femelles⁹. 120

1. Ci-déssus, p. 27 et note 5.
2. Ces deux vers de la suivante, ce sang-froid, ce désespoir tranquille, sont de la bonne comédie.
3. « Encore que mon amour maternel soit demeuré au premier degré, je ne laisse pas d'avoir de l'attention pour les pichons. » (M*me* de Sévigné, tome IV, p. 380; *ibidem*, tomes VI, p. 162, VII, p. 316, etc.) Rapprochez aussi la fable xviii du livre XII, vers 25.
4. « Sa haine commençoit à se ralentir. » (La Rochefoucauld, tome II, p. 41.)
5. Tome V, p. 176 et note 5 :

   Deux médecins la traitèrent de sorte,
   Que sa douleur eut un terme assez court.
   L'un fut le temps, et l'autre fut l'amour.

6. Absolument. « Si l'on considère combien est lente et insensible l'insinuation de l'aliment dans les parties qui le reçoivent.... » (Bossuet, *De la Connoissance de Dieu et de soi-même*, chapitre iii.)
7. « ....Nous n'en mourrons pas moins » (*la Fiancée du roi de Garbe*, vers 136).
8. Un tel accommodement : ci-dessus, p. 6.
9. Vers 56.

Conclusion, qu'il[1] obtint d'elles
Une permission d'apporter son soupé[2] :
Ce qu'il fit[3]. Et l'esclave eut le cœur fort tenté
De renoncer dès lors à la cruelle envie
De tenir au mort compagnie[4].   125
« Madame, ce dit-elle, un penser[5] m'est venu :
Qu'importe à votre époux que vous cessiez de vivre[6] ?
Croyez-vous que lui-même il fût homme à vous suivre
Si par votre trépas vous l'aviez prévenu[7]?
Non, Madame ; il voudroit achever sa carrière.   130
La nôtre sera longue encor, si nous voulons.
Se faut-il, à vingt ans, enfermer dans la bière ?
Nous aurons tout loisir d'habiter ces maisons[8],
On ne meurt que trop tôt : qui nous presse ? attendons.
Quant à moi, je voudrois ne mourir que ridée.   135

1. Tome V, p. 575 et note 6.
2. Même orthographe, sans le besoin de la rime, au tome I, p. 165, etc.
3. *Attulit in monumentum cœnulam suam, cœpitque hortari lugentem ne perseveraret in dolore supervacuo, et nihil profuturo gemitu pectus diduceret : omnium eumdem exitum esse, sed et idem domicilium ; et cætera, quibus exulceratæ mentes ad sanitatem revocantur.* (PÉTRONE.)
4. *Ancilla, vini, certum habeo, odore corrupta, primum ipsa porrexit ad humanitatem invitantis victam manum; deinde, refecta potione et cibo, expugnare dominæ pertinaciam cœpit.* (Ibidem.)
5. Tome V, p. 469 ; et *passim*.
6. « Pensez-vous, dit-elle dans la version de Saint-Évremond de l'édition des Maizeaux[a] :

Pensez-vous que des morts les insensibles cendres
Vous demandent des pleurs et des regrets si tendres[b] ? »

7. Tome V, p. 455 et note 3.
8. Ci-dessus, vers 102.

[a] Version très différente, ainsi que nous l'avons dit au tome IV, p. 3, de celle que nous insérons à l'*Appendice*.
[b] Ces deux vers sont donnés comme une citation, car le récit est en prose : voyez tome II, p. 74, les vers que nous avons transcrits de Virgile.

Voulez-vous emporter vos appas chez les morts[1]?
Que vous servira-t-il[2] d'en être regardée[3]?
      Tantôt, en voyant les trésors
Dont le Ciel prit plaisir d'orner votre visage,
     Je disois : « Hélas! c'est dommage!   140
« Nous-mêmes[4] nous allons enterrer tout cela[5]. »

A ce discours flatteur la dame s'éveilla.
Le dieu qui fait aimer[6] prit son temps; il tira
Deux traits de son carquois : de l'un il entama[7]
Le soldat jusqu'au vif[8]; l'autre effleura la dame.   145
Jeune et belle, elle avoit sous ses pleurs de l'éclat;

  1. .... Caron vous passera sans passer les Amours.
                            (*Clymène*, vers 412.)
  2. Tome II, p. 399 et note 7.
  3.   Ne sauroit-on bien vivre
      Qu'on ne s'enferme avec les morts?
                           (*Les Oies*, vers 16-17.)
  4. Nous-même. (1686 Amsterdam.)
  5. C'est à peu près le discours, mais plus concis, que Pétrone met dans la bouche de la suivante; et il ajoute cet argument éloquent : « Ce corps même qui gît sous vos yeux doit vous exhorter à vivre. » *Ipsum te jacentis corpus commonere debet ut vivas.* — « Les belles et ieunes vefues qui demeurent en cest estat en la fleur de leurs beaux ans et gentilz esprits, exercent par trop de grandes cruautez à l'endroict d'elles et de la nature..., à l'appetit de quelque certain vœu opiniastre qu'elles se sont fantastiqué en la teste, de tenir aux umbres vagues et vaines de leurs marys, comme sentinelles perdues en l'aultre monde, qu'estans là bas aux Champs Elysées, ne s'en soucient rien, et possible s'en mocquent. » (BRANTÔME, tome IX, p. 654.)
  6. Tome V, p. 257, note 4.
  7. Chez Regnier, *Plainte*, vers 138 :
      Il entama les cœurs des rochers et des bois.
Comparez les *Lexiques de Malherbe, la Bruyère, Sévigné, la Rochefoucauld.*; et *Psyché* (livre I, tome III, M.-L., p. 24).
  8.   Votre beauté jusqu'au vif m'a touché.
                     (*Le Magnifique*, vers 106 et note 6.)

Et des gens de goût délicat
Auroient bien pu l'aimer, et même étant leur femme¹.
Le garde en fut épris : les pleurs et la pitié,
    Sorte d'amours² ayant ses charmes,   150
Tout y fit³ : une belle, alors qu'elle est en larmes,
    En est plus belle de moitié⁴.
Voilà donc notre veuve écoutant la louange⁵,

1. Comparez, pour cette plaisanterie, le début de la fable xv du livre IX. :
        Un mari fort amoureux,
        Fort amoureux de sa femme ;
les Troqueurs, vers 121. et note 4 ; et *le Philosophe marié* de Destouches, acte I, scène 1 :
        Ma femme est toute aimable ; oui, mais elle est ma femme.
2. Le mot est ainsi au pluriel dans nos anciennes éditions : l'amour qu'elle excitait par ses pleurs, celui qu'il ressentait par sa pitié.
3. « Tout y fait quand on aime » (*la Mandragore*, vers 34).
4. Ci-dessus, vers 146.

—   Elle se mit à pleurer tendrement.
        En cet état, elle parut si belle, etc.
            (*Richard Minutolo*, vers 180-181 et note 1.)

Rapprochez Racine, *Andromaque*, vers 303-304, et vers 949-950 :
    Oui, je sens à regret qu'en excitant vos larmes
    Je ne fais contre moi que vous donner des armes ;
Britannicus, vers 402 ; etc.
5. « Il n'y a rien qui amollisse plus ung cœur dur d'une dame que la louange. » (Brantôme, tome IX, p. 584.) Voyez *le Petit Chien*, vers 63-64, *le roi Candaule*, vers 46-49 ; et le *Discours à Mme de la Sablière*, vers 5-11 (tome II, p. 458) :
    .... Pas une ne s'endort à ce bruit si flatteur,
    Je ne les blâme point ; je souffre cette humeur :
    Elle est commune aux Dieux, aux monarques, aux belles.
    Ce breuvage vanté par le peuple rimeur,
    Le nectar que l'on sert au maître du tonnerre,
    Et dont nous environs tous les dieux de la terre,
    C'est la louange, Iris.

— C'est ici le lieu de transcrire, à titre de curiosité, un fragment

Poison qui de l'amour est le premier degré ;
   La voilà qui trouve à son gré   155
Celui qui le lui donne. Il fait tant qu'elle mange ;
Il fait tant que de plaire, et se rend en effet
Plus digne d'être aimé que le mort le mieux fait ;
   Il fait tant enfin qu'elle change¹ ;
Et toujours par degrés, comme l'on peut penser,   160
De l'un à l'autre² il fait cette femme passer :
   Je ne le trouve pas étrange.
Elle écoute un amant, elle en fait un mari³,
Le tout au nez⁴ du mort qu'elle avoit tant chéri⁵.

de la parodie du théâtre italien dont nous avons parlé à la fin de la notice. Arlequin dit à Eularia la matrone, entre autres aimables gentillesses, dans la scène citée de *la Matrone d'Éphèse ou Arlequin Grapignan* : « Bel astre de charbonnier, charmant étui de chagrin...! Hélas! comme la douleur vous a changée!... *Ma, signora, se il dolor ve ha tanto affeblida, ve offro sta bottiglia di vin d'Ispagna che ve dara forza e vigor per tornar a pianger allegramente.* Buvez, Madame, buvez ; mais ne buvez pas tout, car vous me feriez pleurer aussi à mon tour.... Une goutte de ce bon vin vaut mieux cent fois que toutes vos larmes.... Car enfin de pleurer nuit et jour pour une carcasse pourrie et de ne l'abandonner jamais, c'est tout ce que pourroit faire un corbeau affamé ou un chien gourmand. Croyez-moi, Madame, vous êtes une pantoufle belle, bien faite, mignonne ; mais sans le pied d'un mari vous ne serez jamais qu'une savate inutile. *S'el mio servigio ve fosse agréable, e s'ha podesse meridar* l'honneur de mériter quelque petite part dans vos mérites, hélas! que je vous aimerois! que je vous caresserois! que je vous flatterois! que je vous.... rosserois, Madame! »

1. Tour analogue dans *la Servante justifiée*, vers 50 :

   Puis fait si bien que, s'étant éveillée, etc.

2. *De l'un à l'autre* est amphibologique. Faut-il entendre : de la douleur à la joie ? ou plutôt, comme nous le croyons : du mort au vivant ?

3. Pétrone n'est pas si délicat ici que la Fontaine ; il dit crûment : .... *Ne hanc quidem partem corporis abstinuit.*

4. Dans *la Gageure*, vers 183 : « devant mon nez ».

5. La Fontaine continue à suivre le récit de Pétrone, en négli-

Pendant cet hyménée, un voleur se hasarde 165
D'enlever le dépôt commis aux soins du garde :
Il en entend le bruit, il y court à grands pas ;
   Mais en vain : la chose étoit faite.
Il revient au tombeau conter son embarras,
   Ne sachant où trouver retraite. 170
L'esclave alors lui dit, le voyant éperdu :
  « L'on vous a pris votre pendu ?
Les lois ne vous feront, dites-vous, nulle grâce[1] ?
Si Madame y consent, j'y remédierai bien[2].
   Mettons notre mort en la place. 175
   Les passants n'y connoîtront rien[3]. »

geant deux détails, qu'il juge sans doute superflus, le premier, que la suivante sert d'entremetteuse et exhorte sa maîtresse à s'abandonner à son tendre penchant ; le second, que le soldat, pour charmer sa conquête, achète toutes les friandises qu'il peut se procurer.

1. Ci-dessus, vers 94.
2. Ce vers manque dans le texte de 1686 Amsterdam.
3. Pétrone et Saint-Évremond disent au contraire : « Le lendemain, tout le peuple s'étonna de quelle manière un homme mort avoit pu aller au gibet. » — Dans le *Roman des sept Sages* et dans la fable de Marie de France le conte de Pétrone est transformé, défiguré : le lieu de la scène est bien le même : une femme qui pleure sur le tombeau de son mari, et, près du cimetière, un larron pendu à un gibet ; mais il n'y est pas question d'un soldat, gardien du pendu, qui vient consoler la veuve ; il s'agit d'un chevalier, parent du voleur, qui le détache du gibet et lui donne la sépulture. Comment échapper à l'arrêt qui le condamne à subir le sort de celui dont il a dérobé le cadavre ? Il va trouver au cimetière la femme éplorée, lui fait une déclaration d'amour et lui confie son embarras ; celle-ci, sans qu'il ait même besoin de lui demander cette substitution, lui dit aussitôt : « Déterrons mon mari et pendons-le à la place du larron. » Elle ne se contente pas, dans le *Roman des sept Sages*, d'attacher le cadavre de son époux au gibet, pour épargner une pareille tâche à son noble amant :

  « Dame, dist il, se iel pendoie,
  Tous fins couars en deuenroie.
  — Amis, dist elle, iel pendrai

La dame y consentit[1]. O volages femelles !

> Pour vostre amour sans nul delai. »
> La dame fu de malepart,
> Entour le col li mist la hart.

Sur l'invitation du chevalier, comme le larron dépendu avait une blessure au flanc, elle fait avec un épieu la même blessure à son mari :

> « ....Se volez, ie le ferai
> Tout maintenant sans nul delai. »
> La dame a ung espié cobré,
> Son signor fiert par le costé ;
> Ung si ruiste cop li donna
> Que le fer outre li passa.

Le chevalier remarque en outre que le larron avait deux dents brisées. Qu'à cela ne tienne : la dame casse deux dents à son mari pour que les passants ne s'aperçoivent pas de la substitution :

> Lors a une pierre saisie,
> Vers li en vient tout abatie,
> Maintenant deus dens li brisa,
> Et en aprez se deuala.

Mais, après qu'elle a accompli cette belle besogne, le chevalier la repousse, indigné :

> « Soit cil honnis, ki que il soit,
> Ki en mauuaise femme croit !
> Tost avez cheli oublié
> Ki par vos fu hier enterré.
> Ie iugeroie par raison
> Que l'on vous arsist en charbon. »

— Brantôme (dans l'endroit cité à la notice, p. 662) a un détail analogue : « La dame, qui auparauant auoit esté consolée de luy et auoit besoing de consolation pour elle, s'en trouua garnye à propos pour luy, et pour ce luy dit : « Ostez vous de peine, et « venez moy seulement ayder pour oster mon mary de son tum- « beau, et nous le mettrons et pendrons au lieu de l'aultre. » Tout ainsy qu'il fut dict, tout ainsy fut il faict ; encor dit on que le pendu de deuant auoit eu une oreille coupée : elle en fit de mesme pour le representer mieulx. »

1. La veuve, *mulier prudentissima*, comme l'appelle l'auteur latin, a cette ingénieuse idée d'elle-même dans le *Satyricon*, sans que son esclave la lui suggère : *Malo mortuum impendere quam vivum occi-*

La femme est toujours femme[1]. Il en est qui sont belles ;
Il en est qui ne le sont pas :
S'il en étoit d'assez fidèles, 180
Elles auroient assez d'appas[2].

dere. La Fontaine a voulu un peu plus ménager les vraisemblances et la transition. Faut-il croire que Pétrone a mieux connu le caractère des femmes et deviné plus heureusement la vérité?

1. Cet hémistiche est dans le *Dépit amoureux* (1656) de Molière (acte IV, scène II) :

Et comme un animal est toujours animal,
Et ne sera jamais qu'animal, quand sa vie
Dureroit cent mille ans, aussi sans repartie
La femme est toujours femme.

Comparez Rabelais, le tiers livre, chapitre XXXII : « Sont toutes femmes femmes » ; l'*Heptaméron*, p. 130-131 : « Si estes vous toutes femmes, quelque beaux et honnestes accoustremens que vous portiez ; qui vous chercheroit bien auant soubz la robe, on vous troueroit femmes » ; et Mairet, *Sophonisbe*, acte I, scène II :

Mais, Sire, il faut penser que c'est aux grandes âmes
A souffrir les grands maux, et que femmes sont femmes.

2. Chez Properce, livre I, élégie II, vers 24 :

Illis ampla satis forma, pudicitia.

— Dans Marie de France il y a une moralité, mais elle est très générale et s'applique aux hommes aussi bien qu'aux femmes :

Par iceste signifiance
Poons entendre quel creance
Doibuient auoir li mort es vis [a],
Tant est li Monde faus e vis [b].

Le fabliau très trivial que nous avons cité, qui ne devient un peu sérieux que vers la fin, *De Celle qui se fist f....*, ne s'attaque qu'aux femmes :

Por ce tieng je celui à fol
Qui trop met en fame sa cure :
Fame est de trop foible nature ;
De noient rit, de noient pleure ;
Fame aime et het en trop poi d'eure....

[a] Dans les vivants. — [b] Vil, méprisable.

Prudes, vous vous devez défier de vos forces¹ :
Ne vous vantez de rien. Si votre intention
   Est de résister aux amorces²,
La nôtre est bonne aussi : mais l'exécution   185
Nous trompe également³ ; témoin cette matrone.
  Et, n'en déplaise au bon Pétrone,
Ce n'étoit pas un fait tellement merveilleux,
Qu'il en dût proposer l'exemple à nos neveux.
Cette veuve n'eut tort qu'au bruit⁴ qu'on lui vit faire,
Qu'au dessein de mourir, mal conçu, mal formé :
   Car de mettre au patibulaire⁵
   Le corps d'un mari tant aimé,
Ce n'étoit pas peut-être une si grande affaire ;

1. Dans *Belphégor*, vers 170 :

  .... Ces prudes-là nous en font bien accroire.

2. Aux tentations. Dans *la Fiancée*, vers 705 et note 6 :

  .... Ce fut aux brigands une amorce.

Chez Jodelle, *l'Eugène*, acte I, scène 1 :

  .... Et quant est des aultres amorces
  Pense que peut en cela faire
  Celle qui se plaist en l'affaire ;

chez Remy Belleau, tome II, p. 47 :

  J'ay senti comme toy ses amorces friandes,
  Ses feux, ses rets, ses traits, etc.

3. Notre intention est bonne aussi, à nous autres hommes ; mais comme dans la fable II du livre II :

  Est-il besoin d'exécuter,
  L'on ne rencontre plus personne ;

c'est-à-dire nous sommes, aussi bien que les femmes, très sujets à faillir dans la pratique. — Chez Mme de Sévigné (tome VII, p. 525) : « Que peut-on faire à ces sortes de malheurs...? peut-être connoissez-vous le chagrin d'avoir de bonnes intentions sans les exécuter. »

4. Qu'eu égard au bruit, etc.

5. Au gibet ; l'adjectif est pris ici substantivement, comme dans

Cela lui sauvoit l'autre : et tout considéré,   195
Mieux vaut¹ goujat² debout qu'empereur enterré³.

la fable XXIII du livre XII, vers 27 et note 12. — Chez Rabelais (tome I, p. 195) : « Vostre salaire est au patibulaire; allez y braire. »

1. Dans la fable I du livre XII, vers 95 : « Tout bien considéré.... »; dans le conte I de la IIᵉ partie, vers 200 : « Car mieux vaut, tout prisé.... »

2. Tome I, p. 234. — *Goujat*, masculin de *gouge*, veut dire proprement, on le sait, valet d'armée, et, par extension, un drôle, un vaurien, un homme sale et grossier. « Ah ! qu'il s'est veu sortir de trez bons soldatz de ces gouiatz ! » (BRANTÔME, tome IV, p. 150.) « Force l'auoient veu aux premieres guerres gouiat du sergent Nauarre. » (*Ibidem*, tome VI, p. 197.) Il a encore été employé dans ce sens de « valet d'armée » par le général de Ségur, dans son *Histoire de Napoléon et de la grande armée* (livre IX, chapitre 3).

3. « Un chien vivant vaut mieux qu'un lion mort », dit l'Ecclésiaste (chapitre IX, verset 4). Chrétien de Troyes dit le contraire :

> Encor vaut mieux, ce m'est aduis,
> Ung cortois mort qu'ung vilain vis.
> (*Recueil des poètes françois*, tome I, p. 64.)

Rapprochons du vers de la Fontaine ce passage de Théophile, dans *les Amours tragiques de Pyrame et Thisbé* (acte III, scène 1) :

> Qu'on fait bien (*sic*) dans ce règne où Pluton tient sa cour,
> C'est un conte : il n'est rien de si beau que le jour.
> Le moindre chien vivant vaut mieux que cent cohortes
> De tigres, de lions, ou de panthères mortes.
> Bien que pauvre sujet, je préfère mon sort
> A celui-là d'un prince ou d'un monarque mort;

et Voiture, *Épître à Monseigneur le Prince sur son retour d'Allemagne* :

> ....Seigneur, c'est fort peu de chose
> Qu'un demi-dieu quand il est mort

VII
BELPHÉGOR.
NOUVELLE TIRÉE DE MACHIAVEL.

La Fontaine reconnaît qu'il a emprunté ce conte à Machiavel, dont la très plaisante nouvelle, *Novella piacevolissima*, comme le dit le titre, ou, dans d'autres éditions, *Una dilettevole novella del Dimonio che piglio moglie*, parut d'abord à Rome, en 1545, dans un recueil in-8°, publié par les soins de Giovanni Brevio, et intitulé *Rime e Prose* : *Belfagor arcidiavolo è mandato da Plutone in questo mondo, con obbligo di dover prender moglie. Ci viene, la prende; e non potendo sofferire la superbia di lei, ama meglio ritornarsi in inferno che ricongiungersi seco.*

« Belphégor, archidiable, est envoyé par Pluton en ce monde, à charge d'y prendre femme. Il vient, en prend une, et, ne pouvant souffrir l'orgueil de la dame, aime mieux retourner en enfer que de se réconcilier avec elle. »

Cette nouvelle ne fut publiée sous le nom de Machiavel qu'en 1549, à Florence.

Nous la retrouvons imitée ou reproduite par Straparole dans ses *Facetieuses Nuits*, nuit II, fable IV[1]; par Marco Solari, dans la *Seconda libreria* de Doni, fol. 89; par Sansovino dans ses *Cento Novelle scelte*, journée III, nouvelle VII, presque entièrement semblable à celle de Machiavel; par Gabriel Chappuys, dans ses *Facetieuses Iournées*, journée III, nouvelle III : « Belfagor, archidiable, est enuoyé par Pluton en ce monde auec obligation de prendre femme. Il vient, et la prend, et; ne pouuant souffrir et endurer l'insolence

---

1. « Le Diable, entendant que les mariz se plaignoient de leurs femmes, espousa Siluie, et print pour compere Gasparin Bonci; et, ne pouuant plus durer auec sa femme, entra au corps du duc de Melfe, puis son compere Gasparin l'en iecta hors. » — « Un chanoine de Saint-Martin de Tours, écrit le poète Lainez (dans une note de la réimpression de la traduction française de Straparole, Paris, 1726, in-12, p. 64), m'a dit que le mariage du Diable, en cinq ou six lignes, se trouvait dans un vieux manuscrit latin de cette église. »

d'icelle, il s'en retourne en enfer »; par le comédien Moulinet dans ses *Facétieux Devis et plaisants Contes* (Paris, 1612, in-12, p. 255) : « Un diable, menacé qu'on le marieroit s'il ne sortoit du corps d'un homme, en sortit, ce qu'il n'avoit voulu faire pour aucune conjuration ne menace »; par un anonyme dans *la Gibecière de Mome ou le Trésor du ridicule*, Paris, 1644, in-8°, p. 245; par le doyen Ch. Jaulnay dans *l'Enfer burlesque*, et *le Mariage de Belphégor, épitaphes de M. de Molière* (c'est un pamphlet contre Molière, où Armande Béjart est peinte sous le nom de la prude Honesta), Cologne, 1677, in-12; etc.

Le père de Mme Dacier, Tanneguy le Fèvre, publia une version française de la nouvelle de Machiavel, sous ce titre : *le Mariage de Belfégor, nouvelle italienne* (Saumur, 1664, in-12), reproduite à la suite de l'*Abrégé des Vies des poètes grecs* (ibidem, 1665, in-12), et, avec traduction allemande en regard, dans le recueil intitulé : *Galanteries diverses arrivées pour la plupart en France* (Nuremberg, 1685, in-18). Il y prête quelquefois à l'auteur italien des plaisanteries un peu forcées.

Dans d'autres traductions, arrangements, ou paraphrases, le titre original a été changé : *Mitra ou le Démon marié*, par Mlle Catherine-Charlotte Patin, petite-fille de Guy Patin (Paris, 1688, in-12), publié de nouveau à Lyon, *s. d.*, in-12, à Paris, 1745, et à la Haye, 1748, in-12, sous ce titre : *le Démon marié, ou le Malheur de ceux qui violent les préceptes de leurs parents, nouvelle hébraïque morale, traduite par Mlle Patin;*

Roderic ou le Démon marié, nouvelle historique traduite de l'italien en françois (Cologne, 1694, in-12), réimprimé sous ce titre : *le Démon et la Démone mariés, ou le Malheur des hommes qui épousent de mauvaises femmes, avec leurs caractères vicieux, nouvelle historique et morale tirée des annales de Florence par le fameux Machiavel*, Rotterdam (Paris), 1705, in-12, et inséré dans l'édition du *Diable amoureux* de Cazotte (Paris, 1772, in-8°); etc.

Comparez Abstemius, fable 194, *de Dæmone uxorem recusante*; le Febvre de Thérouane, *Matheolus*, livre II, fol. 38; et le passage du fabliau intitulé *le Medecin de Brai* (Legrand d'Aussy, tome III, p. 1-11), où le roi fait venir de même un paysan dont sa fille à laquelle une arête est restée dans le gosier. On le menace du bâton s'il ne guérit la princesse, et il n'échappe au danger, comme le manant Matteo, que par une ruse.

CINQUIÈME PARTIE.   89

Ce conte forme la fable xxvii du recueil de 1694, mais le prologue (vers 1-29) a été supprimé dans cette édition.

On peut rapprocher de *Belphégor* la fable xx du livre VI, *la Discorde*, la fable ii du livre VII, *le Mal marié*, et peut-être aussi la fable xvi du livre III, *la Femme noyée*.

Le capucin J.-R. Joly en a tiré un conte en vers très indécent, portant le même titre (Paris, 1760, in-8°); le comédien Legrand, une comédie-ballet en trois actes, jouée au Théâtre-Italien le 22 août 1721 [1]; Dartois, Saint-Georges et Vernet, un vaudeville-féerie en un acte, ou *le Bonnet du Diable*, donné aux Variétés en 1825; et Dumanoir, Saint-Yves et Choler, un vaudeville fantastique en un acte, représenté sur le théâtre du Palais-Royal, le 20 mai 1851. Citons aussi *Belphégor dans Marseille*, comédie en un acte, en prose, par un auteur anonyme (Marseille, 1756, in-8°); et deux comédies anglaises également anonymes: *the Collier of Croydon* (1602), et *Belphegor or the Mariage of the Devil* (1691).

A MADEMOISELLE DE CHAMPMESLÉ[2].

De votre nom j'orne le frontispice
Des derniers vers que ma Muse a polis.
Puisse le tout, ô charmante Philis[3],
Aller si loin que notre los[4] franchisse

1. « Ce qu'on y trouve de plus divertissant est la conversation d'Arlequin aux Enfers avec Pluton, Proserpine et l'Ombre de sa femme. Le diable Belphégor entre dans le corps d'un financier pour enrichir Trivelin, qui l'a débarrassé de sa femme et de ses créanciers, et pour avoir occasion de tirer sur les gens de finance. » (*Dictionnaire dramatique*, tome I, p. 171.)

2. *Chammelay* dans toutes nos anciennes éditions. — Marie Desmares, femme de Charles Chevillet, sieur de Champmeslé, auteur comique et comédien, au théâtre duquel collabora notre poète, née à Rouen en 1644, morte le 15 mars 1698. Voyez sur cette célèbre actrice et ses relations avec la Fontaine la *Notice biographique* en tête de notre tome I, p. cxiv-cxvi.

3. Ci-dessous, vers 21; et tome II, p. 104 et note 7.

4. Notre réputation, notre renommée: tome III, p. 193 et note 60.

— Pourquoy as fantasie

La nuit des temps[1]! nous la saurons dompter,   5
Moi par écrire[2], et vous par réciter[3].
Nos noms unis perceront l'ombre noire;
Vous régnerez longtemps dans la mémoire[4]
Après avoir régné jusques ici
Dans les esprits, dans les cœurs même aussi.   10
Qui ne connoît l'inimitable actrice
Représentant ou Phèdre ou Bérénice,
Chimène en pleurs, ou Camille en fureur?
Est-il quelqu'un que votre voix n'enchante?

> Plus à t'emplir de vin et maluoisie
> Qu'en bien iugeant acquerir los et gloire?
> (MAROT, épigramme CCI, tome III, p. 81.)

> Votre los se portera
> Dans les terres les plus étranges.
> (VOITURE, *Épître à Monseigneur le Prince sur son retour d'Allemagne.*)

1. Livre II, fable XIII, vers 22 :

> ....Ce que la nuit des temps enferme dans ses voiles.

2. Voyez, pour cet emploi de *par* devant l'infinitif, les *Lexiques de Malherbe, la Rochefoucauld, la Bruyère et Sévigné.*

3. Voltaire, dans une épître à Mlle Clairon, où il met celle-ci bien au-dessus de ses devancières (tome XIII des *OEuvres*, p. 241-242), rappelle que du temps de la Champmeslé la déclamation était une espèce de chant :

> Que ce conteur heureux qui plaisamment chanta
> Le démon Belphégor et madame Honesta,
> L'Ésope des Français, le maître de la fable,
> Ait de la Champmeslé vanté la voix aimable,
> Ses accents amoureux et ses sons affétés,
> Écho des fades airs que Lambert a notés,
> Tu n'étais pas alors : on ne pouvait connaître
> Cet art qui n'est qu'à toi, cet art que tu fais naître.

4. ....Ce choix pouvoit combler trois familles de gloire,
Consacrer hautement leurs noms à la mémoire.
(CORNEILLE, *Horace*, acte II, scène I.)

S'en trouve-t-il une autre aussi touchante, 15
Une autre enfin allant si droit au cœur¹ ?
N'attendez pas que je fasse l'éloge
De ce qu'en vous on trouve de parfait :
Comme il n'est point de grâce qui n'y loge²,
Ce seroit trop ; je n'aurois jamais fait³. 20
De mes Philis vous seriez la première,

1. « Elle (la Champmeslé) sait conduire sa voix avec beaucoup d'art, et elle y donne à propos des inflexions si naturelles qu'il semble qu'elle ait vraiment dans le cœur une passion qui n'est que dans sa bouche. » (*Entretiens galants*, Paris, 1680, in-12, tome II, p. 90.) Comparez les vers 3-6 de l'épître VII de Boileau :

> Jamais Iphigénie, en Aulide immolée,
> N'a coûté tant de pleurs à la Grèce assemblée,
> Que dans l'heureux spectacle à nos yeux étalé
> En a fait sous son nom verser la Champmeslé ;

une lettre de Mme de Sévigné à sa fille du 11 février 1689 : « On continuera à représenter *Esther* : Mme de Caylus, qui en étoit la Champmeslé, ne joue plus ; elle faisoit trop bien, elle étoit trop touchante » ; l'épître de Voltaire à Mlle Gaussin (tome XIII des OEuvres, p. 92), qui paraît inspirée par notre poète :

> Jeune Gaussin, reçois mon tendre hommage, etc.,

et où il parle aussi de la « voix touchante », des « sons enchanteurs » de cette aimable actrice. Fontanes s'est peut-être souvenu des vers de la Fontaine et de ceux de Voltaire dans sa jolie épître à Mlle des Garcins (*Almanach des Muses* de 1789, p. 87), qui n'a pas trouvé place dans l'édition de ses OEuvres :

> Oui, l'Amour veut que je te chante :
> Le premier j'ai senti le charme de tes pleurs,
> De ta jeunesse en deuil, et de ta voix touchante,
> Et de tes naïves douleurs, etc.

Et plus loin, parlant de la façon dont elle interprète Racine et l'auteur de *Zaïre :*

> Tes accents qu'elle (*leur ombre*) inspire
> Sont aussi tendres que leurs vers.

2. Ci-dessus, p. 53 et note 4.
3. Tome V, p. 522 et note 3.

Vous auriez eu mon âme toute¹ entière,
Si de mes vœux j'eusse plus présumé :
Mais en aimant, qui ne veut être aimé?
Par des transports n'espérant pas vous plaire,   25
Je me suis dit seulement votre ami,
De ceux qui sont amants plus d'à demi² :
Et plût au sort que j'eusse pu mieux faire³ !
Ceci soit dit : venons à notre affaire.

Un jour Satan, monarque des enfers,   30
Faisoit passer ses sujets en revue.
Là, confondus, tous les états divers,
Princes et rois, et la tourbe menue⁴,
Jetoient maint pleur⁵, poussoient maint et maint cri,
Tant que⁶ Satan en étoit étourdi⁷.   35
Il demandoit en passant à chaque âme :
« Qui t'a jetée en l'éternelle flamme ? »

1. Telle est l'orthographe de nos anciens textes.
2. Tome V, p. 469 et note 1. — Rapprochez *la Confidente*, vers 45 et note 8 :

   .... Quelque amitié, quelque chose de plus.

3. Pas ne tiendroit aux gens qu'on ne fît mieux.
    (*Le Diable en enfer*, vers 9 et note 1.)

Ainsi qu'il est dit p. cxvi de la *Notice biographique*, « c'est l'occasion de rendre à la Fontaine cette justice qu'il n'a jamais parlé en homme à bonnes fortunes, ni cherché à faire croire que ses succès, comme galant, n'aient pas été au-dessous de son très grand zèle ». Comparez le conte 1 de la IIIᵉ partie, vers 24-27 et note 6.

4. Toute la hiérarchie des enfers.
5. Dans *la Gageure*, vers 110 et note 5 : « La chambrière.... jette une ou deux larmes ».
6. Tome IV, p. 502 et note 1.

7. Sainte ni saint n'étoit en paradis
   Qui de ses vœux n'eût la tête étourdie.
    (*La Mandragore*, vers 15-16 et note 6.)

L'une disoit : « Hélas ! c'est mon mari » ;
L'autre aussitôt répondoit : « C'est ma femme¹ ».
Tant et tant fut² ce discours répété,   40
Qu'enfin Satan dit en plein consistoire³ :
« Si ces gens-ci disent la vérité,
Il est aisé d'augmenter notre gloire⁴ ;
Nous n'avons donc qu'à le vérifier.
Pour cet effet, il nous faut envoyer   45
Quelque démon⁵ plein d'art et de prudence,
Qui, non content d'observer avec soin
Tous les hymens dont il sera témoin,
Y joigne aussi sa propre expérience⁶. »

1. Voici le début de la version de Tanneguy le Fèvre : « On lit dans les vieilles chroniques de Florence qu'un personnage très saint et dont la vie fut l'admiration de son siècle, étant un jour ravi en esprit, eut une vision fort étrange. Ce saint personnage remarqua que les âmes des hommes mariés alloient en foule aux Enfers et disoient presque toutes que, s'ils n'eussent point épousé de femmes, ils n'eussent jamais été réduits à un tel malheur ; de sorte que Minos et Rhadamante avec tout le vénérable sénat des Enfers en paroissoient fort surpris. » — Dans le texte de Machiavel : *Leggesi nella antiche memorie delle Fiorentine cose, come gia s'intese per relazione d'alcuno santissimo uomo, la cui vita appresso qualunque in quelli tempi viveva era celebrata, che standosi astratto nelle sue orazioni vide, mediante quelle, come andando infinite anime di quelli miseri mortali, che nella disgrazia di Dio morivano, allo inferno, tutte o la maggior parte si dolevano non per altro che per aver preso moglie, essersi a tanta infelicita condotte. Donde che Minos e Radamanto, insieme con gli altri infernali giudici, ne avenano maraviglia grandissima.*

2. Tome V, p. 403. — 3. Ci-dessous, vers 51 : « le noir sénat ».

4. D'augmenter le mal que nous faisons et le nombre de nos sujets.

5. Comme dans les anciens « mystères » où fréquemment les diables sortent de l'enfer pour venir en ce monde inspirer les mauvaises pensées et les mauvaises actions.

6. Se marie lui-même. — On a vu par le titre de la fable de Straparole que nous avons donné ci-dessus, p. 87, note 1, que chez lui c'est le Diable en personne, c'est Satan lui-même, qui se charge de l'expérience.

Le prince ayant proposé sa sentence, 50
Le noir sénat¹ suivit tout d'une voix².

De Belphégor³ aussitôt on fit choix⁴.
Ce diable⁵ étoit tout yeux et tout oreilles⁶,
Grand éplucheur⁷, clairvoyant à merveilles,
Capable enfin de pénétrer dans tout, 55
Et de pousser l'examen jusqu'au bout.
Pour subvenir aux frais de l'entreprise,
On lui donna mainte et mainte remise⁸,
Toutes à vue⁹, et qu'en lieux différents
Il pût toucher par des correspondants¹⁰. 60
Quant au surplus, les fortunes humaines,
Les biens, les maux, les plaisirs et les peines,
Bref, ce qui suit notre condition,
Fut une annexe à sa légation.

1. Même expression : « sénat », en parlant du « chapitre » des religieuses, dans *le Psautier*, vers 79 et note 1.
2. Dans le récit de Machiavel le « noir sénat » n'est pas aussi expéditif (ci-dessous, note 4).
3. Nom emprunté, comme ceux de Belzébuth, d'Astaroth, aux anciens dieux de Syrie. Belphégor était le dieu du mariage.
4. *E concludendo tutti, come egli era necessario scuoprirne la verita, erano discrepanti del modo. Perche a chi pareva, che si mandasse uno, a chi piu nel mondo, che sotto forma d'uomo conoscesse personalmente questo esser vero. A molti altri pareva potersi fare senza tanto disagio, costringendo varie anime con varii tormenti a scoprirlo.*
5. Chez Machiavel, c'est le sort qui le désigne : *E non si trovando alcuno, che volontariamente prendesse questa impresa, deliberarono che la sorte fusse quella che lo dichiarasse. La quale cade sopra Belfagor.*
6. Tome IV, p. 369 et note 6.—7. Tome V, p. 323 et note 7.
8. Proprement : lettre de change qu'on remet d'une place en une autre.
9. Toutes payables à vue.
10. « Il (le Diable) print la forme d'ung beau ieune fils et de bonne grace, garny de deniers et possessions. » (STRAPAROLE, fable citée.)

CINQUIÈME PARTIE.

Il se pouvoit tirer d'affliction[1]
Par ses bons tours et par son industrie[2],
Mais non mourir[3], ni revoir sa patrie,
Qu'il n'eût ici consumé certain temps :
Sa mission devoit durer dix ans.

Le voilà donc qui traverse et qui passe
Ce que le Ciel voulut mettre d'espace
Entre ce monde et l'éternelle nuit :
Il n'en mit guère, un moment y conduit[4].
Notre démon s'établit à Florence,
Ville pour lors de luxe et de dépense :
Même il la crut propre pour le trafic[5].

1. D'embarras : des afflictions qu'il pourrait subir.
2. Tome II, p. 176 et note 15. — Dans la version de Tanneguy le Fèvre : « Il fut encore dit que, pendant ce temps-là, il seroit soumis à toutes les peines et à toutes les misères auxquelles les hommes sont sujets, sans en excepter la prison, les maladies et la pauvreté même. Mais qu'au reste, s'il s'en délivroit par ruse et par adresse, cela lui seroit permis, et que l'on ne s'en scandaliseroit point. » — Dans le texte de Machiavel : *Dichiarossi ancora, che durante detto tempo [dieci anni] e 'fusse sottoposto a tutti quelli disagi, ed a tutti quelli mali a che sono sottoposti gli uomini, e che si tira dietro la poverta, le carceri, la malattia, ed ogni altro infortunio, nel quale gli uomini incorrono, eccetto se con inganno o astuzia se ne liberasse.*
3. Comparez ce que dit Manto la fée dans le conte du *Petit Chien*, vers 163-167 :

> La Parque est inconnue à toutes mes pareilles :
>   Nous opérons mille merveilles,
> Malheureuses, pourtant, de ne pouvoir mourir,
> Car nous sommes d'ailleurs capables de souffrir
>   Toute l'infirmité de la nature humaine.

4. Beau vers, jeté là en passant.
5. Ce vers manque dans l'édition de 1686 Amsterdam. — Il crut qu'on pouvait y faire trafic. Le trafic, c'est proprement le commerce sordide, ignoble, rapace, des rogneurs d'écus, des grappilleurs, des brocanteurs, courtiers, revendeurs, usuriers, ou le vil manège,

Là, sous le nom du seigneur Roderic,
Il se logea, meubla, comme un riche homme,
Grosse maison, grand train¹, nombre de gens :
Anticipant tous les jours sur la somme   80
Qu'il ne devoit consumer qu'en dix ans.
On s'étonnoit d'une telle bombance :
Il tenoit table², avoit de tous côtés
Gens à ses frais, soit pour ses voluptés,
Soit pour le faste et la magnificence.   85
L'un des plaisirs où plus il dépensa
Fut la louange : Apollon l'encensa,
Car il est maître en l'art de flatterie³.
Diable n'eût onc⁴ tant d'honneurs en sa vie.
Son cœur devint le but de tous les traits   90
Qu'Amour lançoit : il n'étoit point de belle
Qui n'employât ce qu'elle avoit d'attraits⁵

la politique fausse et mercantile, des intrigants : voyez *le Diable en enfer*, vers 13 et note 5; et ci-dessous, les vers 164 et 202. — Dans la version de Tanneguy le Fèvre : « Il entra à Florence avec un équipage très leste, ayant fait élection de cette ville plutôt que de toute autre, parce qu'elle lui sembloit plus propre pour le dessein qu'il avoit de faire valoir son argent et de le mettre à intérêt (*lisez :* d'exercer l'usure). » — *Ed ordinato di sue masnade cavalli e compagni, entro onoratissimamente in Firenze; la qual citta innanzi a tutte le altre elesse per suo domicilio, come quella che gli pareva piu atta a sopportare chi con arte usuraria esercitasse i suoi danari; e fattosi chiamare Roderigo di Castiglia, prese una casa....* — On sait quels manieurs d'argent étaient les Florentins, et particulièrement à Florence les Médicis, qui, tripotant sans vergogne, s'enrichissaient par tous les moyens. — Dans le *Journal du Voyage* de Montaigne (tome II, p. 61) : « La liberté de la police de Venise, et utilité de la trafique, la peuple d'estrangers. »

1. Tome V, p. 270 et note 5.
2. Même locution dans la fable XIX du livre VIII, vers 15, dans *la Coupe enchantée*, vers 403 et note 5.
3. Comparez tome II, p. 310 et note 15.
4. Tome V, p. 564 et note 2.
5. Rapprochez *le Petit Chien*, vers 281 : « employer ses appas ».

C. VII] CINQUIÈME PARTIE. 97

Pour le gagner¹, tant sauvage² fût-elle³ ;
Car de trouver une seule rebelle,
Ce n'est la mode à gens de qui la main   95
Par les présents s'aplanit tout chemin⁴ :
C'est un ressort en tous desseins utile.
Je l'ai jà⁵ dit, et le redis encor :
Je ne connois d'autre premier mobile⁶
Dans l'univers que l'argent et que l'or⁷.   100

Notre envoyé cependant tenoit compte
De chaque hymen en journaux⁸ différents :
L'un, des époux satisfaits et contents,

1. Ci-dessus, p. 43 et note 1, et ci-dessous, vers 120.
2. D'humeur farouche (*la Clochette*, vers 40).
3. Frédéric eut à sa table Apollon.
    Femme n'étoit ni fille dans Florence
    Qui n'employât, pour débaucher le cœur
    Du cavalier, l'une un mot suborneur,
    L'autre un coup d'œil, l'autre quelque autre avance.
            (*Le Faucon*, vers 48-52.)

4. Ce passage rappelle les vers si connus (207-208) de la satire VIII de Boileau :

    Il (*le riche*) est aimé des grands, il est chéri des belles ;
    Jamais surintendant ne trouva de cruelles.

Voyez le prologue du *Magnifique*, et aussi *les Quiproquo*, vers 75-80.
5. Tome V, p. 507 et note 1.
6. « L'argent est le premier mobile des affaires de ce monde. » (VOLTAIRE, *l'Ingénu*, chapitre VIII.)
7. La naissance, l'esprit, les grâces, la beauté,
    Tout se trouvoit en eux, hormis ce que les hommes
    Font marcher avant tout dans le siècle où nous sommes :
    Ce sont les biens, c'est l'or, mérite universel.
            (*Les Filles de Minée*, vers 304-306.)

8. Registres. — « Mon pere ordonnoit à celuy de ses gens qui luy seruoit à escrire, ung papier iournal à inserer toutes les suruenances de quelque remarque, et iour par iour les memoires, etc. » (MONTAIGNE, tome I, p. 319.)

J. DE LA FONTAINE. VI   7

Si peu rempli, que le diable en eut honte[1] ;
L'autre journal incontinent fut plein.   105
A Belphégor il ne restoit enfin
Que d'éprouver la chose par lui-même[2].

Certaine fille à Florence étoit lors,
Belle et bien faite, et peu d'autres trésors[3] ;
Noble d'ailleurs, mais d'un orgueil extrême[4] :   110
Et d'autant plus que de quelque vertu
Un tel orgueil paroissoit revêtu[5].
Pour Roderic on en fit la demande.
Le père dit que madame Honesta[6],
C'étoit son nom, avoit eu jusque-là   115
Force partis ; mais que parmi la bande[7]
Il pourroit bien Roderic préférer,
Et demandoit temps pour délibérer.
On en convient. Le poursuivant[8] s'applique

1. Honte pour l'humanité.
2. Ci-dessus, vers 49.
3. Peu d'autres trésors que sa beauté. — *Roderigo scelse una bellissima fanciulla, chiamata Onesta, figliuola d'Amerigo Donati, il quale n'avea tre altre insieme con tre figliuoli maschi.... E benche fusse d'una nobilissima famiglia, e di lui fusse in Firenze tenuto in buon conto, nondimanco era rispetto alla brigata che aveva ed alla nobilta, poverissimo.*
— Dans *l'Ermite*, vers 31 : « d'autre dot point ».
4. « Belphégor, qui se connaissait en orgueil grâce aux mauvais anges, dit Machiavel, avouait que Lucifer même en avait moins que sa femme » : *Aveva Monna Onesta portato in casa di Roderigo insieme con la nobilta seco, e con la bellezza, tanta superbia, che non n'ebbe mai tanta Lucifero, e Roderigo, che aveva provata l'una e l'altra, giudicava quella della moglie superiore.*
5. D'autant plus que cet orgueil paraissait quelque peu justifié par sa vertu.
6. *Honnesta*, dans l'édition originale.
7. La « soupirante cohorte » (*le Petit Chien*, vers 51 et note 5).
8. Ci-dessus, p. 30 et note 3. — « Les rusées ont celle façon de tenir tousiours quelqu'ung des poursuivans en langueur pour faire

A gagner celle où¹ ses vœux s'adressoient.   120
Fêtes et bals, sérénades, musique,
Cadeaux², festins, bien fort apetissoient³,
Altéroient fort le fonds de l'ambassade.
Il n'y plaint rien⁴, en use en grand seigneur,
S'épuise en dons. L'autre se persuade   125
Qu'elle lui fait encor beaucoup d'honneur.
Conclusion, qu'après⁵ force prières,
Et des façons de toutes les manières,
Il eut un oui⁶ de madame Honesta.
Auparavant le notaire y passa;   130
Dont⁷ Belphégor se moquant en son âme⁸ :

conuerture à la iouissance qu'elles donnent aux aultres. » (B. DES PÉRIERS, tome II, p. 15.)

> Poursuiuant suis, dit il, dont le crier
> N'est point ouï d'une que i'ay choisie.
> (MAROT, tome II, p. 95.)

1. A laquelle. Comparez les fables VII du livre III, vers 1, 1 du livre VIII, vers 19 ; etc. Dans l'*Andromaque* de Racine, vers 864 :

> Par une main cruelle, hélas ! j'ai vu percer
> Le seul (cœur) où mes regards prétendoient s'adresser.

2. Parties de plaisir, promenades, collations, divertissements donnés à des dames : tome V, p. 189 et note 7.
3. *Appetissoient*, dans les éditions de 1682, 1686, 1705; *apetissoient*, comme ici, dans le recueil de 1694 : rapetissaient, diminuaient; ce mot est écrit tantôt par un, tantôt par deux p, chez nos anciens auteurs, par deux, dans les deux premières éditions du Dictionnaire de l'Académie. — Pour ces fêtes, ces sérénades, offertes à la dame de ses pensées, rapprochez *le Magnifique*, vers 134-136, et les notes.
4. N'épargne rien : tome V, p. 394 et note 2.
5. Ci-dessus, p. 78 et note 1.
6. :   Le oui fut dit à la chandelle.
     (*Nicaise*, vers 127.)
7. Ce dont.
8. Tome V, p. 314 et note 3.

« Hé quoi! dit-il, on acquiert une femme
Comme un château! ces gens ont tout gâté¹. »
Il eut raison : ôtez d'entre les hommes
La simple foi², le meilleur est ôté.   135
Nous nous jetons, pauvres gens que nous sommes,
Dans les procès, en prenant le revers³ ;
Les si, les cas⁴, les contrats, sont la porte
Par où la noise⁵ entra dans l'univers⁶ :
N'espérons pas que jamais elle en sorte.   140
Solennités et lois n'empêchent pas
Qu'avec l'Hymen Amour n'ait des débats⁷.
C'est le cœur seul qui peut rendre tranquille :
Le cœur fait tout⁸, le reste est inutile.

1. Comparez *le Remède*, vers 51 et note 3.
2. La simple bonne foi.
3. Le revers de la simple bonne foi, de la parole donnée : l'acte écrit.
4. Les car. (1686, 1705, Amsterdam.) — Tome V, p. 449 et note 2 :

    ... En s'informant de tout, et des si, et des cas.

— .... D'*ergos*, d'*utrum*, de *quare*, de mensonges.
                  (Marot, tome I, p. 85.)

5. La discorde. Nous avons déjà rencontré plusieurs fois ce mot, au sens de dispute, de querelle bruyante : voyez ci-dessus, p. 5 et note 4.

6. La déesse Discorde ayant brouillé les Dieux,
Et fait un grand procès là-haut pour une pomme,
    On la fit déloger des Cieux.
    Chez l'animal qu'on appelle homme
    On la reçut à bras ouverts,
    Elle et Que-si-Que-non, son frère,
    Avecque Tien-et-Mien, son père.
           (Livre VI, fable xx, vers 1-7.)

7. Comparez *ibidem*, vers 11-13, et *les Troqueurs*, vers 125-126.
8. Même hémistiche : « le cœur fait tout », dans un conte de Voltaire : *Ce qui plaît aux dames*, vers 242. Dans *Mélicerte* de Molière

Qu'ainsi ne soit[1], voyons d'autres états : 145
Chez les amis, tout s'excuse, tout passe ;
Chez les amants, tout plaît, tout est parfait ;
Chez les époux, tout ennuie et tout lasse [2].
Le devoir nuit : chacun est ainsi fait.
« Mais dira-t-on, n'est-il en nulles[3] guises[4] 150

(1666), au début de la scène III de l'acte II, vers 391, et dans *Philémon et Baucis*, vers 83 :

> C'est le cœur qui fait tout.

— Le cœur est tout, disent les femmes ;
Sans le cœur point d'amour, sans lui point de bonheur !
(BOUFFLERS, Poésies diverses, *le Cœur*, vers 1-2.)

Idée analogue dans la fable XV du livre XII, vers 134 :

> A qui donner le prix? au cœur, si l'on m'en croit.

Rapprochons Jean Marot, père de Clément Marot, *le Voiage de Venise* (Paris, 1532, in-8°, fol. XLIX r°) : « Au cœur gist tout »; et Gresset, *le Méchant*, acte IV, scène IV :

> Mon estime toujours commence par le cœur ;
> Sans lui l'esprit n'est rien.

1. Et n'allez point prétendre qu'il n'en est pas ainsi ; pour qu'on ne doute pas qu'il n'en soit ainsi. Cette locution est blâmée par Vaugelas (*Remarques*, p. 445-446), parce qu'elle semble dire en effet « tout le contraire de ce qu'on lui fait signifier ». Voyez le Dictionnaire de Littré à l'article AINSI.

2. Jamais œillade de la dame,
    Propos flatteur et gracieux,
    Mot d'amitié, ni doux sourire,
    Déifiant le pauvre sire,
    N'avoient fait soupçonner qu'il fût vraiment chéri.
    Je le crois : c'étoit un mari.
            (Livre IX, fable XV, vers 4-9.)

    Le beau du jeu n'est connu de l'époux :
    C'est chez l'amant que ce plaisir excelle.
    (*Comment l'esprit vient aux filles*, vers 11-12 et note 6.)

3. La Fontaine emploie, comme les anciens, la forme plurielle. Comparez tomes III, p. 6, V, p. 291 ; J.-J. Rousseau (*Émile*, livre II) : « La terre ne produisait nuls bons fruits »; et ci-dessus, p. 21 et note 7, le pluriel « aucuns ».

4. En nulles façons : tome V, p. 158 et note 3.

D'heureux ménage¹ ? » Après mûr examen,
J'appelle un bon, voire un parfait hymen,
Quand les conjoints² se souffrent leurs sottises³.
Sur ce point-là c'est assez raisonné.

Dès que chez lui le diable eut amené   155
Son épousée⁴, il jugea par lui-même⁵
Ce qu'est l'hymen avec un tel démon⁶ :
Toujours débats, toujours quelque sermon⁷
Plein de sottise en un degré suprême :
Le bruit fut tel, que madame Honesta   160
Plus d'une fois les voisins éveilla⁸ ;

1. N'est nus qui marié se sente,
    S'il n'est fox, qui ne s'en repente.
            (*Roman de la Rose*, vers 8725-8726.)

« .... Celuy là s'y entendoit, ce me semble, qui dit « qu'ung bon
« mariage se dressoit d'une femme aueugle auecques ung mary
« sourd. » (Montaigne, tome III, p. 317.)
2. Tome IV, p. 391.
3. « Les meilleurs mariages sont ceux où l'on souffre tour à tour, l'un de l'autre, avec douceur et avec patience. » (Mme de Maintenon, *Lettres*, tome III, p. 205.)
4. Tome V, p. 232 et note 1.
5. Ci-dessus, vers 107.
6. Pour peu que l'on s'oppose à ce que veut sa tête,
    On en a pour huit jours d'effroyable tempête.
    Elle me fait trembler dès qu'elle prend son ton ;
    Je ne sais où me mettre, et c'est un vrai dragon.
            (Molière, *les Femmes savantes*, acte II, scène IX.)

7. Rapprochez, pour ces sermons conjugaux, *la Coupe enchantée*, vers 361.
8. On a soupçonné Machiavel d'avoir eu sa femme en vue dans le portrait de Mme Honesta. Ginguené (*Histoire littéraire d'Italie*, Paris, 1811, in-8°, tome VIII, p. 69) a réfuté cette opinion : « On a prétendu qu'il n'était point heureux chez lui, et qu'il avait écrit cette ingénieuse nouvelle tout exprès pour y peindre le caractère de sa femme dans celui de cette Mme Honesta.... Cela paraît contredit par les expressions de tendresse dont il se sert et par la

Plus d'une fois on courut à la noise¹.
« Il lui falloit quelque simple bourgeoise,
Ce disoit-elle : un petit trafiquant²
Traiter ainsi les filles de mon rang !　　　　165
Méritoit-il femme si vertueuse³ ?
Sur mon devoir je suis trop scrupuleuse :
J'en ai regret ; et si je faisois bien... ⁴. »
Il n'est pas sûr qu'Honesta ne fît rien :
Ces prudes-là nous en font bien accroire⁵.　　170

Nos deux époux, à ce que dit l'histoire⁶,
Sans disputer n'étoient pas un moment.
Souvent leur guerre avoit pour fondement
Le jeu, la jupe⁷, ou quelque ameublement
D'été, d'hiver, d'entre-temps⁸, bref un monde 175

confiance absolue qu'il professe pour elle, surtout dans son premier testament. » On a aussi pensé que la Fontaine avait bien pu faire allusion dans ce conte à ses propres griefs domestiques : voyez ce qui est dit à ce sujet dans la *Notice biographique*, tome I, p. xxxii-xxxiv.

1. Page 100 et note 5.
2. Ci-dessus, vers 76 ; et tome II, p. 174.
3.　　　Je suis d'avis qu'on laisse à tel mari
　　　　Telle moitié !
　　　　　　　　　　　(*Le Cuvier*, vers 49-50.)
4. Dans *Richard Minutolo*, vers 147-148 :

　　　Je suis bien sotte et bien de mon pays
　　　De te garder la foi de mariage !

5. En ce monde il ne faut jamais de rien jurer :
　　Les prudes bien souvent nous trompent au langage.
　　　　　　　　　(*L'Eunuque*, acte IV, scène III.)

6. Comparez tome V, p. 66, et *passim*.
7. Voyez le conte IX de la II° partie, vers 30 : « le jeu, la jupe », et note 6.
8. D'entre-saisons, de demi-saisons : printemps, automne.

D'invention¹ propres à tout gâter².
Le pauvre diable eut lieu de regretter
De l'autre enfer la demeure profonde³.
Pour comble enfin, Roderic épousa
La parenté⁴ de madame Honesta,   180

1. C'est ainsi que le vieux mari, dans *l'Anneau d'Hans Carvel*, vers 9-18 :

> Craignant de sa nature
> Le cocuage et les railleurs...,
> Frondoit l'attirail des coquettes,
> Et contre un monde de recettes
> Et de moyens de plaire aux yeux
> Invectivoit tout de son mieux.

2. Ci-dessus, vers 133. — « Je ne parlerai point, dit Machiavel, des dépenses extraordinaires qu'il faisait pour elle en vêtements somptueux : elle changeait d'habits continuellement, selon le goût ordinaire des dames florentines. » — *Io voglio lasciare le grandi spese, che per contentarla faceva in vestirla di nuove usanze, e contentarla di nuove fogge, che continuamente la nostra citta per sua natural consuetudine varia.* — Rapprochez la nouvelle citée de Straparole : « Tant y a que le Diable fit faire de beaux vestemens garnis de grosses perles, bagues et aultres richesses les plus belles et les plus triumphantes qui furent onoques veues. Oultre plus il luy bailla les belles coëffes semées de perles, les anneaux, ceinctures et aultres choses.... Bien tost aprez les dames commencerent à trouuer nouuelles façons d'habits que Siluie n'auoit point ; et pour autant qu'elle ne pouuoit comparoistre entre les aultres dames, qui auoient façons sur façons, nonobstant qu'elle fust richement accoustrée et garnie de toutes sortes de bagues, s'en faschoit grandement, et n'osoit le manifester à son mary, à cause qu'il l'auoit desià contentée par deux foiz de ce qui se pouuoit souhaiter en ce monde. »

3. Car il avait trouvé ici-bas « l'enfer des enfers » (tome V, p. 112 et note 3). — « Les diables mêmes qu'il avoit amenés avec lui, lisons-nous dans la version de Tanneguy le Fèvre, aimèrent mieux enfin s'en retourner en enfer, et avoir la plante des pieds brûlée comme auparavant que de vivre en ce monde sous l'empire d'une femme si fâcheuse. » — *Quelli diavoli, i quali in persona di famigli aveva condotti seco, piu tosto elessero di tornarsene in inferno a star nel fuoco, che viver nel mondo sotto lo imperio di quella.*

4. Comparez tome V, p. 479 et note 5.

Ayant sans cesse et le père et la mère,
Et la grand'sœur, avec le petit frère ;
De ses deniers mariant la grand'sœur,
Et du petit payant le précepteur[1].

Je n'ai pas dit la principale cause   185
De sa ruine, infaillible accident[2] ;
Et j'oubliois qu'il eut un intendant[3].
Un intendant ! qu'est-ce que cette chose ?
Je définis cet être un animal[4]
Qui, comme on dit, sait pêcher en eau trouble[5] ;
Et plus le bien de son maître va mal,
Plus le sien croît, plus son profit redouble,
Tant qu'aisément lui-même achèteroit

1. Dans le conte de Machiavel, non content d'aider son beau-père à marier les trois filles qui lui restent, il envoie l'un des fils vendre des draps au levant, l'autre des soieries au couchant, ouvre des magasins à Florence en faveur du troisième ; l'un de ses beaux-frères se ruine au jeu ; un autre se noie, au retour, avec toute sa cargaison. On peut dire que ces accidents fâcheux ne sont pas précisément imputables à Mme Honesta, mais à la manie de trafiquer de Roderic ; il eût mieux valu que tous ses malheurs découlassent directement du défaut d'économie, du luxe, des profusions de sa femme. La même observation est en partie applicable à la Fontaine, qui le représente comme trop accommodant, trop complaisant, et presque aussi facile à duper que le diable de Papefiguière (tome V, p. 360, et p. 378, note 1). Il nous avait pourtant annoncé un diable « clairvoyant », « plein d'art et de prudence » (vers 46 et 54). Mais la pénétration, la sagacité, la clairvoyance, ne sont pas toujours accompagnées de l'esprit de conduite.

2. C'est-à-dire de sa ruine dès lors assurée.

3. Il n'est pas question de cet intendant dans Machiavel.

4. Dans la fable xiv du livre VIII, vers 17 :

    Je définis la cour un pays, etc.

5. On sait qu'à cause de sa voracité on a appelé le brochet « intendant de rivière ».

Ce qui de net¹ au seigneur resteroit :
Dont², par raison bien et dûment déduité,   195
On pourroit voir chaque chose réduite
En son état³, s'il arrivoit qu'un jour
L'autre devînt l'intendant à son tour ;
Car regagnant ce qu'il eut étant maître,
Ils reprendroient tous deux leur premier être.   200

Le seul recours du pauvre Roderic,
Son seul espoir, étoit certain trafic⁴
Qu'il prétendoit devoir remplir sa bourse :
Espoir douteux, incertaine ressource⁵.
Il étoit dit que tout seroit fatal   205
A notre époux ; ainsi tout alla mal ;
Ses agents⁶, tels que la plupart des nôtres⁷,
En abusoient⁸ ; il perdit un vaisseau,
Et vit aller le commerce à vau-l'eau⁹,
Trompé des uns, mal servi par les autres¹⁰.   210

1. Net d'hypothèques, non « mêlé d'affaires » (livre IV, fable XVIII, vers 33).
2. Tome V, p. 523 et note 3.
3. Chacun remis à sa place, dans son premier état.
4. Vers 164.
5. Ci-dessus, p. 95 et note 5.
6. Facteurs, mandataires, commissionnaires : voyez tome III, p. 221 et note 1.
7. Les malades d'alors étant tels que les nôtres....
            (Livre XII, fable XXV, vers 18.)
8. Le trompaient.
9. Dans la fable II du livre IV, vers 7-8 : « Il

   Trafiqua de l'argent, le mit entier sur l'eau.
   Cet argent périt par naufrage. »

10. Comparez la fable XIV du livre VII, vers 25-34 :

    Un vaisseau mal frété périt au premier vent ;
    Un autre, mal pourvu des armes nécessaires,

CINQUIÈME PARTIE.

Il emprunta. Quand ce vint à¹ payer,
Et qu'à sa porte il vit le créancier²,
Force lui fut d'esquiver³ par la fuite⁴,
Gagnant les champs, où de l'âpre poursuite
Il se sauva chez un certain fermier,   215
En certain⁵ coin remparé⁶ de fumier.
A Mathéo (c'étoit le nom du sire),

       Fut enlevé par les corsaires ;
       Un troisième au port arrivant,
Rien n'eut cours ni débit : le luxe et la folie
       N'étoient plus tels qu'auparavant.
       Enfin ses facteurs le trompant,
Et lui-même ayant fait grand fracas, chère lie,
Mis beaucoup en plaisirs, en bâtiments beaucoup,
       Il devint pauvre tout d'un coup.

1. Même locution et même tour aux tomes I, p. 303, III, p. 107.
2.   Et le créancier à la porte
       Dès devant la pointe du jour.
          (Livre XII, fable VII, vers 25-26.)

3. Voyez tome II, p. 261 et note 16. — Dans Machiavel, il se sauve aussi, ayant tous ses créanciers à ses trousses ; mais, au bout d'une demi-lieue, quitte le grand chemin, laisse là sa monture, et s'échappe à pied à travers les fossés, les vignes et les roseaux.
4. « Par un escalier dérobé » (tome III, p. 224 et note 18).
5. Ci-dessus, p. 14 et note 6.
6. Comparez ci-dessous, le vers 222. — « Sans tarder, ne faire arrest, refist son lict, et d'aultres beaux draps et frais le rempara.» (*Les Cent Nouvelles nouvelles*, p. 189.) « Eulx doubtans la grande venue de gens, ceste nuict se occupent à mettre en ordre et soy remparer. » (Rabelais, tome I, p. 351.)

       Il n'est œuure que de fossez
       Dont remparée est Babylone.
          (Marot, tome I, p. 283.)

Ung buisson espineux se monstroit à mes yeux,
De ronces remparé, fortifié d'eau viue.
          (Ronsard, tome II, p. 34.)

« Quelle retraite si forte et si remparée saurions-nous choisir où

Sans tant tourner[1], il dit ce qu'il étoit :
Qu'un double mal chez lui le tourmentoit,
Ses créanciers, et sa femme encor pire ;
Qu'il n'y savoit remède[2] que d'entrer
Au corps des gens, et de s'y remparer,
D'y tenir bon[3] : iroit-on là le prendre?
Dame Honesta viendroit-elle y prôner

nous ne fussions aux mêmes alarmes de la douleur? » (MALHERBE, tome II, p. 632.)

> Les poissons dorment assurés,
> D'un mur de glace remparés.
> (THÉOPHILE, tome I, p. 171.)

1. Tome V, p. 567 et note 4.
2. Dans *le Faiseur d'oreilles*, vers 30 :

N'y savez-vous remède?

Comparez *le Magnifique*, vers 127.

3. On sait de quelle vogue prodigieuse a joui, sous des noms divers, et continue à jouir, le diable en ce monde. On peut consulter sur les possessions, les ensorcellements, les maléfices, les sortilèges, les conjurations, les exorcismes, et tous les arcanes de la magie noire, toutes les superstitions sataniques, Jean Wier, *De præstigiis Dæmonum* (Amsterdam, 1564, in-4°); Jacques Acona, *les Stratagemes de Satan* (Bâle, 1565, in-4°); le livre étrange de Boulaize intitulé : *la Victoire du corps de Dieu sur l'esprit malin de Belzebuth* (Paris, 1578, in-4°); Bodin, *la Demonomanie* (Paris, 1580, in-4°); *la Grande Diablerie* de Jean Valette dit de Nogaret (*s. l.*, 1589, in-8°); *Flagellum Dæmonum exorcismos terribiles, potentissimos et efficaces ad malignos spiritus expellendos complectens* (Londres, 1604, in-8°); Pierre le Loyer, *Quatre livres de Spectres* (Paris, 1605, in-4°); Jacques Fontaine, *Discours des marques des sorciers et de la réelle possession que le diable prend sur le corps des hommes* (Aix, 1611, in-12); Bekker, *du Monde enchanté* (Amsterdam, 1694, in-12); Daniel de Foe, *System of Magic, or a history of the black art* (Londres, 1727, in-8°); Sandras, *les Fredaines du diable* (Paris, 1797, in-8°); *le Diable peint par lui-même*, par Collin de Plancy (Paris, 1819, in-8°); *le Diable, sa vie, ses mœurs, etc.*, par Charles Louandre (*Revue des Deux Mondes* du 15 août 1842); *la Magie, etc.*, par A. Maury (Paris, 1860, in-12); *la Sorcière*, par Michelet (Paris, 1862, in-8°) ; etc., etc.

CINQUIÈME PARTIE.

Qu'elle a regret de se bien gouverner[1] ?   225
Chose ennuyeuse, et qu'il est las d'entendre.
Que de ces corps trois fois il sortiroit,
Sitôt que lui Mathéo l'en prieroit :
Trois fois sans plus, et ce, pour récompense
De l'avoir mis à couvert des sergents[2].   230
Tout aussitôt l'ambassadeur[3] commence
Avec grand bruit d'entrer au corps des gens.
Ce que le sien, ouvrage fantastique[4],
Devint alors, l'histoire n'en dit rien[5].

Son coup d'essai fut une fille unique   235
Où[6] le galant se trouvoit assez bien[7] :

1. Ci-dessus, vers 166-168.

— ....Ce seroit pour vous un bonheur sans égal
Que ces femmes de bien qui se gouvernent mal.
(CORNEILLE, le Menteur, vers 47-48.)

« Mlle de Méri se gouverne bien mieux. » (MME DE SÉVIGNÉ, tome VI, p. 160.) « Je pense que je vis d'un air dans le monde à ne pas craindre d'être cherchée dans les peintures qu'on fait là des femmes qui se gouvernent mal. » (MOLIÈRE, la Critique de l'École des femmes, scène VI.)

2. Des huissiers (tome III, p. 222 et note 9).
3. L'ambassadeur de Satan : ci-dessus, vers 45, 64, 101.
4. Qui n'avait que l'apparence d'un corps.

— Il (Énée) saisit son fer par la garde :
« Monsieur Æneas, prenez garde,
Dit la sybille ; ces vilains
Sont corps fantastiques et vains
Qui découpés ne peuvent être. »
(SCARRON, le Virgile travesti, livre VI.)

5. « Il disparut », dit Machiavel.
6. Dans laquelle : voyez les divers Lexiques de notre Collection.
7. « Pour qu'on vît, dit Machiavel, que c'était bel et bien une possession, et non une imagination de femme, ou telle autre bagatelle, la fille parlait latin, disputait de philosophie, révélait les péchés de beaucoup de gens » : *E per chiarir ciascuno, come il male della fanciulla era uno spirito, e non altra fantastica immaginazione,*

Mais Mathéo, moyennant grosse somme [1],
L'en fit sortir au premier mot qu'il dit.
C'étoit à Naple. Il se transporte à Rome;
Saisit un corps : Mathéo l'en bannit,   240
Le chasse encore [2] : autre somme nouvelle.

parlava latino, e disputava delle cose di filosofia, e scopriva i peccati di molti; intra i quali scoperse quelli d'un frate, che s'aveva tenuta una femmina vestita ad uso di fraticino piu di quattri anni nella sua cella.

[1]. Qu'il reçut dès parents pour ses exorcismes. — Comparez tome V, p. 493 et note 6.

[2]. Rapprochons de cette histoire de possessions et d'exorcismes le passage suivant du *Journal du Voyage* de Montaigne, tome II, p. 2-5 : « Ie rencontray, en une petite chapelle (à Rome), ung prebstre reuestu, abesongné à guerir ung *spiritato* : c'estoit ung homme melancholic et comme transi. On le tenoit à genoux deuant l'autel, ayant au col ie ne sçay quel drap par où on le tenoit attaché. Le prebstre lisoit en sa presence force oraisons et exorcismes, commandant au diable de laisser ce corps, et les lisoit dans son breuiaire. Aprez cela il detournoit son propos au patient, tantost parlant à luy, tantost parlant au diable, en sa personne, et lors l'iniuriant, le battant à grans coups de poing, luy crachant au visage. Le patient respondoit à ses demandes quelques responses ineptes : tantost pour soy, disant comme il sentoit les mouuemens de son mal ; tantost pour le diable, combien il craignoit Dieu, et combien ces exorcismes agissoient contre luy. Aprez cela, qui dura longuement, le prebstre, pour son dernier effort, se retira à l'autel et print la custode de la main gauche, où estoit le *Corpus Domini* ; en l'aultre main tenant une bougie allumée la teste renuersée contre bas, si qu'il la faisoit fondre et consommer, prononçant cependant des oraisons, et au bout des paroles de menace et de rigueur contre le diable, d'une voix la plus haulte et magistrale qu'il pouuoit. Comme la premiere chandelle vint à defaillir prez de ses doigtz, il en print une aultre, et puis une seconde (*sic*), et puis la tierce. Cela faict, il remit sa custode, c'est à dire le vaisseau transparent où estoit le *Corpus Domini*, et vint retrouuer le patient, parlant lors à luy comme à ung homme, le fit detacher et le rendit aux siens pour le ramener au logis. Il nous dit que ce diable là estoit de la pire forme, opiniastre, et qui cousteroit bien à chasser ; et à dix ou douze gentilz hommes qui estions là, fit plusieurs contes de ceste science, et des experiences ordinaires qu'il en auoit, et notamment que le iour auant il auoit deschargé une femme d'ung gros diable qui, en sor-

CINQUIÈME PARTIE.

Trois fois enfin, toujours d'un corps femelle,
Remarquez bien [1], notre diable sortit [2].
Le roi de Naple avoit lors une fille,
Honneur du sexe [3], espoir de sa famille :   245
Maint jeune prince étoit son poursuivant [4].
Là d'Honesta Belphégor se sauvant,
On ne le put tirer de cet asile [5].
Il n'étoit bruit, aux champs comme à la ville,
Que d'un manant qui chassoit les esprits [6].   250
Cent mille écus d'abord lui sont promis.
Bien affligé de manquer cette somme [7]
(Car les trois fois [8] l'empêchoient d'espérer

tant, poussa hors ceste femme, par la bouche, des clous, des espingles, et une touffe de son poil. Et parce qu'on luy respondit qu'elle n'estoit pas encore du tout rassise, il dit que c'estoit une aultre espece d'esprit, plus legier et moins malfaisant, qui s'y estoit remis ce matin là, mais que ce genre (car il en sçait les noms, les diuisions et les plus particulieres distinctions) estoit aysé à esconiurer. » Voyez aussi une nouvelle de Saint-Évremond (*OEuvres méslées*, tome I, p. 68-85) : « Le prophète irlandois »; et notre tome V, p. 373 et note 6.

1.   Parmi les femelles
        Volontiers le diable se met.
                (*Le Petit Chien*, vers 340-341.)

2. Voilà une plaisante épigramme. On s'étonne même que la Fontaine se soit arrêté en si beau chemin et n'ait pas profité de l'occasion pour lancer quelques traits de satire à certaines femmes de son temps. Machiavel n'a pas profité davantage de ces *possessions* pour risquer de malignes allusions.

3. Ci-dessus, p. 68 et note 5. — 4. Vers 119 et note 8.

5. Chez Machiavel il entre aussi dans le corps de la fille du roi de Naples, mais consent à en sortir, puis une des filles de Louis VII, roi de France, est possédée à son tour, et c'est de celle-ci qu'il se refuse à déloger.

6. C'était d'ailleurs à Naples (ci-dessus, vers 239) qu'avait réussi son premier exorcisme.

7. Le galant indigné de la manquer si belle....
                (*La Fiancée*, vers 581.)

8. Les trois fois convenues et tenues.

Que Belphégor se laissât conjurer[1]),
Il la refuse : il se dit un pauvre homme, 255
Pauvre pécheur[2], qui, sans savoir comment,
Sans dons du Ciel, par hasard seulement,
De quelques corps a chassé quelque diable,
Apparemment chétif et misérable[3],
Et ne connoît celui-ci nullement. 260
Il a beau dire : on le force, on l'amène,
On le menace; on lui dit que, sous peine
D'être pendu, d'être mis, haut et court[4],
En un gibet, il faut que sa puissance
Se manifeste avant la fin du jour[5]. 265
Dès l'heure même on vous met en présence
Notre démon et son conjurateur[6] :
D'un tel combat le prince est spectateur.
Chacun y court; n'est fils de bonne mère[7]

1. Exorciser.
2. Il fallait être en état de grâce pour conjurer un démon, afin qu'il ne se jetât pas, au sortir du corps du possédé, dans celui de l'exorciste : voyez Brantôme, tome II, p. 224 déjà citée.
3. Un petit diable, comme celui dont parle Rabelais (tome III, p. 433): « Ie vous le ferai sobdain rendre, et le champ nous demourera. Si c'eust esté ung grand diable, il y auroit à penser. » Comparez la fin de la note 2 de notre page 110.
4. Tome IV, p. 425 :

.... Qu'on pende aux créneaux, haut et court, le corsaire.

5. Dans le conte de Machiavel, Matteo dit au roi de faire construire sur la place Notre-Dame une estrade, tapissée d'or et de soie, qui puisse contenir tous les princes, tous les barons et tout le clergé de la ville; de dresser un autel au milieu; et, le prochain dimanche, au matin, de monter lui-même, en grande pompe, en riches habits, avec sa brillante escorte, sur cette estrade, où il entendra une messe solennelle; puis il y fera conduire la possédée. Belphégor se rit d'abord de tout cet appareil, et promet à Matteo de le faire rosser d'importance.
6. Ci-dessus, vers 254.
7. Semblables expressions chez Rabelais, tomes I, p. 183, et II,

c. vii]   CINQUIÈME PARTIE.   113

Qui pour le voir ne quitte toute affaire.
D'un côté sont le gibet et la hart[1],   270
Cent mille écus bien comptés[2] d'autre part.
Mathéo tremble, et lorgne[3] la finance[4].

p. 266 : « Il n'estoit filz de bonne mere qui ne perdist sa coingnée »; dans la traduction de Straparole, tome I, p. 134 : « Elle n'estoit pas fille de bonne mere celle qui ne trouuoit une nouuelle façon pour mieulx honorer le festin »; chez des Périers, tomes I, p. 241 : « .... Et n'estoit pas filz de bonne mere qui ne venoit à ce medecin », II, p. 113 : « Il n'y auoit enfant de bonne mere qui ne s'adressast à luy »; chez du Fail, tome I, p. 65 : « Si le roy des Egyptiens clochoit, il n'y auoit filz de bonne mere qui ne fust boiteux »; chez Brantôme, tome VII, p. 32 : « Il n'estoit pas filz de bon pere ou de bonne mere qui n'en eust quelque lopin »; et dans la fable xiv du livre I, vers 58 :

Il n'étoit fils de bonne mère
Qui, les payant à qui mieux mieux (ces vers),
Pour ses ancêtres n'en fît faire.

1. Tome IV, p. 132 et note 2. — « Il fit crier par son pays ban et arriere ban, et que ung chascun sus peine de la hart conuint en armes en la grand place. » (RABELAIS, tome I, p. 100.) « Allez vous pendre, et vous mesmes choisissez arbres pour pendages, la hart ne vous fauldra mie. » (Ibidem, tome III, p. 8.) « Cratez disoit que l'amour se guarissoit par la faim, si non par le temps; et à qui ces deux moyens ne plairoient, par la hart. » (MONTAIGNE, tome II, p. 249). — Ici, la hart dans nos anciennes éditions, et non la hare (tome II, p. 66, note 15) : il est vrai que la rime exige, ici, cette orthographe.

2. Dans les Quiproquo, vers 66 :

Cent beaux écus bien comptés clair et net;

dans le Conte d'un paysan, vers 80 : « Cent écus, net et comptant. »
3. Voyez la Clochette, vers 30 et note 2.
4. Comparez tome III, p. 22 et note 3. — Chez du Bellay, tome II, p. 481 :

Le Prince toutefoiz, pour croistre sa finance,
Ne confisquera point le bien de l'innocence.

Chez la Rochefoucauld, tome III, p. 90 : « Vous m'aviez toujours parlé de l'arrivée de M. de Guise avec la finance. » Chez Hamilton,

> L'esprit malin, voyant sa contenance[1],
> Rioit sous cape[2], alléguoit les trois fois ; 275
> Dont[3] Mathéo suoit dans[4] son harnois[5],
> Pressoit, prioit, conjuroit avec larmes.
> Le tout en vain : plus il est en alarmes[6],
> Plus l'autre rit. Enfin le manant dit
> Que sur ce diable il n'avoit nul crédit[7]. 280

Mémoires du comte de Grammont, chapitre II : « Quoi! après la figure que nous avons faite..., plier bagage comme des croquants au premier épuisement de finance ! »

1. Dans *Richard Minutolo*, vers 156 :

> Rougira-t-il? Voyons sa contenance.

Rapprochez *les Cent Nouvelles nouvelles*, p. 208 : « L'aultre, qui se treuue surpris..., ne sçauoit sa contenance. »

2. Nous avons rencontré la même expression, *rire sous cape*, tome V, p. 9 et note 2.

3. Ci-dessus, vers 195 et note 2.

4. Le magistrat suoit en son lit de justice.
(Livre II, fable III, vers 8.)

5. Quant dansé eurent assez longuetement,
Tant que chascun suoyt en son harnois....
(*Recueil de poésies françoises*, tome X, p. 220.)

« Sire clerc, il semble que vous vous veuillez aulcunement courroucer et en vostre harnois eschauffer. » (*Le Songe du Vergier*, s. l., 1491, in-fol., livre I, chapitre xxxv.) « Benoist Monsieur, dit Panurge, vous eschauffez en vostre harnois, à ce que ie voy et congnois. Bien tenez, voyez là vostre argent. » (RABELAIS, tome II, p. 294.)

> Voyez comme cette pucelle,
> D'une pitoyable façon,
> Mieux que ne feroit un maçon,
> Démolit, sape, brise, taille,
> La plus grosse et forte muraille :
> Elle s'échauffe en son harnois.
> (SCARRON, *le Virgile travesti*, livre II.)

6. Comparez *la Matrone*, vers 32 et note 2.

7. Il a déjà dit (vers 260) qu'il ne le connaît pas. — *Disse al re:*

On vous le happe¹ et mène à la potence.

Comme il alloit haranguer l'assistance²,
Nécessité³ lui suggéra ce tour :
Il dit tout bas qu'on battît le tambour,
Ce qui fut fait; de quoi l'esprit immonde⁴   285
Un peu surpris au manant demanda :
« Pourquoi ce bruit? coquin, qu'entends-je là? »
L'autre répond : « C'est madame Honesta
Qui vous réclame⁵, et va par tout le monde

« *Sire, come vi ho detto, e' ci sono di molti spiriti, che sono si maligni, che con loro non s'ha alcun buon partito, e questo è un di quegli.* »

1. Maint estafier accourt : on vous happe notre homme.
(Livre XII, fable XXII, vers 11.)

2.   Le procès fait, une belle potence
A trois côtés fut mise en plein marché.
L'un des quidams harangua l'assistance.
(*L'Oraison*, vers 347-349 et note 3.)

3. « Nécessité, mère de stratagème » (*les Lunettes*, vers 53 et note 6).

4. C'est le terme biblique : il revient constamment chez saint Marc et saint Luc et dans les Actes des Apôtres.

5. Chez Machiavel, ce sont, outre les tambours, au moins vingt personnes, avec des trompettes, des cornets, des cors de chasse, des cornemuses, des cymbales, qui, au moment où Matteo lève son chapeau en l'air, commencent leur tapage, en s'avançant vers l'estrade, et annoncent la prétendue arrivée de Mme Honesta; Belphégor s'enfuit, effrayé par l'idée de retomber sous le joug conjugal, et retourne en enfer : *Tutto spaventato se ne fuggi, lasciando la fanciulla libera, e volle piu tosto tornarsene in inferno a render ragione delle sue azioni, che di nuovo con tanti fastidii, dispetti, e pericoli, sottoporsi al giogo matrimoniale.*—Rapprochons la fin de la fable de Straparole : « .... Le matin ensuiuant, Gasparin s'en alla vers le palais, et commença à coniurer l'esprit du duc, et ce pendant qu'il le coniuroit, on commença à ouyr trompettes, timbres, tabourins, bucins, cloches, artillerie, et tant de sortes d'instrumens de musique, qui sonnoient en ung mesme temps, qu'il sembloit quasi que le monde deust ruiner. Or ainsi que Gasparin poursuiuoit sa

Cherchant l'époux que le Ciel lui donna. »   290
Incontinent le diable décampa[1],
S'enfuit au fond des enfers, et conta
Tout le succès qu'avoit eu son voyage.
« Sire, dit-il, le nœud du mariage[2]

coniuration, le Diable luy demanda que signifioit telle diuersité d'instrumens, et si grande confusion de sons, que iamais il n'auoit ouy. « Ne le sçauez vous pas bien? respondit Gasparin. — Non « dit le Diable. — Est il possible? respondit Gasparin. — Oui, dit « le Diable; parce que nous aultres, estans enueloppez en ces corps « humains, ne pouuons sçauoir ni entendre tout, à cause que ceste « matiere terrienne est trop grosse. — Ie vous le diray en peu de « parolles, si vous m'escoutez sans molester ce pauure duc. — « Dites le moy, ie vous prie, dit le Diable, et ie vous escouteray « volontiers, vous promettant de ne luy donner point de fasche- « rie. » Alors Gasparin luy va dire : « Sçachez, mon compere mon « amy, que le duc voyant que vous ne le voulez pas laisser, et que « ne cessez de le tourmenter, ayant entendu que vous auez laissé « vostre femme, pour le grand tourment qu'elle vous donnoit, il l'a « enuoyé querir, tellement que toute la cité fait feste et triumphe « pour sa venue. » Ce qu'entendant le Diable, luy va dire : « O « meschant compere, vous estes plus fin et plus rusé que moy. Ne « vous dis ie pas hier qu'on ne trouua iamais compere qui fust « loyal à l'aultre ! Vous auez esté l'inuenteur, et celuy qui l'a fait « venir. Mais i'ay en si grand horreur et en si grande haine le « nom de ma femme, que i'ayme mieulx demourer au plus profond « d'enfer que de la voir prez de moy. Au moyen de quoy, ie me « veux partir d'icy, et m'en aller si loing que vous n'aurez iamais « nouuelles de moy. » Et ayant dit cela auec ung enflement de gorge, et tournant les yeulx en la teste et aultres signes espouuantables, il se partit du corps du duc, tellement qu'ayant laissé une grande puanteur, le duc fut deliuré du tout de cest esprit. »

1. Sur une des gravures qui illustrent ce conte dans nos anciennes éditions, on voit un petit diable qui, à ce moment, sort, entouré de fumée, de la bouche de la princesse. — Ruse analogue dans la fable que nous avons citée d'Abstemius : ....*Tandem exorcista, cum omnia prius frustra tentasset, sciens nullum uxore majus esse tormentum, minatus est, nisi egrederetur, se uxorem illi daturum. Tum dæmon alta voce clamavit : « Egredior, egredior, noli me jugalibus vinculis irretire », statimque exivit.*

2. Dans *les Aveux*, vers 108 : « le nœud d'hymen ».

Damne aussi dru¹ qu'aucuns autres états². 295
Votre Grandeur voit tomber ici-bas³,
Non par flocons, mais menu comme pluie⁴,
Ceux que l'hymen fait de sa confrérie⁵ ;
J'ai par moi-même examiné le cas.
Non que de soi la chose ne soit bonne ; 300
Elle eut jadis un plus heureux destin :
Mais comme tout se corrompt à la fin,
Plus beau fleuron n'est en votre couronne⁶. »

Satan le crut : il fut récompensé,
Encor qu'il eût son retour avancé⁷. 305
Car qu'eût-il fait⁸ ? Ce n'étoit pas merveilles⁹
Qu'ayant sans cesse un diable à ses oreilles¹⁰,
Toujours le même, et toujours sur un ton¹¹,
Il fût contraint d'enfiler la venelle¹².

1. Autant et aussi vite, dru et menu. Comparez tome V, p. 526 et note 5.
2. Ci-dessus, vers 145 : « Voyons d'autres états. »
3. Au fond des enfers.
4. « Aussi menu que gresle. » (Ronsard, tome II, p. 402.)
5. Confrérie sœur de celle que nous avons souvent rencontrée dans ces contes : tome V, p. 371 et note 2.
6. .....Je tiens que le Malin
 N'a revenu plus clair et plus certain.
 (*Mazet*, vers 10-11.)
7. Vers 67-69 : il n'avait pas « consumé » ses dix ans.
8. Tome V, p. 401 et note 2.
9. Tome II, p. 217 : « C'étoit merveilles. »
10. Incessamment
 Le diable étoit à ses oreilles.
 (*La Chose impossible*, vers 28.)
11. Criant, sermonnant, sur le même ton.
12. De s'enfuir : au livre XII, fable XVII, vers 15 et note 6
« Le Cheval

Fut presque sur le point d'enfiler la venelle. »

Dans les enfers encore en change-t-on¹.　310
L'autre peine est, à mon sens, plus cruelle² ;
Je voudrois voir quelque saint y durer³ :
Elle eût à Job fait tourner la cervelle⁴.

De tout ceci que prétends-je inférer⁵ ?
Premièrement, je ne sais pire chose　315
Que de changer son logis en prison.
En second lieu, si par quelque raison
Votre ascendant⁶ à l'hymen vous expose,

1. Au moins change-t-on de diables.
2. *Et non est ira super iram mulieris. Commorari leoni et draconi placebit quam habitare cum muliere nequam.* (*Ecclésiastique*, chapitre xxv, verset 23.)
3. 　　　Je voudrois voir quelques gens y durer.
　　　　　　　　(1694.)
4. Tout habitué qu'il fût à souffrir. On sait que Satan obtient du Seigneur la permission de le soumettre aux plus rudes épreuves, de lui faire tout endurer, fors la mort : au lieu de le consoler, sa femme le charge d'invectives (*Job*, chapitres i et ii). — Dans *le Remède*, vers 85 et note 6 :

　　　　L'émotion lui tourna la cervelle.

5. Tome II, p. 433 : « J'infère de ce conte que, etc. » Voyez aussi tome I, p. 169.
6. Terme d'astrologie, horoscope : signe du zodiaque qui monte sur l'horizon au premier instant de la naissance d'un homme ou d'une femme, « et qu'on croit, dit Furetière, avoir grand pouvoir sur leur vie et sur leur fortune ». On l'appelle aussi dans le langage des astrologues « la première maison, l'angle oriental, et le significateur de la vie ».

　　　Or si parfois j'écris, suivant mon ascendant,
　　　Je vous jure, encore est-ce à mon corps défendant :
　　　L'astre qui de naissance à la Muse me lie
　　　Me fait rompre la tête après cette folie.
　　　　　　　(Regnier, satire xv, vers 7-10.)

« Durant le berceau de ce prince, l'Europe, comme ayant lors pour ascendant ung astre martial, fut esmeue et rechauffée de

> N'épousez point d'Honesta, s'il se peut :
> N'a pas pourtant une Honesta qui veut[1].   320

toutes parts par diuerses guerres. » (D'AUBIGNÉ, *Histoire universelle*, livre I, chapitre XIII.)

> Bel astre vraiment adorable,
> De qui l'ascendant favorable
> En tous lieux nous sert de rempart....
> (MALHERBE, tome I, p. 66; *ibidem*, p. 247, et tome IV, p. 29.)

[1]. On ne saurait terminer par un trait plus mordant. — Voyez la *Notice biographique* déjà citée, tome I, p. XXXIII.

VIII

LES QUIPROQUO.

Voici un conte qui a joui longtemps d'une grande vogue et dont il y a de très nombreuses variantes. Citons d'abord un fabliau, *le Meunier d'Arleux*, par Enguerrand d'Oisy (Legrand d'Aussy, tome III, p. 256-261; Montaiglon, tome II, p. 31) : « A Palluel, entre Douai et Cambrai, demeurait le meunier Jacquemart, dont le moulin était à Aleus ou Arleux, dans le voisinage. La fille de Gérard, la jeune Marie, qui vient de tout près, du village d'Estrées, apporter du blé à moudre, plaît également et à Jacquemart et à Mouset, le garçon du moulin. Sollicitée vivement par l'un et par l'autre, elle dit tout à la meunière, qui, lorsque l'heure du rendez-vous est venue, prend la place de la jeune fille, et trompe ainsi la ribauderie du meunier. Mais cet époux infidèle est puni doublement, et plus que ne l'aurait voulu sa femme; car il a vendu à Mouset, pour un cochon, une part dans sa bonne fortune. » (*Histoire littéraire de la France*, tome XXIII, p. 198-199.) On voit que c'est à peu près le sujet de notre conte; c'est aussi celui de la nouvelle CCVI de Franco Sacchetti, déjà citée au tome IV, p. 63, dont n'a pu s'inspirer notre poète, car les nouvelles de Sacchetti, qui sont de la fin du XIV° siècle, ne furent imprimées qu'en 1724, à Naples (2 volumes in-8°). Donnons-en cependant le sommaire : *Farinello da Rieti mugnajo, essendo innamorato di Monna Collagia, la moglie sua, sappiendolo, fa tanto che nella casa e nel letto di Monna Collagia entra, e per parte della donna amata Farinello va a giacere con lei, e credendo havere a fare con Monna Collagia, ha a fare con la moglie.* L'histoire, qui, d'après ce sommaire, paraît plus simple que celle de la Fontaine, se complique en réalité d'un troisième personnage, l'ami Claudio, qui, grâce à Farinello lui-même, punit le meunier de sa faute, celui-ci lui faisant partager sa conquête, qui n'est autre que sa propre femme.

Comparez aussi le conte XCVI de la seconde partie de Malespini: *Crede un cavaliere di far godere ad un altro la sua cameraria, che si avidde poi di haverlo fatto giacere con sua moglie;* la nouvelle VIII de la reine de Navarre : « Ung quidam ayant couché auec sa femme, au lieu de sa chambriere, y enuoya son voisin, qui le fit cocu sans que sa femme en sceust rien »; la IX° des *Cent Nouvelles nouvelles,* où un gentil chevalier de Bourgogne tombe amoureux d'une damoiselle de sa femme; celle-ci s'entend avec sa maîtresse : la dame, au rendez-vous, se substitue à sa damoiselle; mais le malheur veut que le chevalier, hébergeant magnifiquement ce soir-là un gentilhomme, « son trez grand et bon amy », se lève doucement, quand il a été quelque temps avec la damoiselle, et vient quérir le gentilhomme « pour le surplus parfaire ». Il retourne ensuite auprès de la belle et court de nouvelles postes. Quel n'est pas son dépit quand au jour il reconnaît sa femme !

Dans la serée VIII de Guillaume Bouchet, il y a bien un chapitre intitulé: *des Cocus et des Cornards,* rempli aussi de mauvaises farces, de graveures, de gaillardises, et où s'enchaînent et s'enchevêtrent les imbroglio, les méprises, les quiproquo, scabreux; mais ces quiproquo ne sont pas les mêmes que chez la Fontaine. On rencontre des variations, des répétitions de notre histoire chez Boccace, journée VIII, nouvelle IV; chez l'Arétin, *Ragionamenti,* Ire partie, fin de la IIe journée, que nous donnons à l'*Appendice;* dans les *Facéties* de Poge : « CV : D'ung foullon d'Angleterre qui fit cheuaulcher sa femme à son varlet¹ », et « CX : D'ung meusnier qui fut deceu de sa femme par luy mesme² »; dans les *Orationes et Carmina* de F. Beroaldo (Bologne, 1502, in-4°) : *Leno uxoris inscius;* dans la nouvelle LXXIX de Morlini : *De comite qui adulterum uxorem dedolantem sociavit;* dans la nouvelle V de la Ire journée de Parabosco; dans le livre II, chapitre CXXV, des *Joco-seria* d'Otho Melander ; chez Lodovico Guicciardini, *Detti et fatti piacevoli,* p. 103; chez Juan de la Puente, *Primera parte del Jardin de Amadores* (Saragosse, 1611, in-12, fol. 90); dans le VIe des *Comptes du monde aduentureux;* chez Coquillart, *Droictz nouueaulx,* chapitre III (tome I, p. 54), vers qui se rapportent bien à l'anecdote de notre prologue :

A une aultre doubte ie vien :

1. Dans le texte latin (tome I, p. 243) : *Vir sibi cornua promovens.*
2. *Ibidem* (p. 278) : *Quinque ova.* — « Le mary, à fin que la femme ne congneust pas que aultre que luy y eust esté, mangea tous les cinq œufz comme se luy seul eust faict les cinq foiz. »

Une bourgoise, une commere
Auec ung amoureux tout sien,
Mignon et de doulce maniere,
Auoit aussi une chambriere
Belle, qui sçauoit le secret.
Ung iour ce mignon par derriere
Venoit voir la dame; en effect
El' n'y fut pas, dont lui desplait.
La chambriere, qui fut belle,
Fine, franche, ferme, et de hait
Pour faire saillir estincelle
D'ung caillou, par bonne cautelle
[*Fut*] Mise au sainct par deuocion,
Et print celle le bien pour elle.

On la retrouve encore dans maint et maint autre recueil divertissant : *Roger-Bontemps en belle humeur*, xv° adventure; le *Facétieux Réveille-matin :* « Plaisant discours d'un gentilhomme Piémontois qui jouit de la femme d'un batelier par la conduite même de son mari » (p. 239-246 de l'édition de Rouen *s. d.*); les *Facétieuses journées*, p. 213; *les Amants heureux*, tome II, p. 19; *le Passe-temps agréable*, p. 27; *la Ressource contre l'ennui*, p. 55; *la Fleur des chansons amoureuses* (Rouen, 1600, in-12) : « Chanson fort récréative d'un laboureur qui, pensant jouir de sa servante, coucha avec sa femme »; Tallemant des Réaux, LXI° historiette : « Maris cocus par leur faute »; etc., etc.

Elle fait le sujet, dit M. Moland, du roman d'Eugène Scribe, intitulé *Maurice;* on peut du moins en reconnaître une variante dans le chapitre IX de ce roman, « la Clef ».

De pareils traits tous les livres sont pleins,

comme la Fontaine le dit lui-même (vers 23).

Citons enfin *le Quiproquo*, comédie en un acte, en prose, de Brueys, non représentée; et une comédie de Moustou, en deux actes, *le Quiproquo ou le Volage fixé*, avec des ariettes de F.-A. Philidor, jouée sur le Théâtre-Italien le 6 mars 1760.

Dame Fortune aime souvent à rire,
Et nous jouant un tour de son métier,
Au lieu des biens où notre cœur aspire,

c. VIII]   CINQUIÈME PARTIE.   123

D'un quiproquo se plaît à nous payer.
Ce sont ses jeux¹ : j'en parle à juste cause² ;   5
Il m'en souvient ainsi qu'au premier jour.

Chloris et moi nous nous aimions d'amour³ :
Au bout d'un an la belle se dispose
A me donner quelque soulagement⁴,
Foible et léger, à parler franchement ;   10
C'étoit son but : mais, quoi qu'on se propose,
L'occasion et le discret⁵ amant
Sont à la fin les maîtres de la chose⁶.
Je vais un soir chez cet objet charmant⁷ :
L'époux étoit aux champs⁸ heureusement ;   15

1. .... Que dire du tro*c* que la Fortune fit?
   Ce sont là de ses traits ; elle s'en divertit :
   Plus le tour est bizarre, et plus elle est contente.
   (Livre IX, fable XVI, vers 33-35.)

2. Tome II, p. 24 : à bon escient, en connaissance de cause.
3. Comparez *la Gageure*, vers 3 et note 3.

— 　　 De iamais n'aimer par amours
   　　 I'ay aulcune foiz le vouloir.
   　　 　　(CHARLES D'ORLÉANS, ballade VII, vers 1-2.)
   　　 La rusée principalement
   　　 Se mesloit d'aimer par amours.
   　　 　　(COQUILLART, tome II, p. 125.)

« Si je ne l'avois pas épousée, je ne pourrois pas m'empêcher de l'aimer d'amour. » (TALLEMANT DES RÉAUX, tome II, p. 112.)

4. Dans *le Remède*, vers 69 : « L'époux,
   　　 Tout plein encor du feu qui le possède,
   　　 Vient de sa part chercher soulagement. »

5. *Discret* : bien qu'il n'ait pas l'air d'y toucher.
6. 　　 Je croirois bien qu'ainsi l'on le prétend ;
   　　 Mais l'appétit vient toujours en mangeant.
   　　 　　(*La Confidente*, vers 38-39.)
7. Tome V, p. 246 et note 3.
8. *Ibidem*, p. 571 et note 4.

Mais il revint, la nuit à peine close.
Point de Chloris¹. Le dédommagement
Fut que le sort en sa place suppose²
Une soubrette à mon commandement³ :
Elle paya cette fois pour la dame⁴.   20

Disons un troc où réciproquement
Pour la soubrette on employa la femme⁵.
De pareils traits tous les livres sont pleins :

1. « Il me fut impossible de voir Chloris. » — La Fontaine, dans son élégie 1, raconte une aventure à peu près semblable (tome V *M.-L.*, p. 83), mais où manque « le dédommagement » :

> Un an s'étoit déjà sans faveurs écoulé,
> Quand, l'époux de la belle aux champs étant allé,
> J'aperçus dans les yeux d'Amarille gagnée
> Que l'heure du berger n'étoit pas éloignée.
> . . . .
> Ma fortune ce coup me sembloit assurée.
> « Venez demain, dit-on, la clef s'est égarée. »
> Le lendemain l'époux se trouva de retour.
> Eh bien! me plains-je à tort? me joues-tu pas, Amour?

2. Terme de chasse : comparez tome II, p. 464 et note 39. — Chez du Bellay, *la Vieille Courtisane* (tome II des Œuvres, p. 390) :

> Ie tays ici pour mon premier bonheur
> Du trente et un le fameux deshonneur,
> Et supposé, au lieu d'un gentilhomme,
> Dedans mon lict l'executeur de Rome.

3. A ma disposition.

> Pleust or à Dieu, pour fuyr mes malheurs,
> Que ie vous tinsse à mon commandement.
>   (Marot, tome II, p. 179.)

Comparez les *Lexiques de Malherbe, de Corneille, de Sévigné*.

4.   L'une ou l'autre payra sa peine.
                 (*La Fiancée du roi de Garbe*, vers 584.)

5.   Il s'en revient, bien résolu
              D'employer tapis et maîtresse.
                    (*Nicaise*, vers 213-214 et note 3.)

Bien est-il vrai¹ qu'il faut d'habiles mains
Pour amener chose ainsi surprenante :   25
Il est besoin d'en bien fonder le cas²,
Sans rien forcer et sans qu'on violente³
Un incident qui ne s'attendoit⁴ pas.
L'aveugle enfant ⁵, joueur de passe-passe⁶,
Et qui voit clair⁷ à tendre maint panneau⁸,   30
Fait de ces tours : celui-là du⁹ Berceau
Lève la paille à l'égard du Boccace¹⁰;

1.   Bien est vrai, car il faut tout dire....
                    (*Nicaise*, vers 45 et note 7.)

2. De bien préparer ce dénouement invraisemblable, hasardeux : tome IV, p. 364 et note 3.
3. Sans amener trop précipitamment.
4. Emploi à remarquer, et assez rare, de la forme réfléchie avec un nom de chose pour sujet. — « Le ballet de Monsieur le Dauphin s'attend au premier jour. » (MALHERBE, tome III, p. 143.)

5.   L'aueugle enfant, le premier né des dieux.
                    (DU BELLAY, tome II, p. 64.)

6. Comme le Singe de la fable III du livre IX (vers 13) :

....Je fais cent tours de passe-passe.

Comparez Straparole, tome II, p. 335, de la version de Larivey : « ce maistre ioueur de passe passe »; Amyot, traduction de la *Vie de Lycurgue*, tome I, p. 94 : « les basteleurs et ioueurs de passe passe »; Brantôme, tome IV, p. 66 : « C'estoit ung homme qui entendoit bien les tours de passe passe »; Montaigne, tome II, p. 268 : « La difficulté est une monnoye que les sçauants employent, comme les ioueurs de passe passe, pour ne descouurir l'inanité de leur art » ; etc.
7. Bien qu'aveugle.
8. Tomes I, p. 342, V, p. 32 et notes 1 et 2.
9. Ci-dessus, p. 48 et note 2.
10. Voyez le conte III de la II⁵ partie, *le Berceau, nouvelle tirée de Boccace*. — *Lève la paille*, emporte le prix, en italien, *palio*, proprement le prix de la course. Le passage suivant de la comédie de Larivey intitulée *le Fidelle* (acte IV, scène XII), explique bien l'origine et le sens de cette expression : « M. JOSSE. Ne pensez

Car, quant à moi, ma main pleine d'audace
En mille endroits a peut-être gâté
Ce que la sienne a bien exécuté.   35
Or il est temps de finir ma préface,
Et de prouver par quelque nouveau tour
Les quiproquo de Fortune et d'Amour[1].

On ne peut mieux établir cette chose[2]
Que par un fait à Marseille arrivé[3] :   40
Tout en est vrai[4], rien n'en est controuvé[5].

pas, combien que me voyez mal vestu, que ie ne sois ung docte personnage, pour ce que *sub sordido pallio sæpe latet sapientia*. SERGENS. Vien donc, car ie te sçay dire que tu auras le palio. M. JOSSE. Vous ne m'entendez pas, et faites ung equiuoque : ie dy *pallio* auec deux *l*, qui signifie ung vestement, et ie infere que soubz ung pauure vestement se trouue quelquefoiz la sapience ; et non *palio* auec ung *l*, qui signifie recompense de coureur. » Cette figure n'est donc pas empruntée à l'ambre, « qui a la propriété de lever, d'enlever, la paille ». Voyez plusieurs exemples de la même locution chez Quitard, *Études sur les Proverbes*, p. 37 ; dans le *Lexique de Mme de Sévigné*; etc.; ceux-ci de Brantôme, tomes II, p. 333 : « I'en ai veu une centaine (de lettres du roi Louis XI) qui leuent la paille et subellines », III, p. 405 : « Et m'en alla faire des contes qui leuoient la paille », V, p. 152 : « Il nous en fit (des bons mots) qui leuoient la paille », VII, p. 199, IX, p. 217 : « Ie n'ai veu iamais p..... qui ne fust trez habile et qui ne leuast la paille », *ibidem*, p. 570 : « Il nous en conta bien (des propos et négociations des dames), et nous en fit une douzaine de contes qui leuoient la paille »; et chez d'Aubigné, *les Aventures du baron de Fæneste*, livre III, chapitre x : « Ie vous en veux dire trois ou quatre (mots) qui leuent la paille. »

1. Ou, comme dit Marivaux, qui, lui aussi, s'est souvenu de cette vieille histoire : *les Jeux de l'Amour et du Hasard*.

2. Ci-dessus, vers 26 : « fonder le cas ».

3. Dans *les Troqueurs*, vers 149 :

　　　Car c'est un fait arrivé depuis peu.

4. Comparez *le Remède*, vers 1-5.

5. Inventé : tome IV, p. 65 et note 8.

CINQUIÈME PARTIE.

Là Clidamant, que par respect je n'ose
Sous son nom propre introduire¹ en ces vers²,
Vivoit heureux, se pouvoit dire en femme
Mieux³ que pas un qui fût en l'univers.   45
L'honnêteté, la vertu de la dame,
Sa gentillesse, et même sa beauté,
Devoient tenir Clidamant arrêté⁴.
Il ne le fut. Le diable est bien habile⁵,
Si c'est adresse et tour d'habileté   50
Que de nous tendre un piège aussi facile
Qu'est le desir d'un peu de nouveauté⁶.
Près de la dame étoit une personne,
Une suivante, ainsi qu'elle mignonne,
De même taille et de pareil maintien⁷,   55

1. Ci-dessus, p. 14 et note 5.
2. Mais, quant aux noms, il faut au moins les taire,
 Et c'est ainsi que je vais en user.
    (*Le Remède*, vers 9-10.)

3. Dans *les Troqueurs*, vers 175 : « bien en femme ».
4. L'empêcher d'aller au change.

— Sa femme avoit de la jeunesse,
 De la beauté, de la délicatesse :
Il ne tenoit qu'à lui qu'il ne s'en trouvât bien.
    (*Joconde*, vers 40-42.)

5. « Le diable est bien subtil » (*les Aveux indiscrets*, vers 65-66).
6. La *nouveauté* était le grand souci de la Fontaine : voyez tome V, p. 505-507 et les notes.
7. Dans *le Cocu*, vers 13 :

  La dame étoit de gracieux maintien.

Comparez Marot, tome II, p. 180 :

  Si Cupido doulx et rebelle
  Auoit desbandé ses deux yeulx
  Pour veoir son maintien gracieux,
  Ie croy qu'amoureux seroit d'elle.

Gente¹ de corps; il ne lui manquoit rien²
De ce qui plaît aux chercheurs d'aventures³.
La dame avoit un peu plus d'agrément⁴;
Mais sous le masque on n'eût su bonnement⁵
Laquelle élire⁶ entre ces créatures⁷. 60
Le Marseillois, Provençal un peu chaud,
Ne manque pas d'attaquer au plus tôt
Madame Alix : c'étoit cette soubrette.
Madame Alix, encor qu'un peu coquette⁸,
Renvoya l'homme⁹. Enfin il lui promet 64
Cent beaux écus bien comptés clair et net¹⁰.
Payer ainsi des marques de tendresse
En la suivante¹¹ étoit, vu le pays¹²,
Selon mon sens, un fort honnête prix¹³ :

1. Ci-dessus, p. 7 et note 6.
2. .... Somme qu'enfin il ne lui manquoit rien.
(*Le Cocu*, vers 15.)
3. Tome V, p. 74 et note 3.
4. « Ai-je moins d'agrément.... que ta dame Simonne? » (*Richard Minutolo*, vers 134-135 et note 4.)
5. Tome V, p. 329 et note 6.
6. .... Il ne sait quels charmes élire.
(*Le Fleuve Scamandre*, vers 48.)
7. Tome V, p. 107 et note 2.
8. « Honnêtement coquette » (*les Rémois*, vers 119 et note 2).
9. Renvoyrez-vous de la sorte un pauvre homme?
(*Le Magnifique*, vers 120.)

— *Renvoyoit*, dans le manuscrit suivi par Walckenaer (ci-dessus, p. 3, note 1).
10. « Bel argent bien compté » (*Richard Minutolo*, vers 97). — « Cent mille écus bien comptés » (*Belphégor*, vers 272 et note 2).
11. « D'une suivante », dans le manuscrit de Walckenaer.
12. Dans *les Rémois*, vers 118 : « pour le pays ».
13. Rapprochez au tome II, p. 218 : « gains assez honnêtes », et p. 348 : « La proie étoit honnête. » Voyez aussi tome V, p. 171 et note 3.

Sur ce pied-là¹, qu'eût coûté la maîtresse ? 70
Peut-être moins; car le hasard y fait².
Mais je me trompe; et la dame étoit telle
Que tout amant, et tant fût-il parfait,
Auroit perdu son latin auprès d'elle³ :
Ni dons, ni soins, rien n'auroit réussi. 75
Devrois-je y faire entrer les dons aussi⁴ ?
Las! ce n'est plus le siècle de nos pères :
Amour vend tout, et nymphes⁵, et bergères;
Il met le taux à maint objet divin :
C'étoit un dieu, ce n'est qu'un échevin⁶. 80
O temps! ô mœurs! ô coutume perverse⁷ !

Alix d'abord rejette un tel commerce,
Fait l'irritée, et puis s'apaise enfin,
Change de ton; dit que le lendemain,
Comme Madame avoit dessein de prendre 85
Certain remède, ils pourroient le matin

---

1. « Il me reçut dans sa maison sur le pied de cinquante pistoles d'appointements. » (LESAGE, *le Bachelier de Salamanque*, chapitre x.)

2. Ci-dessus, p. 80 : « Tout y fit ».

3. Page 49 et note 2.

4.   Promesse sans don ne vaut gaires.
                (*Roman de la Rose*, vers 4097.)

5. On connaît les différents sens de ce mot pris au figuré : voyez ci-dessus, p. 54 et note 2.

6. Comparez *Belphégor*, vers 131-133 et note 1. — Variante du manuscrit :

Il met le taux à maint objet charmant :
C'étoit un dieu, ce n'est plus qu'un marchand.

— *Échevin*, officier municipal qui mettait le taux aux marchandises et denrées.

7.   O temps! ô mœurs! j'ai beau crier,
           Tout le monde se fait payer.
                (Livre XII, fable VI, vers 21-22.)

Tout à loisir dans la cave se rendre[1].
Ainsi fut dit, ainsi fut arrêté[2] ;
Et la soubrette ayant le tout conté
A sa maîtresse, aussitôt les femelles[3]   90
D'un quiproquo font le projet entre elles[4].
Le pauvre époux n'y reconnoîtroit rien,
Tant la suivante avoit l'air de la dame :
Puis, supposé qu'il reconnût[5] la femme,

1.   .... Tant lui donna, tant encor lui promit,
         Qu'elle feignit à la fin de se rendre ;
         Et de jeu fait, à dessein de le prendre,
         Un certain soir la galande lui dit :
         « Madame est mal, et seule elle veut être
         Pour cette nuit. » Incontinent le maître
         Et la servante, ayant fait leur marché, etc.
                    (*La Gageure*, vers 68-74.)

2.   Ainsi fut dit, ainsi l'on l'accorda.
                    (*Ibidem*, vers 42.)

3. Ci-dessus, p. 73 et note 6.

4. Dans les *Cent Nouvelles nouvelles* : « La damoiselle, bonne et sage, voulant garder son honneur, que aussi cher elle tenoit que sa propre ame, voulant aussi garder la loyaulté que à sa maistresse elle debuoit, ne prestoit pas l'oreille à son seigneur toutes foiz qu'il eust bien voulu ; et si aulcunes foiz force luy estoit de l'escouter, Dieu sçait la trez dure response dont il estoit serui, luy remonstrant sa trez fole entreprinse, la grande lascheté de son cueur, et au surplus bien luy disoit que, si ceste queste il continue plus, que à sa maistresse il sera decelé. Quelque maniere ou menace qu'elle fasse, il ne veut laisser son emprinse ; mais de plus en plus la pourchasse, et tant en fait que force est à la bonne fille d'en aduertir bien au long sa maistresse. La dicte dame aduertie des nouuelles amours de Monseigneur, sans en monstrer semblant, en est trez malcontente ; mais non pourtant elle s'aduisa d'ung tour, ainçois que rien lui en dist, qui fut tel. Elle charge à sa damoiselle que à la premiere foiz que Monseigneur viendra pour la prier d'amours, que, trez tous refus mis arriere, elle luy baille iour à lendemain se trouuer deuers elle dedans sa chambre et en son lict : « Et s'il ac-« cepte la iournée, dit Madame, ie viendray tenir vostre place, et « du surplus laissez moy faire. » Pour obeir comme elle doibt à sa maistresse, elle est contente d'ainsy faire. »

5. Même tour dans *la Clochette*, vers 15-16 et note 5.

Qu'en pouvoit-il arriver que tout bien¹?
Elle auroit lieu de lui chanter sa gamme².

Le lendemain, par hasard, Clidamant,
Qui ne pouvoit se contenir de joie³,
Trouve un ami⁴, lui dit étourdiment
Le bien qu'Amour à ses desirs envoie.
Quelle faveur! Non qu'il n'eût bien voulu
Que le marché pour moins se fût conclu;
Les cent écus lui faisoient quelque peine.
L'ami lui dit : « Eh bien! soyons chacun
Et du plaisir et des frais en commun⁵. »
L'époux n'ayant alors sa bourse pleine,
Cinquante écus à sauver étoient bons;
D'autre côté, communiquer⁶ la belle,
Quelle apparence⁷! y consentiroit-elle?
S'aller ainsi livrer à deux Gascons⁸!

1. Car tout bonheur vous en arrivera.
(*L'Ermite*, vers 189.)

2. De le gronder, de le sermonner : tome V, p. 420 et note 2.

3. Il ne put sans parler contenir cette joie.
(*La Fiancée*, vers 514.)

4. « La damoiselle baille au bon seigneur à demain l'heure de besoigner, dont il est tant content que son cueur tressault tout de ioie, et dit bien en soy mesme qu'il ne fauldra pas à sa iournée. Le iour des armes assignées, suruint au soir ung gentil homme cheualier, voisin de Monseigneur et son trez grand et bon ami, etc. » (*Les Cent Nouvelles nouvelles*.)

5. A frais communs se conduisoit l'affaire.
(*Les Rémois*, vers 44.)

6. Communiquer à son ami, mettre en commun, partager.
7. Quelle apparence y avait-il qu'elle y consentît! — Comparez tome V, p. 565 et note 4.
8. Marseillais, Gascons, c'est donc tout un pour la Fontaine? Voyez ci-dessus, les vers 40 et 61.

Se tairoient-ils d'une telle fortune¹?
Et devoit-on la leur rendre commune²?
L'ami leva cette difficulté,
Représentant que dans l'obscurité
Alix seroit fort aisément trompée³.   115
Une plus fine y seroit attrapée :
Il suffiroit que tous deux tour à tour,
Sans dire mot⁴, ils entrassent en lice⁵,
Se remettant du surplus à l'Amour,
Qui volontiers aideroit l'artifice.   120
Un tel silence en rien ne leur nuiroit;
Madame Alix, sans manquer⁶, le prendroit
Pour un effet de crainte et de prudence :
Les murs ayant des oreilles⁷, dit-on,
Le mieux étoit de se taire; à quoi bon   125
D'un tel secret leur faire confidence?

Les deux galants, ayant de la façon⁸
Réglé la chose, et disposés à prendre
Tout le plaisir qu'Amour leur promettoit,
Chez le mari d'abord ils se vont rendre.   130

1. Tome V, p. 441 et note 7. — 2. Ci-dessus, vers 105, 108.
3. Rapprochez, pour une proposition semblable, *la Fiancée*, vers 506 et suivants.
4. Comparez *le Muletier*, vers 69 et note 1.
5. « En champ clos » (*le Tableau*, vers 213).

— Je faillis à me pendre, oyant que ceste lice
Effrontément ainsy me présentoit la lice.
(RÉGNIER, satire XI, vers 110.)

6. Même locution dans le *Pâté d'anguille*, vers 140; et *passim*.
7. Dans le conte 1 de la IVᵉ partie, vers 66, où il s'agit, il est vrai, des murs d'un couvent :

Et ces murs ont de la discrétion.

8. Tome IV, p. 250.

Là dans le lit l'épouse encore étoit.
L'époux trouva près d'elle la soubrette,
Sans nuls atours qu'une simple cornette¹,
Bref, en état de ne lui point manquer.

L'heure arriva : les amis contestèrent² 135
Touchant le pas, et longtemps disputèrent³.
L'époux ne fit l'honneur de la maison⁴,
Tel compliment n'étant là de saison.
A trois beaux dés⁵, pour le mieux⁶, ils réglèrent⁷
Le précurseur⁸, ainsi que de raison. 140

1. Comme dans le conte VII de la II⁰ partie, vers 76.
2. A l'égard de la dent il fallut contester.
(Livre IX, fable IX, vers 4.)

3. Tel est le texte de nos anciennes éditions. Au lieu de ces trois vers, dont le premier est sans rime, il y en a quatre dans le manuscrit :

> Bref, en état de ne lui point manquer ;
> Même un clin d'œil qu'il put bien remarquer
> L'en assura. Les amis disputèrent
> Touchant le pas, et longtemps contestèrent.

4. « Les honneurs du logis » (*la Fiancée*, vers 505).
5.
> I'ay perdu cheuaulx et harnois
> A trois beaulx dez par monts et vaulx.
> (Coquillart, tome II, p. 269.)

« .... En sorte que les pages du palais peussent iouer dessus (le pavé) à beaux dez.... sans y guaster leurs chausses aux genoulx. » (Rabelais, tome I, p. 305.) « Ce seroit, dit Panurge, plus tost faict et expedié à trois beaux dez. » (*Ibidem*, tome II, p. 58.) « Le pauure Eutrapel..., fasché d'auoir perdu son argent à trois dez, etc. » (Du Fail, tome II, p. 95.) Rapprochez l'expression « iouer à belles cartes », *ibidem*, p. 74.
6. Tome V, p. 361.
7. Comparez *Joconde*, vers 348-351 :

> .... Tirons au sort, c'est la justice ;
> Deux pailles en feront l'office.

8. Celui des deux qui devait prendre les devants, qui « entre-

Ce fut l'ami⁴. L'un et l'autre s'enferme
Dans cette cave², attendant de pied ferme
Madame Alix, qui ne vient nullement :
Trop bien³ la dame, en son lieu, s'en vint faire
Tout doucement le signal nécessaire.   145
On ouvre, on entre, et sans retardement⁴,
Sans lui donner le temps de reconnoître
Ceci, cela⁵, l'erreur, le changement,
La différence enfin qui pouvoit être
Entre l'époux et son associé,   150
Avant qu'il pût aucun change⁶ paroître,
Au dieu d'Amour il fut sacrifié⁷.
L'heureux ami n'eut pas toute la joie
Qu'il auroit eue en connoissant sa proie.
La dame avoit un peu plus de beauté⁸,   155
Outre qu'il faut⁹ compter la qualité¹⁰.
A peine fut cette scène achevée,

rait en lice » le premier. — Même locution, au même sens, dans *la Fiancée*, vers 540.

1. Dans *les Cent Nouvelles nouvelles*, dans *l'Heptaméron*, et dans la plupart de nos autres versions, c'est le mari qui est le précurseur.
2. Vers 87.
3. Ci-dessus, p. 36 et note 3.
4. Tome V, p. 588 et note 3.
5. .... Et, ne sachant ni ceci, ni cela,
   Moitié forcée, et moitié consentante, etc.
   (*Le Diable en enfer*, vers 140-141 et note 8.)

6. Encore un terme de vénerie (tome II, p. 465) : avant que l'épouse pût s'apercevoir qu'il y avait substitution d'homme, comme il y avait eu substitution de femme.
7. On sacrifia : tome IV, p. 447.
8. Ci-dessus, vers 58.
9. Tour analogue au tome V, p. 195.
10. « Le rang, le haut état » (tomes IV, p. 46, 257, V, p. 203, 561, etc.). Chez Brantôme, tome IX, p. 300 : « Pour ce, telles dames de grande estoffe voluntiers plaisent plus, et la rencontre en est plus excellente que des aultres. »

Que l'autre acteur, par la prompte arrivée[1],
Jeta[2] la dame en quelque étonnement[3];
Car, comme époux, comme Clidamant même[4],
Il ne montroit toujours si fréquemment
De cette ardeur l'emportement extrême.
On imputa cet excès de fureur
A la soubrette, et la dame en son cœur
Se proposa d'en dire sa pensée[5].   165

La fête[6] étant de la sorte passée,
Du noir séjour[7] ils n'eurent qu'à sortir.
L'associé[8] des frais et du plaisir
S'en court[9] en haut en certain vestibule :
Mais quand l'époux vit sa femme monter,   170
Et qu'elle eut vu l'ami se présenter,

1. La promptitude de son arrivée, le peu de temps qu'il laissa s'écouler entre les deux « scènes ».
2. Jette. (1705.)
3. Semblable situation dans *le Muletier*, vers 91-93 :

.... Il en sortoit à peine,
Lorsqu'Agiluf alla trouver la reine,
Voulut s'ébattre, et l'étonna bien fort.

4. Comme homme même, en laissant de côté sa qualité d'époux. Comparez *le Berceau*, vers 112 et suivants.
5. Elle en dit sa pensée très nettement dans *les Cent Nouvelles nouvelles* : « N'estes vous pas bien putier, lasche et meschant, qui, cuydant auoir ma chambriere, par tant de foiz et oultre mesure m'auez accolée pour accomplir vostre desordonnée volunté, dont vous estes, la Dieu mercy, bien deceu, car aultre que moy, pour ceste heure, n'aura ce qui doibt estre mien. »
6. Dans *la Servante*, vers 81 et note 3 :

Voire! écoutez le reste de la fête.

7. De la cave.
8. Ci-dessus, vers 105 et 150.
9. Voyez ci-dessus, p. 58 : ici, *s'encourt*, en un seul mot, dans nos anciennes éditions; plus haut, à l'endroit cité, en deux mots.

On peut juger quel soupçon, quel scrupule¹,
Quelle surprise, eurent les pauvres gens;
Ni l'un ni l'autre ils n'avoient eu le temps
De composer leur mine et leur visage.   175
L'époux vit bien qu'il falloit être sage²;
Mais sa moitié pensa tout découvrir³.
J'en suis surpris : femmes savent mentir ;
La moins habile en connoît la science⁴.

Aucuns⁵ ont dit qu'Alix fit conscience⁶   180

1. Tome V, p. 575 et note 10. — Dans *l'Heptaméron :* « Ha ! vertu Dieu ! me serois ie bien faict cocu moy mesme sans que ma femme en sceust rien ? »
2. Ne pas s'emporter, se tenir tranquille.
3. Pensa trahir, par son émotion, par son attitude contrainte, une situation embarrassante pour tous les trois. — Dans la ix⁰ des *Cent Nouvelles nouvelles*, « la dame ne sceut iamais qu'elle eust eu affaire au cheualier estrange ». Dans les deux contes de Poge, la femme ne sait rien non plus. — Dans *l'Heptaméron*, c'est l'ami qui colporte la nouvelle : « Il pria son compagnon de ne reueler sa honte. Mais comme toutes choses dictes à l'oreille sont preschées sur le toit, quelque temps aprez la verité fut cogneue, et l'appeloit on cocu sans la honte de sa femme. »

4. *Sed vobis facile est verba et componere fraudes :*
Hoc unum didicit femina semper opus.
(PROPERCE, livre II, élégie ix, vers 31-32.)

— Variante du manuscrit :

J'en suis surpris : la plus sotte à mentir
Est très habile et sait cette science.

5. Ci-dessus, p. 21 et note 7.
6. Eut scrupule. Comparez le conte II de la II⁰ partie, vers 72-74 et note 9 :

Quelque peine qu'il faille avoir,
Nous la prendrons en patience :
N'en faites point de conscience.

Dans *les Esbahis* de Grevin (acte I, scène 1) :

De n'avoir pas mieux gagné son argent,
Plaignant l'époux, et le dédommageant [1],
Et voulant bien mettre tout sur son compte [2] :
Tout cela n'est que pour rendre le conte
Un peu meilleur. J'ai vu les gens mouvoir   185
Deux questions [3] : l'une, c'est à savoir
Si l'époux fut du nombre des confrères [4],
A mon avis n'a point de fondement,
Puisque la dame et l'ami nullement
Ne prétendoient [5] vaquer [6] à ces mystères [7].   190
L'autre point est touchant le talion [8] ;
Et l'on demande en cette occasion
Si, pour user d'une juste vengeance,

> Elle feroit grand'conscience
> De refuser la iouissance
> De ce qu'elle estime le mieux
> A quelque pauure langoureux.

1. Par les bontés qu'elle eut pour lui. Comparez ci-dessus, vers 17.
2. Voulant bien faire semblant d'avoir été la seule héroïne du « mystère ».
3. Chez Noël du Fail (tome I, p. 4) : « Eutrapel..., auquel les aultres auoient laissé la charge de mouoir les questions, etc. »
4. Tome V, p. 371 et note 2, et p. 454.
5. Ils n'avaient ni l'intention d'y vaquer ni conscience qu'ils y vaquaient. — Rapprochez les vers 160-163 de *la Mandragore*, où une idée analogue est exprimée :

> Votre moitié n'ayant lieu de s'y plaire,
> Et le coquin même n'y songeant pas,
> Vous ne tombez proprement dans le cas
> De cocuage.

6. Dans *le Faiseur d'oreilles*, vers 46-47 et note 2 :

> André vaquoit de grande affection
> A son travail.

7. Tome V, p. 588 et note 1.
8.
> A la pauvrette il ne fit nulle grâce
> Du talion.
> (*Le Faiseur d'oreilles*, vers 187-188.)

Prétendre erreur et cause d'ignorance¹
A cette dame auroit été permis.   195
Bien que ce soit assez là mon avis,
La dame fut toujours inconsolable².

Dieu gard de mal³ celles qu'en cas semblable
Il ne faudroit nullement consoler !
J'en connois bien qui n'en feroient que rire :   200
De celles-là je n'ose plus parler,
Et je ne vois rien des autres à dire.

1. Terme de pratique : prétendre qu'elle ne s'était point encore vengée, puisqu'elle s'était vengée cette fois-là à son insu.

2.   Je suis content ; vous n'êtes point coupable :
    Est-ce de quoi paroitre inconsolable ?
            (*Richard Minutolo*, vers 175-176.)

3. « Dieu gard de mal fille et femme, etc. » (*Le Diable en enfer*, vers 55 et note 3.)

FIN DE LA CINQUIÈME ET DERNIÈRE PARTIE DES CONTES
ET NOUVELLES.

TABLE DES CONTES ET NOUVELLES

PAR ORDRE ALPHABÉTIQUE.

A

	Tomes.	Pages.
A Femme avare Galant escroc, nouvelle tirée de Boccace.	IV,	355
Abbesse (l')...	V,	300
Alix malade. *Voyez* Épigramme.		
Amour mouillé (l'). *Voyez* Imitation d'Anacréon (autre).		
Anneau d'Hans-Carvel (l'), conte tiré de R[abelais].....	IV,	376

AVERTISSEMENT :

| De la première partie........................... | IV, | 3 |
| Aveux indiscrets (les), conte....................... | VI, | 50 |

B

Baiser rendu (le)................................	V,	231
Bât (le)..	V,	227
Belphégor, nouvelle tirée de Machiavel..............	VI,	87
Berceau (le), nouvelle tirée de Boccace.............	IV,	202

C

Calendrier des Vieillards (le), nouvelle tirée de Boccace.	IV,	327
Cas de conscience (le).............................	V,	338
Chose impossible (la).............................	V,	548
Clochette (la), conte..............................	VI,	3
Cocu battu et content (le), nouvelle tirée de Boccace....	IV,	83
Comment l'esprit vient aux filles....................	V,	285
Confidente sans le savoir ou le Stratagème (la), conte...	VI,	24

Conte de ***, ou Sœur Jeanne........................ IV, 124
Conte du Juge de Mesle............................. IV, 126
Conte d'une chose arrivée à Château-Thierry......... IV, 108
Conte d'un paysan qui avoit offensé son seigneur...... IV, 131
Conte tiré d'Athénée, ou la Vénus Callipyge.......... IV, 113
Conte tiré d'Athénée, ou les deux Amis.............. IV, 117
Conte tiré d'Athénée (autre), ou le Glouton........... IV, 120
Cordeliers de Catalogne (les), nouvelle tirée des *Cent Nouvelles nouvelles* .... IV, 174
Coupe enchantée (la), nouvelle tirée de l'Arioste....... V, 88
Courtisane amoureuse (la)........................... V, 179
Cuvier (le).. V, 539

D

Deux Amis (les). *Voyez* Conte tiré d'Athénée.
Diable de Papefiguière (le).......................... V, 354
Diable en enfer (le)................................. V, 462

E

Épigramme, ou Alix malade......................... V, 234
Ermite (l'), nouvelle tirée de Boccace................ IV, 453

F

Faiseur d'oreilles et le Raccommodeur de moules (le), conte tiré des *Cent Nouvelles nouvelles* et d'un conte de Boccace. .... IV, 153
Faucon (le), nouvelle tirée de Boccace............... V, 151
Féronde ou le Purgatoire............................ V, 379
Fiancée du roi de Garbe (la), nouvelle............... IV, 393
Fleuve Scamandre (le), conte....................... VI, 12

G

Gageure des trois commères (la), où sont deux nouvelles tirées de Boccace............................. IV, 292
Gascon puni (le), nouvelle........................... IV, 384
Glouton (le). *Voyez* Conte tiré d'Athénée (autre).

I

Imitation d'Anacréon, ou Portrait d'Iris............. V, 235
Imitation d'Anacréon (autre), ou l'Amour mouillé...... V, 238

J

Joconde, nouvelle tirée de l'Arioste................ IV, 17
Jument du compère Pierre (la)..................... V, 483

L

Lunettes (les)................................... V, 518

M

Magnifique (le).................................. V, 558
Mandragore (la), nouvelle tirée de Machiavel......... V, 22
Mari confesseur (le), conte tiré des *Cent Nouvelles nouvelles* IV, 99
Matrone d'Éphèse (la)............................ VI, 63
Mazet de Lamporechio, nouvelle tirée de Boccace...... IV, 483
Muletier (le), nouvelle tirée de Boccace............. IV, 219

N

Nicaise... V, 207

O

Oies de frère Philippe (les), nouvelle tirée de Boccace.. V, 3
On ne s'avise jamais de tout, conte tiré des *Cent Nouvelles nouvelles*................................ IV, 366
Oraison de saint Julien (l'), nouvelle tirée de Boccace... IV, 235

P

Pâté d'anguille................................... V, 504
Petit Chien qui secoue de l'argent et des pierreries (le).. V, 242
Portrait d'Iris. *Voyez* Imitation d'Anacréon.

PRÉFACES :
De la première partie............................. IV, 7
De la deuxième partie........... .... IV, 145
Psautier (le) ....,...... .... V, 407

Q

Quiproquo (les)..,.................,....................... VI, 120

R

Remède (le), conte...... ....⸺........... VI, 39
Rémois (les).. .. V, 60
Richard Minutolo, nouvelle tirée de Boccace.......... IV, 63
Roi Candaule et le Maître en droit (le)................ V, 423

S

Servante justifiée (la), nouvelle tirée des Contes de la reine
    de Navarre....... . .:........................,........ IV, 276

T

Tableau (le)........................... ....·. V, 577
Troqueurs (les)....................... ....,.... V, 318

V

Vénus Callipyge (la). *Voyez* Conte tiré d'Athénée.
Villageois qui cherche son veau (le), conte tiré des *Cent*
    Nouvelles nouvelles ......\...................... IV, 373

FIN DE LA TABLE DES CONTES ET NOUVELLES.

POÈMES

(1669-1685)

POÈMES

(1669-1685)

PHILÉMON ET BAUCIS.

SUJET TIRÉ DES MÉTAMORPHOSES D'OVIDE.

Cette fable grecque, grecque par les noms des personnages, est empruntée, comme le dit le titre, au livre VIII des *Métamorphoses* d'Ovide, vers 620-724, où le poète latin est moins alambiqué, moins subtil, plus ami du naturel et du bon goût que d'habitude. La gravité du sujet semble se refléter çà et là dans son style, et l'on y goûte parfois la saveur de ces mœurs pures et d'une naïveté charmante, de ces mœurs délicieuses.

Sauf au prologue et à l'épilogue, où il ne s'est guère inspiré que de lui-même, la Fontaine a serré d'assez près son modèle : on pourra s'en assurer par les notes qui suivent.

Nous ne connaissons point d'autres écrivains qui aient raconté cette touchante légende sinon très brièvement, en quelques lignes. Goethe s'en est servi, en la dénaturant, au début de l'acte V de la seconde partie de *Faust*.

Voyez, à propos des souhaits des deux époux que Jupiter exauce (vers 124 et suivants), à propos des désirs dont les dieux ou les saints ont promis l'accomplissement, les renvois indiqués à la fin de la notice de la fable VI du livre VII (tome II, p. 122). Parmi les contes qu'ont analysés les frères Grimm, cités dans la notice de cette fable, celui qui se rapproche le plus de notre poème est le récit que Kirchhof dit avoir entendu de la bouche de jeunes filandières (p. 147-148 de l'analyse des frères Grimm), et dont voici le résumé : Saint Pierre et saint Paul, en accordant la réalisation de trois vœux à un pauvre homme et à une pauvre femme, chargés de famille, qui cependant les ont hébergés, et de trois souhaits également à un autre couple, mais de méchantes gens, qui d'abord n'ont pas voulu les accueillir, trouvent le meilleur, le plus sûr moyen de récompenser les deux premiers et de punir les deux seconds.

Le savant Huet, cité par Gail[1], prétend, dans sa *Demonstratio evangelica* (Paris, 1690, in-fol., p. 123), comme bien d'autres critiques du reste, que la visite de Jupiter et de Mercure à Philémon et à Baucis est une imitation, une copie même, de celle que les deux anges font à Loth et à sa femme dans la Genèse (chapitre XIX) : *Aditus ille Jovis et Mercurii ad Philemonem et Baucida, a quibus comiter habiti humanitatis mercedem utrique rependerunt, angelorum duorum accessum ad Loth et uxorem videtur significare. Nam, his et illis e patria eductis et in tuto collocatis, illic dii, hic angeli, popularium vicinarumque gentium ulti sunt impietatem, et totam regionem stagnum effecerunt.* Est-il bien nécessaire de réfuter cette bizarre assertion? Si Philémon et Baucis lavent les pieds à leurs hôtes, c'est parce que cette pratique, utile non moins qu'hospitalière, était familière aux Grecs aussi bien qu'aux Hébreux, et non parce que Loth a rendu le même service aux deux anges; et l'on en peut dire autant de toutes les circonstances des deux récits, circonstances qui n'ont rien d'exceptionnel, rien de particulier aux Hébreux plutôt qu'aux Grecs, aux Grecs plutôt qu'aux Hébreux, et qui, dans une pareille matière, devaient se présenter tout naturellement à l'esprit.

On pourrait avec plus de raison rapprocher de notre histoire la fable de Simonide préservé par les dieux (livre I, fable XIV, tome I, p. 98-102).

Cette charmante idylle de Philémon et Baucis a été publiée, en 1685, sous le titre que nous reproduisons, dans les *Ouvrages de prose et de poésie des sieurs de Maucroix et de la Fontaine* (tome I, p. 78-98); c'est la fable XXV du recueil de *Fables choisies* de 1694.

Ajoutons qu'elle a été traduite, au XVIIIe siècle, par le poète vénitien Lorenzo d'Aponte.

Le chanoine Maucroix paraît s'en être souvenu dans son poème de deux cents vers intitulé : *les Solitaires* (tome I des OEuvres diverses, p. 205-212).

Philémon et Baucis est le titre d'un opéra en un acte, paroles de Malézieu, musique de Mathau, représenté à Sceaux, chez le duc et la duchesse du Maine, le 4 août 1703.

1. *Observations sur les quatre dernières fables de la Fontaine restées jusqu'ici sans commentaire*, par MM. Selis, Delille et la Harpe, recueillies par J.-B. Gail, Paris, 1821, in-8°.

C'est aussi le sujet de la IIIe entrée du *Ballet de la Paix*, opéra-ballet en cinq entrées et un prologue, donné à l'Opéra le 29 mai 1738, paroles de Roy, musique de Rebel et Francœur (Paris, Ballard, 1738, in-4°) : Roy a transformé les deux vieux époux en deux jeunes amants dont la fidélité est couronnée par les dieux. Le 23 décembre 1748, l'acte de *Philémon et Baucis* fut joué à Versailles devant le Roi sur le Théâtre des petits appartements : Philémon : le vicomte de Rohan. — Baucis : la marquise de Pompadour. — Jupiter : le duc d'Ayen. — Mercure : le chevalier de Clermont.

Citons enfin *Philémon et Baucis*, ballet héroïque, représenté sur le théâtre de l'Opéra le 26 septembre 1775, paroles de M. de Chabanon de Maugris, musique de Gossec, analysé dans le *Dictionnaire dramatique*, tome III, p. 435 ; et le célèbre opéra-comique en deux actes, portant le même titre, paroles de Jules Barbier et Michel Carré, musique de Ch. Gounod, joué au Théâtre-Lyrique le 18 février 1860.

Parmi les artistes qui se sont inspirés de cette fable nous mentionnerons Rubens (au musée d'Anvers), Jordaens et Gyselder (au Belvédère), Bronzino (au musée de Munich), etc., etc.

A MONSEIGNEUR LE DUC DE VENDÔME[1].

Ni l'or ni la grandeur ne nous rendent heureux[2] ;

---

1. Dans le texte original : « Poëme dédié à Monseigneur le duc de Vendôme. » — Louis-Joseph, duc de Vendôme, né, le 1er juillet 1654, à Paris, mort, le 15 juin 1712, à Vinaroz, en Catalogne. Cet arrière-petit-fils de Henri IV et de Gabrielle d'Estrées, non moins célèbre par le cynisme de ses mœurs que par l'éclat de sa bravoure et de ses talents militaires, fut, ainsi que son frère, le Grand Prieur, un des bienfaiteurs les plus généreux de la Fontaine, mais ne contribua pas peu à l'entraîner, ou, pour mieux dire, à le maintenir dans des habitudes de désordre et de dissipation. Voyez l'*Histoire de la Fontaine*, par Walckenaer, tome II, p. 47, et p. 67-68 ; la *Notice biographique* en tête de notre tome I, p. CXXXV-CXXXVI ; et les *Mémoires de Saint-Simon*, tome IV, p. 383 et suivantes.

2. On a rapproché de ce vers ce fragment de Varron :

Non fit thesauris, non auro, pectu' solutum,
Non animis demunt curas ac relligiones
Persarum montes nec divitis atria Crassi.

Ces deux divinités n'accordent à nos vœux
Que des biens peu certains, qu'un plaisir peu tranquille :
Des soucis dévorants c'est l'éternel asile ;
Véritables vautours, que le fils de Japet   5
Représente, enchaîné sur son triste sommet[1].
L'humble toit est exempt d'un tribut si funeste :
Le sage y vit en paix, et méprise le reste ;
Content de ces douceurs, errant parmi les bois,
Il regarde à ses pieds les favoris des rois[2] ;   10
Il lit au front de ceux qu'un vain luxe environne
Que la Fortune vend ce qu'on croit qu'elle donne[3].

1. C'est-à-dire que Prométhée, fils de Japet, enchaîné sur le Caucase et dont un vautour rongeait le foie sans cesse renaissant, est le symbole, l'image des hommes dévorés par l'ambition de la richesse ou par le désir des honneurs. Voyez livre VII, fable VIII, vers 15-16 (tome II, p. 136 et note 11).

2. Comparez Horace (livre I, épître x, vers 32-33), dont le ton est moins hautain :

Fuge magna : licet sub paupere tecto
Reges et regum vita prævertere amicos.

— Chez Virgile (*Géorgiques*, livre IV, vers 132) :

Regum æquabat opes animis.

—   De Philémon vous connaissez l'histoire :
Amant aimé, dans le coin d'un taudis,
Jusqu'à cent ans il caressa Baucis.
Les noirs chagrins, enfants de la vieillesse,
N'habitent point sous nos rustiques toits :
Le vice fuit où n'est point la mollesse ;
Nous servons Dieu, nous égalons les rois.
(VOLTAIRE, *Ce qui plaît aux dames*.)

3. Tome III, p. 8. — Voiture dit, dans sa lettre CXXIII adressée au comte de Guiche : « Sans mentir..., la Fortune est une grande trompeuse ! Et pour l'ordinaire elle nous vend bien chèrement les choses qu'elle semble nous donner. » (*OEuvres*, Paris, 1677, in-12, tome I, p. 255.) Et Chapelain, dans une lettre de l'année 1634 (tome I de sa Correspondance, p. 77) : « Reconnoissez

Approche-t-il du but, quitte-t-il ce séjour[1],
Rien ne trouble sa fin : c'est le soir d'un beau jour[2].

Philémon et Baucis[3] nous en offrent l'exemple[4] :   15
Tous deux virent changer leur cabane en un temple.
Hyménée et l'Amour, par des desirs constants,
Avoient uni leurs cœurs dès leur plus doux printemps :

que la Fortune ne veut pas qu'un homme ait jamais du bien sans peine, et qu'il faut toujours qu'elle se paie de ses faveurs à nos dépens. » C'est, du reste, une pensée du poète Épicharme, recueillie par Xénophon dans ses *Mémoires sur Socrate* (I, 1, 20) :

Πωλοῦσιν ἡμῖν πάντα τἀγαθ' οἱ θεοί,

et déjà traduite par Montaigne dans ses *Essais* (livre II, chapitre xx) : « Les dieux nous vendent tous les biens qu'ilz nous donnent », c'est à dire ilz ne nous en donnent auloun pur et parfaict, et que nous n'achetions au prix de quelque mal. » — Chez Voltaire (ive *Discours sur l'homme*) :

Le bonheur est un bien que nous vend la Nature;

chez J.-B. Rousseau (livre III, ode 1, strophe 24) :

Le Ciel nous vend toujours les biens qu'il nous prodigue.

1. Tome III, p. 119 et note 9.
2. Comparez, pour l'expression, Malherbe, *les Larmes de saint Pierre*, vers 247 :

Le soir fut avancé de leurs belles journées ;

et, pour la pensée, la fin de la fable iv du livre XI :

Quand le moment viendra d'aller trouver les morts,
J'aurai vécu sans soins et mourrai sans remords.

3. Homère appelle Philémon l'un des fils de Priam. *Baucis* est le nom que Perse, dans sa ive satire, vers 21, donne à une vieille marchande de légumes qui crie ses herbes dans les rues. C'est aussi le nom d'une pauvre vieille chez Callimaque. Il s'appliquait, il est vrai, indistinctement à toutes les pauvres vieilles.
4. Ovide, au début de son récit, nous représente un chêne s'élevant auprès d'un tilleul, sur les coteaux de Phrygie. Ce chêne et ce

Ni le temps ni l'hymen n'éteignirent leur flamme[1];
Clothon prenoit plaisir à filer[2] cette trame.   20
Ils surent cultiver, sans se voir assistés,
Leur enclos et leur champ par deux fois vingt étés.
Eux seuls ils composoient toute leur république[3] :
Heureux de ne devoir à pas[4] un domestique
Le plaisir ou le gré[5] des soins qu'ils se rendoient!   25
Tout vieillit[6] : sur leur front les rides s'étendoient;
L'amitié modéra leurs feux sans les détruire,
Et par des traits d'amour[7] sut encor se produire.

tilleul, ce sont, on le devine, Philémon et Baucis métamorphosés en arbres, mais toujours réunis. « Jupiter, ajoute-t-il, sous les traits d'un mortel, visita autrefois ce séjour en compagnie de Mercure, etc. »

1. Dans le *Pâté d'anguille*, vers 22-23 :

> L'hymen et la possession
> Éteignirent sa passion.

Voyez aussi *les Filles de Minée*, vers 154-156.

2. C'est Lachésis, et non Clothon, qu'il aurait fallu dire : il est vrai que, si elle ne filait pas la destinée des hommes, Clothon, la plus jeune des trois Parques, tenait du moins la quenouille : tome V, p. 109 et note 4.

3. *Sed pia Baucis anus, parilique ætate Philemon*
Illa sunt annis juncti juvenilibus, illa
Consenuere casa; paupertatemque fatendo
Effecere levem, nec iniqua mente ferendam.
Nec refert, dominos illic famulosne requiras:
Tota domus duo sunt; idem parentque jubentque.
(Ovide, *Métamorphoses*, livre VIII, vers 631-636.)

4. Comparez, pour ce tour, les *Lexiques de Corneille et de Racine*, au mot Pas.

5. La reconnaissance, la gratitude; au tome I, p. 109 et note 8 : « perdre le gré de sa louange ».

6.   Tout s'éteint, tout s'use, tout passe,

comme dit Voltaire (épître à M. Desmahis).

7. Livre XII, fable XXIII, vers 64.

Ils habitoient un bourg plein de gens dont le cœur
Joignoit aux duretés un sentiment moqueur.   30
Jupiter résolut d'abolir¹ cette engeance².
Il part avec son fils, le dieu de l'éloquence³ ;
Tous deux en pèlerins vont visiter ces lieux⁴ :
Mille logis y sont, un seul ne s'ouvre⁵ aux dieux.
Prêts enfin à quitter un séjour si profane,   35
Ils virent à l'écart une étroite cabane,
Demeure hospitalière, humble et chaste maison⁶.
Mercure frappe : on ouvre. Aussitôt Philémon
Vient au-devant des dieux, et leur tient ce langage :
« Vous me semblez tous deux fatigués du voyage,   40

1. Chez Rabelais (tome II, p. 47) : « Deucalion et Pyrrha restituerent le genre humain aboli par le deluge.... »; chez Malherbe, tome I, p. 281 :

. L'exemple de leur race à jamais abolie...;

chez Racine (*Esther*, vers 264) :

Qu'un même coup mortel
Abolisse ton nom, ton peuple, et ton autel.

2. Tome III, p. 21 et note 9.
3. Mercure, fils de Jupiter et de la nymphe Maïa. — Le poète, qui veut ennoblir, rehausser, le personnage de Mercure, désigne ici ce dieu par le plus noble de ses attributs.
4. Les déguisements des califes dans les contes orientaux sont comme un reflet de ces déguisements des dieux et de leurs voyages sur la terre, dont l'idée remonte à la plus haute antiquité.
5. Pour cette ellipse de *pas*, voyez les *Lexiques* de la Collection, au mot PAS.
6. *Casta pudicitiam servat domus.*
(VIRGILE, *Géorgiques*, livre II, vers 524.)

— *Jupiter huc, specie mortali, cumque parente*
Venit Atlantiades positis caduciferque alis.
Mille domos adiere, locum requiemque petentes;
Mille domos clausere seræ : tamen una recepit,
Parva quidem, stipulis et canna tecta palustri.
(OVIDE, *ibidem*, vers 626-630.)

Reposez-vous. Usez du peu que nous avons :
L'aide des dieux a fait que nous le conservons ;
Usez-en. Saluez ces pénates d'argile :
Jamais le Ciel ne fut aux humains si facile
Que quand Jupiter même étoit de simple bois ; 45
Depuis qu'on l'a fait d'or[1], il est sourd à nos voix.
Baucis, ne tardez point[2] : faites tiédir cette onde ;
Encor que le pouvoir au desir ne réponde,
Nos hôtes agréeront les soins qui leur sont dus[3]. »

1. *....Itaque tunc per fictiles Deos religiose jurabatur*, dit Sénèque (*Consolatio ad Helviam*, chapitre x). Comparez la fin de sa lettre XXXI ; et Juvénal, satire XI, vers 115-116 :

....Hanc rebus Latiis curam præstare solebat
Fictilis et nullo violatus Jupiter auro ;

Tibulle, livre I, élégie x, vers 19-20 :

Tunc melius tenuere fidem, quum paupere cultu
Stabat in exigua ligneus æde Deus.

Rapprochez aussi la satire II de Perse contre les vœux impies de hommes et contre le luxe imprudent des autels (vers 68-69) :

At vos
Dicite, pontifices : in sanctis quid facit aurum ?

un discours de Caton dans Tite-Live, livre XXXIV, chapitre IV : *....Jam nimis multos audio.... antefixa fictilia deorum romanorum ridentes;* Pline, livres XXXIV, § XVI, et XXXV, § XLV-XLVI ; notre fable VIII du livre IV, *l'Homme et l'Idole de bois*; et Voltaire, *Défense du mondain* :

Leur Jupiter, au temps du bon roi Tulle,
Était de bois ; il fut d'or sous Luculle.

2. « Franchement, remarque Gail, cet avis est plus aisé à donner qu'à suivre à l'âge où ils sont. Il y a dans ce langage et ce ton une teinte légère, à peine sensible, d'un comique plein de grâce, et qui fait sourire doucement : ce sont les mœurs anciennes, lorsque l'homme gardait son rang et que la femme ne sortait pas de sa place. »

3. Ce petit discours si touchant n'est pas dans Ovide.

PHILÉMON ET BAUCIS.

Quelques restes de feu sous la cendre épandus [1] 50
D'un souffle haletant par Baucis [2] s'allumèrent :
Des branches de bois sec aussitôt s'enflammèrent [3].
L'onde tiède, on lava les pieds des voyageurs.
Philémon les pria d'excuser ces longueurs ;
Et, pour tromper l'ennui d'une attente importune, 55
Il entretint les dieux [4], non point sur la Fortune,
Sur ses jeux, sur la pompe et la grandeur des rois,
Mais sur ce que les champs, les vergers et les bois
Ont de plus innocent, de plus doux, de plus rare.

Cependant par Baucis le festin se prépare. 60
La table où l'on servit le champêtre repas
Fut d'ais non façonnés à l'aide du compas [5] :
Encore assure-t-on, si l'histoire en est crue,
Qu'en un de ses supports le temps l'avoit rompue.
Baucis en égala [6] les appuis chancelants 65

1. Épars sous la cendre : que, pour les conserver, on avait couverts de cendres. — Comparez livre XII, fable XXIV, vers 75.
2. Latinisme : *per Baucim*; voyez aussi neuf vers plus bas.
3. *Inde foco tepidum cinerem dimovit, et ignes*
Suscitat hesternos; foliisque et cortice sicco
Nutrit; et ad flammas anima producit anili.
(OVIDE, *ibidem*, vers 641-643.)

Rapprochez, pour tout ce commencement, les *Fastes* du même poëte, livre V, vers 495-524.

4. Cette idée est également empruntée à Ovide :
Interea medias fallunt sermonibus horas;
Sentirique moram prohibent.
(*Ibidem*, vers 651-652.)

Mais Ovide ne dit pas comme la Fontaine sur quelles matières roula l'entretien.

5. Deux ais pourris sur trois pieds inégaux
Formaient la table où les époux soupèrent.
(VOLTAIRE, *Ce qui plaît aux dames.*)

6. Égalisa.

Du débris[1] d'un vieux vase, autre injure des ans[2].
Un tapis tout usé couvrit deux escabelles :
Il ne servoit pourtant qu'aux fêtes solennelles[3].
Le linge orné de fleurs[4] fut couvert, pour tous mets[5],
D'un peu de lait, de fruits[6], et des dons de Cérès[7]. 70

1. Voyez ci-dessous, le vers 145 et la note.
2. Ingénieuse imitation de ces vers d'Ovide :

> ....*Mensam succincta tremensque*
> *Ponit anus. Mensæ sed erat pes tertius impar;*
> *Testa parem fecit.*
> (*Ibidem*, vers 660-662.)

3. Ce détail est également emprunté à Ovide (vers 657-658) :

> *Vestibus hunc velant, quas non nisi tempore festo*
> *Sternere consuerant.*

4. Pour ce « linge orné de fleurs », comparez *le Tableau*, vers 86 et note 5. — Chez Ronsard (Dédicace des odes *au roy Henry II*), Baucis offre ses fleurs à Jupiter :

> Et mesme ce grand dieu, qui la tempeste iette,
> De Bauce et Philemon entré dans la logette,
> De deux ou de trois fleurs son chef enuironna,
> Que Bauce de bon cueur en present luy donna.

5. Livre XII, fable IX, vers 29.
6. Tome II, p. 261. — Dans le poème de Maucroix cité à la notice :

> La seule propreté règne dans la cabane;
> On n'y connoît ni l'or ni le luxe profane ;
> Le thym, le serpolet, suspendus aux lambris,
> D'un parfum naturel embaument le pourpris.

7. Si le *festin*, chez la Fontaine, est très parcimonieusement servi, il est peut-être trop abondant chez Ovide où les deux époux prodiguent à leurs hôtes, sur la table frottée de menthe, tous les trésors de leur séjour champêtre : du lard et des légumes, des olives, des cornouilles conservées dans la lie de vin, de la chicorée, des raves, du lait caillé, des œufs cuits sous la cendre; puis des fruits, noix, figues, prunes, dattes, pommes odorantes, raisin pourpré; et, au milieu, un blanc rayon de miel (vers 646-650 et 664-677). — On sait que Rubens a peint ce repas rustique ; mais

Les divins voyageurs, altérés de leur course,
Mêloient au vin grossier le cristal¹ d'une source.
Plus le vase versoit, moins il s'alloit² vuidant :
Philémon reconnut ce miracle évident³;
Baucis n'en fit pas moins : tous deux s'agenouillèrent;
A ce signe d'abord leurs yeux se dessillèrent.
Jupiter leur parut avec ces noirs sourcis
Qui font trembler les cieux sur leurs pôles assis⁴.
« Grand dieu, dit Philémon, excusez notre faute :
Quels humains auroient cru recevoir un tel hôte ?   80
Ces mets, nous l'avouons, sont peu délicieux : [dieux?
Mais, quand nous serions rois, que donner à des

il a laissé à Mercure son Pégase, et à Jupiter sa foudre, que celui-ci, il est vrai, s'efforce de cacher sous la table.

1. Ci-dessus, p. 19 et note 4 :

    Mon cristal est très pur.

2. Remarquez l'emploi de *verser* sans complément. — Sur cette place du pronom avant le verbe *aller*, comparez la fable XV du livre XII, vers 62 et la note :

    La gazelle s'alloit ébattre innocemment.

3. Ce miracle, qui rappelle celui des Noces de Cana, est également chez Ovide (*ibidem*, vers 679-682) :

    Interea, quoties haustum cratera repleri
    Sponte sua, per seque vident succrescere vina,
    Attoniti novitate pavent, manibusque supinis
    Concipiunt Baucisque preces timidusque Philemon.

4. Rapprochez la fable XII du livre XII, vers 111; le *Poème du Quinquina*, chant II, vers 295-296 :

    Jupiter crut Momus; il fronça les sourcis :
    Tout l'Olympe en trembla sur ses pôles assis;

et cette phrase plaisante de *Psyché* (livre II, tome III M.-L., p. 174) : « Jupiter se rendit à ces raisons, et accorda à l'Amour ce qu'il demandoit : il témoigna qu'il apportoit son consentement à l'apothéose par une petite inclination de tête qui ébranla légèrement l'univers, et le fit trembler seulement une demi-heure. » — On connaît les beaux vers d'Homère, dont s'inspira, dit-on, Phidias

156 POÈMES.

C'est le cœur qui fait tout [1] : que la terre et que l'onde
Apprêtent un repas pour les maîtres du monde;
Ils lui préféreront les seuls présents du cœur. 85
Baucis sort à ces mots pour réparer l'erreur.

Dans le verger couroit une perdrix privée [2],
Et par de tendres soins dès l'enfance élevée;

(*Géographie* de Strabon, livre VIII), lorsqu'il sculpta son Jupiter Olympien :

> ῏Η, καὶ κυανέησιν ἐπ' ὀφρύσι νεῦσε Κρονίων
> ἀμβρόσιαι δ' ἄρα χαῖται ἐπερρώσαντο ἄνακτος
> κρατὸς ἀπ' ἀθανάτοιο · μέγαν δ' ἐλέλιξεν Ὄλυμπον.
> (*Iliade*, livre I, vers 528-530.)

— *Reges in ipsos imperium est Jovis....*
Cuncta supercilio moventis.
(Horace, ode 1 du livre III, vers 6 et 8.)

— *Annuit invicto cœlestum numine rector,*
Quo tunc et tellus, atque horrida contremuerunt
Æquora, concussitque micantia sidera mundus.
(Catulle, LXIV, vers 204-206.)

— O quantefoiz de ton graue sourci
Tu abysmas ce faulx peuple endurci!
(Du Bellay, tome II, p. 17.)

On peut rapprocher encore Virgile, *Énéide*, livres IX, vers 106, X, vers 115, et Ovide, *Métamorphoses*, livre I, vers 179-180, où le maître des Dieux ébranle le monde en secouant sa chevelure :

Terrificam capitis concussit terque quatorque
Cæsariem, cum qua terram, mare, sidera, movit.

1. .... *Super omnia vultus*
Accessere boni, nec iners pauperque voluntas.
(Ovide, *ibidem*, livre VIII, vers 677-678.)

— Cette pensée est également exprimée dans *Belphégor*, vers 144 et note 8 : « Le cœur fait tout ».

2. Chez Ovide, les deux vieillards s'excusent aussi de la frugalité du repas qu'ils offrent aux dieux, et se préparent à leur immoler, non une perdrix, mais une oie, gardienne vigilante de leur foyer :

PHILÉMON ET BAUCIS.

Elle en veut faire un mets, et la poursuit en vain :
La volatille¹ échappe à sa tremblante main ;   90
Entre les pieds des dieux elle cherche un asile.
Ce recours à l'oiseau ne fut pas inutile :
Jupiter intercède. Et déjà les vallons   [monts².
Voyoient l'ombre en croissant tomber du haut des

Les dieux sortent enfin, et font sortir leurs hôtes.   95
« De ce bourg, dit Jupin, je veux punir les fautes :
Suivez-nous³. Toi, Mercure, appelle les vapeurs⁴.

> *Unicus anser erat, minimæ custodia villæ,*
> *Quem Dis hospitibus domini mactare parabant.*
> *Ille celer penna tardos ætate fatigat ;*
> *Eluditque diu ; tandemque est visus ad ipsos*
> *Confugisse Deos. Superi vetuere necari.*
>   (*Ibidem*, vers 684-688.)

Comparez le sacrifice que Frédéric fait de son faucon à Clitie dans le conte v de la III⁰ partie (tome V, p. 170 et note 2).

1. *Ibidem*, p. 487, note 2.
2. *Majoresque cadunt altis de montibus umbræ.*
        (VIRGILE, églogue I, vers 84.)
   Et sol crescentes decedens duplicat umbras.
        (*Ibidem*, églogue II, vers 67.)
   Il s'en va nuict, et des haults monts descendent
   Les ombres grands qui parmi l'air s'espandent.
        (MAROT, tome III, p. 126.)
   Mais ià l'ombre plus grand du sommet des montagnes
   Deualle redoublé sur les brunes campagnes.
        (REMY BELLEAU, tome I, p. 193.)
   L'ombre croit en tombant de nos prochains coteaux.
        (*Astrée*, acte II, scène VIII.)
3. *Dique sumus ; meritasque luet vicinia pœnas*
   Impia, dixerunt : vobis immunibus hujus
   Esse mali dabitur : modo vestra relinquite tecta,
   Ac nostros comitate gradus, et in ardua montis
   Ite simul.
        (OVIDE, *ibidem*, vers 689-693.)
4. Les vapeurs qui forment les nuages. — Au tome II, p. 313 et note 3 :

O gens durs! vous n'ouvrez vos logis ni vos cœurs[1]! »
Il dit : et les autans troublent[2] déjà la plaine.
Nos deux époux suivoient, ne marchant qu'avec peine ;
Un appui de roseau soulageoit leurs vieux ans :
Moitié secours des dieux, moitié peur, se hâtants,
Sur un mont assez proche enfin ils arrivèrent ;
A leurs pieds aussitôt cent nuages crevèrent.
Des ministres du dieu[3] les escadrons flottants[4]   105
Entraînèrent, sans choix, animaux, habitants,
Arbres, maisons, vergers, toute cette demeure[5] ;

> Jupiter, voyant nos fautes,
> Dit un jour, du haut des airs, etc.

1. O gent sans cueur, gent de faulse nature,
    Gent aueuglée en ta perte future!
                    (MAROT, tome III, p. 141.)

2. C'est le *miscent* des Latins :

*Interea magno misceri murmure cœlum
Incipit.*
                    (VIRGILE, *Énéide*, livre IV, vers 160.)

Rapprochez aussi le passage où les vents s'élancent à l'appel de Junon :

Qua data porta ruunt, et terras turbine perflant.
                    (*Ibidem*, livre I, vers 83.)

3. Tome II, p. 165 : « les dangers des pirates, des vents, du calme et des rochers,

Ministres de la Mort. »

4. Les nuages poussés par les vents et se fondant en eau. Dans cette belle image les nuées et les autans sont confondus ; l'épithète *flottants* ne pourrait s'appliquer aux vents seuls. Comparez Horace (ode IV du livre IV, vers 43-44) :

*Ceu flamma per tædas, vel Eurus
Per Siculas equitavit undas.*

5. Tout ce séjour, tout ce hameau.

— *Cumque satis arbusta simul, pecudesque, virosque,
Tectaque....*
                    (OVIDE, *Métamorphoses*, livre I, vers 286-287.)

PHILÉMON ET BAUCIS.

Sans vestige de[1] bourg, tout disparut sur l'heure[2].
Les vieillards déploroient ces sévères destins[3].
Les animaux périr ! car encor les humains[4],   110
Tous avoient dû tomber[5] sous les célestes armes :
Baucis en répandit en secret quelques larmes.

Cependant l'humble toit devient temple[6], et ses murs
Changent leur frêle enduit aux marbres les plus durs[7].

1. *Du*, dans les *Fables choisies* de 1694.
2. La Fontaine continue à suivre le récit d'Ovide, mais en cet endroit ce dernier est plus concis :

> .... *Parent ambo, baculisque levati*
> *Nituntur longo vestigia ponere clivo ;*
> *Tantum aberant summo quantum semel ire sagitta*
> *Missa potest ; flexere oculos, et mersa palude*
> *Cætera prospiciunt, tantum sua tecta manere.*
> (OVIDE, *ibidem*, livre VIII, vers 693-697.)

3. Inflexibles : cette même expression « sévère destin » est dans l'*Iphigénie* de Racine (acte IV, scène IV). — Rapprochez la fable XX du livre VIII, où Jupiter se montre au contraire miséricordieux dans son courroux :

> .... Tout père frappe à côté.

4. Ce trait n'est pas chez Ovide, où les deux vieillards se contentent de déplorer le sort de leurs voisins. Comme on l'a remarqué, voilà bien le fabuliste toujours prêt à s'attendrir sur les bêtes, même aux dépens des humains !

5. *Tous avoient dû tomber*, c'est-à-dire : « Tous avaient mérité de tomber.... » C'est ce qui justifie, c'est ce qui rend touchantes les larmes que verse Baucis sur les animaux.

6. « .... Les belles fables de l'antiquité ont encore ce grand avantage sur l'histoire qu'elles présentent une morale sensible : ce sont des leçons de vertu ; et presque toute l'histoire est le succès des crimes.... Baucis et Philémon obtiennent que leur cabane soit changée en un temple ; nos Baucis et nos Philémon voient vendre par le collecteur des tailles leurs marmites, que les dieux changent en vases d'or dans Ovide. » (VOLTAIRE, *Dictionnaire philosophique*, au mot FABLE.)

7. Voyez les exemples de cette tournure poétique cités par Lit-

De pilastres massifs les cloisons revêtues 115
En moins de deux instants s'élèvent jusqu'aux nues;
Le chaume devient or[1], tout brille en ce pourpris[2];
Tous ces événements sont peints sur le lambris.
Loin, bien loin les tableaux de Zeuxis et d'Apelle[3]!
Ceux-ci furent tracés d'une main immortelle. 120
Nos deux époux, surpris, étonnés[4], confondus,
Se crurent, par miracle, en l'Olympe rendus[5].
« Vous comblez, dirent-ils, vos moindres créatures :
Aurions-nous bien le cœur et les mains assez pures

tré, 5°, et empruntés à Regnier, à Racine, à Molière, à Bossuet.

1. *Illa vetus, dominis etiam casa parva duobus,*
Vertitur in templum ; furcas subiere columnæ;
Stramina flavescunt, adopertaque marmore tellus
Cælatæque fores, aurataque tecta videntur.
(*Ibidem*, vers 699-702.)

2. Enceinte, habitation.

Il n'est plaisir au monde
Qu'on ne goutât dedans ce paradis.
Les gens trouvoient en son charmant pourpris
Les meilleurs vins de la machine ronde.
(*Féronde*, vers 32-35 et note 4.)

Ce mot, qui a vieilli en prose, a encore été employé par Gresset dans *la Chartreuse* :

Jugez si toute solitude
Qui nous sauve de leurs vains bruits,
N'est point l'asile et le pourpris
De l'entière béatitude;

et par Voltaire dans une lettre à M. de la Condamine du 29 avril 1752 :

Eh l' morbleu, c'est dans le pourpris
Du brillant palais de la lune,
Non dans le benoît paradis,
Qu'un honnête homme fait fortune.

3. Les deux célèbres peintres grecs.
4. *Attoniti* : stupéfaits.
5. Tome IV, p. 440 et note 6 :

Cet inconnu s'engagea de la rendre
Chez Zaïr ou dans Garbe.

PHILÉMON ET BAUCIS.

Pour présider ici sur les honneurs divins[1], 125
Et prêtres vous offrir les vœux des pèlerins ? »
Jupiter exauça leur prière innocente.
« Hélas! dit Philémon, si votre main puissante
Vouloit favoriser jusqu'au bout deux mortels,
Ensemble nous mourrions en servant vos autels : 130
Clothon feroit d'un coup ce double sacrifice[2];
D'autres mains nous rendroient un vain et triste office[3] :
Je ne pleurerois point celle-ci[4], ni ses yeux
Ne troubleroient non plus de leurs larmes ces lieux[5]. »
Jupiter à ce vœu fut encor favorable[6]. 135
Mais oserai-je dire un fait presque incroyable ?

Un jour qu'assis tous deux dans le sacré parvis
Ils contoient cette histoire aux pèlerins ravis,
La troupe, à l'entour d'eux, debout prêtoit l'oreille;

1. Cette locution *présider sur*, qui a vieilli, est aussi chez Corneille :

> Voyez ce qu'est Valens, voyez ce qu'est Placide,
> Voyez sur quels États l'un et l'autre préside.
> (*Théodore*, acte II, scène II, vers 371-372.)

2. Ci-dessus, p. 150 et note 2. C'est Atropos qui coupait le fil des destinées humaines.
3. Nous serions ensevelis par d'autres mains.
4. Quel tendre accent dans ce mot : *celle-ci!*

5. *Esse sacerdotes, delubraque vestra tueri*
Poscimus; et quoniam concordes egimus annos,
Auferat hora duos eadem, nec conjugis unquam
Busta meæ videam, neu sim tumulandus ab illa.
(*Ibidem*, vers 707-710.)

Avant qu'ils aient exprimé ce vœu, Jupiter, chez Ovide, a invité les deux époux à lui dire quel est le souhait qu'ils forment, et Philémon consulte préalablement sa femme.

6. *Vota fides sequitur. Templi tutela fuere*
Donec vita data est.
(*Ibidem*, vers 711-712.)

J. DE LA FONTAINE. VI

Philémon leur disoit : « Ce lieu plein de merveille 140
N'a pas toujours servi de temple aux Immortels :
Un bourg étoit autour, ennemi des autels,
Gens barbares, gens durs¹, habitacle² d'impies ;
Du céleste courroux tous furent les hosties³.
Il ne resta que nous d'un si triste débris⁴ :   145
Vous en verrez tantôt⁵ la suite⁶ en nos lambris ;
Jupiter l'y peignit⁷. » En contant ces annales,

1. Ci-dessus, vers 98.
2. Ce mot ne s'emploie plus guère que comme terme biblique :
« l'habitacle du Très-Haut », « les habitacles éternels » ; ou, chez
les marins, pour désigner l'espèce de niche dans laquelle est placée
en suspension la boussole.

— Sous un ciel toujours rigoureux,
Au sein des flots impétueux,
Non loin de l'Armorique plage,
Il est une île, affreux rivage,
Habitacle marécageux,
Moitié peuple, moitié sauvage....
(GRESSET, *le Carême impromptu*.)

3. Le mot est bien à sa place ici puisqu'il s'agit de victimes immolées au courroux des dieux. Aujourd'hui il est réservé, on le sait, au mystère de l'Eucharistie. Voltaire, dans son commentaire sur l'*Horace* de Corneille (acte III, scène II), regrette cette expression : « *Hostie* ne se dit plus, et c'est dommage ; il ne reste plus que le mot de *victime* ; plus on a de termes pour exprimer la même chose, plus la poésie est variée. »
4. D'une si triste ruine, d'un si lamentable désastre. On s'est étonné de la hardiesse de cette locution, *débris*, appliquée à des personnes, et sans régime ; mais il ne s'agit pas seulement ici des habitants du bourg ; il s'agit aussi du bourg lui-même : comparez ci-dessus, p. 154, ci-dessous, p. 333, et *le Fleuve Scamandre*, vers 23.
5. Tout à l'heure.
6. L'histoire, l'histoire suivie : ci-dessus, vers 118.
7. Ce petit discours est résumé très brièvement ou, plutôt, sous-entendu, chez Ovide :

Ante gradus sacros cum starent forte, locique
Inciverent casus....
(Vers 713-714.)

PHILÉMON ET BAUCIS.

Philémon regardoit Baucis par intervalles;
Elle devenoit arbre, et lui tendoit les bras;
Il veut lui tendre aussi les siens, et ne peut pas.   150
Il veut parler, l'écorce a sa langue pressée[1].
L'un et l'autre se dit adieu de la pensée :
Le corps n'est tantôt[2] plus que feuillage et que bois[3].
D'étonnement la troupe, ainsi qu'eux, perd la voix.
Même instant, même sort à leur fin les entraîne;   155
Baucis devient tilleul, Philémon devient chêne.
On les va voir encore, afin de mériter
Les douceurs qu'en hymen Amour leur fit goûter :
Ils courbent sous le poids des offrandes sans nombre.
Pour peu que des époux séjournent sous leur ombre,
Ils s'aiment jusqu'au bout[4], malgré l'effort des ans[5].

---

1. Pour ce tour et cet accord, voyez ci-dessus, p. 37 et note 4.

— Il voudroit lui parler, sa langue est retenue.
(*Les Filles de Minée*, vers 133.)

2. *Tantôt* ne signifie pas précisément ici *bientôt*, sens dans lequel il est encore très usité; mais, comme le remarque Geruzez, il indique plutôt la transformation qui s'achève. Comparez le conte XI de la IIe partie, vers 24.

3. Chez Ovide ils se disent adieu non seulement de la pensée mais de la voix (vers 714-719) :

> ....*Frondere Philemona Baucis,*
> *Baucida conspexit senior frondere Philemon :*
> *Jamque super gelidos crescente cacumine vultus,*
> *Mutua, dum licuit, reddebant dicta : « Valeque,*
> *O conjux », dixere simul, simul abdita texit*
> *Ora frutex.*

4. Ci-dessus, vers 129.

5. Tibulle a dit sous l'inspiration d'un même sentiment :

> *Nos, Delia, amoris*
> *Exemplum cana simus uterque coma.*
> (Livre I, élégie VI, vers 85-86.)

— La fable chez Ovide se termine un peu différemment, mais

Ah! si¹.... Mais autre part j'ai porté mes présents.

Célébrons seulement cette métamorphose.
De fidèles témoins m'ayant conté la chose,
Clio² me conseilla de l'étendre en ces vers³, 165
Qui pourront quelque jour l'apprendre à l'univers ;
Quelque jour on verra chez les races futures
Sous l'appui d'un grand nom passer ces aventures.
Vendôme, consentez au los⁴ que j'en attends :
Faites-moi triompher de l'Envie et du Temps ; 170
Enchaînez ces démons, que⁵ sur nous ils n'attentent,
Ennemis des héros et de ceux qui les chantent.
Je voudrois pouvoir dire en un style assez haut

d'une façon très gracieuse aussi et très touchante (vers 719-724) :

> .... *Ostendit adhuc Tyaneius illic*
> *Incola de gemino vicinos corpore truncos.*
> *Hæc mihi non vani, neque erat cur fallere vellent,*
> *Narravere senes : equidem pendentia vidi*
> *Serta super ramos, ponensque recentia, dixi :*
> « *Cura pii Dis sunt; et qui coluere coluntur.* »

1. « Cette exclamation *Ah! si*, dit Saint-Marc Girardin (*la Fontaine et les fabulistes*, tome I, p. 283), est le seul signe de vocation conjugale que la Fontaine ait montré dans ses œuvres. » Et nous ne croyons pas que, même au moment où cette exclamation lui échappait, il ait regretté sincèrement de n'avoir pu vivre avec sa femme dans une union bien assortie, dans une intelligence étroite. On sait qu'il a toujours fui ménage et famille comme des embarras insupportables. Voyez la lettre qu'il écrivit, en juillet 1689, au prince de Conti, sur la cassation en Parlement du mariage de Mlle de la Force avec le fils du président Briou (tome III M.-L., p. 415). Voyez aussi les vers 29-30 de la fable xx du livre VI, 7 de la fable II du livre VII, 61 de la fable III du livre XI, 148 de *Belphégor*; etc., etc.
2. La Muse de l'Histoire, fille de Jupiter et de Mnémosyne.
3. De la conter tout au long : ci-dessus, p. 16 et note 3.
4. A la gloire : dans *Belphégor*, vers 4 et note 4 : « .... Que notre los franchisse la nuit des temps. »
5. De peur que.

Qu'ayant mille vertus vous n'avez nul défaut¹.
Toutes les célébrer seroit œuvre infinie²;
L'entreprise demande un plus vaste génie :
Car quel mérite enfin ne vous fait estimer,
Sans parler de celui qui force à vous aimer?
Vous joignez à ces dons l'amour des beaux ouvrages;
Vous y joignez un goût plus sûr que nos suffrages³ :
Don du Ciel, qui peut seul tenir lieu des présents
Que nous font à regret le travail et les ans.
Peu de gens élevés, peu d'autres encor même⁴,
Font voir par ces faveurs que Jupiter les aime.
Si quelque enfant des dieux⁵ les possède, c'est vous;
Je l'ose dans ces vers soutenir devant tous⁶.

1. Nous n'avons pas besoin de faire remarquer combien cet éloge est exagéré. Nous ne nous étonnons pas non plus de cette exagération, étant données les mœurs de ce temps, et de tous les temps. Vendôme n'a pu sans doute s'empêcher de sourire en se voyant représenté comme un héros sans défaut : à moins que ces mots : « Je voudrois pouvoir dire », au lieu de tomber sur le second hémistiche : « en un style assez haut », ne tombent sur le vers suivant. L'ironie serait bien déguisée en ce cas.
2. Ci-dessus, p. 67 et note 5.
3. Saint-Simon dit aussi (tome IV, p. 384), dans le portrait qu'il trace de Vendôme : « .... beaucoup d'esprit naturel qu'il n'avoit jamais cultivé. »
4. Même dans un rang moins élevé.
5.   *Pauci quos æquus amavit*
Jupiter, aut ardens evexit ad æthera virtus,
Dis geniti potuere.
         (VIRGILE, *Énéide*, livre VI, vers 129-131.)
Comparez la fable II du livre XI : *les Dieux voulant instruire un fils de Jupiter*, et la Bruyère, *du Mérite personnel*, tome I, p. 163 : « Les enfants des dieux, pour ainsi dire, se tirent des règles de la nature », etc.
6. Vendôme se piquait sans doute d'avoir de l'esprit, mais pourtant ces compliments auraient été mieux mérités s'ils se fussent adressés au frère du duc de Vendôme, au Grand Prieur, dont l'esprit était cultivé, et qui, non moins débauché que son frère, joignait au goût des plaisirs l'amour éclairé des lettres et des arts.

Clio, sur son giron¹, à l'exemple d'Homère,
Vient de les retoucher², attentive à vous plaire :
On dit qu'elle et ses sœurs, par l'ordre d'Apollon,
Transportent dans Anet tout le sacré vallon³ : 190

1. Livre II, fable VIII, vers 33.
2. Quelques commentateurs ont cru voir dans ce passage une allusion au célèbre vers d'Apollon dans l'*Anthologie grecque :*

Je chantais, Homère écrivait,

développé par Boileau (*Poésies diverses*, XXX). Mais ici le poète et la muse jouent plutôt un rôle inverse.
3. Tome V, p. 158 et note 6. — C'est Bacchus, Vénus, Comus et Momus, plutôt que les Muses, qui habitaient Anet. — Le château d'Anet, situé sur la rivière de l'Eure, au confluent de l'Avre ou Aure, à seize kilomètres nord-est de Dreux, fut vendu, pendant la Révolution, par les administrateurs du département d'Eure-et-Loir, et démoli. L'architecte Alexandre Lenoir en fit transporter à Paris les débris les plus précieux, entre autres le tombeau de Diane de Poitiers; voyez son livre intitulé *Musée des monuments français* (Paris, 1805, in-8°), tome IV, p. 44-53, et p. 86. La façade orne aujourd'hui la première cour de l'École des beaux-arts. C'est Henri II qui avait fait construire cette somptueuse demeure, en 1552, sur l'emplacement de l'ancien château d'Anet, par Philibert de Lorme, pour Diane de Poitiers. Les sculptures étaient de Jean Goujon, les arabesques et les peintures sur verre, de Jean Cousin. Ce domaine, qui avait le titre de principauté, et où le duc de Vendôme attirait les hommes de lettres et les artistes, recevait parfois la cour avec la plus grande magnificence, et faisait jouer la comédie et l'opéra, passa depuis dans les mains de la duchesse du Maine. Voltaire, qui, pendant sa jeunesse, y avait été accueilli, par l'un et par l'autre, a célébré Anet dans le chant IX de sa *Henriade*, lorsqu'il décrit le voyage de l'Amour aux campagnes d'Ivry (vers 125-130) :

Il voit les murs d'Anet bâtis au bord de l'Eure :
Lui-même en ordonna la superbe structure;
Par ses adroites mains, avec art enlacés,
Les chiffres de Diane y sont encor tracés.
Sur sa tombe, en passant, les Plaisirs et les Grâces
Répandirent les fleurs qui naissaient sur leurs traces.

Rapprochez du Bellay, *à Madame Diane de Poitiers*, tome II des OEuvres, p. 102 :

.... Faut dire

Je le crois. Puissions-nous chanter sous les ombrages

> Le paradis d'Anet,
> Mais, pour bien le descrire,
> Nommez le Dianet, chantez ces palais d'or
> Et ses marbres encor;

ibidem, p. 103, *à la dicte Dame* :

> De vostre Dianet, des maisons la plus belle,
> Les bastimens, graueures et portraicts,
> Qui si au vif expriment les vieux traicts
> D'ung Archimede, et Lysippe et Apelle,
> Contre les ans n'auront la force telle
> Qu'ung iour ne soient leurs ouurages desfaicts;

ibidem, p. 109 :

> Vostre Anet admirable,
> Auquel se voit imité
> Tout l'art de l'antiquité...;

ibidem, p. 242, *les Regretz :*

> De vostre Dianet (de vostre nom s'appelle
> Vostre maison d'Anet) la belle architecture,
> Les marbres animez, la viuante peinture,
> Qui la font estimer des maisons la plus belle,
> Les beaulx lambriz dorez, la luisante chapelle,
> Les superbes donions, la riche couuerture,
> Le iardin tapissé d'eternelle verdure,
> Et la viue fontaine à la source immortelle :
> Ces ouurages, Madame, à qui bien les contemple,
> Rapportant de l'antiq' le plus parfait exemple,
> Monstrent ung artifice, et despence admirable;

et ce passage de Brantôme (tome III, p. 247-248) : « .... Ceste belle maison d'Anet, qui seruira pour à iamais d'une belle decoration à la France, qu'on ne peut dire une pareille : i'entends si par aulcunes mains violentes elle n'est ruynée, ainsy qu'elle fut à la veille dernierement, lors que le procez de M. d'Aumale (petit-fils, par Louise de Brézé, de Diane de Poitiers) fut faict, à qui elle appartient par succession de sa mere, que, tout ainsy que luy fut condemné à mourir, fut elle aussi condemnée à estre rasée et demolye de fond en comble, dont ce fust esté ung trez grand dommage; car et qu'en pouuoient mais les marbres et les pierres, qui n'ont aulcuns sentimens? Aussi nostre braue roy et bening leur pardonna et n'en voulut permettre l'execution de l'arrest. » L'exécution,

Des arbres dont ce lieu va border ses rivages[1] !
Pussent-ils[2] tout d'un coup élever leurs sourcis[3],
Comme on vit autrefois Philémon et Baucis !

comme on l'a vu, devait s'accomplir plus tard : ces phrases ne semblent-elles pas prophétiques ?

1. Tome III, p. 306. — Au moment où écrivait la Fontaine, Vendôme se disposait à orner le domaine d'Anet de belles plantations.

2. *Pussent* est bien le texte de l'édition originale. *Puissent*, dans le recueil de 1694.

3. Leur sommet, leur tête.

— .... Non aultrement qu'on voit parmi les nues
Les haultz sourcis des grands Alpes chenues.
(Du BELLAY, tome I, p. 225.)

On dit encore « fronts sourcilleux », « monts sourcilleux », « rocs sourcilleux ». Voltaire a dit aussi « un palmier sourcilleux » (*Henriade*, chant VIII, vers 104). — Comparez, pour cette orthographe, *sourcis*, ci-dessus, p. 155 et note 4.

LES FILLES DE MINÉE.

SUJET TIRÉ DES MÉTAMORPHOSES D'OVIDE.

Les Filles de Minée, cette vieille tradition populaire, qui se retrouve jusque dans les contes de l'Afrique et de l'Australie, qui se perd dans les brouillards de la légende, sont, comme *Philémon et Baucis*, imitées par la Fontaine des *Métamorphoses* d'Ovide (livres IV[1] et VII[2]) ; il s'est inspiré en outre de l'*Art d'aimer* du même poète (livre III[3]) ; de la cinquième journée du *Décaméron* de Boccace (nouvelle I[4]) ; et enfin d'une longue épitaphe latine qui est dans le recueil des Antiquités de Boissard[5] : cette inscription, que, sur la foi de Boissard, la Fontaine a crue véritable, est certainement supposée.

En voici le texte ; elle aurait été trouvée, à ce que prétend Boissard, à Souilliac (ou Solignac), ville du Limousin :

FLAGITIUM MAXIMUM VIATORES
SCIRE SI VOLTIS, HEIC SISTITE GRESSUM.
AC PRIMUM M. LUCIUS ET SARDICA HOC MARMORE
CLAUDIMUR MISERI AMANTES.

Qui et unde profecti quando hic meus non volt faxo scieritis. Mihi

1. Pyrame et Thisbé : vers 55-166. — Pour ce récit, le second et le quatrième, encadrés dans l'aventure des Filles de Minée, nous renvoyons ci-dessous, p. 175, note 3, p. 187, note 4, et p. 206, note 4.
2. Céphale et Procris : vers 690-862.
3. Même épisode : vers 686-746.
4. Zoon : c'est l'histoire de Cimon dans Boccace ; voyez le prologue de *la Courtisane amoureuse*.
5. Télamon et Cloris (*M. Lucius* et *Sardica*, dans l'inscription) : J.-J. Boissard, *Antiquitatum romanarum quarta pars*, Francfort, 1598, in-fol., tome II, p. 49 ; Gruter, *Inscriptiones antiquæ totius orbis romani*, Amsterdam, 1707, in-fol., tome II, p. xv, n° 8 : *Spuria ac supposititia*, édition publiée par Grævius, qui donne, on le voit, l'inscription comme fausse.

Africa, huic Roma patria, cujus in amorem inlecta urenter (o si non fuissem!), dum juvenem Romam cum victore exercitu sequor redeuntem, tempestate acti sæva in piratas incidimus (hei miselli!). Venimus ambo negociatori quoidam : ego Gallo qui me Noviomagum transtulit; hic nauclero Lusitano remex ut fuat. Quo ministerio (ah scelus!) undecim annos apud hos illosque functus dum per manus (cedo luci, siccine est), dum, inquam, per manus traditus multis in obsequium cedit miserrime, ruptus demum nocte concubia assula clam exit in littus : tantisper per saltus et sylvas liber, donec vagum in via latrones capiunt, a queis post diutinæ latrocinalis servitutis labores exantlatos heri mei filio venum distrahitur per oram Dalmatiæ forte tunc naviganti. Ei filio conjux a patre destinabar. Quoi reverso ipsa (ut fit) occurrens basiolum impressura : at at! Luciolum meum pone cum sarcinullis sequentem intueor, hæreo cogitabunda sic ubi hominem noram (erat enim vultu squalido contractoque macie). O dilectam mi quondam faciem! minimo minus in humum lætitia concidi exanimis. Atqui retinere labantem festinans corculum infit meum. Pape! quam momento tunc admiratio omnibus! Jussa ab hero cuncta retexo ordine annorum nostrorum. Evar, o plaudite : miseretur herus. Et meum Luciolum volt patrem familias mi darier. Nuptiis dictus est dies. Advortite. Dum accumbitur, puer e proxuma vicinia arundine (qua in adjacentis hortuli arbore considentem avem indipisceretur) per fenestram introrsum arcu adecta male destinato ictu (proh dolor!) mihi et misello huic (ehodum luci adesto, narranti lacrumæ verba sorbillant) nobis in alterius conspectu utroque convivanti vitam pectoribus transfixis aufert.

> *Hoc, puto, me vobis Sardica*
> *Volebat farier. Abite.*

Le poème des *Filles de Minée* a été publié, en 1685, dans les *Ouvrages de prose et de poésie des sieurs de Maucroix et de la Fontaine*, tome I, p. 190-249, et inséré, sous le n° xxviii, dans le recueil de *Fables choisies* de 1694.

Il est suivi dans le premier de ces recueils (p. 250-252) d'un Avertissement dont voici le début : « Un de ces quatre récits que j'ai fait faire aux Filles de Minée contient un événement véritable, et tiré des Antiquités de Boissard. J'aurois pu mettre en la place la métamorphose de Céix et d'Alcione[1], ou quelque autre sujet sem-

1. Ovide, *Métamorphoses*, livre XI, vers 410-748.

blable. Les critiques m'allégueront qu'il le falloit faire, et que mon ouvrage en seroit d'un caractère plus uniforme. Ce qu'Ovide conte a un air tout particulier; il est impossible de le contrefaire. Mais, après avoir fait réflexion là-dessus, j'ai appréhendé qu'un poëme de six cents vers ne fût ennuyeux, s'il n'étoit rempli que d'aventures connues. C'est ce qui m'a fait choisir celle dont je veux parler : et, comme une chose en attire une autre, le malheur de ces amants tués le jour de leurs noces m'a été une occasion de placer ici une espèce d'épitaphe, qu'on pourra voir dans les mêmes Antiquités. » Nous donnerons cet Avertissement et l'épitaphe d'Homonée, traduite par la Fontaine en prose et en vers, dans un des derniers volumes de cette édition.

C'est sans doute pendant un voyage que notre poëte fit, en 1663, à Limoges, où, après la disgrâce de Foucquet, il suivit le substitut Jannart dans son exil, qu'il entendit parler de la prétendue inscription de Souilliac, et qu'il eut la curiosité de voir le monument et de faire connaissance avec les deux gros in-folio de Boissard.

Comparez le conte de Voltaire intitulé *le Dimanche ou les Filles de Minée* (tome XIV des Œuvres, p. 95-105)[1]; et l'allusion piquante qu'il fait à cette histoire dans son *Dictionnaire philosophique*, à l'article Fêtes[2].

1. « Monsieur et cher confrère, je vous envoie mes *Filles de Minée*; et je vous répète en prose ce que j'ai dit en vers, que je ne devais pas traiter ce sujet après Ovide et la Fontaine. Ce n'est pas dans le monde comme dans l'Évangile; celui qui vient se présenter à la dernière heure n'est jamais si bien reçu que ceux qui ont travaillé le matin. » (Lettre de Voltaire, sous le nom de M. de la Visclède, à M. le secrétaire perpétuel de l'Académie de Pau.)

2. .... « Lisez la métamorphose des Filles de Minée, dit le curé. — Je l'ai lue, dit l'autre, et je soutiens que cela n'a nul rapport « à ma charrue. — Comment, impie! vous ne vous souvenez pas « que les Filles de Minée furent changées en chauves-souris pour « avoir filé un jour de fête? — Le cas est bien différent, répliqua « le gentilhomme : ces demoiselles n'avaient rendu aucun hon- « neur à Bacchus; et moi, j'ai été à la messe de sainte Radegonde; « vous n'avez rien à me dire; vous ne me changerez point en « chauve-souris. — Je ferai pis, dit le prêtre; je vous ferai mettre « à l'amende. » Il n'y manqua pas. Le pauvre gentilhomme fut ruiné ; il quitta le pays avec sa famille et ses valets, passa chez l'étranger..., et sa terre resta inculte plusieurs années. »

On sait combien de fois les écrivains et les artistes se sont inspirés des deux fables touchantes de Pyrame et Thisbé et de Céphale et Procris.

Citons, parmi les pièces qui en sont tirées, outre *Pyrame et Thisbé*, tragédie de l'Arioste, qu'il composa dans son enfance et s'amusa à jouer avec ses frères, outre la célèbre tragédie de Théophile de Viau, *les Amours tragiques de Pyrame et Thisbé*, 1617, celle de Puget de la Serre, en cinq actes, en prose, imprimée en 1633 (Lyon, J.-A. Candy, in-8°), mais non représentée, celle de Pradon, jouée et imprimée en 1674 (Paris, Henry Loyson, in-12), où Pradon a imité Théophile et copié même quelques-uns de ses vers, analysée dans le *Dictionnaire dramatique*, tome II, p. 497; *Tisbe*, opéra italien anonyme, donné à Ferrare en 1697; *Pyrame et Thisbé*, tragédie-opéra en cinq actes et un prologue, représentée le 17 octobre 1726, paroles de Jean-Louis-Ignace de la Serre, sieur de Langlade, musique de Rebel et Francœur (Paris, Ribou, 1726, in-4°); *Pyrame et Thisbé*, parodie en un acte, en prose et en vaudevilles, de cet opéra, par Dominique, Lelio fils et Romagnésy, donnée aux Italiens la même année, analysée dans le *Dictionnaire dramatique*, tome II, p. 498, et qui rappelle la scène v de l'acte II du *Songe d'une nuit d'été* de Shakespeare; *Pyrame et Thisbé*, scène lyrique, Paris, 1781, in-8°, sans nom d'auteur; *Cefalo ed Aurora*, la pastorale de Corregia (Venise, 1510, in-8°), jouée en 1486; *l'Enlèvement de Céphale*, le célèbre opéra en cinq actes de Chiabrera, mis en musique par Caccini, et représenté, le 9 octobre 1600, à l'occasion du mariage de Henri IV et de Marie de Médicis; *Procris ou la Jalousie infortunée*, tragi-comédie, par Alexandre Hardy, 1605; *Céphale et Procris*, comédie burlesque en trois actes et en vers, de Calderon, imprimée en 1662; *Céphale et Procris*, tragédie-opéra en cinq actes et un prologue, jouée le 15 mars 1694, paroles de Duché, musique de Mlle de la Guerre (Paris, Ballard, 1694, in-4°); *Céphale et Procris*, comédie en trois actes, en vers libres, de Dancourt, avec un prologue et trois intermèdes, musique de Gilliers, représentée le 27 octobre 1711 (Paris, veuve Ribou, 1711, in-12); la cantate de J.-B. Rousseau intitulée *Céphale*; *Céphale et Procris ou l'Amour conjugal*, tragédie lyrique en trois actes, par Marmontel, musique de Grétry, donnée pour la première fois, au château de Versailles, le 30 décembre 1773, en l'honneur du mariage du comte d'Artois, et à l'Académie royale de musique, le 2 mai 1775, analysée dans le

LES FILLES DE MINÉE.

tome III du *Dictionnaire dramatique*, p. 466 : la musique de cet opéra a été arrangée, remaniée par M. Gevaërt en 1882; et enfin *l'Automne ou la Minéide*, IV⁰ acte de *l'Année galante*, ballet-opéra en 4 actes et un prologue, paroles de Roy, musique de Myon, représenté devant le Roi à Versailles, sur le théâtre de la Grande Écurie, le 13 février 1747.

Mentionnons, pour l'épisode de Pyrame, les tableaux de Nicolas Poussin, du Guide, du Tintoret, de Charles Lebrun, de Fragonard, etc.; pour celui de Céphale, ceux de Rubens, Annibal Carrache, le Guerchin, Mieris, Pierre Guérin, etc.

Je chante dans ces vers les filles de Minée,
Troupe aux arts de Pallas dès l'enfance adonnée[1],
Et de qui le travail fit entrer en courroux
Bacchus, à juste droit de ses honneurs jaloux.
Tout dieu veut aux humains se faire reconnoître[2] :   5
On ne voit point les champs répondre aux soins du maître[3],
Si dans les jours sacrés, autour de ses guérets,
Il ne marche en triomphe à l'honneur de Cérès[4].

La Grèce étoit en jeux pour le fils de Sémélé[5];
Seules on vit trois sœurs condamner ce saint zèle.   10
Alcithoé, l'aînée, ayant pris ses fuseaux,   [veaux[6]!
Dit aux autres : « Quoi donc ! toujours des dieux nou-

1. C'est-à-dire à l'art de filer, ou de broder des tissus : tome V, p. 109 et note 4.
2. Terme théologique : confesser, reconnaître pour tel. — La Fontaine a écrit ici *reconnaître* pour rimer avec *maître*.
3. On connaît les vers de Virgile :

*Illa seges demum votis respondet avari
    Agricolæ.*
            (*Géorgiques*, livre I, vers 47.)

4. Les Ambarvales, fête païenne dont la tradition s'est perpétuée dans les campagnes, et qui est connue aujourd'hui sous le nom de fête des Rogations.
5. Les Dionysiaques.
6. « Nous n'avons parmi nous que trop de déesses (dit Jupiter)... Dès que Psyché sera déesse, il lui faudra des temples

L'Olympe ne peut plus contenir tant de têtes,
Ni l'an fournir de jours assez pour tant de fêtes¹.
Je ne dis rien des vœux dus aux travaux divers 15
De ce dieu qui purgea de monstres l'univers :
Mais à quoi sert Bacchus, qu'à causer des querelles,
Affoiblir les plus sains, enlaidir les plus belles,
Souvent mener au Styx par de tristes chemins² ?
Et nous irions chommer³ la peste⁴ des humains ! 20
Pour moi, j'ai résolu de poursuivre ma tâche.
Se donne, qui voudra, ce jour-ci du relâche⁵ :
Ces mains n'en prendront point. Je suis encor d'avis
Que nous rendions le temps moins long par des récits :
Toutes trois, tour à tour, racontons quelque histoire. 25
Je pourrois retrouver sans peine en ma mémoire
Du monarque des dieux les divers changements ;
Mais, comme chacun sait tous ces événements,
Disons ce que l'Amour inspire à nos pareilles,
Non toutefois qu'il faille, en contant ses merveilles, 30

aussi bien qu'aux autres. L'augmentation de ce culte nous diminuera notre portion. Déjà nous nous morfondons sur nos autels, tant ils sont froids et mal encensés. Cette qualité de dieu deviendra à la fin si commune que les mortels ne se mettront plus en peine de l'honorer. » (*Psyché*, livre II, tome III *M.-L.*, p. 173-174.)

1. C'est à peu près l'idée exprimée dans la fable du *Savetier et du Financier* (vers 26-29) :

> Le mal est que dans l'an s'entremêlent des jours
> Qu'il faut chommer ; on nous ruine en fêtes, etc.

2. Livre VII, fable XVII, vers 36 :

> Droit aux ondes du Styx elle mena sa sœur.

3. Voyez tome V, p. 378 et note 1.
4. Tome IV, p. 434 et note 7.
5. ....Mais aussi, de retour de mainte et mainte église,
Nous irons, pour causer de tout avec franchise
Et donner du relâche à la dévotion,
Chez l'illustre Certain faire une station.
(Épître à *M. de Niert*, tome V *M.-L.*, p. 112.)

Accoutumer nos cœurs à goûter son poison[1];
Car, ainsi que Bacchus, il trouble la raison :
Récitons-nous les maux que ses biens nous attirent. »
Alcithoé se tut, et ses sœurs applaudirent[2].
Après quelques moments, haussant un peu la voix : 35

« Dans Thèbes, reprit-elle, on conte qu'autrefois
Deux jeunes cœurs s'aimoient d'une égale tendresse :
Pyrame, c'est l'amant, eut Thisbé pour maîtresse[3].

1. Tome IV, p. 429 et note 1.
2. . . . . *Solæ Minyeides intus,*
Intempestiva turbantes festa Minerva,
Aut ducunt lanas, aut stamina pollice versant,
Aut hærent telæ, famulasque laboribus urgent.
E quibus una levi deducens pollice filum,
Dum cessant aliæ, commentaque sacra frequentant,
« *Nos, quoque, quas Pallas, melior Dea, detinet, inquit,*
Utile opus manuum vario sermone levemus;
Perque vices aliquid, quod tempora longa videri
Non sinat, in medium vacuas referamus ad aures. »
Dicta probant, primamque jubent narrare sorores.
(OVIDE, *Métamorphoses*, livre IV, vers 32-42.)

— Alcithoé dit à ses sœurs dans le conte cité de Voltaire :

« Travaillons et faisons l'aumône;
Monsieur le curé dans son prône
Donne-t-il des conseils meilleurs?
Filons, et laissons la canaille
Chanter des versets ennuyeux :
Quiconque est honnête et travaille
Ne sauroit offenser les dieux.
Filons, si vous voulez m'en croire;
Et, pour égayer nos travaux,
Que chacune conte une histoire
En faisant tourner ses fuseaux. »
Les deux cadettes approuvèrent, etc.

3. Voyez Barbazan-Méon, *Fabliaux et Contes*, tome IV, p. 326, l'*Histoire littéraire de la France*, tome XIX, p. 765-767; les poèmes de Gilbert Banchereau et de Mathieu de Casteleyn, cités dans le *Recueil de poésies françoises*, tome V, p. 167; *Piramo et Tisbe*, opuscule en vers par Thommaso Codibo (Milan, 1491, in-4°); les

Jamais couple ne fut si bien assorti qu'eux[1] :
L'un bien fait, l'autre belle, agréables tous deux, 40
Tous deux dignes de plaire, ils s'aimèrent[2] sans peine;
D'autant plus tôt épris, qu'une invincible haine
Divisant leurs parents ces deux amans unit[3],
Et concourut aux traits dont l'Amour se servit.
Le hasard, non le choix, avoit rendu voisines 45

Sermones latini de Jacques de Lenda (Paris, 1501, in-4°), fol. 64; J. Gristch, *Quadragesimale, etc.* (Paris, 1512, in-4°), sermo XXXIII; Boccace, *Amorosa Visione* (Milan, 1521, in-4°), chant XXIX; Chaucer, *the Legend of Tisbe of Babilon* (Londres, 1532, in-fol.); Desmarins de Masan, *le Rousier des Dames, sive le Pelerin d'amours* (s. l., 1533, in-8°), vers 25-32; Gratian du Pont, *Controuerses des sexes masculin et femenin* (Toulouse, 1534, in-fol.), fol. 172 r°; Hyginus, *Fabularum liber ad omnium poetarum lectionem mire necessarius, etc.* (Bâle, 1535, in-fol.), fables 242 : *Qui se ipsi interfecerunt*, et 243 : *Quæ se ipsæ interfecerunt*[a]; la Perrière, *le Theatre des bons engins* (Lyon, 1539, in-8°), emblème LXII; *lo Innamoramento et la morte de Piramo et Tisbe* (Venise, 1555, in-4°); Baïf, *le Meurier ou la fable de Pyrame et Thisbé*, premier poème du IV° livre; Reusner, *Emblemata, etc.* (Francfort, 1581, in-4°), livre III, emblème XVI; Thomas Aversa, *Piramo e Tisbe*, idylle en langue sicilienne (Palerme, 1617, in-8°); de la Rocque, OEuvres (Paris, 1619, in-12), *les Amours de Pyrame et de Thisbé*, p. 341; P. Leyser, *Historia poetarum et poematum medii ævi* (Magdebourg, 1721, in-8°), p. 2086 et 2088; etc.

1. .... Bien que dans leur âme
Les Immortels enviassent Conti,
Du couple heureux et si bien assorti
L'on dit au Sort qu'il prolongeât la trame.
(Épître à *Mme de Fontanges*.)

.... Et la couche royale
De part et d'autre étoit assurément
Aussi complète, autant bien assortie,
Qu'elle fut onc, etc.
(*Le Muletier*, vers 11-14.)

2. Comparez *la Matrone d'Éphèse*, vers 157-158.
3. Comme Roméo et Juliette.

[a] Hyginus se borne à ces deux courtes mentions : *Pyramus in Babylonia ob amorem Thisbes ipse se occidit. — Thisbe Babylonia propter Pyramum, quod ipse se interfecerat.*

Leurs maisons[1], où régnoient ces guerres intestines[2] :
Ce fut un avantage à leurs desirs naissants.
Le cours en commença par des jeux innocents :
La première étincelle eut embrasé leur âme,
Qu'ils ignoroient encor ce que c'étoit que flamme[3].   50
Chacun favorisoit leurs transports mutuels,
Mais c'étoit à l'insu de leurs parents cruels.

La défense est un charme : on dit qu'elle assaisonne
Les plaisirs, et surtout ceux que l'amour nous donne[4].
D'un des logis à l'autre, elle instruisit du moins   55
Nos amants à se dire avec signes leurs soins[5].

1. *Pyramus et Thisbe, juvenum pulcherrimus alter,*
Altera, quas Oriens habuit, prælata puellis,
Contiguas tenuere domos.
(OVIDE, *ibidem*, vers 55-57.)

2. *Notitiam, primosque gradus vicinia fecit;*
Tempore crevit amor : tædæ quoque jure coissent,
Sed vetuere patres; quod non potuere vetare
Ex æquo captis ardebant mentibus ambo.
(*Ibidem*, vers 59-62.)

3. Dans le fabliau transcrit par Barbazan (vers 13-16) :

Ençois qu'ilz eussent sept ans,
Toucha Amors les deux enfans,
Et naura plus à cel endroit
Que lor aez ne requeroit.

4. Tome II, p. 432 :

Mais quoi? si l'amour n'assaisonne
Les plaisirs que l'hymen nous donne, etc.

5. Leurs peines de cœur, leur amour, leurs tendres vœux, ce qu'ils sentaient l'un pour l'autre : voyez ci-dessous, le vers 177 ; et comparez l'épithalame à Mlle de Bourbon et au prince de Conti (tome V *M.-L.*, p. 180) :

O vous pour qui les dieux ont des soins si pressants,
Bourbon aux charmes tout puissants, etc.

Ce léger réconfort[1] ne les put satisfaire;
Il fallut recourir à quelque autre mystère[2].
Un vieux mur entr'ouvert séparoit leurs maisons;
Le temps avoit miné ses antiques cloisons : 60
Là, souvent de leurs maux ils déploroient la cause;
Les paroles passoient[3], mais c'étoit peu de chose[4].
Se plaignant d'un tel sort, Pyrame dit un jour :

1. Aide, secours, consolation : tome V, p. 133 et note 2.
2. Comparez *la Confidente*, vers 49.
3. *Conscius omnis abest; nutu signisque loquuntur :*
Quoque magis tegitur, tectus magis æstuat ignis.
Fissus erat tenui rima, quam duxerat olim,
Cum fieret paries domui communis utrique.
Id vitium nulli per sæcula longa notatum,
Quid non sentit amor ? primi sensistis amantes,
Et voci fecistis iter : tutæque per illud
Murmure blanditiæ minimo transire solebant.
(*Ibidem*, vers 63-70.)

Ce passage n'est pas sans quelque analogie avec les vers de Properce (livre II, élégie XVII, vers 15-16) :

Nec licet in triviis sicca requiescere luna,
Aut per rimosas mittere verba fores.

Rapprochons la tragédie de Théophile, acte II, scène 1 :

Privés de tous moyens de nous parler ailleurs,
Et ne pouvant venir à des accès meilleurs,
Une petite fente en cette pierre ouverte,
Par nous deux seulement encore découverte,
Nous fait secrètement aller et revenir
Les propos dont Amour nous laisse entretenir, etc.

4. Les deux amants, chez Ovide, se plaignent au mur même qui les sépare et qui, s'il leur permet d'échanger des paroles d'amour, ne laisse pas un libre passage à leurs baisers :

Sæpe, ut constiterant, hinc Thisbe, Pyramus illinc,
Inque vicem fuerat captatus anhelitus oris :
« *Invide, dicebant, paries, quid amantibus obstas?*
Quantum erat, ut sineres nos toto corpore jungi!
Aut, hoc si nimium, vel ad oscula danda pateres! »
(*Ibidem*, vers 71-75.)

« Chère Thisbé, le Ciel veut qu'on s'aide en amour;
« Nous avons à nous voir une peine infinie[1] : 65
« Fuyons de nos parents l'injuste tyrannie.
« J'en ai d'autres en Grèce; ils se tiendront heureux
« Que vous daigniez chercher un asile chez eux;
« Leur amitié, leurs biens, leur pouvoir, tout m'invite
« A prendre le parti dont je vous sollicite[2]. 70
« C'est votre seul repos qui me le fait choisir,
« Car je n'ose parler, hélas! de mon desir.
« Faut-il à votre gloire en faire un sacrifice?
« De crainte des vains bruits faut-il que je languisse?
« Ordonnez : j'y consens; tout me semblera doux; 75
« Je vous aime, Thisbé, moins pour moi que pour vous. »
— J'en pourrois dire autant, lui repartit l'amante :
« Votre amour étant pure[3], encor que véhémente,
« Je vous suivrai partout; notre commun repos
« Me doit mettre au-dessus de tous les vains propos : 80
« Tant que de ma vertu je serai satisfaite,
« Je rirai des discours d'une langue indiscrète,
« Et m'abandonnerai sans crainte à votre ardeur,
« Contente que je suis des soins de ma pudeur. »

Jugez ce que sentit Pyrame à ces paroles; 85
Je n'en fais point ici de peintures frivoles :
Suppléez au peu d'art que le Ciel mit en moi;
Vous-mêmes peignez-vous cet amant hors de soi.
« Demain, dit-il, il faut sortir avant l'aurore;
« N'attendez point les traits que son char fait éclore[4]. 90

---

1. Terme hyperbolique qui, comme le remarque Gail, était bien placé, au temps de la Fontaine, dans la bouche d'un jeune homme plein d'amour, mais dont l'énergie est aujourd'hui usée.
2. Comparez, pour ce tour, les *Lexiques de Malherbe, Corneille, la Bruyère* et *Sévigné*.
3. Ci-dessus, p. 69 et note 1.
4. Ci-dessous, p. 231 et note 7.

« Trouvez-vous aux degrés du Terme de Cérès[1];
« Là, nous nous attendrons : le rivage est tout près,
« Une barque est au bord; les rameurs, le vent même,
« Tout pour notre départ montre une hâte extrême;
« L'augure en est heureux, notre sort va changer;   95
« Et les dieux sont pour nous, si je sais bien juger. »
Thisbé consent à tout; elle en donne pour gage
Deux baisers[2], par le mur arrêtés au passage[3].
Heureux mur! tu devois servir mieux leur désir;
Ils n'obtinrent de toi qu'une ombre de plaisir[4].   100

Le lendemain Thisbé sort, et prévient[5] Pyrame;
L'impatience, hélas! maîtresse de son âme,
La fait arriver seule et sans guide aux degrés.
L'ombre et le jour luttoient dans les champs azurés[6].
Une lionne vient, monstre imprimant la crainte;   105

1. De la statue de Cérès; le terme était une statue sans bras dont la partie inférieure se terminait en gaine, et qui servait de borne ou de limite.

— ....A l'entour de ce lieu, pour comble de beautés,
Une troupe immobile et sans pieds se repose,
Nymphes, héros et dieux de la métamorphose,
Termes, de qui le sort sembleroit ennuyeux
S'ils n'étoient enchantés par l'aspect de ces lieux.
(*Psyché*, livre 1, tome III *M.-L.*, p. 87.)

2. On lui donne un baiser pour arrhes de la grâce
Qu'il demandoit.
(*Le Petit Chien*, vers 316-317.)

3. *Oscula non pervenientia contra*, dit Ovide (*ibidem*, vers 80).
4. ....A peine
Recueillons nous l'ung de l'aultre l'haleine.
Hé! tant s'en faut que puissions apaiser
Notre langueur d'ung allegeant baiser!
(Baïf, cité p. 176.)

5. Devance : tome V, p. 455 et note 3.
6. Tome III, p. 81 et note 7.

LES FILLES DE MINÉE.

D'un carnage[1] récent sa gueule est toute teinte.
Thisbé fuit; et son voile, emporté par les airs[2],
Source d'un sort cruel, tombe dans ces déserts[3].
La lionne le voit, le souille, le déchire;
Et, l'ayant teint de sang, aux forêts[4] se retire[5].   110
Thisbé s'étoit cachée en un buisson épais.
Pyrame arrive, et voit ces vestiges tout frais :
O dieux! que devient-il! Un froid court dans ses veines[6].
Il aperçoit le voile étendu dans ces plaines[7],
Il le lève; et le sang, joint aux traces des pas,   115
L'empêche de douter d'un funeste trépas.
« Thisbé! s'écria-t-il, Thisbé, je t'ai perdue!

1. Par cent cruels repas cet antre diffamé
Se trouvoit en tout temps de carnage semé.
(*Saint Malc*, vers 451-452.)

2. A travers les airs.

3. *Callida per tenebras, versato cardine, Thisbe*
Egreditur, fallitque suos; adopertaque vultum
Pervenit ad tumulum; dictaque sub arbore sedit.
Audacem faciebat amor : venit ecce recenti
Cæde leæna boum spumantes oblita rictus,
Deposituri sitim vicini fontis in unda.
Quam procul ad lunæ radios Babylonia Thisbe
Vidit; et obscurum trepido pede fugit in antrum ;
Dumque fugit, tergo velamina lapsa relinquit.
(*Ibidem*, vers 93-101.)

4. Ci-dessus, p. 20 et note 2.

5. *Ut lea sæva sitim multa compescuit unda,*
Dum redit in silvas, inventos forte sine ipsa
Ore cruentato tenues laniavit amictus.
(*Ibidem*, vers 102-104.)

6. ....*Gelidusque per ima cucurrit*
Ossa tremor.
(VIRGILE, *Énéide*, livre II, vers 120-121.)

7. Dans la tragédie de Théophile, acte V, scène 1 :
Mais que trouvai-je ici? cette sanglante toile
A la pauvre défunte avoit servi de voile.
O trop cruel témoin de mon dernier malheur,
Témoin de mon forfait, sois-le de ma douleur, etc.

« Te voilà, par ma faute, aux enfers descendue[1] !
« Je l'ai voulu : c'est moi qui suis le monstre affreux
« Par qui tu t'en vas voir le séjour ténébreux[2] :   120
« Attends-moi, je te vais rejoindre aux rives sombres[3] ;
« Mais m'oserai-je à toi présenter chez les ombres?
« Jouis au moins du sang que je te vais offrir[4],
« Malheureux de n'avoir qu'une mort à souffrir. »
Il dit, et d'un poignard coupe aussitôt sa trame[5].   125
Thisbé vient; Thisbé voit tomber son cher Pyrame.

1. Ci-dessus, p. 73.
2. *Serius egressus, vestigia vidit in alto*
Pulvere certa feræ, totoque expalluit ore
Pyramus; ut vero vestem quoque sanguine tinctam
Repperit : « *Una duos nox, inquit, perdet amantes,*
E quibus illa fuit longa dignissima vita!
Nostra nocens anima est : ego te, miseranda, peremi,
In loca plena metus qui jussi nocte venires,
Nec prior huc veni! »
(*Ibidem*, vers 105-112.)

Et, dans son désespoir, Pyrame invite tous les lions d'alentour à déchirer son corps. Comparez la tragédie de Théophile, *ibidem* :

Toi son vivant cercueil, reviens me dévorer,
Cruel lion, reviens, je te veux adorer.
S'il faut que ma déesse en ton sang se confonde,
Je te tiens pour l'autel le plus sacré du monde.

3. Encor si je pouvois le suivre en ces lieux sombres!
(*Adonis*, vers 571.)
4. *Accipe nunc, inquit, nostri quoque sanguinis haustus.*
(*Ibidem*, vers 118.)
5. *Quoque erat accinctus demittit in ilia ferrum.*
(*Ibidem*, vers 119.)
— Ce couteau, dis-je, alloit du saint couper la trame.
(*Saint Malc*, vers 281.)

Rapprochez *Adonis*, vers 393; et Corneille, *le Cid*, acte III, scène III :

Mon père est mort, Elvire, et la première épée
Dont s'est armé Rodrigue a sa trame coupée.

LES FILLES DE MINÉE.

Que devint-elle aussi[1]? Tout lui manque à la fois,
Les sens et les esprits, aussi bien que la voix[2].
Elle revient enfin[3]; Clothon[4], pour l'amour d'elle,
Laisse à Pyrame ouvrir sa mourante prunelle[5].   130
Il ne regarde point la lumière des cieux[6];
Sur Thisbé seulement il tourne encor les yeux[7].
Il voudroit lui parler, sa langue est retenue :
Il témoigne mourir content de l'avoir vue[8].

---

1. Ci-dessus, vers 113.
2. Ce développement est plus long chez Ovide. Et d'abord Thisbé a quelque peine, détail un peu puéril, à reconnaître le lieu du rendez-vous, parce que les fruits et la racine d'un mûrier voisin ont été rougis du sang de Pyrame (ci-dessous, vers 146-147). Lorsqu'elle aperçoit son corps palpitant, elle s'abandonne à sa douleur, le presse de ses bras, le couvre de ses baisers, elle appelle son amant à grands cris.
3. Elle revient à elle, reprend ses sens.
4. Voyez *Philémon et Baucis*, vers 131 et note 2.
5. *Ad nomen Thisbes oculos jam morte gravatos*
Pyramus erexit, visaque recondidit illa.
(*Ibidem*, vers 145-146.)

Comparez Virgile, *Énéide*, livre IV, vers 691-692.
6. Dans *Adonis*, vers 537 :

Il cherche encore un coup la lumière des cieux.

7. Dans le poème de Baïf, Thisbé adresse ces touchantes paroles à Pyrame mourant :

« Pyram, demeure, encor ung peu demeure,
A fin, Pyram, que premier que ie meure,
Et que premier que mort aussi tu sois,
Thisbe te baise pour iamais ceste fois.

Parle, Pyram : ta Thisbe t'y convie.
Si pour parler tu n'as assez de vie,
Voy donc ta Thisbe. » Au nom de Thisbe alors
Il redressa ses doulx yeux presque morts....

8. Il veut parler, l'écorce a sa langue pressée :
L'un et l'autre se dit adieu de la pensée.
(*Philémon et Baucis*, vers 151-152.)

184   POÈMES.

Thisbé prend le poignard[1]; et, découvrant son sein : 135
« Je n'accuserai point, dit-elle, ton dessein,
« Bien moins encor l'erreur de ton âme alarmée :
« Ce seroit t'accuser de m'avoir trop aimée.
« Je ne t'aime pas moins : tu vas voir que mon cœur
« N'a, non plus que le tien, mérité son malheur.   140
« Cher amant! reçois donc ce triste sacrifice. »
Sa main et le poignard font alors leur office;
Elle tombe, et, tombant, range ses vêtements :
Dernier trait de pudeur même aux derniers moments[2].

---

1. Ha! voici le poignard qui du sang de son maître
S'est souillé lâchement : il en rougit le traître!
Exécrable bourreau, si tu te veux laver
Du crime commencé, tu n'as qu'à l'achever.
Enfonce là dedans, etc.
(THÉOPHILE, ibidem, scène II.)

2. C'est aussi ce que fait Virginie, au moment de mourir, dans le célèbre roman de Bernardin de Saint-Pierre. Ce trait est également dans l'*Hécube* d'Euripide, vers 568 ; dans les *Métamorphoses* d'Ovide, livre XIII, vers 479-480 ; dans le livre II de ses *Fastes*, vers 833-834, où Lucrèce agit de même, après s'être percé le sein :

Tunc quoque, jam moriens, ne non procumbat honeste
Respicit : hæc etiam cura cadentis erat;

et dans l'épître XI du livre IV de Pline le jeune, où la vestale Cornélie montre la même pudeur : *Quin etiam, quum in illud subterraneum cubiculum demitteretur, hæsissetque descendenti stola, vertit se ac recollegit.* — Selon Fragonard, la précaution eût été inutile, car il a peint Pyrame et Thisbé aux trois quarts nus.

—   La pucele s'est redrecie,
   A deux mains a l'espée prise,
   Parmi le pis soz la mamele
   Se tresperce la damoiselle.
   (Fabliau transcrit par Barbazan, vers 868-871.)

—   Ces cris finis, sa poitrine elle enferre,
   Et l'enferrant, quand elle chet à terre,
   Chaste rabat son plissé vestement,
   Se donnant soin de choir honnestement,
   Et se mourant la pucelle temoigne

LES FILLES DE MINÉE.

Les nymphes d'alentour lui donnèrent des larmes[1], 145
Et du sang des amants teignirent par des charmes
Le fruit d'un mûrier proche[2], et blanc jusqu'à ce jour[3],
Éternel monument d'un si parfait amour[4]. »

> D'ung cœur bien né la modeste vergoigne.
> Voire et prend garde en ce piteux meschef
> Que son chef pose auecque l'aimé chef
> De son Pyram; et face contre face,
> Ioue sur ioue, ainsin elle trespasse.
>
> (Baïf.)

1. De même, dans la seconde élégie d'André Chénier, « les nymphes des bois, des sources, des montagnes,

> Toutes, frappant leur sein et traînant un long deuil »,

déplorent la mort de Myrto, la jeune Tarentine.

2. Voisin.

> Albin l'a rencontré dans la proche campagne.
> (Corneille, Polyeucte, vers 277.)

3. *Nam color in pomo est, ubi permaturuit, ater;*
Quodque rogis superest una requiescit in urna.
(Ovide, *Métamorphoses*, livre IV, vers 165-166.)

C'est le double vœu que, chez Ovide, Thisbé, avant de se tuer, a exprimé : que les fruits de l'arbre prissent la couleur du sang et devinssent un emblème de deuil, et que ses cendres et celles de Pyrame fussent enfermées dans la même urne, par les soins de leurs parents. — Dans le fabliau transcrit par Barbazan, vers 752-757 :

> Sus les branches roide li sanc
> Noircit li fruit qui ere blanc :
> Toz tems auoit esté la meure
> Blanche iusques à icele eure;
> Adonc receut noire color
> A testemoine de dolor.

4. *Fabula de Piramo et Thisbe sic exponitur allegorice et spiritualiter : Piramus significat filium Dei, et Thisbe significat animam humanam, quam amat Christus, et de qua scribitur in Evangelio :* « *Tuam ipsius animam pertransibit gladius* » (Lucæ, 2). *Sic Thisbe interfecit se gladio amasii sui.* (*Epistolæ obscurorum virorum*, Francfort, 1599, in-12, p. 72-73.) C'est au commentaire de l'anglais Thomas de

Cette histoire attendrit les filles de Minée.
L'une accusoit l'amant, l'autre la destinée ; 150
Et toutes, d'une voix, conclurent que nos cœurs
De cette passion devroient être vainqueurs :
Elle meurt quelquefois avant qu'être[1] contente ;
L'est-elle, elle devient aussitôt languissante[2] ;
Sans l'hymen on n'en doit recueillir aucun fruit, 155
Et cependant l'hymen est ce qui la détruit[3].
« Il y joint, dit Clymène, une âpre jalousie,
Poison le plus cruel dont l'âme soit saisie :
Je n'en veux pour témoin que l'erreur de Procris.
Alcithoé ma sœur, attachant vos esprits, 160
Des tragiques amours vous a conté l'élite[4] :
Celles que je vais dire ont aussi leur mérite.

Vualleis sur les *Métamorphoses* d'Ovide qu'est empruntée, dit l'auteur de la lettre, cette interprétation bizarre. — Saint-Marc Girardin, dans son *Cours de littérature dramatique* (tome III, p. 360-378), compare cette touchante aventure d'amour à celles de Roméo et Juliette dans la nouvelle italienne de Luigi da Porto et chez Shakespeare, d'Olinde et Sophronie dans le Tasse, d'Hagbart et Syène dans les chroniques scandinaves de Grammaticus Saxo. Il montre comment « l'amertume de perdre la vie, si belle aux jeunes gens et aux amoureux, s'adoucit par l'idée de ne point survivre l'un à l'autre », comment, « partout et toujours, l'idée de mourir ensemble est la grande tentation de l'amour malheureux, ou sa consolation ».

1. Tome V, p. 156 et note 4.
2. L'amour, hélas ! l'étrange et la fausse nature !
Vit d'inanition, et meurt de nourriture.
(ALFRED DE MUSSET, *Mardoche*, strophe XVI.)

— Opposons à ces vers les vers 17-19 de *Philémon et Baucis* :

Hyménée et l'Amour, par des desirs constants,
Avoient uni leurs cœurs dès leur plus doux printemps :
Ni le temps ni l'hymen n'éteignirent leur flamme.

3. Tome V, p. 507 et note 5.
4. C'est-à-dire une des histoires les plus remarquables, les plus frappantes, d'amours tragiques.

J'accourcirai[1] le temps, ainsi qu'elle, à mon tour[2].
Peu s'en faut que Phébus ne partage le jour[3] ;
A ses rayons perçants opposons quelques voiles.   165
Voyons combien nos mains ont avancé nos toiles :
Je veux que, sur la mienne, avant que d'être au soir,
Un progrès tout nouveau se fasse apercevoir.
Cependant donnez-moi quelque heure de silence :
Ne vous rebutez point de mon peu d'éloquence ;   170
Souffrez-en les défauts, et songez seulement
Au fruit qu'on peut tirer de cet événement.

Céphale aimoit Procris; il étoit aimé d'elle[4] :

1. Tome IV, p. 10 et note 4. — Dans une lettre à M. Simon de Troyes, de février 1686 : « Je vous dirai.... que même nous accourcîmes notre repas, etc. » Voyez les *Lexiques de Malherbe, Corneille* et *Sévigné*.

2. Comme plus haut, aux vers 23-24 :

Je suis encor d'avis
Que nous rendions le temps moins long par des récits.

3. Peu s'en faut que nous ne soyons au milieu du jour, qu'il ne soit l'heure de midi.

— *Jamque dies medius tenues contraxerat umbras,*
Inque pari spatio vesper et ortus erant.
(Ovide, *l'Art d'aimer*, livre III, vers 723-724.)

4. On peut comparer, pour cette histoire, à la Fontaine et à Ovide, Antoninus Liberalis, *Transformationum congeries* (Amsterdam, 1676, in-16), fable XLI, p. 321; Apollodore, livre II, chapitre IV, § 17, et livre III, chapitre XV, § 16; Hyginus, *Fabularum liber*, etc., fables 189 : *Procris*, et 241 : *Qui conjuges suas occiderunt*; Servius, commentaire de Virgile (*Énéide*, livre VI, vers 445, p. 423 de l'édition de Paris, 1600, in-fol.); Pausanias, *Description de la Grèce*, livre I, chapitre XXXVII, et livre X, chapitre XXIX. — Sophocle avait écrit une pièce intitulée *Procris*; et Phérécyde avait également raconté cette fable, comme nous le voyons dans les scolies de l'*Odyssée* (livre XI, vers 321). Rappelons aussi *Aurore et Céphale*, un des contes comiques de Wieland.

Chacun se proposoit leur hymen pour modèle[1].
Ce qu'amour fait sentir de piquant et de doux   175
Combloit abondamment les vœux de ces époux[2].
Ils ne s'aimoient que trop ! leurs soins[3] et leur tendresse
Approchoient des transports d'amant et de maîtresse[4].
Le Ciel même envia cette félicité :
Céphale eut à combattre une divinité[5].   180
Il étoit jeune et beau ; l'Aurore en fut charmée,
N'étant pas à ces biens chez elle accoutumée[6].
Nos belles cacheroient un pareil sentiment :
Chez les divinités on en use autrement[7].
Celle-ci déclara ses pensers[8] à Céphale ;   185
Il eut beau lui parler de la foi conjugale :
Les jeunes déités qui n'ont qu'un vieil époux

1. .... On se le proposoit tous les jours pour exemple.
(*Saint Malc*, vers 345.)
2. Page 52 et note 5.
3. Vers 56 et note 5.
4. Tome V, p. 203 et note 7.
5. Ainsi que Damon, Nérie, dans *la Coupe enchantée*.

— *Hanc mihi junxit amor : felix dicebar, eramque;
Non ita Dis visum est, ac nunc quoque forsitan essem.*
(Ovide, *Métamorphoses*, livre VII, vers 698-699.)

Comme on le voit, c'est Céphale lui-même, dans les *Métamorphoses*, qui raconte sa lamentable histoire.
6. Elle était l'épouse du vieux Tithon.
7. Comparez tome IV, p. 399 et note 5.
8. Page 78. — *Son amour*, dans les *Fables choisies* de 1694.

— La nuit d'un voile obscur couvroit encor les airs,
Et la seule Diane éclairoit l'univers,
Quand, de la rive orientale,
L'Aurore, dont l'Amour avance le réveil,
Vint trouver le jeune Céphale,
Qui reposoit encor dans le sein du sommeil.
Elle approche, elle hésite, elle craint, elle admire ;
La surprise enchaîne ses sens, etc.
(J.-B. Rousseau, cantate citée.)

Ne se soumettent point à ces lois comme nous[1] :
La déesse enleva ce héros si fidèle.
De modérer ces feux il pria l'Immortelle :   190
Elle le fit, l'amour devint simple amitié[2].
« Retournez, dit l'Aurore, avec votre moitié ;
« Je ne troublerai plus votre ardeur ni la sienne :
« Recevez seulement ces marques de la mienne.
(C'étoit un javelot toujours sûr de ses coups.)   195
« Un jour cette Procris qui ne vit que pour vous
« Fera le désespoir de votre âme charmée,
« Et vous aurez regret de l'avoir tant aimée[3]. »

Tout oracle est douteux, et porte un double sens[4] :
Celui-ci mit d'abord notre époux en suspens.   200
« J'aurai regret aux vœux que j'ai formés pour elle !
« Et comment? n'est-ce point qu'elle m'est infidèle?
« Ah! finissent mes jours plutôt que de le voir!
« Éprouvons toutefois ce que peut son devoir. »

---

1. *Comme nous* est plaisant, surtout dans la bouche de la Fontaine.

2.   Pour elle sa tendresse
    Devint bonne amitié.
        (*Le Petit Chien*, vers 516-517.)

3. Chez Hyginus, l'Aurore dit à Céphale, sans ambiguïté, sans détours : « Je ne veux point que tu trompes ta femme, à moins que celle-ci ne t'ait trompé la première. » Elle lui donne aussi de riches présents pour les porter à Procris.

4.   Un oracle jamais ne se laisse comprendre :
    On l'entend d'autant moins que plus on croit l'entendre.
(CORNEILLE, *Horace*, acte III, scène III; ibidem, *Psyché*, acte II, scène III.)

    Un oracle toujours se plaît à se cacher :
    Toujours avec un sens il en présente un autre.
        (RACINE, *Iphigénie*, acte II, scène I.)

« .... Faute d'avoir rendu cet oracle ambigu et court, qui sont les deux qualités que les réponses des dieux doivent avoir. » (LA FONTAINE, Préface de *Psyché*.)

Des Mages[1] aussitôt consultant la science, 205
D'un feint adolescent[2] il prend la ressemblance[3],
S'en va trouver Procris, élève jusqu'aux cieux
Ses beautés, qu'il soutient être dignes des dieux;
Joint les pleurs aux soupirs, comme un amant sait faire,
Et ne peut s'éclaircir[4] par cet art ordinaire. 210
Il fallut recourir à ce qui porte coup[5],
Aux présents[6] : il offrit, donna, promit beaucoup,

1. Magiciens. — Dans le *Virelai sur les Hollandois* :
   Je ne suis sorcier ni mage.
— Ce Mage, qui d'un mot renverse la nature....
   (CORNEILLE, *l'Illusion*, acte I, scène 1.)

2. Tome V, p. 125 et note 3. — Un adolescent supposé, un être imaginaire. Dans Ovide, c'est la perfide Aurore qui change les traits de Céphale et le rend méconnaissable.

3. .... Et je vais m'égayer avec lui comme il faut,
   En lui volant son nom, avec sa ressemblance.
   (MOLIÈRE, *Amphitryon*, acte I, scène II.)

4. *S'éclaircir*, éclaircir ses soupçons par ce moyen, s'assurer de la fidélité de Procris : tome V, p. 132 et note 5. — Ce passage est plus étendu, il est aussi plus émouvant dans les *Métamorphoses* : lorsque Céphale, sous un feint personnage, pénètre dans sa maison, in'y trouve que regrets, que deuil de son absence (vers 724-725) :
   Culpa domus ipsa carebat,
   Castaque signa dabat, dominoque erat anxia rapto.

Il a même beaucoup de peine à s'introduire auprès de sa femme qu'il trouve plongée dans la douleur, et qui repousse avec indignation ses tentatives (vers 734-736) :
   Quid referam quoties tentamina nostra pudici
   Repulerint mores? quoties « Ego, dixerit, uni
   Servor, ubicunque est : uni mea gaudia servo? »

5. Tome V, p. 122 et note 3 : « Ce discours porta coup. »
6. Comparez *Belphégor*, vers 94-100 :
   Car de trouver une seule rebelle,
   Ce n'est la mode à gens de qui la main
   Par les présents s'aplanit tout chemin, etc.

LES FILLES DE MINÉE.

Promit tant[1], que Procris lui parut incertaine[2];
Toute chose a son prix[3]. Voilà Céphale en peine :
Il renonce aux cités, s'en va dans les forêts, 215
Conte aux vents[4], conte aux bois[5] ses déplaisirs secrets,
S'imagine en chassant dissiper son martyre[6].
C'étoit pendant ces mois où le chaud qu'on respire
Oblige d'implorer l'haleine des zéphyrs.

1. Tome IV, p. 303 et note 2.
2.   .... *Non sum contentus, et in mea pugno*
 Vulnera, dum census dare me pro nocte paciscor;
 Muneraque augendo tandem dubitare coegi.
 (*Ibidem*, vers 738-740.)

— Rapprochez un épisode analogue dans *la Coupe enchantée*, vers 277-311 :

 ....Caliste étoit un roc; rien n'émouvoit la belle.
 Pour dernière machine, à la fin notre époux
 Proposa de l'argent; et la somme fut telle
 Qu'on ne s'en mit point en courroux, etc.

— Chez Antonin le Libéral, c'est par l'entremise d'un esclave qu'il tente la fidélité de Procris.
3. Son taux : à tout il ne s'agit que de mettre le prix.

—   Chacune vaut en ce monde son prix.
 (*Les Troqueurs*, vers 37 et note 4.)

4. Comparez *Daphnis et Alcimadure*, vers 41 et note 22 :

 Hélas! ce fut aux vents qu'il raconta sa peine;

et, dans le style burlesque, Passerat, *Métamorphose d'un homme en coucou* :

 Il arrachoit sa barbe et ses cheveux,
 Remplissoit l'air de regrets et de vœux,
 Contoit aux vents, au soleil, à la lune,
 Aux durs rochers, sa piteuse fortune.

5. Ci-dessous, p. 247 et note 4 :

 ....Il le conte aux forêts, et n'est point entendu.

6. On lui dit que la chasse est un puissant remède.
 (*Adonis*, vers 236.)

« Doux vents, s'écrioit-il, prêtez-moi des soupirs[1]! 220
« Venez, légers démons par qui nos champs fleurissent;
« Aure[2], fais-les venir, je sais qu'ils t'obéissent :
« Ton emploi dans ces lieux est de tout ranimer[3]. »
On l'entendit : on crut qu'il venoit de nommer
Quelque objet de ses vœux, autre que son épouse[4]. 225

1. Prêtez-moi des soupirs, ô Vents, qui sur vos ailes, etc.
(*Adonis*, vers 543.)

2. *Aura*, divinité de l'air, compagne de Zéphyre.

3. C'est Procris, dans les *Métamorphoses* d'Ovide, qui, à la fois honteuse et irritée des injustes soupçons de son époux, s'en va errer et chasser sur les montagnes. Céphale implore son pardon et l'obtient; non contente de lui pardonner, Procris lui fait présent du javelot, que chez la Fontaine il tient des mains de l'Aurore. Dans *l'Art d'aimer*, elle lui donne en outre un chien plus rapide que le vent[a] : le chien et le monstre qu'il poursuit sont changés en marbre. Céphale n'en continue pas moins à chasser dès l'aube du jour, avec son javelot, recherchant, quand il est las, la fraîcheur et l'ombre, et invoquant avec ardeur, avec passion, *Aura*, qui personnifie ici la douce haleine des zéphyrs, et qu'on peut comparer à quelque sylphe, comme Ariel, déité légère et insaisissable :

.... *Cum satiata ferinæ*
Dextera cædis erat, repetebam frigus et umbras,
Et, quæ de gelidis halabat vallibus, auram.
Aura petebatur medio mihi lenis in æstu;
Auram exspectabam : requies erat illa labori.
« *Aura, recordor enim, venias, cantare solebam :*
Meque juves, intresque sinus, gratissima, nostros :
Utque facis, relevare velis, quibus urimur, æstus. »
(*Ibidem*, vers 808-815.)

Quoque meos releves æstus, cantare solebat,
Accipienda sinu, mobilis Aura, veni.
(Ibidem, *l'Art d'aimer*, livre III, vers 697-698.)

4. *Forsitan addideram (sic me mea fata trahebant)*

[a] « Ce noble Vulcan auoit d'aerain monesian faict ung et chien, à force de souffler l'auoit rendu viuant et animé. Il le vous donna; vous le donnastes à Europe vostre mignonne; elle le donna à Minos; Minos à Procris; Procris enfin le donna à Cephale. » (RABELAIS, tome II, p. 259.)

LES FILLES DE MINÉE.

Elle en est avertie; et la voilà jalouse.
Maint voisin charitable entretient[1] ses ennuis[2].
« Je ne le puis plus voir, dit-elle, que les nuits!
« Il aime donc cette Aure, et me quitte pour elle? [pelle:
— Nous vous plaignons : il l'aime, et sans cesse il l'ap-
« Les échos de ces lieux n'ont plus d'autres emplois
« Que celui d'enseigner le nom d'Aure à nos bois;
« Dans tous les environs le nom d'Aure résonne.
« Profitez d'un avis qu'en passant on vous donne :
« L'intérêt qu'on y prend est de vous obliger[3]. »   235
Elle en profite, hélas! et ne fait qu'y songer.
Les amants sont toujours de légère croyance[4] :

> *Blanditias plures : et « Tu mihi magna voluptas,*
> *Dicere sum solitus, tu me reficisque fovesque;*
> *Tu facis ut silvas, ut amem loca sola, meoque*
> *Spiritus iste tuus semper capiatur ab ore. »*
> *Vocibus ambiguis deceptam præbuit aurem*
> *Nescio quis; nomenque Auræ tam sæpe vocatum*
> *Esse putans nymphæ, nympham mihi credit amari.*
> (Ibidem, *Métamorphoses*, livre VII, vers 816-823.)

Toutes les paroles de l'invocation de Céphale à Aura sont douce-
reusement équivoques, voluptueusement ambiguës, et conviendraient
aussi bien à une déclaration d'amour; mais il nous paraît inutile
de supposer, comme on l'a fait, que, pour rendre l'erreur de Procris encore plus naturelle, Aura doive se prononcer *Abra* ("Αβρα),
concubine, esclave favorite.

1. Comparez *le Petit Chien*, vers 333 :

    Bons certificats des voisins, etc.

— *Criminis exemplo ficti temerarius auctor*
Procrin adit, linguaque refert audita susurra.
(*Ibidem*, vers 824-825.)

2. Tome V, p. 126 et note 2.

3.   Ce que j'en dis n'est que pour t'obliger.
(*Mazet*, vers 148.)

    Credula res amor est.
(*Ibidem*, vers 826.)

S'ils pouvoient conserver un rayon de prudence
(Je demande un grand point, la prudence en amours[1]!)
Ils seroient aux rapports insensibles et sourds ;   240
Notre épouse ne fut l'une ni l'autre chose.
Elle se lève un jour; et lorsque tout repose,
Que de l'Aube au teint frais la charmante douceur
Force tout au sommeil[2], hormis quelque chasseur,
Elle cherche Céphale : un bois l'offre à sa vue.   245
Il invoquoit déjà cette Aure prétendue[3] :
« Viens me voir, disoit-il, chère déesse, accours ;
« Je n'en puis plus, je meurs; fais que par ton secours
« La peine que je sens se trouve soulagée. »
L'épouse se prétend par ces mots outragée :   250
Elle croit y trouver, non le sens qu'ils cachoient,
Mais celui seulement que ses soupçons cherchoient.
O triste jalousie! ô passion amère!
Fille d'un fol amour, que l'erreur a pour mère[4]!
Ce qu'on voit par tes yeux cause assez d'embarras,   255
Sans voir encor par eux ce que l'on ne voit pas[5] !

    .... Et quia amans semper, quod timet, esse putat.
        (Ibidem, *l'Art d'aimer*, livre III, vers 720.)

Dans les *Poésies diverses* (tome V *M.-L.*, p. 87) :
    Ah! Clymène, j'ai cru vos yeux trop de léger.

1.   Sage en amour? hélas! il n'en est point.
        (*La Fiancée*, vers 396.)

2.   L'orient venoit de s'ouvrir :
    C'est un temps où le somme est dans sa violence,
    Et qui par sa fraîcheur nous contraint de dormir.
        (*Ibidem*, vers 450-452.)

3. Cette prétendue maîtresse.

4.   La jalousie aux yeux incessamment ouverts,
    Monstre toujours fécond en fantômes divers....
        (Élégie IV, tome V *M.-L.*, p. 89.)

5.   *Quod nihil est metuit; metuit sine corpore nomen;*
    Et dolet infelix veluti de pellice vera.
    Sæpe tamen dubitat, speratque miserrima falli;

LES FILLES DE MINÉE.

Procris s'étoit cachée en la même retraite
Qu'un fan¹ de biche avoit pour demeure secrète.
Il en sort; et le bruit trompe aussitôt l'époux.
Céphale prend le dard toujours sûr de ses coups², 260
Le lance en cet endroit³, et perce sa jalouse :
Malheureux assassin d'une si chère épouse⁴!

> *Indicioque fidem negat ; et, nisi viderit ipsa,*
> *Damnatura sui non est delicta mariti.*
> (Ibidem, *Métamorphoses*, livre VII, vers 830-834.)

1. Tome III, p. 69. — 2. Même hémistiche ci-dessus, vers 195.

3. *Postera depulerant Auroræ lumina noctem;*
   Egredior silvasque peto : victorque per herbas,
   « Aura, veni, dixi, nostroque medere labori. »
   Et subito gemitus inter mea verba videbar
   Nescio quos audisse : « Veni tamen, optima, dixi. »
   Fronde levem rursus strepitum faciente caduca,
   Sum ratus esse feram, telumque volatile misi.
   (*Ibidem*, vers 835-841.)

4. *Anxia, Procri, lates : solitas jacet ille per herbas;*
   Et « Zephiri molles, Auraque, dixit, ades! »
   (*L'Art d'aimer*, livre III, vers 727-728.)

A ces mots, Procris reconnaît son erreur; mais le dénouement de l'histoire est le même : elle veut se jeter dans les bras de son époux. Céphale croit que c'est une bête fauve qui agite le feuillage, et il lance le trait mortel (vers 733-734) :

> *Ille feram sonuisse ratus, juveniliter arcum*
> *Corripit, etc.*

Selon Phérécyde, Procris se précipite si brusquement sur Céphale que celui-ci, effrayé, la tue : l'invention n'est pas heureuse, il faut en convenir. Chez Hyginus, où il n'est pas question d'Aura, Procris suit son époux, et se cache dans les buissons pour l'épier. Chez Apollodore, elle sort avec lui pour chasser; car elle est passionnée pour la chasse (θηρευτική). — La mort de Procris est racontée d'une façon très touchante dans *l'Art d'aimer* :

> *« Hei mihi! conclamat, fixisti pectus amicum.*
> *Hic locus a Cephalo vulnera semper habet.*
> *Ante diem morior, sed nulla pellice læsa :*
> *Hoc faciet positæ te mihi, terra, levem.*
> *Nomine suspectas jam spiritus exit in auras :*

Un cri lui fait d'abord soupçonner quelque erreur :
Il accourt, voit sa faute ; et, tout plein de fureur,
Du même javelot il veut s'ôter la vie.   265
L'Aurore et les Destins arrêtent cette envie ;
Cet office lui fut plus cruel qu'indulgent :
L'infortuné mari, sans cesse s'affligeant,
Eût accru par ses pleurs le nombre des fontaines[1],
Si la déesse enfin, pour terminer ses peines,   270
N'eût obtenu du Sort que l'on tranchât ses jours[2] :
Triste fin d'un hymen bien divers en son cours !

Fuyons ce nœud, mes sœurs, je ne puis trop le dire :
Jugez par le meilleur quel peut être le pire[3].
S'il ne nous est permis d'aimer que sous ses lois,   275
N'aimons point. » Ce dessein fut pris par toutes trois.

Labor io ! cara lumina conde manu. »
Ille sinu dominæ morientia corpora mæsto
Sustinet, et lacrimis vulnera sæva lavat.
Exit, et, incauto paulatim pectore lapsus,
Excipitur miseri spiritus ore viri.
(*Ibidem*, vers 737-746.)

Dans les *Métamorphoses*, Procris n'est détrompée qu'au moment de rendre le dernier soupir ; mais alors elle meurt avec moins de regret :

Dumque aliquid spectare potest, me spectat ; et in me
Infelicem animam, nostroque exhalat in ore :
Sed vultu meliore mori secura videtur.
(Livre VII, vers 860-862.)

1. Dans *Saint Malc*, vers 356 :

Les larmes qu'il versoit faisoient courber les fleurs.

2. Selon Apollodore, Céphale fut condamné pour ce meurtre, par l'Aréopage, à un exil perpétuel. Il se retira à Thèbes, puis dans l'île qui prit de lui le nom de Céphalonie.

3. On peut reconnaître encore là l'éloignement que la Fontaine a toujours montré pour le mariage, après avoir, il est vrai, subi son joug, mais s'y être très promptement dérobé : voyez *Philémon et Baucis*, vers 162 et note 1.

LES FILLES DE MINÉE.

Toutes trois, pour chasser de si tristes pensées,
A revoir leur travail se montrent empressées.
Clymène, en un tissu riche, pénible[1] et grand,
Avoit presque achevé le fameux différend 280
D'entre le dieu des eaux et Pallas la savante.
On voyoit en lointain une ville naissante ;
L'honneur de la nommer, entre eux deux contesté,
Dépendoit du présent de chaque déité.
Neptune fit le sien d'un symbole de guerre : 285
Un coup de son trident fit sortir de la terre
Un animal fougueux, un coursier plein d'ardeur[2] :
Chacun de ce présent admiroit la grandeur.
Minerve l'effaça, donnant à la contrée
L'olivier, qui de paix est la marque assurée. 290
Elle emporta le prix, et nomma la cité[3] :
Athène offrit ses vœux à cette déité;

1. *Un tissu pénible*, c'est-à-dire qui lui donnait beaucoup de peine.
2. Comparez le début des *Géorgiques* (vers 12-14) où Virgile célèbre avec chaleur ce bienfait de Neptune :

> *Tuque o, cui prima frementem*
> *Fudit equum magno tellus percussa tridenti,*
> *Neptune!*

3. Gail et Walckenaer ont rapproché de ce passage cette description un peu froide du VIe livre des *Métamorphoses* (vers 70-82) :

> *Cæcropia Pallas scopulum Mavortis in arce*
> *Pingit, et antiquam de terræ nomine litem.*
> *Bis sex cœlestes, medio Jove, sedibus altis*
> *Augusta gravitate sedent ; sua quemque Deorum*
> *Inscribit facies : Jovis est regalis imago.*
> *Stare Deum pelagi, longoque ferire tridente*
> *Aspera saxa facit, medioque e vulnere saxi*
> *Exsiluisse fretum, quo pignore vindicet urbem.*
> *At sibi dat clypeum, dat acutæ cuspidis hastam ;*
> *Dat galeam capiti ; defenditur ægide pectus :*
> *Percussamque sua simulat de cuspide terram*
> *Prodere cum baccis fœtum canentis olivæ ;*
> *Mirarique Deos : operi victoria finis.*

198   POÈMES.

Pour les lui présenter on choisit cent pucelles,
Toutes sachant broder¹, aussi sages que belles.
Les premières portoient force présents divers ;   295
Tout le reste entouroit la déesse aux yeux pers² ;
Avec un doux souris elle acceptoit l'hommage.
Clymène ayant enfin reployé³ son ouvrage,
La jeune Iris commence en ces mots son récit :

« Rarement pour les pleurs mon talent réussit ;   300
Je suivrai toutefois la matière imposée⁴.

 1. Ci-dessus, vers 2 : « les arts de Pallas ».
 2. Vieux mot souvent employé en parlant des yeux de Minerve ; du latin *persicum*, pêche : bleu clair et non bleu foncé, ou plutôt couleur de pêche, violet. Rapprochez le *Recueil de poésies françoises* (tome I, p. 164) :

> Si vous voyez l'arc pers ou vert,
> Ou le temps noir comme une mure... ;

Marot, *Dialogue de deux amoureux* (tome I, p. 28) :

> Elle vous auoit puis aprez
> Mancherons d'escarlatte verte,
> Robbe de pers large et ouuerte ;

Rabelais (tome I, p. 371) : « .... Ung petit bonnet pers..., et une belle ceincture de pers et vert » ; Amyot, traduction de la *Vie de Caton* de Plutarque (tome I, p. 610) : « Il estoit ung peu roux de visage, et auoit les yeulx pers » ; du Bellay, *Epitaphe d'ung chat* (tome II, p. 354) :

> Yeulx qui n'estoient point trop ardens,
> Mais desquels la prunelle perse
> Imitoit la couleur diuerse
> Qu'on voit en cest arc pluuieux
> Qui se courbe au trauers des cieux... ;

Ronsard, tome I, p. 377 ; Remy Belleau, tome II, p. 22 et 23 ; etc.
 3. Ci-dessus, vers 277-279.
 4. Alcithoé a dit, au début du conte, en parlant de l'Amour (vers 32) :

> Récitons-nous les maux que ses biens nous attirent.

C'est là « la matière imposée » dont parle Iris.

LES FILLES DE MINÉE.

Télamon pour Chloris avoit l'âme embrasée[1],
Chloris pour Télamon brûloit de son côté.
La naissance, l'esprit, les grâces, la beauté,
Tout se trouvoit en eux, hormis ce que les hommes 305
Font marcher avant tout dans ce siècle où nous sommes :
Ce sont les biens, c'est l'or, mérite universel[2].
Ces amants, quoique épris d'un desir mutuel,
N'osoient au blond Hymen sacrifier[3] encore,
Faute de ce métal[4] que tout le monde adore. 310
Amour s'en passeroit ; l'autre état ne le peut :
Soit raison, soit abus[5], le Sort ainsi le veut.
Cette loi, qui corrompt les douceurs de la vie,
Fut par le jeune amant d'une autre erreur suivie.
Le démon des combats vint troubler l'univers : 315
Un pays contesté[6] par des peuples divers
Engagea Télamon dans un dur exercice ;
Il quitta pour un temps l'amoureuse milice[7].
Chloris y consentit, mais non pas sans douleur :
Il voulut mériter son estime et son cœur. 320
Pendant que ses exploits terminent la querelle,
Un parent de Chloris meurt, et laisse à la belle

---

1. Voyez l'inscription apocryphe, que nous avons reproduite plus haut, de Boissard, et d'où la Fontaine a tiré ce récit.

2.   Je l'ai jà dit, et le redis encor :
       Je ne connois d'autre premier mobile
       Dans l'univers que l'argent et que l'or....
                    (*Belphégor*, vers 98 et suivants.)

3. Dans *les Quiproquo*, vers 152 et note 7 :

    Au dieu d'Amour il fut sacrifié.

4. *Métail* dans nos anciens textes : comparez tome V, p. 154.
5. *Abus*, au sens d'erreur ou d'habitude mauvaise : ci-dessus, p. 28 et note 9, et ci-dessous, vers 314.
6. Vers 283.
7. Page 98 et note 7.

D'amples¹ possessions et d'immenses trésors.
Il habitoit les lieux où Mars régnoit alors.
La belle s'y transporte ; et partout révérée, 325
Partout des deux partis Chloris considérée²,
Voit de ses propres yeux les champs où Télamon
Venoit de consacrer un trophée à son nom³.
Lui de sa part⁴ accourt ; et, tout couvert de gloire,
Il offre à ses amours⁵ les fruits de sa victoire. 330
Leur rencontre se fit non loin de l'élément
Qui doit être évité de tout heureux amant⁶.
Dès ce jour l'âge d'or les eût joints sans mystère⁷ ;
L'âge de fer en tout a coutume d'en faire⁸.
Chloris ne voulut donc couronner tous ces biens 335
Qu'au sein de sa patrie, et de l'aveu des siens.
Tout chemin, hors la mer, allongeant leur souffrance⁹,
Ils commettent aux flots cette douce espérance.
Zéphyre les suivoit¹⁰, quand, presque en arrivant,
Un pirate survient, prend le dessus du vent, 340

1. Tome V, p. 112 et note 1.
2. Comparez *le Faucon*, vers 109 et note 4.
3. Sur le champ de bataille même, aussitôt après le combat. — C'est ainsi qu'au moyen âge le chevalier vainqueur dans un tournoi faisait hommage de sa victoire à la dame de ses pensées.
4. De son côté : tome V, p. 314 et note 1.
5. Dans le *Poème de la Captivité de saint Malc*, vers 75 :

Telle fuit la colombe, oubliant ses amours.

6. Dans *les Deux Pigeons*, vers 65-66 :

Amants, heureux amants, voulez-vous voyager ?
Que ce soit aux rives prochaines, etc.

7. S'ils eussent vécu à l'âge d'or, ils se fussent unis tout de suite, et sans mystère, sans façons.
8. Idée familière à la Fontaine : rapprochez le conte du *Remède*, vers 35 et suivants ; etc.
9. Leur pénible attente.
10. Ils étaient poussés par un vent favorable.

Les attaque¹, les bat. En vain, par sa vaillance,
Télamon jusqu'au bout porte la résistance :
Après un long combat son parti fut défait,
Lui pris ; et ses efforts n'eurent pour tout effet
Qu'un esclavage indigne. O dieux! qui l'eût pu croire ?
Le Sort, sans respecter ni son sang ni sa gloire,
Ni son bonheur prochain, ni les vœux de Chloris,
Le fit être forçat aussitôt qu'il fut pris.

Le Destin ne fut pas à Chloris si contraire.
Un célèbre marchand l'achète du corsaire :   350
Il l'emmène ; et bientôt la belle, malgré soi,
Au milieu de ses fers range tout sous sa loi.
L'épouse du marchand la voit avec tendresse :
Ils en font leur compagne, et leur fils sa maîtresse.
Chacun veut cet hymen : Chloris à leurs desirs   355
Répondoit seulement par de profonds soupirs.
Damon, c'étoit ce fils, lui tient ce doux langage :
« Vous soupirez toujours, toujours votre visage
« Baigné de pleurs nous marque un déplaisir secret².
« Qu'avez-vous ? vos beaux yeux verroient-ils à regret
« Ce que peuvent leurs traits et l'excès de ma flamme ?
« Rien ne vous force ici³ ; découvrez-nous votre âme :
« Chloris, c'est moi qui suis l'esclave, et non pas vous.
« Ces lieux, à votre gré, n'ont-ils rien d'assez doux ?
« Parlez ; nous sommes prêts à changer de demeure :

---

1. Il y a une aventure semblable dans *la Fiancée du roi de Garbe* (vers 63 et suivants) :

> Après huit jours de traite, un vaisseau de corsaires,
>   Ayant pris le dessus du vent,
>   Les attaqua : le combat fut sanglant....
> Hispal, par sa vaillance, etc.

2. Ci-dessus, vers 216.
3. Personne ne veut vous contraindre, vous faire violence.

« Mes parents m'ont promis de partir tout à l'heure[1].
« Regrettez-vous les biens que vous avez perdus?
« Tout le nôtre est à vous; ne le dédaignez plus.
« J'en sais qui l'agréeroient[2]; j'ai su plaire à plus d'une :
« Pour vous, vous méritez toute une autre fortune. 370
« Quelle que soit la nôtre, usez-en : vous voyez
« Ce que nous possédons et nous-même à vos pieds. »
Ainsi parle Damon; et Chloris toute en larmes
Lui répond en ces mots accompagnés de charmes[3] :
« Vos moindres qualités et cet heureux séjour 375
« Même aux filles des dieux donneroient de l'amour;
« Jugez donc si Chloris, esclave et malheureuse,
« Voit l'offre de ces biens d'une âme dédaigneuse.
« Je sais quel est leur prix : mais de les accepter,
« Je ne puis; et voudrois vous pouvoir écouter; 380
« Ce qui me le défend, ce n'est point l'esclavage :
« Si toujours la naissance éleva mon courage[4],
« Je me vois, grâce aux dieux, en des mains où je puis
« Garder ces sentiments malgré tous mes ennuis[5];
« Je puis même avouer (hélas! faut-il le dire?) 385
« Qu'un autre a sur mon cœur conservé son empire.
« Je chéris un amant, ou mort, ou dans les fers;
« Je prétends le chérir encor dans les enfers.
« Pourriez-vous estimer le cœur d'une inconstante?
« Je ne suis déjà plus aimable ni charmante; 390
« Chloris n'a plus ces traits que l'on trouvoit si doux,
« Et, doublement esclave[6], est indigne de vous. »

Touché de ce discours, Damon prend congé d'elle.

1. Tome V, p. 529.
2. *Agreroient* dans l'édition originale.
3. Par l'air et le ton dont elle les dit.
4. Tome V, p. 175 et note 3. — 5. Ci-dessus, p. 193.
6. Votre esclave, et esclave de son amour.

« Fuyons, dit-il en soi; j'oublierai cette belle :
« Tout passe, et même un jour ses larmes passeront;
« Voyons ce que l'absence et le temps produiront. »
A ces mots il s'embarque; et, quittant le rivage,
Il court de mer en mer, aborde un lieu sauvage[1],
Trouve des malheureux de leurs fers échappés,
Et sur le bord d'un bois à chasser occupés. 400
Télamon, de ce nombre, avoit brisé sa chaîne :
Aux regards de Damon il se présente à peine,
Que son air, sa fierté, son esprit, tout enfin
Fait qu'à l'abord Damon admire son destin[2];
Puis le plaint, puis l'emmène, et puis lui dit sa flamme.
« D'une esclave, dit-il, je n'ai pu toucher l'âme :
« Elle chérit un mort[3]! Un mort! ce qui n'est plus
« L'emporte dans son cœur! mes vœux sont superflus. »
Là-dessus, de Chloris il lui fait la peinture.
Télamon dans son âme admire l'aventure, 410
Dissimule, et se laisse emmener au séjour
Où Chloris lui conserve un si parfait amour.
Comme il vouloit cacher avec soin sa fortune[4],
Nulle peine pour lui n'étoit vile et commune.
On apprend leur retour et leur débarquement; 415
Chloris, se présentant à l'un et l'autre amant,
Reconnoît Télamon sous un faix qui l'accable.
Ses chagrins le rendoient pourtant méconnoissable;
Un œil indifférent à le voir eût erré[5],
Tant la peine et l'amour l'avoient défiguré! 420

1. « En lieu sauvage », dans le recueil de 1694.
2. C'est-à-dire : s'étonne de son triste destin; ci-dessous, vers 410 : « admire l'aventure ».
3. Ci-dessus, vers 387. — Rapprochez *la Matrone d'Éphèse*, vers 164 : «.... le mort qu'elle avoit tant chéri »; et l'élégie IV (tome V M.-L., p. 90-91).
4. Sa haute naissance, qui il était.
5. Se fût trompé : comparez le conte VIII de la IIe partie, vers 22.

Le fardeau qu'il portoit ne fut qu'un vain obstacle;
Chloris le reconnoît, et tombe à ce spectacle :
Elle perd tous ses sens et de honte et d'amour[1].
Télamon, d'autre part, tombe presque à son tour.
On demande à Chloris la cause de sa peine :   425
Elle la dit; ce fut sans s'attirer de haine.
Son récit ingénu redoubla la pitié
Dans des cœurs prévenus d'une juste amitié.
Damon dit que son zèle[2] avoit changé de face :
On le crut. Cependant, quoi qu'on dise et qu'on fasse,
D'un triomphe si doux l'honneur et le plaisir[3]
Ne se perd qu'en laissant des restes de desir.
On crut pourtant Damon. Il restreignit son zèle
A sceller de l'hymen une union si belle;
Et, par un sentiment à qui rien n'est égal,   435
Il pria ses parents de doter son rival :
Il l'obtint, renonçant dès lors à l'hyménée.

Le soir étant venu de l'heureuse journée,
Les noces se faisoient à l'ombre d'un ormeau;
L'enfant d'un voisin vit s'y percher un corbeau :   440
Il fait partir de l'arc une flèche maudite[4],
Perce les deux époux d'une atteinte[5] subite.
Chloris mourut du coup, non sans que son amant
Attirât ses regards en ce dernier moment.
Il s'écrie, en voyant finir ses destinées :   445
« Quoi! la Parque a tranché le cours de ses années!

1. Pleine de honte et d'amour tout ensemble....
   (*La Mandragore*, vers 271.)
2. Ci-dessus, p. 38 et note 2.
3. Ci-dessous, p. 246 et note 6 :

   .... Ce que naguère il eut de plaisirs et de gloire.
4. Voyez tome II, p. 364, fin de la note 19.
5. Comparez le vers 404 d'*Adonis* :

   Par deux fois du sanglier il évite l'atteinte.

« Dieux, qui l'avez voulu, ne suffisoit-il pas
« Que la haine du Sort[1] avançât mon trépas? »
En achevant ces mots, il acheva de vivre :
Son amour, non le coup, l'obligea de la suivre;   450
Blessé légèrement, il passa chez les morts :
Le Styx vit nos époux accourir sur ses bords[2].
Même accident finit leurs précieuses trames;
Même tombe eut leurs corps, même séjour leurs âmes.
Quelques-uns ont écrit (mais ce fait est peu sûr)   455
Que chacun d'eux devint statue et marbre dur :
Le couple infortuné face à face repose.
Je ne garantis point cette métamorphose :
On en doute. — On la croit plus que vous ne pensez,
Dit Clymène; et, cherchant[3] dans les siècles passés 460
Quelque exemple d'amour et de vertu parfaite,
Tout ceci me fut dit par un sage interprète[4].
J'admirai, je plaignis ces amants malheureux :
On les alloit unir; tout concouroit pour eux;
Ils touchoient au moment; l'attente en étoit sûre :   465
Hélas! il n'en est point de telle en la nature;
Sur le point de jouir tout s'enfuit de nos mains :
Les dieux se font un jeu de l'espoir des humains.

— Laissons, reprit Iris, cette triste pensée.
La fête est vers sa fin, grâce au Ciel, avancée;   470

1. La Fatalité antique, qui revient constamment dans ce récit d'Iris.
2. Cependant de Daphnis l'ombre au Styx descendue
Frémit et s'étonna la voyant accourir.
   (*Daphnis et Alcimadure*, vers 77-78.)
3. *Cherchant* se rapporte-t-il à *interprète*, deux vers plus bas, ou à Clymène?
4. Un interprète des contes du temps passé, des anciennes légendes, et aussi des songes, des présages. Comparez la fable IV du livre XI, vers 12. — « Par le sage interprète », dans le recueil de 1694.

Et nous avons passé tout ce temps en récits
Capables d'affliger les moins sombres esprits :
Effaçons, s'il se peut, leur image funeste.
Je prétends de ce jour mieux employer le reste,
Et dire un changement, non de corps[1], mais de cœur.
Le miracle en est grand; Amour en fut l'auteur :
Il en fait tous les jours de diverse manière[2];
Je changerai de style en changeant de matière[3].

Zoon[4] plaisoit aux yeux[5]; mais ce n'est pas assez :
  Son peu d'esprit, son humeur sombre,   480

1. Voyez ci-dessus, le vers 456.
2. Tome V, p. 181 et notes 3, 4. — 3. Ci-dessus, vers 301.
4. C'est, comme nous l'avons dit, l'histoire de Cimon dans Boccace, que notre poète a abrégée, résumée. Cette histoire, dont il faut rapprocher le conte de *Riquet à la Houppe*, de Ch. Perrault, est aussi dans Augustinus Niphus, préface de son traité intitulé *de Pulchro et de Amore* (Leyde, 1549, in-8°), p. 2; dans Jacobus Lydius, *Ritus nuptiarum* (1656, in-4°), p. 16. On sait que Cimon l'Athénien, fils de Miltiade, parut également dans sa jeunesse stupide[a] et sans esprit, et sembla tout à coup un autre homme lorsqu'il eut été appelé à prendre part au gouvernement de l'État; mais il n'est pas probable que Boccace ait songé à lui en écrivant sa nouvelle.

5. Voici le sommaire de la nouvelle de Boccace, nouvelle dont s'est inspiré Rubens dans son tableau du musée de Vienne (Cimon et Éphigénie) : *Cimone amando divien savio, et Ephigenia sua donna rapisce in mare, è messo in Rodi in prigione, onde Lisimacho il trahe, et da capo con lui rapisce Ephigenia et Cassandra nelle lor nozze, fuggendosi con esse in Creti, et quindi, divenute lor mogli, con esse a casa loro sono richiamati.* « Chimon deuint sage par estre amoureux, et conquesta par force sa mye Ephigene sur la mer : dont il fut mis en prison à Rhoddes; et ung nommé Lisimaque l'en tira hors : auec lequel il print de rechef Ephigene et Cassandre au meilleu de leurs nopces; et s'en fuirent auecques elles en Candie, d'où, aprez les auoir espouzées, ilz furent rappelez auecques elles en leurs maisons. »

[a] « Ressemblant entierement de façon de faire à son ayeul qui auoit eu nom Cimon comme luy, mais, pour sa bestise, auoit été surnommé Κοάλεμος, qui vaut autant à dire comme le Sot. » (PLUTARQUE, traduit par Amyot, *Vie de Cimon*, tome I des OEuvres, p. 877.)

LES FILLES DE MINÉE.

Rendoient ces talents mal placés[1].
Il fuyoit les cités, il ne cherchoit que l'ombre,
Vivoit parmi les bois, concitoyen[2] des ours[3],
Et passoit sans aimer les plus beaux de ses jours.
Nous avons condamné l'amour, m'allez-vous dire :   485
J'en blâme en nous l'excès ; mais je n'approuve pas
    Qu'insensible aux plus doux appas
    Jamais un homme ne soupire.
Hé quoi! ce long repos est-il d'un si grand prix?
Les morts sont donc heureux? Ce n'est pas mon avis :
Je veux des passions ; et si l'état le pire
    Est le néant, je ne sais point
De néant plus complet qu'un cœur froid à ce point[4].

1. Rapprochez le prologue de *la Courtisane amoureuse* (vers 17 et suivants) :
    .... Chimon, jeune homme tout sauvage,
  Bien fait de corps, mais ours quant à l'esprit, etc.

— *Aristippo.... tra gli altri suoi figliuoli n' haveva uno, il quale di grandezza et di bellezza di corpo tutti gli altri giovani trapassava, ma quasi matto era et di perduta speranza; il cui vero nome era Galeso; ma, perchio che mai ne per fatica di maestro, ne per lusinga o battitura del padre, o ingegno d' alcuno altro, gli s' era potuto mettere nel capo ne lettera ne costume alcuno, anzi con la voce grossa et deforme, et con modi piu conveniente a bestia che ad huomo, quasi per ischerno da tutti era chiamato Cimone : il che nella lor lingua sonava quanto nella nostra bestione.* (Boccace.)

2. Livre V, fable XVII, vers 7.
3. Dans *le Paysan du Danube*, vers 67 :
  Nous ne conversons plus qu'avec des ours affreux.

4. Comparez les derniers vers de la fable XX du livre XII :
    .... Ce Scythe exprime bien
    Un indiscret stoïcien :
   Celui-ci retranche de l'âme
 Desirs et passions, le bon et le mauvais,
  Jusqu'aux plus innocents souhaits ;
Contre de telles gens quant à moi je réclame ;
Ils ôtent à nos cœurs le principal ressort :
Ils font cesser de vivre avant que l'on soit mort.

Zoon n'aimant donc rien, ne s'aimant pas lui-même,
Vit Iole endormie, et le voilà frappé : 495
  Voilà son cœur développé[1].
  Amour, par son savoir suprême,
Ne l'eut pas fait amant, qu'il en fit un héros[2].
Zoon rend grâce au dieu qui troubloit son repos[3] :
Il regarde en tremblant cette jeune merveille[4]. 500
  A la fin Iole s'éveille ;
  Surprise et dans l'étonnement,
  Elle veut fuir, mais son amant
  L'arrête, et lui tient ce langage[5] :
« Rare et charmant objet, pourquoi me fuyez-vous ? 505
« Je ne suis plus celui qu'on trouvoit si sauvage :
« C'est l'effet de vos traits, aussi puissants que doux ;
« Ils m'ont l'âme et l'esprit et la raison donnée[6].
  « Souffrez que, vivant sous vos lois,
« J'emploie à vous servir des biens que je vous dois. »
Iole, à ce discours encor plus étonnée,
Rougit, et sans répondre elle court au hameau,
Et raconte à chacun ce miracle nouveau.
Ses compagnes d'abord s'assemblent autour d'elle :
Zoon suit en triomphe, et chacun applaudit. 515

 1. Son cœur qui s'ouvre. — *Vide sopra il verdo prato dormire una bellissima giovane con un vestimento indosso tanto sottile, che quasi niente delle candide carni nascondea, et era solamente dalla cintura in giu coperta d'una coltre bianchissima et sottile.... Laquale come Cimon vide, non altramenti che se mai piu forma di femina veduta non havesse, fermatosi sopra il suo bastone, senza dire alcuna cosa, con ammirazione grandissima la incomincio intentissimo a riguardare, etc.*
 2. Chez Boccace, l'Amour le rend aussi fier et courageux qu'un lion, *fiero come un leone*, ainsi qu'il le témoigne en conquérant par force, puis en reconquérant sa belle.
 3. Ci-dessus, vers 489.
 4. Tome III, p. 331 et note 13.
 5. Vers 357.
 6. Page 163 et note 1.

Je ne vous dirai point, mes sœurs, tout ce qu'il fit,
  Ni ses soins pour plaire à la belle[1] :
Leur hymen se conclut[2]. Un satrape voisin,
  Le propre jour de cette fête,
  Enlève à Zoon sa conquête : 520
On ne soupçonnoit point qu'il eût un tel dessein.
Zoon accourt au bruit, recouvre ce cher gage,
Poursuit le ravisseur, et le joint, et l'engage
  En un combat de main à main[3].
Iole en est le prix aussi bien que le juge. 525
Le satrape, vaincu, trouve encor du refuge
  En la bonté de son rival.
Hélas! cette bonté lui devint inutile;
Il mourut du regret de cet hymen fatal :
Aux plus infortunés la tombe sert d'asile. 530
Il prit pour héritière, en finissant ses jours,
Iole, qui mouilla de pleurs son mausolée.
Que sert-il d'être plaint quand l'âme est envolée?
Ce satrape eût mieux fait d'oublier ses amours[4]. »

La jeune Iris à peine achevoit cette histoire; 535
Et ses sœurs avouoient qu'un chemin à la gloire
C'est l'amour. On fait tout pour se voir estimé[5] :
Est-il quelque chemin plus court pour être aimé?

  1. Chez Boccace, il apprend à lire et à écrire, devient musicien, bon écuyer, adroit dans tous les exercices du corps : il paraît, en un mot, il est bientôt le gentilhomme le plus aimable, le plus poli, le plus accompli de son pays.
  2. Ci-dessus, p. 21.
  3. « Gascons et François se combattoient main à main moult vaillamment. » (Froissart, livre II, chapitre II, § 6.)
  4. Vers 330 et note 5. — Le récit de la Fontaine, comme on l'a vu par le sommaire transcrit ci-dessus, p. 206, note 5, s'éloigne quelque peu de celui de Boccace, qui est beaucoup plus long et plus riche en péripéties.
  5. Vers 320.

Quel charme de s'ouïr louer par une bouche
Qui, même sans s'ouvrir, nous enchante et nous touche!
Ainsi disoient ces sœurs. Un orage soudain
Jette un secret remords dans leur profane sein.
Bacchus entre, et sa cour, confus et long cortège :
« Où sont, dit-il, ces sœurs à la main sacrilège?
« Que Pallas les défende, et vienne en leur faveur 545
« Opposer son égide à ma juste fureur :
« Rien ne m'empêchera de punir leur offense.
« Voyez : et qu'on se rie après de ma puissance! »
Il n'eut pas dit, qu'on vit trois monstres au plancher,
Ailés, noirs et velus, en un coin s'attacher. 550
On cherche les trois sœurs; on n'en voit nulle trace[1] :
Leurs métiers sont brisés; on élève en leur place
Une chapelle au dieu, père du vrai nectar.
Pallas a beau se plaindre, elle a beau prendre part
Au destin de ces sœurs par elle protégées; 555
Quand quelque dieu, voyant ses bontés négligées,
Nous fait sentir son ire[2], un autre n'y peut rien :
L'Olympe s'entretient en paix par ce moyen.

Profitons, s'il se peut, d'un si fameux exemple; [temple
Chommons[3] : c'est faire assez[4] qu'aller de temple en

1. Ovide, *Métamorphoses*, livre IV, vers 389-415. Voyez aussi, au sujet de cette vengeance de Bacchus, Plutarque, *Quæstiones Græcæ*, chapitre XXXVIII, Antoninus Liberalis, déjà cité, fable X, Élien, *Variæ Historiæ*, livre III, chapitre XLII; etc. — Banier (*Mythologie expliquée*, Paris, 1738, in-4°, tome I, p. 24) suppose avec vraisemblance que cette histoire n'est pas tout à fait mensongère : « Les trois sœurs ayant travaillé, par mépris pour le dieu, tout le jour de la solennité instituée en son honneur, elles furent persécutées, contraintes de se cacher soigneusement, ou même immolées par des adorateurs de Bacchus, qui répandirent le bruit que Bacchus les avait changées en chauves-souris, oiseaux qui aiment les ténèbres. »
2. Sa colère : p. 55 et note 3.
3. Page 174 et note 3. — 4. C'est travailler assez.

Rendre à chaque immortel les vœux qui lui sont dus :
Les jours donnés aux dieux ne sont jamais perdus[1].

1. Il y a une ironie évidente dans ces derniers vers, surtout comparés au début du conte et aux plaintes d'Alcithoé sur le prodigieux nombre de fêtes, grâce auxquelles, sous prétexte de rendre leurs devoirs aux dieux, les mortels consacrent leurs jours à la nonchalance et au vice, à l'oisiveté et à la débauche. — Voici la fin du conte de Voltaire ; on verra que le ton des deux poètes n'est pas sensiblement différent :

>   .... La belle, au milieu de sa phrase,
>   S'arrêta de frayeur : un bruit affreux s'entend ;
>   La maison tremble ; un coup de vent
>   Fait tomber le trio qui jase.
>   Avec tout son clergé Bacchus entre en buvant :
>   « Et moi, je crois, dit-il, Mesdames les savantes,
>   Qu'en faisant trop les beaux esprits,
>   Vous êtes des impertinentes.
>   Je crois que de mauvais écrits
>   Vous ont un peu tourné la tête.
>   Vous travaillez un jour de fête ;
>   Vous en aurez bientôt le prix,
>   Et ma vengeance est toute prête :
>   Je vous change en chauves-souris. »
>   Aussitôt de nos trois recluses
>   Chaque membre se raccourcit ;
>   Sous leur aisselle il s'étendit
>   Deux petites ailes velues.
>   Leur voix pour jamais se perd
>   Elles volèrent dans les rues,
>   Et devinrent oiseaux de nuit.
>   Ce châtiment fut tout le fruit
>   De leurs sciences prétendues.
>   Ce fut une grande leçon
>   Pour tout bon raisonneur qui fronde :
>   On connut qu'il est dans ce monde
>   Trop dangereux d'avoir raison.
>   Ovide a conté cette affaire ;
>   La Fontaine en parle après lui ;
>   Moi je la répète aujourd'hui,
>   Et j'aurais mieux fait de me taire.

ADONIS.

POÈME.

Parmi les très nombreux écrivains qui ont raconté cette légende, ou qui y ont fait allusion[1], nous ne citerons ici que les deux poètes

[1]. Voyez Hésiode (Fragments, cxcvi); Pindare (*Pythiques*, ii); Euripide (dans *Hippolyte*, vers 1420-1423); Bion (idylle 1); Théocrite (idylles xv, vers 100 et suivants, et xxx); Apollodore (III, xiv, 4); Pausanias (*in Bœoticis*); Strabon (livre XVI); Lucien (*de la Déesse Syrienne*, § vi); Plutarque (*Symposiaques*); Apollonius de Rhodes (chant 1); Virgile, (églogue x); Ovide (*Métamorphoses*, livre X); Plaute (*les Ménechmes*, acte I, scène ii); Cicéron (*de Natura Deorum*, livre III); Panyasis (Fragments, xxiii); Antimachus Fragments, cxiv); Tzetzès (scolies sur la Cassandre de Lycophron); Ammien Marcellin (livre XIX, chapitre 1); Hyginus (*Fabularum liber*, fable lviii); Cornutus (*de Natura Deorum gentilium commentarius*); Antoninus Liberalis (*Transformationum congeries*, chapitre xxxiv); saint Jérôme (Commentaire sur Ezéchiel, viii, 14); Pernette du Guillet (dans ses *Rymes*, Lyon, 1545, in-8°); Antoine du Moulin (*Deploration de Venus sur la mort du bel Adonis*, Paris, 1546, in-8°); Mellin de Saint-Gelais (*Élégie ou Chanson lamentable de Venus sur la mort du bel Adonis*, tome I des OEuvres, p. 127-132); Remy Belleau (*Premiere iournée de la Bergerie*, tome I des OEuvres, p. 295-296); Lodovico Dolce (*la Favola d'Adone*, Venise, 1547, in-8°); G. Tarchagnota (*l'Adone*, Venise, 1550, in-8°); Shakespeare (*Venus and Adonis*, poème, Londres, 1593, in-4°); Marino ou Marini (*l'Adone, poema eroico, con gli argomenti del conte Fortuniano Sanvitale e l'allegorie di don Lorenzo Scoto*, Paris et Venise, 1623, in-fol. et in-4°, réimprimé à Amsterdam en 1678, en quatre tomes in-24); Cl. Favier (*l'Adonis de la cour divisé par douze nymphes*, Paris, 1624, in-12); Castillo de Larzaval (*el Adonis*, poème en octaves, Salamanque, 1632, in-4°); Ménage (poème sur la mort d'Adonis, « en vers grecs adoniques »); Fréron et Colbert d'Estouteville (*les Vrais plaisirs ou les amours de Vénus et d'Adonis*, poème en prose, Londres et Paris, 1748, in-12, réimprimé, sous le titre d'*Adonis, poème*, Paris, 1775, in-8°); Voltaire (*le Dimanche ou les Filles de Minée*, épisode de « Vénus et Adonis », vers 252-298); etc. Nous réservons pour la fin de cette notice les noms des auteurs dramatiques et des artistes qui se sont inspirés de cette légende. —

qui ont pu avoir quelque influence sur la Fontaine : Ovide et le chevalier Marini; le premier par ses vers, par son récit même, le second par la vogue qu'il donna à la fable d'Adonis. Pour Ovide, nous renvoyons au commentaire qui suit. Quant à Marini, nous dirons quelques mots de la publication de son poème et du prodigieux succès qu'il obtint, de l'étonnant enthousiasme qu'il excita. C'est pendant son séjour à Paris, où il avait été pensionné par Marie de Médicis, qu'il composa et dédia à cette reine son *Adone* en vingt chants, publié la même année à Paris et à Venise (1623), vrai chef-d'œuvre de mauvais goût, alambiqué, fardé, pomponné, semé de pointes, de concetti, d'antithèses, de clinquant, de faux brillants. « Je ne vous parle pas, dit le P. Bouhours, du cavalier Marin, qui fait des descriptions si riantes, et qui appelle la rose l'œil du printemps, la prunelle de l'Amour, la pourpre des prairies, la fleur des autres fleurs; le rossignol, une voix emplumée, un son volant, une plume harmonieuse; les étoiles, les lampes d'or du firmament, les flambeaux des funérailles du jour,

— On peut consulter aussi sur le mythe d'Adonis, ou Adonaï, sur ses fêtes si célèbres qui se perdent dans la nuit des temps, sur ces lamentations suivies de réjouissances qui étaient des allégories manifestes, sur les explications diverses, conjectures, et digressions, auxquelles son culte a donné lieu, les ouvrages suivants : Castellan (*Eortologion*, Anvers, 1618, in-8°); Meursius (*Græcia feriata, sive de festis Græcorum*, Leyde, 1619, in-4°); Huet (*Demonstratio evangelica*, Paris, 1690, in-fol., IV, 3); Ch. Moinichen (*Disputatio de Adonide*, 1702, in-4°); Ruhnken (*Epistolæ criticæ*, Leyde, 1749-1751, in-8°, tome II, p. 390 et suivantes); Visconti (*il Museo Pio-Clementino*, Rome, 1782, in-fol., tome IV, pl. 35); N. Maurer (*Dissertatio de Adonide ejusque cultu religioso*, 1782, in-4°); Paulus (*Orientalische Reisen*, Iéna, 1792-1803, in-8°, tome I, p. 47); Dupuis (*Origine de tous les cultes*, Paris, 1794, in-4°, livre III, chapitre XII); G. Fickenscher (*Erklärung des Mythus von Adonis*, Gotha, 1800, in-8°); Hug (*Recherches sur le mythe des principaux peuples de l'antiquité*, Fribourg, 1812, in-8°); Silvestre de Sacy (*Recherches historiques et critiques sur les mystères du paganisme*, Paris, 1817, in-8°); Creuzer (*Religions de l'antiquité considérées principalement dans leurs formes symboliques et mythologiques*, ouvrage traduit et refondu par Guigniaut, Paris, 1825-1851, in-8°); Maury (*Histoire des religions de la Grèce antique*, Paris, 1857-1859, in-8°); Daremberg et Saglio (*Dictionnaire des antiquités grecques et romaines*, Paris, 1873-1884, in-4°); etc., etc.

les miroirs du monde et de la nature, les fleurs immortelles des campagnes célestes. Je ne parle pas, dis-je, du Marin, qui fait profession de s'égayer et de s'amuser partout. » (*La Manière de bien penser dans les ouvrages d'esprit*, IIIe dialogue, Paris, 1691, in-12, p. 392-393.) Ajoutons que le P. Bouhours cite les vers où se trouvent ces comparaisons. Ce ne sont en effet presque partout chez le cavalier Marin qu'ornements précieux, agréments empruntés, que plumets, aigrettes et panaches, que fleurs, pierreries, étoiles, ou, pour mieux dire, hochets, colifichets, oripeaux.

Il est vrai qu'à côté des pointes et des antithèses, des afféteries et des métaphores outrées, on peut louer çà et là quelques belles peintures, tantôt d'un coloris éclatant, tantôt d'une facilité nonchalante, pleines de mollesse, d'abandon et de volupté. Mais elles sont bien rares, et comme perdues au milieu d'un fatras indigeste, d'une incroyable quantité de digressions insipides, d'épisodes parasites tout à fait étrangers à l'action. Ce poème n'en fut pas moins célébré, vanté, par la plupart des beaux esprits du temps. Il est précédé d'une *Lettre ou discours de M. Chapelain à M. Favereau, conseiller du Roi en sa cour des Aides, portant son opinion sur le poème d'Adonis du chevalier Marino*, et cette opinion est très louangeuse; Chapelain, comme le remarque d'Olivet[1], semble avoir voulu, à l'aide de cette préface, jeter de la poussière aux yeux des lecteurs et prévenir les critiques : « Je tiens, dit-il, l'*Adonis*.... pour bon poème, tissu dans sa nouveauté selon les règles générales de l'épopée, et le meilleur en son genre qui sortira jamais en public. » Le président Claude Nicole traduisit le premier chant. (*Recueil de diverses pièces choisies d'Horace, d'Ovide, Catulle, Martial et Anacréon; aussi la traduction du Ier chant de l'Adonis du chevalier Marin*; Paris, 1662, in-12).

Comme on le voit, il se découragea bien vite. Si, sur la foi de Chapelain, il avait entrepris cette ingrate besogne, il ne tarda pas à se lasser de suivre un aussi mauvais modèle[2]

---

1. *Histoire de l'Académie françoise* (Paris, 1729, in-4°), tome II, p. 99.
2. Ginguené, au dix-huitième siècle, entreprit aussi une traduction en vers de l'*Adone* de Marini, mais il se découragea également, et eut le bon esprit de garder en portefeuille sa version inachevée. N'oublions pas cependant, pour être exact, une autre

La Fontaine ne le suivit pas non plus; mais on ne peut douter que le succès qu'avait obtenu Marini ne lui ait inspiré son propre poème. La date de sa composition est antérieure probablement à 1657, année de laquelle on date, ou de 1658 au plus tard, l'épître dédicatoire en prose à Foucquet[1] que notre poète avait mise en tête du manuscrit de l'*Adonis*[2]. Ce manuscrit sur vélin, in-4°, véritable merveille du fameux calligraphe Nicolas Jarry, qui a reparu à la vente du comté Henri de la Bédoyère, en 1862, appartient aujourd'hui à Mgr le duc d'Aumale. Il se compose de six feuillets liminaires, et de trente-huit pages numérotées renfermant le poème lui-même : d'abord le feuillet de titre, lettres d'or, enguirlandées de fleurs et de feuillage, où se jouent des écureuils rappelant la devise de Foucquet : *Quo non ascendam?* au second feuillet une couronne héraldique surmontant un grand chiffre formé d'un enchevêtrement de deux N et de deux F tracés avec la plus gracieuse fantaisie; trois feuillets pour la dédicace qui ne se trouve point dans l'édition originale d'*Adonis*; puis un dessin à l'encre de Chine, signé Chauveau, représentant la mort du chasseur pleuré de Vénus; enfin, après le poème, un feuillet supplémentaire portant une couronne de roses au-dessus de cinq lettres capricieusement enlacées. La reliure, de maroquin rouge, ornée de compartiments à petits fers, est admirablement conservée. On lit à la fin de ce magnifique manuscrit : *Jarry, Paris scribebat,* 1658.

Ce n'est pas sur le manuscrit de Jarry que Walckenaer a fait imprimer son texte de 1825, tiré à cinquante exemplaires seulement, mais sur une copie achetée par lui en 1823 à la vente de Chardin, et faite, dit le catalogue, « par le célèbre Petitot ».

La Fontaine ne fit paraître cette œuvre de sa jeunesse qu'en 1669, à la suite des *Amours de Psyché et de Cupidon* (Paris, Cl. Barbin, in-8°[3]), avec de nombreuses retouches, additions et suppres-

version, celle-ci des douze premiers chants, mais anonyme, *les Amours de Vénus et d'Adonis* (Paris, 1667, in-12).

1. Voyez, pour cette dédicace, les *Mémoires sur la vie publique et privée de Foucquet*, par M. Chéruel, tome I, p. 452.
2. *Notice biographique*, en tête de notre tome I, p. LVIII.
3. Une contrefaçon, très rare, de cette édition originale (*ibidem*, in-12) a échappé, ou semble avoir échappé, aux recherches de Walckenaer.

sions, comme on le verra par les variantes. Il la réimprima deux ans après, en 1671, dans ses *Fables nouvelles et autres poésies* (Paris, Cl. Barbin, in-12), avec un avertissement différent de celui de la première édition, mais dont le commencement et la fin sont semblables.

Nous donnons le texte de la version de 1671 avec les variantes de 1669 et du manuscrit de Jarry.

M. Marty-Laveaux a bien voulu nous communiquer un exemplaire de l'édition originale d'*Adonis* avec des notes manuscrites de Jamet et de l'abbé de Saint-Léger; mais ces notes, très courtes, ne nous ont rien fourni que nous ne connussions déjà.

La Harpe, dans son *Cours de littérature dramatique* (tome VI, p. 37), a rendu avec une élégante justesse la langueur voluptueuse et tendre de ce poème :

« Son poème de *la Mort d'Adonis*, imité en partie d'Ovide, ainsi que *Philémon et Baucis* et *les Filles de Minée*, a, comme ces deux morceaux, des endroits faibles et peu soignés; mais, comme eux, il en a de charmants, surtout celui de Vénus et d'Adonis. Le poète habite avec eux des lieux enchantés, et y transporte le lecteur. C'est là qu'on reconnaît l'auteur de la fable de *Tircis et Amarante*. Jamais les jardins d'Armide, ce brillant édifice de l'imagination qu'elle a construit pour l'amour, n'ont rien offert de plus séduisant et de plus doux. Vous croyez entendre autour de vous les chants du bonheur et les accents de la tendresse : vous êtes environné des images de la volupté. Tout ce que les cœurs passionnés ont de jouissances intimes, tout ce que les jours qui s'écoulent entre deux amants ont de délices toujours variées et toujours les mêmes, tout ce que deux âmes confondues l'une dans l'autre se communiquent de ravissements et de transports, enfin ce qu'on voudrait toujours sentir et qu'on croit ne pouvoir jamais peindre, voilà ce que la Fontaine nous représente sous les pinceaux que l'Amour a mis dans ses mains. »

La Fontaine dit dans son Avertissement que, quand il conçut le dessein de cet ouvrage, il s'était toute sa vie exercé en ce genre de poésie que l'on nomme « héroïque ». Voici ce qu'écrivit à ce sujet Grosley[1] au rédacteur du *Mercure de France* (1785, n° XXXVIII, 17 septembre, p. 183) : « Aux *Amours de Psyché* la Fontaine a joint le

---

1. Pierre-Jean Grosley, associé de l'Académie des Inscriptions

poème d'*Adonis* « composé, dit-il, depuis longtemps quand j'avois
« plus d'imagination que je n'en ai aujourd'hui. » Il ajoute : « Je
« m'étois toute ma vie exercé en ce genre de poésie que nous nom-
« mons héroïque : c'est assurément le plus beau de tous, le plus
« fleuri, le plus susceptible d'ornements, et de ces figures nobles et
« hardies qui font une langue à part, une langue assez charmante
« pour mériter qu'on l'appelle la langue des dieux. » Cet avis de
deux pages n'est pas du libraire, qui auroit usé de son droit en
mettant un propos ridicule dans la bouche de l'auteur. La tournure de la dernière phrase indique la Fontaine de la manière la
moins équivoque : « J'ai cru (*lisez* : Il m'a se.. blé) à propos, dit-il,
« de ne le point séparer de Psyché. Je joins aux amours du Fils
« celles de la Mère, et j'ose espérer que mon présent sera bien
« reçu. Nous sommes en un siècle où on écoute assez favorable-
« ment tout ce qui regarde cette famille. Pour moi qui lui dois les
« plus doux moments que j'aie passés jusqu'ici.... » Connoissez-
vous, Monsieur, quelqu'une de ces compositions héroïques dont la
Fontaine s'étoit occupé « toute sa vie » jusqu'en 1669?... Racine,
dont le cabinet étoit le magasin où la Fontaine se pourvoyoit de
grec, Racine, un peu malin de sa nature, lui auroit-il malignement
suggéré « héroïque » pour « érotique »?... »

Un M. de Saint-Georges, lieutenant des maréchaux de France,
arrière-petit-fils de Pintrel, parent et ami de notre poète, réfuta,
dans le même journal, cette accusation absurde d'ignorance (1785,
n° XLVII, 19 novembre, p. 137), mais, au lieu d'expliquer et de
justifier le mot « héroïque », l'attribua à une faute d'impression :
« Permettez-moi de vous dire qu'il est bien incroyable que l'on
puisse supposer au grand la Fontaine assez d'ignorance pour confondre le genre héroïque avec le genre érotique. Pareil jugement
pourroit faire soupçonner moins que de la bonhomie, c'est-à-dire
une vraie simplicité d'enfant, dans celui qui jugeroit ainsi. Que la
Fontaine ait ignoré ce que c'est que poëme érotique, cela n'est pas
concevable ; mais qu'il n'ait pas seulement connu le genre héroïque,
cela est de la plus grande absurdité.... Pourquoi, Monsieur, ne pas
supposer une faute d'impression si vraisemblable, plutôt que de
croire tant d'ignorance à la Fontaine, qui, quoi que vous en pen-

---

et Belles-Lettres, né à Troyes le 18 novembre 1718, mort le 4 novembre 1785.

siez, n'étoit nullement ignorant, et une intention aussi malhonnête, aussi méchante à Racine, qui n'étoit assurément pas méchant.... »

Comme le remarque Walckenaer, Grosley ne considérait que la date d'impression du poème d'*Adonis*, et croyait qu'il avait été composé après des fables et des contes : avec un peu plus d'attention il aurait vu par les premiers mots de l'Avertissement, qu'il cite lui-même, « que la Fontaine avait composé ce poème dans sa jeunesse, ou du moins longtemps avant l'époque à laquelle il le publia », et il se serait bien gardé de hasarder une imputation aussi ridicule. Ajoutons : Comment a-t-il pu venir à l'idée de personne d'accorder le mot *érotique* avec la phrase qui suit : « C'est (ce genre) assurément le plus beau de tous..., le plus susceptible d'ornements, et de ces figures nobles et hardies, etc. »? Cette petite anecdote suffit à montrer combien on s'est longtemps mépris sur le compte du soi-disant « bonhomme ».

Parmi les pièces de théâtre auxquelles ce poème, ou plutôt cette idylle, a donné naissance, nous citerons *les Amours de Vénus et d'Adonis* par Donneau de Visé, tragédie en cinq actes et en vers, précédée d'un prologue en vers libres, jouée le 2 mars 1670 sur le théâtre du Marais, et qui tint la scène plus de trois mois. Dans le *Mercure galant* d'octobre 1685 (p. 353), l'auteur dit que sa pièce « eut un fort grand succès, quoique ses machines ne fussent accompagnées ni de danses ni de voix ». Et Robinet, dans sa lettre du 8 mars 1670, six jours après la première représentation, célèbre par ces mauvais vers les charmes de la Champmeslé :

> ..., La pouponne de Champmeslé,
> Par qui l'on est tout stimulé,
> C'est-à-dire ému, représente
> D'une manière très galante,
> Et qui charme tant que rien plus,
> La belle déesse Vénus,
> Et dans ce rôle cette actrice
> Est une parfaite enchantrice.

Mais les frères Parfaict (tome XI, p. 11-13) jugent très sévèrement la pièce de Visé : « Rien de plus foible.... que cette tragédie; elle est sans art et sans intérêt. La versification, passable en quelques endroits, est pour la plus grande partie remplie de platitudes, de discours bas, et indignes des personnages introduits sur la scène.... Tout (dans cet ouvrage) respire la volupté la plus molle et la plus efféminée. Vénus y est représentée telle qu'une Messaline; Adonis est un fat, et Mars un capitan-matamore, qui se laisse nasarder par un foible rival, et n'a pas honte d'avouer qu'il a besoin que la jalouse Chriséis l'anime à se venger. Les conversations de ce dieu et de Vénus sont dignes d'un soldat qui fait des reproches à sa maîtresse. »

Citons aussi *Vénus et Adonis*, tragédie-opéra en cinq actes et un prologue, paroles de J.-B. Rousseau, musique de Desmarets, représentée le 17 mars 1697 à l'Opéra (Paris, 1697, in-4°).

Vénus et Adonis, premier acte du ballet intitulé *les Amours des déesses*, par Fuselier (Paris, 1729, in-4°).

L'Enlèvement d'Adonis, second acte du ballet intitulé *les Surprises de l'amour*, paroles de Bernard, musique de Rameau, dansé à l'Opéra le 31 mai 1757.

Vénus et Adonis, premier acte du ballet-opéra intitulé *les Fêtes de Paphos*, par Collé, donné à Bellevue par la marquise de Pompadour en 1757 (Paris, 1758, in-4°).

Nous mentionnerons, parmi les peintres qui se sont inspirés de ce mythe, de cette allégorie, Raphaël, Titien, le Primatice, Véronèse, Rubens, Poussin, l'Albane, Carrache, Van Dyck, le Guerchin, Nattier, Prudhon, Romanelli, Vaccaro, Diaz, etc.; parmi les sculpteurs, Canova, son élève Malknecht, et les auteurs inconnus des statues antiques d'Adonis et des bas-reliefs qui se trouvent au palais du Louvre, à Paris, au Musée capitolin et au Vatican, à Rome.

A MONSEIGNEUR FOUCQUET[1],
MINISTRE D'ÉTAT, SURINTENDANT DES FINANCES, ET PROCUREUR GÉNÉRAL AU PARLEMENT DE PARIS.

MONSEIGNEUR,

Je n'ai pas assez de vanité pour espérer que ces fruits de ma solitude vous puissent plaire : les plus beaux vergers du Parnasse[2] en produisent peu qui méritent de vous être offerts. Votre esprit est doué de tant de lumières,

1. Voyez sur cette épître, ci-dessus, p. 215.
2. Semblable expression chez Platon (*Ion*) : « Les poètes nous disent que c'est.... dans les jardins et les vergers des Muses que,

et fait voir un goût si exquis et si délicat pour tous nos ouvrages, particulièrement pour le bel art de célébrer les hommes qui vous ressemblent avec le langage des dieux[1], que peu de personnes seroient capables de vous satisfaire. Je ne suis pas de ce petit nombre, et je me serois contenté, Monseigneur, de vous révérer au fond de mon âme, si le zèle que j'ai pour vous eût pu souffrir des bornes si étroites et garder un silence respectueux. Certes, votre mérite nous réduit tous à la nécessité d'un choix bien difficile; il est malaisé de s'en taire, et l'on ne sauroit en parler assez dignement. Car, quand je dirai que l'État ne se peut passer de vos soins[2], et que les ministres de plus d'un règne n'ont point acquis une expérience si consommée que la vôtre; quand je dirai que vous estimez nos veilles, et que c'est une marque à laquelle on a toujours reconnu les grands hommes; quand je parlerai de votre générosité sans exemple[3], de la grandeur de tous vos sentiments, de cette modestie qui nous charme; enfin, quand j'avouerai que votre esprit est infiniment élevé[4], et qu'avec cela j'avouerai encore

pareils aux abeilles, et volant çà et là comme elles, ils cueillent les vers qu'ils nous apportent; et ils disent vrai. »

1. Tome III, p. 167 et note 2.

2. Ces mots seuls suffiraient à expliquer pourquoi cette dédicace du manuscrit de 1658 ne se trouve pas dans l'édition originale de 1669. La disgrâce du surintendant avait trop brutalement prouvé que l'État pouvait se passer de ses soins.

3. Rapprochez la fable xiv du livre I, vers 63-68 :

                          Melpomène
Souvent, sans déroger, trafique de sa peine...;
Les grands se font honneur dès lors qu'ils nous font grâce (*nous*
    Jadis l'Olympe et le Parnasse [*accordent leur faveur*] :
Étoient frères et bons amis.

4.   .... Le seigneur de la maison
    Dont, avec justice et raison,
    On fait cas, par toute la France,
    Bien moins pour sa surintendance,

que votre âme l'est davantage que¹ votre esprit, ce seront quelques traits de vous à la vérité, mais ce ne sera point ce grand nombre de rares qualités qui vous fait admirer de tout ce qu'il y a d'honnêtes gens dans la France. Et non seulement, Monseigneur, vous attirez leur admiration, vous les contraignez même par une douce violence de vous aimer. On ne l'a que trop remarqué pendant cet extrême péril, dont vous ne faites que de sortir². Vous savez bien qu'ils vous regardent comme le héros destiné pour vaincre la dureté de notre siècle et le mépris de tous les beaux-arts. Les Muses, qui commençoient à se consoler de la mort d'Armand³, par l'estime que vous

> Ni pour sa charge au Parlement,
> Que pour son grand entendement....
> (LORET, *Gazette*, lettre du 17 novembre 1657.)

1. Locution très usitée autrefois : voyez les *Lexiques de Malherbe*, *Corneille*, *la Bruyère*, *Racine* et *Sévigné*, et les exemples cités par Littré.

2. Cette phrase date cette dédicace.

> .... Monsieur Foucquet,
> Ce grand ornement du parquet,
> Dont la personne tant prisée,
> Pour être lors indisposée
> D'un dangereux mal de côté,
> Étoit presque à l'extrémité ;
> Mais, comme cet homme notable
> Est bienfaisant et charitable,
> On a tant prié Dieu pour lui
> Qu'il se porte mieux aujourd'hui.
> (LORET, *ibidem*, lettre du 29 juin 1657.)

3. Le cardinal de Richelieu, mort le 4 décembre 1642. Son nom revient plusieurs fois sous la plume de la Fontaine, une fois avec de grands éloges pour la protection qu'il accordait aux lettres : voyez dans la lettre à Mme de la Fontaine, datée de Limoges, 12 septembre 1663, la visite de notre poète au château de Richelieu, et les vers qu'il consacre à la gloire du cardinal :

Mânes du grand Armand, etc.

Dans la lettre précédente, à la même (Châtellerault, 5 septembre), faites d'elles, en vous voyant malade, se voyoient sur le point de perdre encore une fois leurs amours[1]; elles se condamnoient déjà à une solitude perpétuelle, et la gloire, avec tous ses charmes, alloit devenir une chose indifférente à ceux d'entre nous qui en ont toujours été les plus amoureux. Le Ciel nous a garantis du malheur qui nous menaçoit : agréez, Monseigneur, que je vous en témoigne ma joie, en vous offrant mon dernier ouvrage. Ce sont les amours de Vénus et d'Adonis, c'est la fin malheureuse de ce beau chasseur, sur le tombeau duquel on a vu toutes les dames grecques pleurer[2], et que la divine mère d'Amour a regretté pendant tout le temps du paganisme, elle qui n'avoit pas accoutumé de jeter des larmes pour la perte de ses amants. Si la matière vous en semble assez belle, et que je sois assez heureux pour obtenir quelques moments de votre loisir[3], ne jugez pas de moi par le mérite de mon ouvrage, mais par le respect avec lequel je suis,

MONSEIGNEUR,

Votre très humble et très obéissant serviteur,

DE LA FONTAINE.

et jusque dans l'éloge obligé du Discours de réception à l'Académie, c'est exclusivement le ministre et le politique qu'il célèbre, non sans restriction.

1. Page 209 et note 4. — Comparez *Clymène*, vers 9-10 :

.... Adieu donc, ô beautés! je garde mon emploi
Pour les surintendants sans plus, et pour le roi.

2. Elles imitaient les lamentations de Vénus, après la mort d'Adonis; mais si les fêtes d'Adonis commençaient par des lamentations, elles finissaient par des danses : Adonis ressuscitait bientôt et l'on se réjouissait.

3. Rapprochez la façon familière dont la Fontaine, dans une épitre à Foucquet de l'année 1659, sollicite la faveur de son audience :

.... Mais que pour les amants des Muses
Votre Suisse n'ait point d'excuses,

AVERTISSEMENT[1].

Il y a longtemps que cet ouvrage est composé; et peut-être n'en est-il pas moins digne de voir la lumière. Quand j'en conçus le dessein, j'avois plus d'imagination que je n'en ai aujourd'hui. Je m'étois toute ma vie exercé en ce genre de poésie que nous nommons héroïque[2] : c'est assurément le plus beau de tous, le plus fleuri, le plus susceptible d'ornements, et de ces figures nobles et hardies qui font une langue à part, une langue assez charmante pour mériter qu'on l'appelle la langue des dieux[3]. Le fonds que j'en avois fait, soit par la lecture des anciens, soit par celle de quelques-uns de nos modernes, s'est presque entièrement consumé dans l'embellissement de ce poème, bien que l'ouvrage soit court, et qu'à proprement parler il ne mérite que le nom d'idylle[4]. Je l'avois fait marcher à la suite de Psyché, croyant qu'il étoit à propos de joindre aux amours du Fils celles de la Mère. Beaucoup de personnes m'ont dit que je faisois tort à l'Adonis. Les raisons qu'ils en apportent sont

> Et moins pour moi que pour pas un :
> Je ne serai pas importun;
> Je prendrai votre heure et la mienne, etc.

1. Avertissement qui est en tête du poème dans le recueil intitulé : *Fables nouvelles et autres poésies de M. de la Fontaine*, à Paris, chez Denis Thierry, 1671, in-12.
2. Voyez la *Notice biographique*, tome I, p. LVI-LVII; ci-dessus, p. 216-218; et le commencement de la Préface de *Psyché*.
3. Page 220 et note 1.
4. L'Avertissement de la première édition (1669) se termine ainsi : « En quelque rang qu'on le mette, il m'a semblé à propos de ne le point séparer de Psyché. Je joins aux amours du Fils celles de la Mère, et j'ose espérer que mon présent sera bien reçu. Nous sommes en un siècle où on écoute assez favorablement tout ce qui regarde cette famille, etc. »

bonnes; mais je m'imagine que le public se soucie très peu d'en être informé; ainsi je les laisse à part. On est tellement rebuté des poëmes à présent[1], que j'ai toujours craint que celui-ci ne reçût un mauvais accueil et ne fût enveloppé dans la commune disgrâce : il est vrai que la matière n'y est pas sujette. Si d'un côté le goût du temps m'est contraire, de l'autre il m'est favorable. Combien y a-t-il de gens aujourd'hui qui ferment l'entrée de leur cabinet aux divinités que j'ai coutume de célébrer? il n'est pas besoin que je les nomme, on sait assez que c'est l'Amour et Vénus; ces puissances ont moins d'ennemis qu'elles n'en ont jamais eu. Nous sommes en un siècle où on écoute assez favorablement tout ce qui regarde cette famille. Pour moi, qui lui dois les plus doux moments que j'aie passés jusqu'ici, j'ai cru ne pouvoir moins faire que de raconter[2] ses aventures de la façon la plus agréable qu'il m'est possible.

Je n'ai pas entrepris de chanter dans ces vers[3]
Rome ni ses enfants vainqueurs de l'univers,
Ni les fameuses tours qu'Hector ne put défendre[4],

1. Il faut reprendre haleine : aussi bien aujourd'hui
   Dans nos chants les plus courts on trouve un long ennui.
        (*Poëme du Quinquina*, chant II, vers 251-252.)

Voyez aussi les deux couplets d'Apollon et d'Uranie dans *Clymène* (vers 504-528); et Regnier, satire IV, à *M. Motin*, vers 1-18 :

   Motin, la Muse est morte, ou la faveur pour elle.
   En vain dessus Parnasse Apollon on appelle; etc.

2. Que de célébrer. (1669.)
3. Que l'on n'attende pas que je chante en ces vers....
        (Manuscrit de 1658.)
4. Rapprochez l'*Épître aux Pisons* d'Horace, vers 136 et suivants :

   Nec si incipies, ut scriptor cyclicus olim :
   « *Fortunam Priami cantabo et nobile bellum, etc.* »

Ni les combats des dieux aux rives du Scamandre¹.
Ces sujets sont trop hauts², et je manque de voix³ :   5
Je n'ai jamais chanté que l'ombrage des bois,
Flore, Écho⁴, les Zéphyrs, et leurs molles haleines,
Le vert tapis⁵ des prés et l'argent des fontaines.
C'est parmi les forêts⁶ qu'a vécu mon héros ;
C'est dans les bois qu'Amour a troublé son repos.   10
Ma Muse en sa faveur de myrte⁷ s'est parée ;
J'ai voulu célébrer l'amant de Cythérée⁸,

1. Ci-dessus, p. 15-16 et notes.
— Ni ses membres épars sur les bords du Scamandre.
(Manuscrit de 1658.)
— .... Cette querelle envenimée
Où du sang des dieux même on vit le Xanthe teint.
(Livre VII, fable XIII, vers 4-5.)

2. Comparez les vers 18-38 de la fable I du livre II :
....De plus, il vous sied mal d'écrire en si haut style ;
et le vers 173 de *Philémon et Baucis* :
Je voudrois pouvoir dire en un style assez haut, etc.

3. Tome I, p. 131 : « Baissons d'un ton. » Dans l'Épître au duc de Bourgogne (tome III, p. 176 et note 16) : « .... Ce sont des sujets au-dessus de nos paroles. »

4. Livre XII, fable XXIV, vers 75.

5. Ci-dessous, vers 143 :
Tantôt sur des tapis d'herbe tendre et sacrée....

6. .... Soissons, fatal aux superbes,
Fera chercher parmi les herbes
En quelle place fut Turin.
(MALHERBE, tome I, p. 55.)

« Quelle est ton occupation parmi ces arbres ? » (MOLIÈRE, *Don Juan*, acte III, scène II.) Ci-dessus, p. 107 : « parmi les bois. »

7. Le myrte consacré à Vénus.
Formosæ myrtus Veneri, etc.
(VIRGILE, églogue VII, vers 62.)

8. Mêmes rimes, *parée* et *Cythérée*, aux vers 67 et 70 de la fable XXIV du livre XII.

Adonis, dont la vie eut des termes si courts[1],
Qui fut pleuré des Ris, qui fut plaint des Amours[2].

Aminte[3], c'est à vous que j'offre cet ouvrage ; 15
Mes chansons et mes vœux, tout vous doit rendre hom-
Trop heureux, si j'osois conter à l'univers [mage :
Les tourments infinis[4] que pour vous j'ai soufferts[5] !
Quand vous me permettrez de chanter votre gloire,
Quand vos yeux, renommés par plus d'une victoire, 20
Me laisseront vanter le pouvoir de leurs traits,

> 1. Nos termes sont pareils par leur courte durée.
> (Livre XI, fable VIII, vers 17.)
>
> L'art est long, et trop courts les termes de la vie.
> (Poème du Quinquina, chant 1, vers 130.)
>
> — Dans le manuscrit de 1658, au lieu de ces cinq derniers vers, on lit ceux qui suivent :
>
> Cependant aujourd'hui ma voix veut s'élever :
> Dans un plus noble champ je me vais éprouver ;
> D'ornements précieux ma Muse s'est parée ;
> J'entreprends de chanter l'amant de Cythérée,
> Adonis, dont la vie eut des charmes si courts.
>
> 2. Tomes II, p. 116, III, p. 184, etc.
> 3. Nom qui revient plusieurs fois dans les Œuvres de la Fontaine, comme celui d'une personne qu'il aurait réellement aimée : peut-être la duchesse de Bouillon. Comparez tomes III M.-L., p. 186, V, p. 63, 84, 215 ; et la dédicace de Psyché. Puisque c'était l'intention de l'auteur de publier dans le même volume Adonis et Psyché, il n'est pas téméraire de désigner en la présente Aminte la duchesse de Bouillon à qui, comme « celles de la Mère », les « amours du Fils » se sont trouvées ainsi dédiées lorsque la disgrâce survenue de Foucquet fit remplacer par les vers 15-28 ceux que nous allons donner en variante. Ailleurs, il est vrai, il l'appelle Olympe, Uranie.
> 4. Ci-dessus, p. 179 et note 1.
> 5. Quant aux tourments soufferts en servant quelque ingrate,
> C'est où j'excelle, Amour, tu sais si je me flatte.
> Te souvient-il d'Aminte, etc. ?
> (Élégie 1, tome V M.-L., p. 84.)

Et l'empire d'Amour accru par vos attraits[1],
Je vous peindrai si belle et si pleine de charmes,
Que chacun bénira le sujet de mes larmes.
Voilà l'unique but où tendent mes souhaits.   25
Cependant recevez le don que je vous fais ;
Ne le dédaignez pas : lisez cette aventure,
Dont, pour vous divertir, j'ai tracé la peinture[2].

Aux monts idaliens[3] un bois délicieux

1. Dans la lettre de juin 1671, à la duchesse de Bouillon :

> La mère des Amours et la reine des Grâces,
> C'est Bouillon ; et Vénus lui cède ses emplois.
> Tout ce peuple à l'envi s'empresse sur vos traces,
> Plus nombreux qu'il n'étoit, et tout fier de vos lois.

2. Dans le manuscrit de 1658, on lit, au lieu de ces quatorze vers, ceux qui suivent :

> Foucquet, l'unique but des faveurs d'Uranie[a],
> Digne objet de nos chants, vaste et noble génie,
> Qui seul peux embrasser tant de soins à la fois,
> Honneur du nom public, défenseur de nos lois ;
> Toi dont l'âme s'élève au-dessus du vulgaire,
> Qui connois les beaux-arts, qui sais ce qui doit plaire,
> Et de qui le pouvoir, quoique peu limité,
> Par le rare mérite est encor surmonté ;
> Vois de bon œil cet œuvre, et consens pour ma gloire
> Qu'avec toi l'on te place au temple de Mémoire.
> Par toi je me promets un éternel renom :
> Mes vers ne mourront point, assistés de ton nom[b] ;
> Ne les dédaigne pas, et lis cette aventure,
> Dont, pour te divertir, j'ai tracé la peinture[c].

3. D'Idalie ; ville, forêt, montagne, consacrées à Vénus (Virgile, *Énéide*, livre X, vers 52).

[a] Uranie, la muse qui préside aux astres favorables.
— Prince, l'unique objet du soin des Immortels.
(Livre XII, fable 1, vers 1.)

[b] Quelque jour on verra chez les races futures
Sous l'appui d'un grand nom passer ces aventures.
(*Philémon et Baucis*, vers 167-168.)

[c] Comparez, pour tout ce morceau, les *Vers* de Corneille à *Foucquet* (tome VI des Œuvres, p. 121-124).

228   POÈMES.

De ses arbres chenus[1] semble toucher les cieux[2] ;   30
Sous ses ombrages verts[3] loge la Solitude[4].
Là, le jeune Adonis[5], exempt d'inquiétude[6],
Loin du bruit des cités[7], s'exerçoit à chasser,
Ne croyant pas qu'Amour pût jamais l'y blesser[8].

1. Ici, au sens, non de « dépouillés », mais de « vieux, antiques ».
2. Fable XXII du livre I, vers 31-32 et note 9.
3. Sous leurs ombrages verts. (Manuscrit de 1658.)
4. Dans le conte du *Petit Chien*, vers 126 :
   Le Silence y faisoit sa demeure ordinaire.
5. Adonis, né du commerce incestueux de Myrrha avec son père Cynire[a]. Voyez Ovide, *Métamorphoses*, livre X, vers 298-514 ; Oppien, *de Piscatione*, livre III, vers 402-405. — Chez Hyginus, cité à la notice : .... *Quæ, ne suspendio se necaret, nutrix intervenit, et, patre nesciente, per nutricem cum eo concubuit ex quo concepit; idque ne palam fleret, pudore stimulata, in sylvis se abdidit, cui Venus postea miserta est, et in speciem arboris eam commutavit, unde myrrha fluit, ex qua natus est Adonis, qui matris pœnas a Venere est insecutus.*
6. Comparez le *Petit Chien*, vers 134.
7. Dans la fable IV du livre XI, vers 24 : « loin du monde et du bruit, etc. »
8. Ne croyant pas qu'Amour l'y pût venir blesser.
                                (Manuscrit de 1658.)

— Hélas! qui l'auroit cru que cette inquiétude
Nous chercheroit au fond d'une âpre solitude!
                                (*Saint Malc*, vers 293-294.)

a   C'est le jeune Adonis, cette aimable merveille,
     Dont l'illustre beauté n'eut jamais de pareille :
     C'est le fils de Myrrha, malheureuse en amant,
     Qui sous l'humide tronc d'une plante nouvelle
     Verse d'ambre et d'encens une source éternelle.
           (Claude Nicole, traduction du Ier chant de l'*Adonis
                          du chevalier Marin*.)

     Cet Adonis, ainsi qu'on nous l'atteste,
     Au rang des dieux n'était pas tout à fait;
     Mais chacun sait combien il en tenait.
     Son origine était toute céleste :
     Il était né des plaisirs d'un inceste.
     Son père était son aïeul Cynira,
     Qui l'avait eu de sa fille Myrrha....
     (Voltaire, *le Dimanche ou les Filles de Minée*, vers 269-275.)

A peine son menton d'un mol duvet s'ombrage[1],   35
Qu'aux plus fiers animaux il montre[2] son courage.
Ce n'est pas le seul don qu'il ait reçu des cieux :
Il semble être formé pour le plaisir des yeux[3].
Qu'on ne nous vante point le ravisseur d'Hélène[4],
Ni celui qui jadis aimoit une ombre vaine[5],   40
Ni tant d'autres héros fameux par leurs appas[6] :
Tous ont cédé le prix au fils de Cyniras.

   1.   A peine son menton
        S'étoit vêtu de son premier coton.
                  (*La Remède*, vers 15-16 et note 3.)

.... Ung petit poil follet lui couuroit le menton,
Gresle, prime, frizé, plus blond que le coton
Qui croist dessus les coings, ou la soye subtile
Qui couure au renouueau la peau de la chenille.
                    (RONSARD, élégie v.)

Les roses de son teint ne s'ouvroient point encor,
Il n'avoit pas atteint le printemps de son âge ;
Et, si quelque coton marquoit sur son visage,
Plutôt qu'un poil naissant c'étoit un astre d'or.
                    (CLAUDE NICOLE, *ibidem*.)

   2. Il fait voir. (Manuscrit de 1658.)
   3. Chez Ovide, *Métamorphoses*, livre X, vers 515 et suivants :

.... *Qualia namque
Corpora nudorum tabula pinguntur Amorum,
Talis erat*, etc.

   4. Pâris, fils de Priam.
   5. Narcisse : tome I, p. 92 et note 5.
   6. Pour cette application peu fréquente du terme « appas » aux avantages physiques de l'homme, comparez tome IV, p. 22 et note 2. — Citons, au sujet de ces héros d'amour, ces vers de Jodelle (*Amours*, sonnet XXIII) :

Quel heur, Anchise, à toy, quand Venus sur les bords
Du Simoente vint son cueur à ton cueur ioindre !
Quel heur à toy, Paris, quand OEnone, un peu moindre
Que l'aultre, en toy berger chercha pareils accords !
Heureux te fit la Lune, Endymion, alors
Que tant de nuicts sa bouche à toy se vint reioindre ;
Tu fus, Cephale, heureux quand l'amour vint epoindre
L'Aurore sur ton veuf et pasle et triste corps.

POÈMES.

Déjà la Renommée, en naissant inconnue,
Nymphe qui cache enfin[1] sa tête dans la nue[2],
Par un charmant récit amusant l'univers,   45
Va parler d'Adonis à cent peuples divers,
A ceux qui sont sous l'Ourse, aux voisins de l'Aurore,
Aux filles du Sarmate, aux pucelles du More[3].
Paphos[4] sur ses autels le voit presque élever,
Et le cœur de Vénus ne sait où se sauver[5].   50
L'image du héros, qu'elle a toujours présente,
Verse au fond de son âme une ardeur violente :
Elle invoque son fils, elle implore ses traits[6],

1. Qui finit par cacher.
2. *Ingrediturque solo et caput inter nubila condit.*
(VIRGILE, *Énéide*, livre IV, vers 177.)

Rapprochez, pour la description de la Renommée, Ovide (*Métamorphoses*, livre XII), Boileau (*Lutrin*, chant II), Voltaire (*Henriade*, chant VIII), J.-B. Rousseau (ode *au prince Eugène*, strophe 1), etc. — Dans le manuscrit de 1658, on lit, au lieu de ces sept derniers vers, ceux qui suivent :

Et, bien qu'enfant du crime, il plaît à tous les yeux.
Cupidon prend chez lui ses plus certaines armes;
Ce que Narcisse aimoit n'eut jamais tant de charmes :
Aussi s'est-il rangé mille cœurs sous ses lois.
Le bruit de sa beauté sort bientôt de ces bois;
Déjà la Renommée, à courir toujours prête,
Monstre qui jusqu'au ciel enfin porte sa tête....

3. « Étoit-il voisin de la Grèce ou de la Scythie, étoit-il situé sous l'Ourse ou dans les climats brûlants de l'Afrique? » (*Psyché*, livre I, tome III M.-L., p. 30.)

4. Voyez *ibidem*, livres I et II (tome III M.-L., p. 26, 137 et 174).

5. .... Une âme de rocher ne s'en fût pas sauvée.
(CORNEILLE, *le Menteur*, vers 606.)

6. Ovide nous montre Cupidon blessant sa mère elle-même (livre X, vers 525-528) :

Namque pharetratus dum dat puer oscula matri,
Inscius exstanti destrinxit arundine pectus, etc.

— ....Amour voulant ung iour se venger de sa mere,

Et tâche d'assembler tout ce qu'elle a d'attraits[1].
Jamais on ne lui vit un tel dessein de plaire :   55
Rien ne lui semble bien; les Grâces ont beau faire[2].

Enfin, s'accompagnant des plus discrets Amours[3],
Aux monts idaliens[4] elle dresse[5] son cours[6].
Son char, qui trace en l'air de longs traits de lumière[7],

> Esleut de son carquois la fleche plus amere ;
> Puis la tirant contre elle au cueur la luy ficha
> Et ensemble l'amour d'Adonis luy lascha :
> Adonis et berger et chasseur tout ensemble,
> Dont la beauté parfaite aux images ressemble
> (RONSARD, élégie v.)

1. Ces quatre derniers vers ne se trouvent point dans le manuscrit de 1658.

2. Les Grâces, compagnes de Vénus, chargées de la parer :

> .... Ces trois sœurs dont la fille de l'onde
> Se fait servir.
> (*Les Lunettes*, vers 95-96.)

3. « Si vous vous accompagnez en ce voyage de vos Muses..., nous n'aurons que faire pour nous entretenir. » (BALZAC, *Lettres*, I, XVI.) Comparez les *Lexiques de Malherbe* et *de Corneille*.

4. Ci-dessus, vers 29 et note 3.

5. « Elle dressa donc ses pas vers le lieu où elle avoit vu cette fumée. » (*Psyché*, livre II, tome III *M.-L.*, p. 98.) « Dressons notre promenade, ma fille, vers cette belle grotte où j'ai promis d'aller. » (MOLIÈRE, *les Amants magnifiques*, acte III, scène I, tome VII, p. 444 et note I.)

6. Sa course.

> .... C'est pour vous qu'on l'a vu, vainqueur de tant de princes,
> D'un cours impétueux traverser vos provinces.
> (RACINE, *Alexandre*, vers 377-378;
> ibidem, *Iphigénie*, vers 161.)

> Il marche, il vole, il renverse en son cours
> Les murs épais, les menaçantes tours.
> (VOLTAIRE, tome XI, p. 89.)

7. .... Le dieu du jour achève sa carrière ;
Le sculpteur a marqué ces longs traits de lumière,
Ces rayons, etc.
(*Psyché*, livre I, tome III *M.-L.*, p. 20.)

232   POÈMES.

A bientôt achevé l'amoureuse carrière.   60
Elle trouve Adonis près des bords d'un ruisseau;
Couché sur des gazons, il rêve au bruit de l'eau[1].
Il ne voit presque pas l'onde qu'il considère :
Mais l'éclat des beaux yeux qu'on adore en Cythère
L'a bientôt retiré d'un penser[2] si profond.   65
Cet objet le surprend, l'étonne et le confond[3];
Il admire les traits de la fille de l'onde[4] :
Un long tissu de fleurs[5], ornant sa tresse blonde,
Avoit abandonné ses cheveux aux zéphyrs;
Son écharpe, qui vole au gré de leurs soupirs[6],   70

> N'attendez point les traits que son char fait éclore.
> *(Les Filles de Minée, vers 90.)*

> Le soleil, dont la violence
> Nous a fait languir si longtemps,
> Arme de feux moins éclatants
> Les rayons que son char nous lance.
> *(J.-B. Rousseau, livre III, ode III, strophe 1.)*

1. Elle trouve Adonis qui rêve au bruit de l'eau,
   Couché négligemment sur les bords d'un ruisseau.
   (Manuscrit de 1658.)
2. Ci-dessus, p. 188 et note 8.
3. Page 160 :

> Nos deux époux, surpris, étonnés, confondus.

> — Gygès admire. Admirer c'est trop peu :
> Son étonnement est extrême.
> Ce doux objet, etc.
> *(Le roi Candaule, vers 28-30.)*

4. Ci-dessus, p. 231, note 2.

> — C'est ainsi que vers Paphos
> On vit jadis sur les flots
> Voguer la fille de l'onde.
> *(Ode pour Madame, tome V M.-L., p. 41.)*

5. Ce front royal, ce front n'est couronné
    Que de tissus et de myrte et de rose!
    (Voltaire, tome XI, p. 110.)

Comparez Lamartine, *Méditations* (II, VII) : « le vert tissu de la ronce et du lierre ».

6. Ci-dessous, vers 229-230.

ADONIS.

Laisse voir les trésors de sa gorge d'albâtre[1].
Jadis en cet état Mars en fût idolâtre[2],
Quand aux champs de l'Olympe on célébra des jeux
Pour les Titans défaits par son bras valeureux[3].
Rien ne manque à Vénus, ni les lis, ni les roses[4],   75
Ni le mélange exquis des plus aimables choses,
Ni ce charme secret dont l'œil est enchanté,
Ni la grâce, plus belle encor que la beauté[5].
Telle on vous voit, Aminte : une glace fidèle
Vous peut de tous ces traits présenter un modèle[6] ;   80

   1. Dans l'opéra de *Galatée*, acte II, scène 1 : « son sein d'albâtre ». Chez Marot, tome III, p. 88 :

   Et dort la petite follastre
   Dessus la gorge d'albastre
   De sa dame, si doulcement... ;

ibidem, p. 23 :

   Elle a trez bien ceste gorge d'albastre,
   Ce doulx parler, ce clair teinct, ces beaux yeulx;

chez Jodelle, tome II, p. 38 :

   .... Soit la bouche rosine, ou soit le col d'albastre;

chez Voltaire, *Épître au roi de Prusse* (tome XIV, p. 68) :

   Il se plut à pétrir d'incarnat et d'albâtre
   Les charmes arrondis du sein de Pompadour.

   2. Voyez *les Amours de Mars et de Vénus*, un des fragments du *Songe de Vaux* (tome III *M.-L.*, p. 230-233).
   3. Ce n'est pas de la défaite des « Titans », ces fils du Ciel et de la Terre, qu'on faisait honneur à Mars, mais de celle des « Géants » qui les voulurent venger. Le vainqueur des Titans, c'est Jupiter (livre IX, fable XIII, vers 11).
   4. Tome V, p. 236 et notes 1, 2.
   5.   Las! où est maintenant ta ieune et bonne grace,
        Et ton gentil esprit, plus beau que la beauté?
            (MAGDELEINE DES ROCHES, OEuvres, Paris, 1579, in-4°,
            sonnet *à une Amie*.)

C'est l'idée développée dans la LXXXVI° épigramme de Catulle.

   6. Pour cet hommage à Aminte, comparez le fragment VII du *Songe de Vaux* (tome III *M.-L.*, p. 222).

Et, s'il falloit juger de l'objet le plus doux,
Le sort seroit douteux entre Vénus et vous¹.

Tandis que le héros admire Cythérée,
Elle rend par ces mots son âme rassurée² :
« Trop aimable mortel, ne crains point mon aspect ; 85
Que de la part d'Amour rien ne te soit suspect :
En ces lieux écartés c'est lui seul qui m'amène.
Le Ciel est ma patrie, et Paphos mon domaine :
Je les quitte pour toi³; vois si tu veux m'aimer. »
Le transport d'Adonis ne se peut exprimer. 90
« O dieux, s'écria-t-il, n'est-ce point quelque songe ?
Puis-je embrasser l'erreur⁴ où ce discours me plonge ?
Charmante déité, vous dois-je ajouter foi⁵ ?
Quoi ! vous quittez les cieux, et les quittez pour moi !
Il me seroit permis d'aimer une Immortelle ! 95
— Amour rend ses sujets tous égaux, lui dit-elle ;
La beauté, dont les traits même aux dieux sont si doux,

---

1. Rapprochez le conte XI de la III⁰ partie.
2. Dans le manuscrit de 1658, on lit, au lieu des dix-huit vers qui précèdent, les deux suivants :

   La charmante Vénus, d'éclat environnée,
   Rend par ces mots le calme à son âme étonnée.

3. *Capta viri forma non jam Cythereia curat*
   Littora; non alto repetit Paphon æquore cinctam,
   Piscosamque Gnidum, gravidamve Amathunta metalli.
   Abstinet et cœlo, cœlo præfertur Adonis.
   (OVIDE, *Métamorphoses*, livre X, vers 529-532.)

4. Et s'il n'alloit parfois régler la violence
   Dont la chaste recluse embrasse l'oraison....
   (*Poëme de la Captivité de saint Malc*, vers 514-515.)

5. Chez Corneille, *OEdipe* (acte IV, scène II, vers 1331) :
   .... A Phorbas ajouteriez-vous foi ?

Comparez Malherbe (tome I, p. 303) : « donner foi à quelqu'un ».

Est quelque chose encor de plus divin que nous[1].
Nous aimons, nous aimons, ainsi que toute chose :
Le pouvoir de mon fils de moi-même dispose :   100
Tout est né pour aimer. » Ainsi parle Vénus;
Et ses yeux éloquents en disent beaucoup plus[2],
Ils persuadent mieux que ce qu'a dit sa bouche[3].
Ses regards, truchements[4] de l'ardeur[5] qui la touche,
Sa beauté souveraine, et les traits de son fils,   105
Ont contraint Mars d'aimer[6]: que peut faire Adonis?
Il aime, il sent couler un brasier dans ses veines[7];

1. Vers qu'on retrouve presque textuellement dans la tragédie d'*Achille* (acte I, scène III) :

> La beauté, dont les traits même aux dieux sont si doux,
> Est quelque chose encor de plus puissant que nous.

— Offrons tout ce qu'on doit d'encens, d'honneurs suprêmes,
Aux dieux, à la beauté plus divine qu'eux-mêmes.
(ANDRÉ CHÉNIER, *Art d'aimer*, XIII.)

2. Ci-dessus, p. 188 et note 7.

— Une déesse dit tout ce qu'elle a dans l'âme.
(Livre XII, fable I, vers 47.)

3. Belle Bouche dit « j'aime »; et le disons-nous pas,
Sans aucun bruit? notre langage,
Muet qu'il est, plaît davantage
Que ces perles, ce chant, et ces autres appas
Avec quoi Belle Bouche engage.
(*Le Différend de Beaux Yeux et de Belle Bouche*,
tome V *M.-L.*, p. 79.)

4. Tome III, p. 167 et note 5. Voyez aussi ci-dessous, p. 330 :
Ce truchement pour nous dit assez notre mal.

5. Vers 52. — 6. Vers 72.

— Autrefois le dieu Mars,
Blessé par Cupidon d'une flèche dorée, etc.
(*Les Amours de Mars et de Vénus*, déjà cités,
tome III *M.-L.*, p. 230.)

Quoique je porte dans le sein
Des brasiers qui n'ont point de fin....
(VOITURE, *Réponse à M. Arnaud*.)

l'indigne brasier qui consumoit mon cœur,

Les plaisirs qu'il attend sont accrus par ses peines[1] :
Il desire, il espère, il craint, il sent un mal
A qui les plus grands biens n'ont rien qui soit égal[2]. 110
Vénus s'en aperçoit, et feint qu'elle l'ignore :
Tous deux de leur amour semblent douter encore;
Et, pour s'en assurer, chacun de ces amants
Mille fois en un jour fait les mêmes serments[3].

> Il ne me reste plus que la seule rougeur.
> (Rotrou, *Venceslas*, acte II, scène II.)
> Son brasier est trop grand, rien ne peut l'amortir.
> (Corneille, *la Galerie du Palais*, vers 307.)
> J'ai pris, j'ai fait couler dans mes brûlantes veines
> Un poison....
> (Racine, *Phèdre*, vers 1637-1638.)
> Je sens de veine en veine une subtile flamme
> Courir par tout mon corps sitôt que je te vois.
> (Boileau, traduction du *Sublime* de Longin, chapitre VIII.)

« Elle sentit la flamme qui couloit déjà dans son sein. » (Fénelon, *Télémaque*, livre VI.) « .... Ce fut dans ce temple que Vénus vit pour la première fois Adonis : le poison coula au cœur de la déesse. » (Montesquieu, *le Temple de Gnide*, chant I.)

1. Car l'attente d'un bien augmente le desir.
(Ronsard, tome II, p. 98.)

2. Ah! si vous connoissiez, comme moi, certain mal
   Qui nous plaît et qui nous enchante!
Il n'est bien sous le ciel qui vous parût égal.
(Livre VIII, fable XIII, vers 31-33.)

Rapprochez cette stance de Voiture (p. 26) :

Tandis qu'un feu secret me brûle et me dévore,
   J'ai des plaisirs à qui rien n'est égal,
   Et je vois au fort de mon mal
Les cieux ouverts dans les yeux que j'adore.

3. Au lieu des vingt-huit vers qui précèdent, on lit dans le manuscrit de 1658 les vingt-quatre vers suivants :

Dans ces sombres forêts c'est lui seul qui m'amène :
Encor qu'il soit mon fils, c'est l'auteur de ma peine;
Il m'oblige à quitter les cieux, où je ne voi
Rien de si grand que lui, ni de si beau que moi.
Pour toi, je viens chercher un séjour solitaire,

ADONIS. 237

Quelles sont les douceurs qu'en ces bois ils goûtèrent[1]!
O vous de qui les voix jusqu'aux astres montèrent,
Lorsque par vos chansons tout l'univers charmé
Vous ouït célébrer ce couple bien-aimé,
Grands et nobles esprits, chantres incomparables,
Mêlez parmi ces sons[2] vos accords admirables[3].   120
Écho, qui ne tait rien, vous conta ces amours;
Vous les vîtes gravés au fond des antres sourds[4]:

> Et renonce aux autels à moins que de te plaire.
> Je pourrois employer mon fils et tous ses traits;
> Mais je ne veux devoir ton cœur qu'à mes attraits:
> Tu ne le peux du moins refuser à ma flamme.
> — Déesse, répond-il, que j'adore en mon âme,
> Regardez quels honneurs Votre Divinité
> Peut exiger de moi dans un bois écarté.
> Je sais votre puissance à Paphos souveraine;
> Celle de votre fils sans vous eût été vaine,
> Et, si je n'eusse vu vos célestes attraits,
> J'eusse empêché mon cœur d'être en butte à ses traits.
> Mais nous est-il permis d'aimer une Immortelle?
> — Tous les sujets d'Amour sont égaux, lui dit-elle,
> Et même la beauté, dont les traits sont si doux,
> Est quelque chose encor de plus divin que nous. »
> Cependant que Vénus par ces mots l'encourage,
> Il admire son port, sa taille, et son visage:
> Leurs yeux, qui pour témoins n'ont que les yeux du jour,
> Ne se rencontrent point sans se parler d'amour.

1.   Dieux! quels objets! est-ce Flore et Zéphyre?
> Est-ce Psyché qui caresse l'Amour?
> Est-ce Vénus que le fils de Cynire
> Tient dans ses bras loin des rayons du jour,
> Tandis que Mars est jaloux et soupire?
>   (VOLTAIRE, tome XI, p. 24.)

2. Ci-dessous, p. 330 et note 5.
3. Au lieu de ces quatre derniers vers, on lit ceux qui suivent, dans le manuscrit de 1658 :

> Quand par vous-même instruit de tels ravissements,
> Vous chantiez les plaisirs goûtés par nos amants,
> Si jamais j'eus besoin des faveurs du Parnasse,
> Faites que je réponde à vos chants pleins de grâce.

4. ... Or au fond de ce bois un certain antre étoit,

Faites que j'en retrouve au temple de Mémoire[1]
Les monuments sacrés, sources[2] de votre gloire,
Et que, m'étant formé sur vos savantes mains,   125
Ces vers puissent passer[3] aux derniers des humains !
Tout ce qui naît de doux en l'amoureux empire[4],
Quand d'une égale ardeur l'un pour l'autre on soupire,
Et que, de la contrainte ayant banni les lois,
On se peut assurer[5] au silence des bois[6],   130
Jours devenus moments, moments filés de soie[7],

> Sourd et muet, et d'amoureuse affaire.
> (*La Fiancée du roi de Garbe*, vers 200-201 et note 1.)

Voyez aussi ci-dessous, les vers 161-162 et la variante; et le vers 690 de l'opéra de *Daphné* :

> Loges-tu dans le ciel ou dans les antres sourds ?

1. Ci-dessus, p. 227, note 2, ligne 12. — Dans le second *Discours à Mme de la Sablière*, tome V *M.-L.*, p. 155 :

> J'irois plus haut peut-être au temple de Mémoire.

2. *Auteurs*, dans le manuscrit de 1658.
3. Ceci puisse passer. (*Ibidem.*)
4. Ci-dessus, vers 22, et tome IV, p. 31 et note 5.
5. Avoir confiance.

> Des dieux cornus la grand' troppe lasciue
> Ne permettoit les nymphes s'asseurer
> Feust au repos, feust pour desalterer, etc.
> (Du Bellay, tome II, p. 78.)

> Faut-il que je m'assure au rapport de mes yeux ?
> (Molière, *Dom Garcie de Navarre*, vers 1223.)

Comparez *le Misanthrope*, vers 1407; et les *Lexiques* de Corneille et de Racine.

6. Dans *le Songe de Vaux* (tome III *M.-L.*, p. 215) :

> Vous aimiez, disoit-on, le silence des bois.

— Dans *la Clochette*, vers 69 :

> O belles, évitez
> Le fond des bois, et leur vaste silence.

7. Image très fréquente chez nos poètes :

> .... Ainsi les tiens (*tes jours*) filés de soie

Agréables soupirs, pleurs enfants de la joie,
Vœux, serments et regards, transports, ravissements,
Mélange dont se fait le bonheur des amants,
Tout par ce couple heureux fut lors mis en usage. 135
Tantôt ils choisissoient l'épaisseur d'un ombrage :
Là, sous des chênes vieux où leurs chiffres gravés[1]
Se sont avec les troncs accrus et conservés,
Mollement étendus[2] ils consumoient les heures[3],
Sans avoir pour témoins, en ces sombres demeures, 140
Que[4] les chantres des bois[5], pour confidents qu'Amour,

>Puissent se voir comblés de joie
>Même au delà de tes desirs.
> (*Ode au Roi*, tome V M.-L., p. 49.)
>Les Parques d'une même soie.
>Ne dévident pas tous nos jours.
> (MALHERBE, tome I, p. 53.)
>Ainsi de tant d'or et de soie
>Ton âge dévide son cours,
>Que tu reçoives tous les jours
>Nouvelles matières de joie.
> (*Ibidem*, p. 116; et p. 313.)

1. Comparez *la Fiancée du roi de Garbe*, vers 227-228, et 270 et suivants :

>Si les arbres parloient, il feroit bel ouïr
> Ceux de ce bois; car la forêt n'est pleine
> Que des monuments amoureux
>Qu'Hispal nous a laissés, glorieux de sa proie, etc.;

l'Arioste, chant XXIII, stances 106, 107, 129, 130; et Chaulieu, *au chevalier de Bouillon* :

>Arbre, croissez, disois-je, où nos chiffres tracés
>Consacrent à l'Amour nos noms entrelacés.

2. On ne les voyoit point à l'entour des hameaux
   Mollement étendus dormir sous les ormeaux.
      (*Saint Malc*, vers 135-136.)

3. Au vers 68 de *Belphégor* : « consumer certain temps ».
4. Voyez, pour ce tour un peu vieilli, les exemples de Descartes, Corneille, Racine, la Bruyère, Saint-Simon, etc., que donne Littré à l'article SANS, 9°.
5.   Mêlez-y les sons éclatants

Qui seul guidoit leurs pas en cet heureux séjour[1].
Tantôt sur des tapis d'herbe tendre et sacrée[2]
Adonis s'endormoit auprès de Cythérée[3],
Dont les yeux, enivrés par des charmes puissants, 145
Attachoient au héros leurs regards languissants[4].
Bien souvent ils chantoient les douceurs de leurs peines[5] :

> De tout ce que les bois ont d'agréables chantres.
> (*Psyché*, livre I, tome III *M.-L.*, p. 43.)

> Les petits oiseaux,
> Ces chantres si doux et si beaux!
> (RACINE, *Poésies diverses*, tome IV, p. 28.)

1. Il arriva que ce fripon d'Amour
   Guida leurs pas vers ce lieu solitaire.
   (*La Fiancée du roi de Garbe*, vers 205-206.)

2. Vers 8. — Dans le manuscrit de 1658, au lieu de ces derniers vers, on lit les suivants :

> Mollement étendus ils consommoient les heures,
> Tandis que Philomèle, en ces sombres demeures,
> Se plaignoit aux échos et d'une triste voix
> Accusoit de son sort le silence des bois,
> Tantôt sur des gazons d'herbe tendre et sacrée....

3. Ci-dessus, vers 12.

> « *Ecce*
> *Opportuna sua blanditur populus umbra;*
> *Datque torum cespes; libet hac requiescere tecum*
> *(Et requievit) humo* » *: pressitque gramen, et ipsum;*
> *Inque sinu juvenis, posita cervice, reclinis, etc.*
> (OVIDE, *ibidem*, vers 554 et suivants.)

4. Dans le manuscrit de 1658, au lieu de ces deux derniers vers, on lit les suivants :

> Qui repaissoit ses yeux des beautés du héros,
> Pendant qu'il jouissoit d'un paisible repos.

5. Dedans une cabane ils sont au point du iour,
   Ils font dedans ung antre à midy leur seiour,
   Au soir ils sont couchés sous le plaisant ombrage
   Ou d'ung chesne glandeux ou d'ung antre sauuage,
   Estendus dessus l'herbe, où en cent mille tours
   La mere des Amours exerce ses amours,
   En cent mille façons l'embrasse et le rebaise;
   Luy, qui sent dans le cueur une pareille braise,

Et quelquefois assis sur le bord des fontaines,
Tandis que cent cailloux, luttant[1] à chaque bond[2],
Suivoient les longs replis du cristal[3] vagabond,   150
« Voyez, disoit Vénus, ces ruisseaux et leur course;
Ainsi jamais le Temps ne remonte à sa source :
Vainement pour les dieux il fuit d'un pas léger[4];
Mais vous autres mortels le devez ménager[5],
Consacrant à l'Amour la saison la plus belle[6]. »   155
Souvent, pour divertir leur ardeur mutuelle,

>Entonne sa musette, et pour la contenter
>Leurs plaisantes ardeurs ne cesse de chanter.
>(RONSARD, élégie v.)

1. *Luitans*, pour *luttans*, dans l'édition originale. Ni l'Académie, ni Furetière, ne donnent cette vieille orthographe que nous retrouverons ci-dessous, au vers 297. Robert Étienne et Nicot ont *luicter*; Richelet dit que l'usage préfère *lutte* à *luite*. Voyez l'Historique de Littré au mot LUTTER.

2. Dans *le Songe de Vaux* (tome III M.-L., p. 192) :

>Errer dans un jardin, s'égarer dans un bois,
>Se coucher sur des fleurs, respirer leur haleine,
>Écouter en rêvant le bruit d'une fontaine,
>Ou celui d'un ruisseau roulant sur des cailloux,
>Tout cela, je l'avoue, a des charmes bien doux.

3. Ci-dessus, p. 155 et note 1.

4. En vain à notre égard il fuit d'un pas léger.
(Manuscrit de 1658.)

— *Vainement*, puisqu'ils ne sauraient vieillir ni mourir.

5. Sur la fuite du Temps, qui non seulement ne peut remonter à sa source, mais qui toujours marche, rapprochez la fable VI du livre XI, vers 26; et le second *Discours à Mme de la Sablière*, vers 11-13 :

>Le Temps marche toujours; ni force ni prière,
>Sacrifices ni vœux, n'allongent la carrière.
>Il faudroit ménager ce qu'on va nous ravir, etc.

6. Et pendant vos beaux jours employer votre zèle.
(Manuscrit de 1658.)

— Dans le chœur qui termine l'opéra de *Galatée* :

>Humains, qui devez tous un voyage à Cythère,

POÈMES.

Ils dansoient aux chansons[1], de Nymphes entourés.
Combien de fois la lune a leurs pas éclairés[2],
Et, couvrant de ses rais[3] l'émail d'une prairie[4],
Les a vus à l'envi fouler l'herbe fleurie ! 160

Ne laissez point passer la saison des beaux jours ;
Le temps d'aimer ne dure guère,
Et celui de mourir, hélas ! dure toujours.

1. « Ils dansèrent quelques chansons avec la suivante. » (*Psyché*, livre II, tome III *M.-L.*, p. 151.) « C'étoit aux chansons que l'on dansoit. » (*Le Songe de Vaux*, ibidem, p. 218.) « Clymène chante cette gavotte, que toute la troupe danse, la répétant après elle. » (*Daphné*, acte I, scène II.) « Cet hymne étoit une chanson à danser. » (RACINE, tome VI, p. 54.)

Les dieux de l'amoureux délire....
Avec toi dansent aux chansons.
(VOLTAIRE, épître à *M. de Saint-Lambert* de l'année 1749.)

.... Et des hameaux voisins, les filles, les garçons,
Allaient à Sans-Souci pour danser aux chansons.
(ANDRIEUX, *le Meunier de Sans-Souci*.)

2. Voyez ci-dessus, p. 208 et note 6.
3. *Rai*, rayon, qui est encore employé, selon Vaugelas (*Remarques*, p. 192), lorsqu'il s'agit, comme ici, de la lune, « ne se dit plus des rayons du soleil ni en prose ni en vers ». L'Académie le donne dans toutes ses éditions, mais en notant, depuis la troisième, qu'il est inusité en prose et n'est même plus guère d'usage en poésie. Furetière a fait la même observation.

— .... Ainsi qu'on voit de nuit
Briller les rais de la lune qui luit
Dessus la neige, etc.
(RONSARD, tome I, p. 61.)

Nymphes, qui dessus la prée
Ballez aux rais de la nuit
D'une danse mesurée, etc.
(REMY BELLEAU, tome I, p. 238.)

« Au rai de la lune. » (VOITURE, tome II, p. 263.)
4. Dans le manuscrit de 1658 :
Et sur le tendre émail d'une verte prairie.

— Rapprochez Ronsard, tome I, p. 417 : « l'émail d'ung pré », Racine, tome IV, p. 29 : « le tendre émail de la fougère », p. 33 : « le vif émail de la verdure », Mme de Sévigné, tome X, p. 146 :

ADONIS.

Combien de fois le jour a vu[1] les antres[2] creux
Complices des larcins de ce couple amoureux[3] !
Mais n'entreprenons pas d'ôter le voile sombre
De ces plaisirs amis du silence et de l'ombre[4].

Il est temps de passer au funeste moment 165
Où la triste Vénus doit quitter son amant.
Du bruit de ses amours Paphos est alarmée;
On dit qu'au fond d'un bois la déesse charmée[5],
Inutile aux mortels, et sans soin[6] de leurs vœux,
Renonce au culte vain de ses temples fameux. 170
Pour dissiper ce bruit, la reine de Cythère
Veut quitter pour un temps ce séjour solitaire[7].
Que ce cruel dessein lui donne de douleurs[8] !
Un jour que son amant la voyoit toute en pleurs,
« Déesse, lui dit-il, qui causez mes alarmes[9], 175
Quel ennui[10] si profond vous oblige à ces larmes?

« Cela (ces beaux habits) faisoit le plus bel effet du monde, comme l'émail d'un parterre », la Fontaine, *Psyché*, livre I (tome III M.-L., p. 56) : « l'émail des parterres », etc.

1. Ci-dessus, vers 114, vingt-troisième vers de la variante.
2. Page 17 et note 3.
3.   Combien de fois le jour a vu les antres sourds
     Complices des larcins qu'ont produits leurs amours !
                                 (Manuscrit de 1658.)
4. Tome V, p. 413; et ci-dessus, vers 130.
5. Vers 145 : « les yeux enivrés par des charmes puissants ».
6. Sans souci : rapprochez le vers 37 de la fable XXI du livre XII.
7. Ci-dessus, vers 114, cinquième vers de la variante.
8. Dans l'édition de 1669 :
       Que ce cruel dessein lui causa de douleurs!
9. Dans le manuscrit de 1658, au lieu de ces trois derniers vers, on lit ceux qui suivent :
       Et faire qu'Adonis souhaite ses faveurs.
       Un jour que le héros, la voyant toute en pleurs,
       Lui dit : « Objet divin dont j'adore les charmes.... »
10. Page 193 et note 2.

Vous aurois-je offensée, ou ne m'aimez-vous plus?
— Ah! dit-elle, quittez ces soupçons superflus;
Adonis tâcheroit en vain de me déplaire¹:
Ces pleurs naissent d'amour, et non pas de colère; 180
D'un déplaisir secret² mon cœur se sent atteint :
Il faut que je vous quitte, et le Sort m'y contraint;
Il le faut. Vous pleurez! Du moins, en mon absence,
Conservez-moi toujours un cœur plein de constance³;
Ne pensez qu'à moi seule, et qu'un indigne choix 185
Ne vous attache point aux nymphes de ces bois.
Leurs fers après les miens ont pour vous de la honte⁴;
Surtout de votre sang il me faut rendre compte.
Ne chassez point aux ours, aux sangliers⁵, aux lions⁶,

1. Vous vous efforceriez en vain de me déplaire.
(Manuscrit de 1658.)

2. Ci-dessus, p. 191.

3. Il le faut. Vous pleurez! Est-ce de mon absence?
Au moins soyez fidèle, ayez de la constance.
(Manuscrit de 1658.)

4. Seraient honteux pour vous.

— Ne vous soumette point aux nymphes de ces bois.
Leurs fers après les miens sont pour vous pleins de honte.
(Manuscrit de 1658.)

5. Tome II, p. 334 et note 5.

6. Dans Ovide, Vénus s'est faite chasseresse (*ibidem*, vers 535 et suivants), afin de se rapprocher d'Adonis; mais elle ne chasse que les animaux timides; elle se garde bien de poursuivre les bêtes féroces (vers 539-541) :

A fortibus abstinet apris;
Raptoresque lupos, armatosque unguibus ursos
Vitat, et armenti saturatos cæde leones;

et elle conseille à son amant de les éviter comme elle (vers 543-552, et 705-707).

— Chasse les daims legers et les sauuages cheures,
Et les cueurs effrayez des connils et des lieures;
Laisse en paix les sangliers, les lions et les ours.
(Ronsard, élégie v.)

Gardez-vous d'irriter tous ces monstres félons[1] : 190
Laissez[2] les animaux qui, fiers et pleins de rage[3],
Ne cherchent leur salut qu'en montrant leur courage[4] ;
Les daims et les chevreuils, en fuyant devant vous,
Donneront à vos sens des plaisirs bien plus doux[5].
Je vous aime, et ma crainte a d'assez justes causes[6] ; 195
Il sied bien en amour[7] de craindre toutes choses :
Que deviendrois-je, hélas! si le Sort rigoureux
Me privoit pour jamais de l'objet de mes vœux[8] ? »

Là, se fondant en pleurs[9], on voit croître ses charmes[10] :

1. Ronsard applique aussi la même épithète à une bête (tome I, p. 86), et la Fontaine aux ongles d'une lionne dans le *Poème de la Captivité de saint Malc*, vers 472.
2. *Fuyez*, dans le manuscrit de 1658.
3. Livre I, fable x, vers 8 ; et ci-dessous, vers 240.
4. .... *Quæ non terga fugæ, sed pugnæ pectora præbent.*
(OVIDE, *ibidem*, vers 706.)
5. Et coupables qu'ils sont de cent cruels repas,
Ne veulent point mourir qu'en vengeant leur trépas.
(Manuscrit de 1658.)
6. Le besoin d'expliquer ces « justes causes » amène dans Ovide tout le long épisode d'Atalante et d'Hippomène (vers 560-704) dont les amours de Vénus et d'Adonis ne sont chez lui que le prétexte et le cadre.
7. Ci-dessus, p. 179, et p. 194 et note 1.
8. Dans le manuscrit de 1658, nous lisons ici ces deux vers :

Si quelque coup fatal vous forçoit à périr,
Que deviendroit Vénus en ne pouvant mourir ?

9. Voyez, pour ce participe absolu, tome V, p. 344 et note 6 ; et, pour la locution : « se fondre en pleurs », les *Lexiques de Malherbe, Corneille* et *Sévigné*. L'Académie, dès sa première édition, n'admettait que le neutre : « fondre en pleurs ».
10. Walckenaer rapproche de ce vers celui-ci d'Ovide (*les Amours*, livre II, élégie v, vers 44) :

Mæsta erat in vultu, mæsta decenter erat;

et cette phrase de Fénelon (*Télémaque*, livre 1) : « Les larmes qui

Adonis lui répond seulement par des larmes. 200
Elle ne peut partir de ces aimables lieux;
Cent humides baisers achèvent ses adieux.
O vous, tristes plaisirs où leur âme se noie,
Vains et derniers efforts d'une imparfaite joie,
Moments pour qui[1] le Sort rend leurs vœux superflus,
Délicieux moments, vous ne reviendrez plus !

Adonis voit un char descendre de la nue :
Cythérée y montant[2] disparoît à sa vue.
C'est en vain que des yeux il la suit dans les airs[3] :
Rien ne s'offre à ses sens que l'horreur des déserts[4]; 210
Les Vents, sourds à ses cris, renforcent[5] leur haleine.
Tout ce qu'il vient de voir lui semble une ombre vaine;
Il appelle Vénus, fait retentir les bois,
Et n'entend qu'un écho qui répond à sa voix.
C'est lors que, repassant dans[6] sa triste mémoire   215
Ce que naguère il eut de plaisirs et de gloire[7],

coulèrent le long de ses joues donnèrent un nouveau lustre à sa beauté. » — Dans *la Matrone*, vers 152 et note 4, et vers 146 :

    Jeune et belle, elle avoit sous ses pleurs de l'éclat.

1. Tome III, p. 113.
2. *Vecta levi curru medias Cytherea per auras*, etc.
             (OVIDE, *Métamorphoses*, ibidem, vers 717.)
3. Comparez le premier *Discours à Mme de la Sablière*, vers 90-91 :
    Elle lui dit adieu, prend sa volée, et rit
    De l'homme qui, confus, des yeux en vain la suit.
4. Dans le manuscrit de 1658, on lit, au lieu de ces trois derniers vers :
    Vénus, en y montant, disparoît à sa vue.
    En vain d'un regard fixe il la suit dans les airs :
    Rien ne s'offre à ses yeux que l'horreur des déserts.
5. Tome V, p. 405 et note 2.
6. *En*, dans le manuscrit de 1658.
7.   Quand Roland sut les plaisirs et la gloire

Il tâche à[1] rappeler ce bonheur sans pareil[2] :
Semblable à ces amants trompés par le sommeil,
Qui rappellent en vain pendant la nuit obscure
Le souvenir confus d'une douce imposture[3].   220
Tel Adonis repense à l'heur[4] qu'il a perdu;
Il le conte aux forêts[5], et n'est point entendu :
Tout ce qui l'environne est privé[6] de tendresse;
Et, soit que des douleurs la nuit enchanteresse[7]
Plonge les malheureux au suc de ses pavots[8],   225

>Que dans la grotte avoit eus son rival....
>(*Les Aveux indiscrets*, vers 87-88.)
>
>Là finit de Psyché le bonheur et la gloire.
>(*Psyché*, livre I, tome III *M.-L.*, p. 73.)

1. Tome V, p. 594 et note 4.
2. D'un triomphe si doux l'honneur et le plaisir
   Ne se perd qu'en laissant des restes de desir.
   (*Les Filles de Minée*, vers 431-432.)
3. Seulement au sommeil j'ai du contentement,
   Qui la fait voir présente à mes yeux toute nue,
   Et chatouille mon mal d'un faux ressentiment;
   Mais il ne me dit pas ce qu'elle est devenue.
   (REGNIER, *Plainte*, vers 109-112.)
4. Au bonheur : comparez, pour l'emploi, autrefois si commun, de ce mot *heur*, les *Lexiques de Malherbe, Corneille, Racine* et *la Bruyère*.
5. Dans *les Filles de Minée*, vers 216 :

.... Conte aux vents, conte aux bois ses déplaisirs secrets.

Rapprochez *Galatée*, vers 120-121 :

Que sert d'en parler aux zéphyrs?
Il faut les dire (*ses désirs*) à ce qu'on aime.

6. *Exempt*, dans le manuscrit de 1658.
7. Qui charme, qui calme, les douleurs : emploi bien rare de ce mot avec un complément. Chez Rotrou, *Hercule mourant*, acte II, scène IV :

Agréable enchanteur de mes jeunes années....

8. Dans la fable III du livre XI, vers 20 :
   Il choisit une nuit libérale en pavots.

Soit que l'astre du jour ramène leurs travaux,
Adonis sans relâche aux plaintes s'abandonne;
De sanglots redoublés sa demeure résonne.
Cet amant toujours pleure, et toujours les Zéphyrs[1]
En volant vers Paphos sont chargés de soupirs[2].   230
La molle[3] oisiveté, la triste solitude,
Poisons dont il nourrit sa noire inquiétude[4],
Le livrent tout entier au vain ressouvenir[5]
Qui le vient malgré lui sans cesse entretenir[6].

Enfin, pour divertir[7] l'ennui[8] qui le possède[9],   235
On lui dit que la chasse est un puissant remède[10].

1. Dans le manuscrit de 1658, on lit, au lieu de ces cinq derniers vers, ceux qui suivent :

> Sous les profonds replis d'un voile ténébreux
> Cache aux yeux des mortels le sort des malheureux,
> Soit que l'astre brillant qui le jour nous envoie
> De ceux qui sont heureux ressuscite la joie,
> Le héros toujours pleure....

2. Rapprochez de ces deux jolis vers le vers 10 de *la Courtisane amoureuse* et la note.

3. Même épithète et même hémistiche dans *le Songe de Vaux* (tome III *M.-L.*, p. 189), et chez Racine, *Bajazet*, acte I, scène I, vers 116.

4. Ci-dessus, p. 228 et note 6.

5. Le livrent tout entier au cruel souvenir.
(Manuscrit de 1658.)

6. Dans *le Petit Chien*, vers 133-136 :

> Et cette solitude,
> Bien loin d'être un remède à son inquiétude,
> En devint même l'aliment,
> Par le loisir qu'il eut d'y plaindre son tourment.

7. Pour détourner. — Chez Molière, *les Fourberies de Scapin* (acte II, scène XI) : « cherchant à divertir cette tristesse, etc. »

8. Page 243 et note 10.

9. Livre IV, fable xx, vers 11.

10. La chasse lui semble être un souverain remède.
(Manuscrit de 1658.)

Comparez *les Filles de Minée*, vers 217.

ADONIS.

Dans ces lieux pleins de paix, seul avecque l'amour,
Ce plaisir occupoit les héros d'alentour.
Adonis les assemble, et se plaint de l'outrage
Que ces champs ont reçu[1] d'un sanglier[2] plein de rage[3].
Ce tyran des forêts porte partout l'effroi;
Il ne peut rien souffrir de sûr autour de soi.
L'avare[4] laboureur[5] se plaint à sa famille[6]
Que sa dent a détruit l'espoir[7] de la faucille :
L'un craint pour ses vergers, l'autre pour ses guérets;
Il foule aux pieds les dons de Flore et de Cérès[8] :
Monstre énorme et cruel, qui souille[9] les fontaines,
Qui fait bruire les monts, qui désole[10] les plaines,
Et, sans craindre l'effort des voisins alarmés,
S'apprête à recueillir les grains qu'ils ont semés[11].
Tâcher de le surprendre est tenter l'impossible :

1. Qu'ont reçu ces vergers. (Manuscrit de 1658.)
2. Ci-dessus, vers 189.
3. Comparez, pour tout ce tableau de la chasse, l'épisode du sanglier de Calydon chez Ovide (*Métamorphoses*, livre VIII, vers 260-545); Ronsard, *le Bocage royal* (tome II des OEuvres, p. 34-35); et la fable de Fénelon intitulée *Chasse de Diane*.
4. Au sens, à la fois, d'avare et d'avide (tome IV, p. 361 et note 2), mais, ici, avide d'une avidité légitime.
5. Maint et maint laboureur. (Manuscrit de 1658.)
6. Au sens le plus étendu du mot : tomes III, p. 115, IV, p. 470.
7. Dans la fable v du livre IX, vers 14 :

Notre écolier
Gâtoit jusqu'aux boutons, douce et frêle espérance.

8. Autre double personnification : « Flore » et « Pomone », dans la fable x du livre VIII, vers 15-16 et note 11.
9. Rappelons qu'en langage de vénerie l'endroit de la mare où le sanglier s'est vautré, « s'est souillé », se nomme « souil ».
10. *Ravage*, dans le manuscrit de 1658.
11. *Is modo crescenti segetes proculcat in herba;*
Nunc matura metit fleturi vota coloni;
Et cererem in spicis intercipit : area frustra,

Il habite en un fort[1], épais, inaccessible;
Tel on voit qu'un brigand fameux et redouté
Se cache après ses vols en un antre écarté,
Fait des champs d'alentour de vastes cimetières,   255
Ravage impunément des provinces entières,
Laisse gronder les lois, se rit de leur courroux[2],
Et ne craint point la mort, qu'il porte au sein de tous :
L'épaisseur des forêts le dérobe aux supplices.
C'est ainsi que le monstre a ces bois pour complices[3];
Mais le moment fatal est enfin arrivé,
Où, malgré sa fureur, en son sang abreuvé,
Des dégâts qu'il a faits il va payer l'usure.
Hélas! qu'il vendra cher sa mortelle blessure[4]!

Un matin que l'Aurore au teint frais et riant   265
A peine avoit ouvert les portes d'Orient[5],
La jeunesse voisine autour du bois s'assemble :
Jamais tant de héros ne s'étoient vus ensemble.
Anténor le premier sort des bras du sommeil,
Et vient au rendez-vous attendre le soleil;   270

Et frustra exspectant promissas horrea messes.
(Ovide, *Métamorphoses*, livre VIII, vers 290-293.)

1. Tome I, p. 417 et note 4; et *passim*.
2. Est-ce une allusion aux frères Guilleri, les trois fameux brigands du temps de Henri IV, qui commandaient une véritable armée ?
3. Ci-dessus, vers 162.
4. Hélas! que chèrement il vendra sa blessure!
(Manuscrit de 1658.)
5. Dans le conte du *Remède*, vers 74-75 :

.... L'Aurore aux doigts de rose
Ayant ouvert les portes d'Orient.

Dans *les Filles de Minée*, vers 243 : « l'Aube au teint frais »; dans les *Poésies diverses* (tome V M.-L., p. 213) : « la fraîche et riante Aurore ».

La déesse des bois[1] n'est point si matinale :
Cent fois il a surpris l'amante de Céphale[2] ;
Et sa plaintive épouse a maudit mille fois
Les veneurs et les chiens, le gibier et les bois.
Il est bientôt suivi du satrape[3] Alcamène, 275
Dont le long attirail[4] couvre[5] toute la plaine.
C'est en vain[6] que ses gens se sont chargés de rets :
Leur nombre est assez grand pour ceindre les forêts.
On y voit arriver Bronte au cœur indomptable,
Et le vieillard Capys, chasseur infatigable, 280
Qui, depuis son jeune âge ayant aimé[7] les bois,
Rend et chiens et veneurs attentifs à sa voix.
Si le jeune Adonis l'eût aussi voulu croire[8],
Il n'auroit pas si tôt traversé l'onde noire[9].
Comment l'auroit-il cru, puisqu'en vain ses amours[10] 285

1. Diane : *dea silvarum*.
2. L'Aurore. — Sur l'histoire de Céphale, voyez *les Filles de Minée*, vers 173-272 et les notes.
3. *Du pompeux*, dans le manuscrit de 1658.
4. Tome I, p. 194.
5.   Ce Roi vit un troupeau qui couvroit tous les champs.
                              (Livre X, fable IX, vers 11.)
6. C'est sans en avoir besoin.
7. *Ayant suivi*, dans le manuscrit de 1658.
8. Ci-dessous, vers 482-485 :

    ....Capys, l'arrêtant, s'écrie : « Où courez-vous ?
    Quelle bouillante ardeur au péril vous engage ?
    Il est besoin de ruse, et non pas de courage.
    N'avancez pas, fuyez. »

9. Le Styx : comparez tome II, p. 330.
10. Page 209 et note 4. — *Ses amours*, celle qui avait son amour : acception que nous trouvons dans le Dictionnaire de l'Académie dès sa première édition. — Dans le *Poème de la Captivité de saint Malc*, vers 91-92 :

              On eût vu ses amours
  Lui tendre en vain les bras implorant son secours;

L'avoient sollicité d'avoir soin de ses jours?
Par le beau Callion la troupe est augmentée.
Gilippe vient après, fils du riche Acantée.
Le premier, pour tous biens, n'a que les dons du corps;
L'autre, pour tous appas¹, possède des trésors.   290
Tous deux aiment Chloris, et Chloris n'aime qu'elle :
Ils sont pourtant parés des faveurs de la belle².
Phlègre accourt, et Mimas, Palmire aux blonds cheveux,
Le robuste Crantor aux bras durs et nerveux,
Le Lycien Télame, Agénor de Carie,   295
Le vaillant Triptolème, honneur de la Syrie³,
Paphe expert à lutter⁴, Mopse à lancer le dard,
Lycaste, Palémon, Glauque, Hilus, Amilcar;
Cent autres que je tais, troupe épaisse et confuse :
Mais peut-on oublier la charmante Aréthuse,   300
Aréthuse au teint vif, aux yeux doux et perçants,
Qui pour le blond Palmire a des feux⁵ innocents?
On ne l'instruisit point à manier⁶ la laine;
Courir dans les forêts, suivre un cerf dans la plaine,
Ce sont tous ses plaisirs : heureuse si son cœur   305
Eût pu se garantir d'amour comme de peur⁷!

dans l'opéra de *Daphné* (acte I, scène v) :

    Ou monarques ou dieux n'entrez chez vos amours, etc.;

dans l'élégie III, vers 26 :

    Mes amis me cherchoient, et parfois mes amours.

1. Ci-dessus, vers 41 et note 6.
2. De ses rubans, de ses couleurs. — 3. Page 68 et note 5.
4. *Luiter* dans le texte : ci-dessus, vers 149 et note 1.
5. Chez Corneille, *la Place Royale* (acte I, scène I, vers 3) :

    Et ne m'entretiens plus des feux qu'il a pour moi.

6. Mettre en œuvre, filer, tisser. Rapprochez *la Coupe enchantée*, vers 129-130 et note 3 :

    Au reste, elle n'avoit au monde sa pareille
      A manier un canevas.

7. Dans le manuscrit de 1658 :

On la voit arriver sur un cheval superbe,
Dont à peine les pas sont imprimés sur l'herbe[1];
D'une charge si belle il semble glorieux[2].
Et, comme elle, Adonis attire tous les yeux ; 310
D'une fatale ardeur déjà son front s'allume ;
Il marche avec un air plus fier que de coutume.
Tel Apollon marchoit quand l'énorme Python[3]
L'obligea de quitter l'ombre de l'Hélicon[4].

Par l'ordre de Capys la troupe se partage. 315
De tant de gens épars le nombreux équipage[5],
Leurs cris, l'aboi des chiens, les cors mêlés de voix,

    Ce furent ses plaisirs : heureuse si son cœur
    Eût pu se rendre exempt d'amour comme de peur !

1. Comme ceux des cavales d'Érichthonius (*Iliade*, livre XX, vers 227-229). — Au vers 438 de *Saint Malc :* « leurs pas imprimés sur l'arène ».

2. Dans la fable des *Deux Mulets* (IVe du livre I, vers 3) :

    Celui-ci, glorieux d'une charge si belle....

3.   *Te quoque, maxime Python,*
Tum genuit (tellus); *populisque novis, incognita serpens,*
Terror eras : tantum spatii de monte tenebas !
    (Ovide, *Métamorphoses*, livre I, vers 438-440.)

— Dans une lettre à *M. Foucquet* (tome III *M.-L.*, p. 294) :

    .... Apollon, des traits de son carquois
    Ayant du fier Python percé l'énorme masse,
    Triompha sur le Parnasse.

Dans l'opéra de *Daphné*, acte I, scène III :

    Par vos puissants efforts, invincible Apollon,
    On ne craint plus ici les fureurs de Python.

4. Tel autrefois marchant de son double vallon
Contre un vaste serpent le divin Apollon.
              (Manuscrit de 1658.)

5. Voyez tome II, p. 287 et note 9 ; et comparez ci-dessus, au vers 276 : « le long attirail ».

Annoncent l'épouvante[1] aux hôtes de ces bois[2].
Le ciel en retentit, les échos se confondent,
De leurs palais voûtés[3] tous ensemble ils répondent. 320
Les cerfs, au moindre bruit à se sauver si prompts,
Les timides troupeaux des daims aux larges fronts[4],
Sont contraints de quitter leurs demeures[5] secrètes :
Le bois n'a plus pour eux d'assez sombres retraites.
On court dans les sentiers, on traverse les forts[6]; 325
Chacun, pour les percer, redouble ses efforts.

Au fond du bois croupit une eau dormante et sale[7] :
Là, le monstre se plaît aux vapeurs qu'elle exhale[8];
Il s'y vautre sans cesse, et chérit un séjour
Jusqu'alors ignoré des mortels et du jour[9]. 330
On ne l'en peut chasser : du souci de sa vie

1. Livre IV, fable xxii, vers 49.
2. Tome IV, p. 24 et note 2.
3. Écho même répond, Écho toujours hôtesse
D'une voûte ou d'un roc témoin de sa tristesse.
(*Psyché*, livre i, tome III M.-L., p. 23.)
4. ....Maint cerf craintif au large front ramé.
(Ronsard, tome I, p. 388.)
5. *Demeures* est le mot propre pour signifier les endroits fourrés de bois et de buissons, les taillis épais, où se retirent les cerfs.
6. Vers 252 et note 1.
7. *Concava vallis erat, qua se demittere rivi*
Adsuerant pluvialis aquæ, etc.
(*Ibidem*, livre VIII, vers 334-335.)
Comparez Ronsard, tome II, p. 35 :
Au milieu croupissoit une mare fangeuse, etc.
8. Dans le manuscrit de 1658 :
Là le monstre se paît des vapeurs qu'elle exhale.
9. Jamais désert ne fut moins connu des humains;
A peine le soleil en savoit les chemins.
(*Poème de la Captivité de saint Malc*, vers 151-152.)

ADONIS.

Bien plus à sa valeur qu'à sa fuite il se fie[1].
Les cors ont beau sonner, l'air a beau retentir,
Rien ne sauroit encor l'obliger à partir.
Cependant les Destins hâtent sa dernière heure.   335
Dryope la première évente[2] sa demeure[3] :
Les autres chiens, par elle aussitôt avertis,
Répondent à sa voix, frappent l'air de leurs cris[4],
Entraînent les chasseurs, abandonnent leur quête[5];
Toute la meute accourt, et vient lancer la bête[6],   340
S'anime en la voyant, redouble son ardeur[7];
Mais le fier animal n'a point encor de peur.

Le coursier d'Adonis, né sur les bords du Xanthe[8],
Ne peut plus retenir son ardeur violente :
Une jument d'Ida l'engendra d'un des Vents[9];   345

1. Ci-dessus, vers 192 et note 4. — Idée toute contraire au vers 48 de *Saint Malc* :
   On ne sort qu'en fuyant vainqueur de ces combats.
2. Tome V, p. 329 et note 1.
3. Dryope au sage nez évente sa demeure.
   (Manuscrit de 1658.)
4. ....*Sævitque canum latratus in auras.*
   (VIRGILE, *Énéide*, livre V, vers 257.)
5. Livres III, fable XVIII, vers 27, V, fable XX, vers 12.
6. Le lièvre étoit gîté dessous un maître chou.
   On le quête; on le lance....
   (Livre IV, fable IV, vers 47-48.)
7. Vers 326 : « redouble ses efforts ».
8. Tome II, p. 170 et note 4.
9. Sur cette attribution d'origine, sur cette ancienne croyance qui vient sans doute de ce que les chevaux semblent aspirer le vent avec délices, voyez Virgile, *Géorgiques* (livre III, vers 269-283) :

   Illas ducit amor trans Gargara, transque sonantem
   Ascanium; superant montes et flumina tranant :
   Continuoque, avidis ubi subdita flamma medullis,
   Vere magis, quia vere calor redit ossibus, illæ
   Ore omnes versæ in Zephyrum stant rupibus altis,

Les forêts l'ont nourri pendant ses premiers ans.
Il ne craint point des monts les puissantes barrières,
Ni l'aspect étonnant¹ des profondes rivières²,
Ni le penchant affreux des rocs et des vallons;
D'haleine en le suivant manquent les Aquilons.   350
Adonis le retient³ pour mieux suivre la chasse.

> *Exceptantque leves auras; et sæpe sine ullis*
> *Conjugiis vento gravidæ, mirabile dictu!*
> *Saxa per et scopulos et depressas convalles*
> *Diffugiunt...;*

et comparez Aristote, *Histoire des animaux* (VI, 18); Varron, *de Re rustica* (II, 1, 19); Columelle (V, XXVII, 3 et suivants); Pline (VIII, 42); Justin, *Histoires* (XLIV, III, 1); Élien (IV, 6); Oppien, *de Venatione* (III, 355); etc. Déjà Homère, *Iliade* (livre XVI, vers 149-151), avait donné le Zéphyre pour père aux deux chevaux d'Achille Xanthe et Balie; rapprochez les cavales d'Érichthonius (*ibidem*, livre XX, vers 223). Entre les trente-deux Vents personnifiés par la fable, c'est Favonius ou Zéphyre qui paraît le plus propice à cette fécondation miraculeuse; mais, à l'exception d'Eurus, les cavales les aiment tous, s'accommodent de tous. Parmi beaucoup d'autres écrivains, le Tasse, dans sa *Jérusalem délivrée* (chant VII, stance LXXVI), à propos du cheval de Raymond, du Bellay, dans ses *Jeux rusticques* (tome II des OEuvres, p. 381) :

> Ie ne veulx plus contr'imiter la flamme
> De ces iumens, qui, pleines bien souuent,
> Pour leur mary n'ont aultre que le vent,
> Quand le printemps, miracle de l'Espagne,
> Les espoinçonne à trauers la campagne,

et André Chénier, dans son *Hermès*, se sont souvenus de cet antique symbole :

> Comme on feint qu'au printemps d'amoureux aiguillons
> La cavale agitée erre dans les vallons,
> Et, n'ayant d'autre époux que l'air qu'elle respire,
> Devient épouse et mère au souffle du Zéphyre....

1. Effrayant.
2. .... *Primus et ire viam, et fluvios tentare minaces*
   Audet, etc.
   (VIRGILE, *Géorgiques*, livre III, vers 77 et suivants.)
3. Comprime son ardeur violente.

ADONIS.

Enfin le monstre est joint par deux chiens dont la race
Vient du vite[1] Lélaps[2], qui fut l'unique prix
Des larmes dont Céphale apaisa sa Procris :
Ces deux chiens sont Mélampe[3] et l'ardente Sylvage.
Leur sort fut différent, mais non pas leur courage :
Par l'homicide[4] dent Mélampe est mis à mort ;
Sylvage au poil de tigre attendoit même sort,
Lorsque l'un des chasseurs se présente[5] à la bête.
Sur lui tourne aussitôt l'effort de la tempête[6] :   360
Il connoît, mais trop tard, qu'il s'est trop avancé ;
Son visage pâlit, son sang devient glacé ;
L'image du trépas en ses yeux est empreinte[7] :
Sur le teint des mourants la mort n'est pas mieux peinte.
Sa peur est pourtant vaine, et, sans être blessé,   365
Du monstre qui le heurte il se sent[8] terrassé.
Nisus, ayant cherché son salut sur un arbre,
Rit de voir ce chasseur plus froid que n'est un marbre[9].

1. Livre V, fable XVII, vers 21.
2. Λαῖλαψ, tourbillon de vent, tempête, ouragan ; nom de chien chez Ovide (*Métamorphoses*, livres III, vers 211, VII, vers 771) : il s'agit, dans le premier passage, d'un des chiens d'Actéon, dans le second, de celui de Procris et de Céphale ; Martial fait allusion à ce dernier (*Épigrammes*, XI, LXIX, vers 5).
3. Ovide, *Métamorphoses*, livre III, vers 206 et 208. — C'est aussi le nom du chien d'Astrée dans le roman d'Honoré d'Urfé.
4. Pour l'emploi, très fréquent en poésie, de ce mot comme épithète, voyez les *Lexiques de Malherbe* et *de Racine*.
5. Comparez le premier *Discours à Mme de la Sablière*, vers 75.
6. Livre I, fable XXII, vers 9.
7. Chez Corneille, *OEdipe*, acte I, scène I :
    .... [Son] front, déjà pâle et glacé,
    Porte empreint le trépas dont il est menacé.
8. « Il se voit », dans le manuscrit de 1658.
9. Contemple ce chasseur étendu comme un marbre.
                                        (*Ibidem.*)

Rapprochez les vers 17 et suivants de la fable XX du livre V

Mais lui-même a sujet de trembler à son tour :
Le sanglier coupe l'arbre[1]; et les lieux d'alentour   370
Résonnent du fracas dont sa chute est suivie :
Nisus encore en l'air fait des vœux pour sa vie.
Conterai-je en détail tant de puissants efforts,
Des chiens et des chasseurs les différentes morts,
Leurs exploits avec eux cachés sous l'ombre noire?   375
Seules vous les savez, ô filles de Mémoire :
Venez donc m'inspirer[2]; et, conduisant ma voix,
Faites-moi dignement célébrer ces exploits.

Deux lices d'Anténor, Lycoris et Niphale,
Veulent qu'aux yeux de tous leur ardeur se signale.   380
Le vieux Capys lui-même eut soin de les dresser :
Au sanglier l'une et l'autre est prête[3] à se lancer.
Un mâtin les devance, et se jette en leur place;
C'est Phlégon[4], qui souvent aux loups donne la chasse;
Armé d'un fort collier qu'on a semé[5] de clous[6],   385

> L'un des deux Compagnons grimpe au faîte d'un arbre;
> L'autre, plus froid que n'est un marbre, etc.;

et Ronsard, tome II, p. 268 :

> Se moqueroit on pas de quelque combattant....
> Ayant sans coup ruer le cueur plus froid que glace?

1. *Arboris insiluit, quæ stabat proxima, ramis,*
Despexitque loco tutus, quem fugerat, hostem.
Dentibus ille ferox in querno stipite tritis,
Imminet exitio, etc.
(Ovide, *Métamorphoses*, livre VIII, vers 367-370.)

2. Ah! si j'étois aidé des filles de Mémoire!
(*Psyché*, livre I, tome III M.-L., p. 86.)

3. Tome V, p. 432 et note 4.
4. Phlégon était aussi le nom d'un des chevaux du Soleil.
5. « Garni », dans le manuscrit de 1658.
6. D'un gorgerin : tome III, p. 43 et note 9.
— Bien armés de colliers tout herissés de clous.
(Ronsard, tome II, p. 88.)

A l'oreille du monstre il s'attache en courroux :
Mais il sent aussitôt le redoutable ivoire[1];
Ses flancs sont décousus[2]; et, pour comble de gloire,
Il combat en mourant, et ne veut point lâcher
L'endroit où sur le monstre il vient de s'attacher. 390
Cependant le sanglier[3] passe à d'autres trophées :
Combien voit-on sous lui de trames étouffées!
Combien en coupe-t-il[4]! Que d'hommes terrassés :
Que de chiens abattus, mourants, morts, et blessés!
Chevaux, arbres, chasseurs, tout éprouve sa rage. 395
Tel passe un tourbillon, messager de l'orage;
Telle descend la foudre[5], et d'un soudain fracas
Brise, brûle, détruit, met les rochers à bas.
Crantor d'un bras nerveux[6] lance un dard à la bête :
Elle en frémit de rage, écume, et tourne tête, 400
Et son poil hérissé semble de toutes parts
Présenter au chasseur une forêt de dards[7].
Il n'en a point pourtant le cœur touché de crainte;
Par deux fois du sanglier il évite l'atteinte[8];
Deux fois le monstre passe, et ne brise en passant 405
Que l'épieu dont Crantor se couvre en cet instant.
Il revient au chasseur; la fuite est inutile :

1. Les redoutables défenses.
2. Comparez tome II, p. 349 et note 13 :
   Le sanglier, rappelant les restes de sa vie,
   Vient à lui, le découd.
3. « L'animal », dans le manuscrit de 1658. — 4. Page 182.
5. *Hinc aper excitus medios violentus in hostes*
   Fertur, ut excussis elisi nubibus ignes.
                               (Ovide, *ibidem*, vers 338-339.)
6. Vers 294.
7. *Et setæ densis similes hastilibus horrent;*
   Stantque velut vallum, velut alta hastilia, setæ.
                               (*Ibidem*, vers 285-286.)
8. Ci-dessus, p. 204 et note 5.

Crantor aux environs n'aperçoit point d'asile[1].
En vain du coup fatal il veut se détourner;
Ne pouvant que mourir, il meurt sans s'étonner[2].   410

Pour punir son vainqueur[3] toute la troupe approche;
L'un lui présente un dard, l'autre un trait lui décoche :
Le fer ou se rebouche[4], ou ne fait qu'entamer
Sa peau, que d'un poil dur le Ciel voulut armer.
Il se lance aux épieux[5], il prévient leur atteinte[6];   415
Plus le péril est grand, moins il montre de crainte :

1. Dans le manuscrit de 1658, on lit :

Que l'épieu dont Crantor arme son bras puissant;
La fuite en cet instant lui devient inutile :
Dans les lieux d'alentour il ne voit point d'asile.

2. Vers 348; et tome I, p. 5.
3. « L'animal », dans le manuscrit de 1658.
4. S'émousse. Comme le remarque Walckenaer, le mot *reboucher* a actuellement une tout autre signification; mais celle que lui donne ici la Fontaine est la seule qui se trouve indiquée dans la 1re édition du Dictionnaire de l'Académie; et il cite deux exemples, l'un de Marot, l'autre de Sénecé. Ajoutons-en deux de Marot (tomes I, p. 12, III, p. 182); deux de du Bellay (tome I, p. 149, 440); cinq de Remy Belleau (tomes I, p. 154, 307, II, p. 62, 82, 183); deux de Jodelle (tomes I, p. 124, II, p. 10); trois de Montaigne (tomes I, p. 6, II, p. 355, et p. 296) : « Le fer n'y peut mordre et rebouche contre »; celui-ci de Regnier (épître 1, vers 232) :

Que ton cœur de leurs traits rebouche la malice;

cet autre de Malherbe (tome II, p. 9) : « C'est un Grec, de qui les pointes trop déliées se rebouchent le plus souvent »; cet autre de Voiture (p. 13) :

Voici mon amour sur la touche :
Jugez s'il marque nettement,
Et si sa pointe rebouche;

dans l'*Émile* de J.-J. Rousseau (livre II) : « Son corps sera la cuirasse qui rebouchera tous les traits »; voyez aussi ci-dessous, p. 266, note 2.
5. Vers 382.
6. Ci-dessus, vers 404; ci-dessous, vers 503 et 520.

C'est ainsi qu'un guerrier pressé de toutes parts[1]
Ne songe qu'à périr au milieu des hasards[2] :
De soldats entassés son bras jonche la terre ;
Il semble qu'en lui seul se termine la guerre :   420
Certain de succomber, il fait pourtant effort,
Non pour ne point mourir, mais pour venger sa mort.
Tel et plus valeureux le monstre se présente[3] ;
Plus le nombre s'accroît, plus sa fureur s'augmente :
L'un a les flancs ouverts, l'autre les reins rompus ;   425
Il mâche et foule aux pieds ceux qui sont abattus[4].
La troupe des chasseurs en devient moins hardie ;
L'ardeur qu'ils témoignoient est bientôt refroidie.

Palmire toutefois s'avance malgré tous :
Ce n'est pas du sanglier que son cœur craint les coups ;
Aréthuse lui fut jadis plus redoutable ;
Jadis sourde à ses vœux, mais alors favorable[5],
Elle voit son amant poussé d'un beau desir,
Et le voit avec crainte autant qu'avec plaisir[6].
« Quoi ! mes bras, lui dit-il, sont conduits par les vôtres[7],

1. Genre de comparaison dont notre poète a tiré souvent un si bon parti. Livre XII, fable XXIII, vers 32-34 :

   Je crois voir Annibal, etc.

2. Rapprochez le *Poème du Quinquina*, chant II, vers 236.
3. Ci-dessus, vers 359 et note 5.

— Tel et plus fier encor l'animal se présente.
(Manuscrit de 1658.)

4. ....Au contraire, il s'elance et les mit en desordre,
Massacrant la moitié, puis, en les secouant,
Du groin les enleuoit, et s'en alloit iouant,
Et morts les estendoit sur le dos de la plaine.
(RONSARD, tome II, p. 35.)

5. Vers 300 et suivants.
6. Comparez *les Filles de Minée*, vers 318-320.
7. Quoi ! mes bras, lui dit-il, sont animés des vôtres.
(Manuscrit de 1658.

Et vous me verriez fuir aussi bien que les autres!
Non, non; pour redouter le monstre et son effort,
Vos yeux m'ont trop appris à mépriser la mort. »
Il dit, et ce fut tout : l'effet suit la parole;
Il ne va pas au monstre, il y court, il y vole, 440
Tourne de tous côtés, esquive¹ en l'approchant,
Hausse le bras vengeur, et d'un glaive tranchant
S'efforce de punir le monstre de ses crimes.
Sa dent alloit d'un coup s'immoler deux victimes :
L'une eût senti le mal que l'autre en eût reçu, 445
Si son cruel espoir n'eût point été déçu.
Entre Palmire et lui l'amazone se lance :
Palmire craint pour elle, et court à sa défense².
Le sanglier ne sait plus sur qui d'eux³ se venger;
Toutefois à Palmire il porte un coup léger, 450
Léger pour le héros, profond pour son amante⁴.
On l'emporte; elle suit, inquiète et tremblante.
Le coup est sans danger; cependant les esprits⁵,
En foule avec le sang de leurs prisons sortis,
Laissent faire à Palmire un effort inutile⁶. 455
Il devient aussitôt pâle, froid, immobile;
Sa raison n'agit plus, son œil se sent voiler :

1. Ci-dessus, p. 107 et note 3.
2. Palmire en est surpris, et court à sa défense.
(Manuscrit de 1658.)
3. Sur lequel des deux. — 4. Vers 445.
5. Voyez, pour ces « esprits animaux », légers et subtils, qu'on regardait comme le principe de la vie et des sentiments, les exemples cités par Littré; la fable XVII du livre V, vers 14 et note 6; et le *Poème du Quinquina*, chant I, vers 142 et suivants.
— On l'emporte; elle suit, toute pâle et tremblante.
Le coup rompt un (*sic*) artère, et déjà les esprits....
(Manuscrit de 1658.)
6. Laissent faire à ses sens un effort inutile.
(*Ibidem.*)

Heureux s'il pouvoit voir les pleurs qu'il fait couler.
La moitié des chasseurs, à le plaindre employée,
Suit la triste Aréthuse en ses larmes noyée. 460

Non loin de cet endroit un ruisseau fait son cours;
Adonis s'y repose après mille détours.
Les nymphes, de qui l'œil voit les choses futures,
L'avoient fait égarer en des routes obscures.
Le son des cors se perd par un charme¹ inconnu; 465
C'est en vain que leur bruit à ses sens est venu.
Ne sachant où porter sa course vagabonde,
Il s'arrête en passant au cristal² de cette onde.
Mais les nymphes ont beau s'opposer aux Destins :
Contre un ordre fatal tous leurs charmes sont vains³.
Adonis en ce lieu voit apporter Palmire;
Ce spectacle l'émeut, et redouble son ire⁴ :
A tarder plus longtemps on ne peut l'obliger;
Il regarde la gloire, et non pas le danger.
Il part, se fait guider, rencontre le carnage⁵. 475
Cependant le sanglier s'étoit fait un passage,
Et, courant vers son fort⁶, il se lançoit parfois
Aux chiens⁷, qui dans le ciel poussoient de vains abois⁸.

1. *Les Filles de Minée*, vers 146, *Adonis*, vers 145.
2. Ci-dessus, p. 241 et note 3.
3. Comparez la scène v de l'acte II de *Galatée*.
4. Page 210 et note 2.
—   Adonis en ce lieu voit Palmire qu'on porte;
   Sa colère en devient plus ardente et plus forte.
                     (Manuscrit de 1658.)
5. Dans *les Filles de Minée*, vers 106 et note 1 :
   D'un carnage récent sa gueule est toute teinte.
6. Vers 252 et 325. — 7. Vers 382 et 415.
8. *Ille ruit, spargitque canes, ut quisque ruenti
   Obstat, et obliquo latrantes dissipat ictu.*
            (Ovide, *ibidem*, vers 343-344.)

On ne l'ose approcher; tous les traits qu'on lui lance,
Étant poussés de loin, perdent leur violence.   480
Le héros seul s'avance, et craint peu son courroux.
Mais Capys, l'arrêtant, s'écrie : « Où courez-vous¹?
Quelle bouillante ardeur au péril vous engage?
Il est besoin de ruse, et non pas de courage.
N'avancez pas, fuyez; il vient à vous, ô dieux ! »   485
Adonis, sans répondre, au ciel lève les yeux.
« Déesse, ce dit-il², qu'adore ma pensée,
Si je cours au péril, n'en sois point offensée;
Guide plutôt mon bras, redouble son effort³;
Fais que ce trait lancé donne au monstre la mort⁴. »

A ces mots dans les airs le trait se fait entendre :
A l'endroit où le monstre a la peau la plus tendre
Il en reçoit le coup, se sent ouvrir les flancs⁵,
De rage et de douleur frémit, grince les dents⁶,
Rappelle sa fureur, et court à la vengeance.   495
Plein d'ardeur et léger, Adonis le devance.
On craint pour le héros; mais il sait éviter

---

1. Vers 283-284 :
   Si le jeune Adonis l'eût aussi voulu croire,
   Il n'auroit pas si tôt traversé l'onde noire.

2. Tome IV, p. 109 et note 2.
3. Vers 326.
4. *Da mihi, quod petitur, certo contingere telo.*
   (OVIDE, *ibidem*, vers 351.)
   — Guide ma main, deesse, et m'enseigne le lieu
   D'où ie pourrai sanglant retirer mon epieu.
   (RONSARD, tome II, p. 36.)

5. Vers 425.
6. L'Académie, dans les quatre premières éditions de son Dictionnaire, n'admet que cette forme active : « grincer les dents ». A partir de la cinquième elle ajoute : « On dit aussi : « grincer des « dents ».

ADONIS.

Les coups qu'à cet abord¹ la dent lui veut porter.
Tout ce que peut l'adresse étant jointe au courage,
Ce que pour se venger tente l'aveugle rage,   500
Se fit lors remarquer par les chasseurs épars².
Tous ensemble au sanglier voudroient lancer leurs dards,
Mais peut-être Adonis en recevroit l'atteinte³.
Du cruel animal ayant chassé la crainte,
En foule ils courent tous droit aux fiers assaillants.   505
Courez, courez, chasseurs un peu trop tard vaillants;
Détournez de vos noms un éternel reproche :
Vos efforts sont trop lents, déjà le coup approche;
Que n'en ai-je oublié les funestes moments!
Pourquoi n'ont pas péri ces tristes monuments⁴?   510
Faut-il qu'à nos neveux j'en raconte l'histoire!
Enfin de ces forêts l'ornement et la gloire,
Le plus beau des mortels, l'amour de tous les yeux⁵,
Par le vouloir du Sort ensanglante⁶ ces lieux.

Le cruel animal s'enferre dans ses armes,   515
Et d'un coup aussitôt il détruit mille charmes⁷.
Ses derniers attentats ne sont pas impunis;

1. Tome V, p. 453 et note 3, et ci-dessus, p. 203.
2. Vers 316.
—   Se fit lors aux chasseurs remarquer des deux parts.
                                   (Manuscrit de 1658.)
3. Vers 415.
4. Comparez vers 124 :
        .... Les monuments sacrés, sources de votre gloire.
5. Ci-dessus, vers 38 :
        Il semble être formé pour le plaisir des yeux.
6. Rougit de son propre sang.
—   .... Ensanglantant l'autel qu'il tenoit embrassé.
                         (RACINE, *Andromaque*, acte III, scène VIII.)
7. Vers 41 et note 6.

Il sent son cœur percé de l'épieu d'Adonis,
Et, lui poussant au flanc sa défense cruelle,
Meurt, et porte en mourant une atteinte[1] mortelle[2]. 520
D'un sang impur et noir il purge l'univers;
Ses yeux d'un somme[3] dur sont pressés et couverts,
Il demeure plongé dans la nuit la plus noire;
Et le vainqueur à peine a connu sa victoire,
Joui de la vengeance et goûté ses transports, 525
Qu'il sent un froid démon[4] s'emparer de son corps.
De ses yeux si brillants la lumière est éteinte;
On ne voit plus l'éclat dont sa bouche étoit peinte,
On n'en voit que les traits; et l'aveugle trépas
Parcourt tous les endroits où régnoient tant d'appas[5].
Ainsi l'honneur des prés[6], les fleurs, présent de Flore,
Filles du blond Soleil et des pleurs de l'Aurore[7],

1. Vers 503.
2. Le fer se reboucha; le sanglier estonné
   Se recule à costé, puis à front retourné
   Luy poussa de trauers ses défenses en l'aine,
   Et tout palle et tout froid l'estendit sur la plaine.
   (Ronsard, élégie v.)
3. Page 34 et note 8.
4. Rapprochez le *Poëme du Quinquina*, chant I, vers 253.
5. Ci-dessus, vers 516 et note 7. — 6. Vers 296.
7.   Et vous, charmantes fleurs,
       Douces filles des pleurs
       De la naissante Aurore....
       (*Galatée*, acte I, scène 1.)
   C'est pour moi que coulent les pleurs
   Qu'en se levant verse l'Aurore.
   (*Le Songe de Vaux*, IIe fragment.)
   Dans ces lieux les dons de Flore
   Font accourir les Zéphyrs,
   Et les larmes de l'Aurore
   Se joignent à leurs soupirs.
   Les fleurs n'en sont que plus belles, etc.
   (*Astrée*, Prologue, vers 37-41.)
   Cueillez l'herbe et les fleurs

Si la faux les atteint, perdent en un moment
De leurs vives couleurs le plus rare ornement[1].

La troupe des chasseurs, au héros accourue, 535
Par des cris redoublés lui fait ouvrir la vue[2] :
Il cherche encore un coup la lumière des cieux[3] ;
Il pousse un long soupir, il referme les yeux,
Et le dernier moment qui retient sa belle âme[4]
S'emploie au souvenir[5] de l'objet qui l'enflamme. 540
On fait pour l'arrêter des efforts superflus :
Elle s'envole aux airs, le corps ne la sent plus.

Prêtez-moi des soupirs, ô Vents[6], qui sur vos ailes
Portâtes à Vénus de si tristes nouvelles.
Elle accourt aussitôt, et, voyant son amant, 545
Remplit les environs d'un vain gémissement.
Telle sur un ormeau se plaint la tourterelle,
Quand l'adroit giboyeur[7] a, d'une main cruelle,

Pour vous l'Aube nourrit la terre de ses pleurs.
(*Saint Malc*, vers 187-188.)

1. .... *Purpureus veluti cum flos, succisus aratro,*
Languescit moriens.
(VIRGILE, *Énéide*, livre IX, vers 435-436.)
Voyez aussi Catulle, XI, vers 22-24, et Ovide, *Métamorphoses*,
livre X, vers 190-195.
2. Les yeux : ci-dessus, p. 18 et note 5.
3. Dans *les Filles de Minée*, vers 131 :
Il ne regarde point la lumière des cieux.
4. Et le dernier moment que tarde sa belle âme.
(Manuscrit de 1658.)
5. Chez Malherbe (tome II, p. 562) : « .... La résolution qu'ils
avoient prise de s'employer à la vertu. »
6. Doux vents, s'écrioit-il, prêtez-moi des soupirs !
(*Les Filles de Minée*, vers 220.)
7. La plupart de nos Dictionnaires expliquent *giboyeur* par

Fait mourir à ses yeux l'objet de ses amours[1];
Elle passe à gémir et les nuits et les jours[2],   550
De moment en moment renouvelant sa plainte,
Sans que d'aucun remords la Parque soit atteinte.
Tout ce bruit, quoique juste, au vent est répandu[3];
L'Enfer ne lui rend point le bien qu'elle a perdu[4] :
On ne le peut fléchir[5]; les cris dont il est cause   555
Ne font point qu'à nos vœux il rende quelque chose.
Vénus l'implore en vain par de tristes accents;
Son désespoir éclate en regrets impuissants;
Ses cheveux sont épars, ses yeux noyés de larmes;
Sous d'humides torrents ils resserrent leurs charmes,
Comme on voit au printemps les beautés du soleil
Cacher sous des vapeurs leur éclat sans pareil.
Après mille sanglots enfin elle s'écrie :
« Mon amour n'a donc pu te faire aimer la vie!
Tu me quittes, cruel! Au moins ouvre les yeux,   565
Montre-toi plus sensible à mes tristes adieux;

« celui qui chasse beaucoup »; l'Académie, dans ses quatre premières éditions, par « celui qui chasse avec l'arquebuse ».

1.   Il veult desormais ressembler
    A la loyale turterelle
    Qui seule se tient à part elle,
    Aprez qu'elle a perdu son pair.
            (CHARLES D'ORLÉANS, *Quittance d'amour*.)

2. Voyez la tourterelle, entendez-la gémir.
                    (*Clymène*, vers 51.)

— *Nec gemere aeria cessabit turtur ab ulmo.*
                    (VIRGILE, églogue I, vers 59.)

3. Ci-dessus, p. 191 et note 4.

4. Et l'avare Achéron ne lâche point sa proie.
            (RACINE, *Phèdre*, acte II, scène VI, vers 625.)

Comparez l'*Hippolyte* de Sénèque, vers 219-221 et 623-626

5. .... *Manesque adiit regemque tremendum,*
    Nesciaque humanis precibus mansuescere corda.
            (VIRGILE, *Géorgiques*, livre IV, vers 469-470.)

Vois de quelles douleurs ton amante est atteinte[1] !
Hélas! j'ai beau crier[2] : il est sourd à ma plainte.
Une éternelle nuit[3] l'oblige à me quitter[4];
Mes pleurs ni mes soupirs ne peuvent l'arrêter. 570
Encor si je pouvois le suivre en ces lieux sombres[5] !
Que ne m'est-il permis d'errer parmi les ombres!
Destins, si vous vouliez le voir si tôt périr[6],
Falloit-il m'obliger à ne jamais mourir[7] ?

1. Las! auant que partir, parles encore à moi,
   Derobe du sommeil tes lumieres, et voi
   En quelle passion tu m'as ici laissée,
   Qui meurs de cent trepas pour n'estre trepassée!
   (RONSARD, tome II, p. 198.)

2. Tome III, p. 219 et note 12.

3.   Les filles du Destin
   Filent aux habitants (des enfers) uue nuit sans matin.
   (Psyché, livre II, tome III M.-L., p. 157.)

4. Le cruel ne veut pas seulement m'écouter.
                    (Manuscrit de 1658.)

5. « Aux noirs et tristes lieux » (la Matrone d'Éphèse, vers 65).
— Dans les Filles de Minée, vers 121 :

   Attends-moi, je te vais rejoindre aux rives sombres.

6. On lit, dans le manuscrit de 1658, au lieu de ce vers, les cinq qui suivent :

   Mais l'Enfer à mes yeux se cache vainement,
   Je le trouve partout où n'est point mon amant,
   Destins qui me l'ôtez, que vos lois sont barbares!
   Avez-vous pu toucher à des trésors si rares?
   Et puisque vous vouliez le voir si tôt périr....

7. Dans le Petit Chien, vers 165 :

   Malheureuses pourtant (les nymphes) de ne pouvoir mourir.

La même idée est exprimée, comme nous l'avons dit, dans l'opéra de Daphné (acte V, scène v); et dans celui de Galatée (acte II, scène v), où cette nymphe, qui n'a pu obtenir pour Acis, son amant, l'immortalité, déplore de ne pouvoir au moins mourir elle aussi quand il mourra :

   Quoi! mon Berger mourra! Destin, pour toute grâce,

Malheureuse Vénus, que te servent ces larmes ? 575
Vante-toi maintenant du pouvoir de tes charmes :
Ils n'ont pu du trépas exempter tes amours ;
Tu vois qu'ils n'ont pu même en prolonger les jours.
Je ne demandois pas que la Parque cruelle
Prît à filer leur trame une peine éternelle ; 580
Bien loin que mon pouvoir l'empêchât de finir,

  Je te demande qu'il ne passe
Qu'après mille soleils le fleuve sans retour.
Je te demande au moins que dans le noir séjour
  Tu me permettes de le suivre :
Ne me condamne point au supplice de vivre,
Après avoir perdu l'objet de mon amour.

Rapprochons l'*Elegie ou chanson lamentable de Venus sur la mort du bel Adonis*, de Saint-Gelais, inspirée par l'idylle de Bion citée dans la notice :

  O deité trop cruelle !
  O vie trop obstinée !
  Las, que n'ay ie, ce dit-elle,
  Une fin predestinée ?

  O demeure du ciel tiers,
  Par moy iadis tant prisée,
  Combien, et plus voluntiers,
  I' irois au champ Elisée....

  Vienne le grand rauisseur
  De l'infernale contrée,
  Il pourra bien estre seur
  D'auoir faueur rencontrée.

  Las ! que le Ciel ne m'ottroye
  Pouuoir morte estre laissée,
  Aussi bien que deuant Troye
  Il me souffrit voir blessée !

Corneille, *Psyché*, vers 1946-1950 :

    VÉNUS.
....Cette douleur n'est pas commune
Qui force un immortel à souhaiter la mort.
    L'AMOUR.
Voyez par son excès si mon amour est fort ;

et Fénelon, *les Aventures de Télémaque*, livre I : « Calypso ne pouvoit se consoler du départ d'Ulysse ; dans sa douleur, elle se trouvoit malheureuse d'être immortelle. »

Je demande un moment, et ne puis l'obtenir.
Noires divinités du ténébreux empire,
Dont le pouvoir s'étend sur tout ce qui respire,
Rois[1] des peuples légers[2], souffrez que mon amant   585
De son triste départ me console un moment.
Vous ne le perdrez point : le trésor que je pleure
Ornera tôt ou tard votre sombre demeure[3].
Quoi ! vous me refusez un présent si léger !
Cruels, souvenez-vous qu'Amour m'en peut venger :
Et vous, antres cachés, favorables retraites,
Où nos cœurs ont goûté des douceurs si secrètes,
Grottes, qui tant de fois avez vu mon amant
Me raconter des yeux son fidèle tourment,
Lieux amis du repos, demeures solitaires,   595
Qui d'un trésor si rare étiez dépositaires,
Déserts, rendez-le moi[4] : deviez-vous avec lui
Nourrir chez vous le monstre auteur de mon ennui[5] ?

1. « Roi », dans le manuscrit de 1658.
2. Des ombres, « des peuples vains » (*Poëme du Quinquina*, chant II, vers 24).
3. On lit ici dans le manuscrit de 1658 les quatre vers suivants supprimés depuis :

   Je sais que l'Achéron, de nos plaisirs jaloux,
   Ne fait que nous prêter les biens qui sont à nous ;
   Ses eaux assez longtemps verront cette belle ombre.
   Que peut faire un moment sur des siècles sans nombre ?

— C'est aussi ce que dit Orphée, lorsqu'il conjure les divinités de l'Enfer de lui rendre Eurydice :

   Omnia debemur vobis; paulumque morati,
   Serius aut citius sedem properamus ad unam.
   Tendimus huc omnes, hæc est domus ultima; vosque
   Humani generis longissima regna tenetis.
   Hæc quoque, cum justos matura peregerit annos,
   Juris erit vestri.
                    (Ovide, *Métamorphoses*, livre X, vers 32-37.)

4. Représentez-le-moi. (Manuscrit de 1658.)
5. Ci-dessus, p. 248 et note 8.

Vous ne répondez point. Adieu donc, ô belle âme;
Emporte chez les morts ce baiser tout de flamme[1] :   600
Je ne te verrai plus; adieu, cher Adonis[2]! ».

1. Voyez tome V, p. 53 et note 3. — Dans l'idylle citée de Bion (vers 11-14) :

Θνάσκει καὶ τὸ φίλαμα, τὸ μήποτε Κύπρις ἀφήσει.
Κύπριδι μὲν τὸ φίλαμα, καὶ οὐ ζώοντος ἀρέσκει,
ἀλλ' οὐκ οἶδεν Ἄδωνις, ὅ νιν θνάσκοντ' ἐφίλασεν.

— Chez Remy Belleau, cité à la notice :

Cyprine va meslant sa bouchette blesmie
A la bouche d'Adon, vefue de l'heureux bien
Qu'elle souloit baisant mesler auec le sien.

— Or adieu, cher ami, d'ung eternel adieu :
Prends de moi ce baiser, et le garde au milieu
Des ondes d'Acheron, et, malgré Proserpine,
Que tousiours mon haleine eschauffe ta poitrine.

(RONSARD, tome II, p. 199.)

2. Ovide, qui a résumé en sept vers la chasse et la mort d'Adonis, décrit plus longuement et en vers touchants la douleur de Vénus (vers 717-739). La Fontaine ne lui a pas emprunté la métamorphose du jeune chasseur en anémone :

.... Agnovit longe gemitum morientis, et albas
Flexit aves illuc; utque æthere vidit ab alto
Exanimem, inque suo jactantem sanguine corpus,
Desiluit, pariterque sinus, pariterque capillos
Rupit, et indignis percussit pectora palmis;
Questaque cum fatis : « At non tamen omnia vestri
Juris erunt, inquit; luctus monumenta manebunt
Semper, Adoni, mei; repetitaque mortis imago
Annua plangoris peraget simulamina nostri.
At cruor in florem mutabitur : an tibi quondam
Femineos artus in olentes vertere menthas,
Persephone, licuit? nobis Cinyreius heros
Invidiæ mutatus erit? » Sic fata, cruorem
Nectare odorato sparsit; qui tactus ab illo
Intumuit, sic, ut pluvio perlucida cœlo
Surgere bulla solet; nec plena longior hora
Facta mora est, quum flos de sanguine concolor ortus,
Qualem, quæ lento celant sub cortice granum,
Punica ferre solent : brevis est tamen usus in illo;
Namque male hærentem, et nimia levitate caducum
Excutiunt idem, qui præstant nomina venti.

Ainsi Vénus cessa. Les rochers, à ses cris[1],
Quittant leur dureté, répandirent des larmes[2] :
Zéphyre en soupira : le jour voila ses charmes ;
D'un pas précipité sous les eaux il s'enfuit,   605
Et laissa dans ces lieux une profonde nuit[3].

1. Dans l'élégie de Ronsard, elle ne cesse pas seulement de crier, elle cesse aussi bientôt de l'aimer :

> Aussi tost qu'il fut mort, Amour d'aultre costé
> Luy a plus tost que vent son regret emporté,
> Si qu'elle, qui estoit n'a gueres tant esprise
> D'Adonis, l'oublia pour aimer ung Anchise,
> Ung pasteur phrygien, qui, par les prez herbeux
> De Xanthe recourbé, faisoit paistre ses bœufs.
> Telles sont et seront les amitiez des femmes,
> Qui au commencement sont plus chaudes que flammes :
> Ce ne sont que soupirs ; mais enfin leur amour
> Ressemble aux fleurs d'auril qui ne durent qu'ung iour.

2. C'est ainsi qu'en un bois Psyché contoit aux arbres
Sa douleur, dont l'excès faisoit fendre les marbres.
(*Psyché*, livre II, tome III *M.-L.*, p. 112.)

3. Le Soleil, las de voir ce spectacle barbare,
Précipite sa course, et, passant sous les eaux,
Va porter la clarté chez des peuples nouveaux.
L'horreur de ces déserts s'accroît par son absence ;
La Nuit vient sur un char conduit par le Silence,
Il amène avec lui la crainte en l'univers.
(*Ibidem*, livre I, tome III *M.-L.*, p. 33.)

POÈME
DE LA
CAPTIVITÉ DE SAINT MALC.

C'est à l'instigation, à la requête, des solitaires de Port-Royal que la Fontaine composa ce poëme tiré d'une lettre de saint Jérôme, traduite par Arnauld d'Andilly[1] : *Epistola divi Hieronymi de Vita Malchi monachi captivi scripta ante annum Christi* 392.

Nous avouons ne pouvoir partager l'admiration qu'il inspira à quelques lecteurs, entre autres à J.-B. Rousseau, qui le qualifia d' « admirable » : « Je possède la nouvelle édition des OEuvres posthumes de la Fontaine, où j'ai trouvé beaucoup plus de trop que de moins, car je souffre toutes les fois que je vois dans les ouvrages d'un grand homme quelque chose qui n'est pas digne de lui.... Il y a pourtant un *Poëme de saint Malc* qui est admirable. » (Lettre du 5 avril 1726 à M. Boutet, tome I, p. 157, du recueil de *Lettres de J.-B. Rousseau* publiées par Louis Racine, Genève, 1750, in-12.)

Le poëte Lebrun en a porté ce jugement dans une note manuscrite de son exemplaire des *OEuvres diverses* de notre auteur : « Ce petit poëme, quoique le sujet en soit pieux, est rempli d'intérêt, de vers heureux et de beautés neuves. »

Un de nos contemporains, Ch. Lenormant, ne s'est pas montré moins enthousiaste : « Qui a lu *la Captivité de saint Malc*? Qui sait que la Fontaine s'est inspiré des Pères du désert pour écrire les vers les plus homériques de notre langue? » (*Des Associations religieuses*, etc., Paris, 1845, in-8°, p. 26.)

Ce n'est pas après sa conversion, c'est à cinquante-deux ans, très peu de temps avant l'impression de la IVe partie de ses Contes, qu'il se résigna par complaisance à la rédaction de cet ouvrage, pour lequel nous renvoyons aux renseignements donnés dans notre tome I, p. CIII-CVI.

1. Dans les *Vies des saints Pères des déserts* (Paris, 1647-1653, in-4°), p. 112-132, et réimprimée dans les *OEuvres diverses* d'Arnauld d'Andilly (Paris, 1675, in-fol.), tome II, p. 188-195.

« On se demande, remarque Sainte-Beuve (*Port-Royal*, tome V, p. 23), ce qui a pu l'amener à rimer cette historiette sacrée d'après saint Jérôme et toute en l'honneur de la virginité. La Fontaine n'était pas chaste; M. d'Andilly ou quelque autre lui aura conseillé cet exercice comme pénitence et comme exemple. La chasteté, lui aura-t-on dit, est toujours possible, le Ciel aidant; et il l'aura cru durant quelques jours. C'était dur pourtant de donner ce pensum de saint Malc à la Fontaine; une idylle de Daphnis et Chloé lui aurait mieux convenu. Il a fait de son mieux, mais on s'aperçoit trop que l'ennui l'a pris en obéissant. »

Rappelons l'histoire de Justine et de Cyprien, de Valérien et de Cécile, dans *la Légende dorée;* celle d'Injuriosus et de Scolastique chez Grégoire de Tours (livre I, chapitre XLII); et le *Jocelyn* de Lamartine, qui a été, lui, beaucoup plus heureusement inspiré que notre poète.

Le poème parut en 1673 à Paris, chez Claude Barbin, in-12, de quatre feuillets liminaires et de cinquante pages chiffrées, dont voici le titre :

POËME
DE LA CAPTIVITÉ DE SAINT MALC
PAR M. DE LA FONTAINE.

A PARIS,
CHEZ CLAUDE BARBIN,
Au Palais, sur le second Perron de la Sainte Chapelle.
M DCLXXIII.
AVEC PERMISSION.

Il n'a ni privilège ni achevé d'imprimer, mais une permission. Chardon de la Rochette prétend, dans une note de la page 56 de l'*Histoire de M. de la Fontaine*, par Mathieu Marais, que cette édition, devenue fort rare, et presque introuvable, fut supprimée à son apparition, parce que l'épître dédicatoire donnait indûment au cardinal de Bouillon le titre d'*Altesse Sérénissime*. Le P. Adry, dans une note manuscrite qui se trouve en tête de l'exemplaire de ce livret qui appartenait à Walckenaer, dit que ce fut la Fontaine lui-même qui en fit détruire les exemplaires, pour la même raison, et aussi parce qu'il était mal satisfait de son poème; il aurait résolu, assure-t-il, de le retoucher et d'en publier une nouvelle édition in-4°, mais ne mit pas ce projet à exécution. Ajoutons que sur l'exemplaire de la Bibliothèque nationale *Sérénissime* (ci-dessus, p. 278) a été effacé, et remplacé par le mot *Éminentissime*, ce qui semble confirmer l'assertion de Chardon de la Rochette et du P. Adry.

A S. A. MGR. LE CARDINAL DE BOUILLON[1],
GRAND AUMÔNIER DE FRANCE.

MONSEIGNEUR,

Votre Altesse Éminentissime ne refusera pas sa protection au poème que je lui dédie : tout ce qui porte le caractère de piété est auprès de vous d'une recommandation trop puissante. C'est pour moi un juste sujet d'espérer dans l'occasion qui s'offre aujourd'hui : mais, si j'ose dire la vérité, mes souhaits ne se bornent point à cet avantage; je voudrois que cette idylle[2], outre la sainteté du sujet, ne vous parût pas entièrement dénuée

---

1. Emmanuel-Théodose de la Tour-d'Auvergne, duc d'Albret, né le 24 août 1643, mort le 2 mars 1715. Il reçut le chapeau de cardinal le 5 août 1669; il était grand aumônier de France depuis 1671; il fut privé de cette charge en 1700 : voyez les *Mémoires* de Saint-Simon, tome XI, p. 94-104; les vers que lui adressa la Fontaine *après son brevet de cardinalat* (tome V *M.-L.*, p. 70); et ceux-ci qu'il écrivait à sa sœur la princesse de Bavière (*ibidem*, p. 68-69) :

> Le duc d'Albret donne à l'étude
> Sa principale inquiétude;
> Toujours il augmente en savoir.
> Je suis jeune assez pour le voir
> Au-dessus des premières têtes.
> Son bel esprit, ses mœurs honnêtes,
> L'élèveront à tel degré
> Qu'enfin je m'en contenterai.

2. *Cet Idile*, dans l'édition originale. L'Académie, dans les deux premières éditions de son Dictionnaire, fait ce nom du masculin : « Quelques-uns, ajoute-t-elle, le font du féminin. »

des beautés de la poésie. Vous ne les dédaignez pas ces beautés divines, et les grâces de cette langue que parloit le peuple prophète. La lecture des livres saints vous en a appris les principaux traits. C'est là que la sagesse divine rend ses oracles avec plus d'élévation, plus de majesté, et plus de force, que n'en ont les Virgile et les Homère. Je ne veux pas dire que ces derniers vous soient inconnus : ignorez-vous rien de ce qui mérite d'être su par une personne de votre rang? Le Parnasse n'a point d'endroits où vous soyez capable de vous égarer. Certes, Monseigneur, il est glorieux pour vous de pouvoir ainsi démêler les diverses routes d'une contrée où vous vous êtes arrêté si peu. Que si votre goût peut donner le prix[1] aux beautés de la poésie, il le peut bien mieux donner à celles de l'éloquence. Je vous ai entendu juger de nos orateurs avec un discernement qu'on ne peut assez admirer : tout cela sans autre secours que celui d'une bienheureuse naissance, et par des talents que vous ne tenez ni des précepteurs ni des livres. C'est aux lumières nées avec vous[2] que vous êtes redevable de ces progrès dont tout le monde s'est étonné. Ce qui consume la vie de plusieurs vieillards enchaînés aux livres dès leur enfance, la jeunesse d'un prince l'a fait; et nous l'avons vu, et la renommée l'a publié. Elle a joint au bruit de votre savoir celui de ces mœurs si pures[3], et d'une sagesse qui est la fille du temps chez les autres,

1. Tome III, p. 203.
2. Ces flatteries rappellent celles que le poète adresse aux ducs du Maine et de Bourgogne (*ibidem*, p. 100 et 172).
3. « Ses mœurs étoient infâmes, dit Saint-Simon (tome XI, p. 101), il ne s'en cachoit pas; et le Roi, qui abhorra toujours ce vice jusque dans son propre frère, le souffrit dans M. de Vendôme et dans le cardinal de Bouillon, non seulement sans peine, mais il en fit longtemps ses favoris. » Si nous en croyons les *Mémoires de Choisy* (tome LXIII de la collection Petitot, p. 155), sa vie fut

et qui le devance chez vous. Un mérite si singulier a été universellement reconnu. Celui qui dispense les trésors du Ciel[1], et le monarque qui par ses armes victorieuses s'est rendu l'arbitre de l'Europe, ont concouru et de faveurs et d'estime[2] pour vous élever. Après des témoignages d'un si grand poids, mes louanges seroient inutiles à votre gloire. Je ne dois ajouter ici qu'une protestation[3] respectueuse d'être toute ma vie,

Monseigneur,

De Votre Altesse Sérénissime[4],

Le très humble et très obéissant serviteur,

De la Fontaine.

Reine des esprits purs, protectrice puissante,
Qui des dons de ton fils rends l'âme jouissante[5],
Et de qui la faveur se fait à tous sentir,
Procurant l'innocence, ou bien le repentir,
Mère des bienheureux, Vierge enfin, je t'implore.   5
Fais que dans mes chansons[6] aujourd'hui je t'honore ;

« exemplaire », mais seulement, il est vrai, « durant le cours de ses études ». Comparez ci-dessus, p. 276, la fin de la note 1.

1. Le Pape.
2. Locution à remarquer : ont rivalisé de, etc. Rapprochez la fable xv du livre VII, vers 17.
3. Assurance : tome V, p. 311 et note 3.
4. Sur cette souscription, et sur la vanité, sur les prétentions à la *princerie*, du cardinal de Bouillon, voyez ci-dessus, p. 275, et Sévigné, tome X, p. 244-245, 247, 252, etc., Saint-Simon, tome II, p. 13, et p. 83-85 : « .... Les mêmes qui s'étoient fait donner l' « Altesse », comme les souverains, ont pris aussi le « Sérénissime » presque aussitôt qu'ils l'ont vu inventer. » — Plus haut (p. 276), notre poète s'était contenté de l'appeler « Éminentissime ».
5. Ci-dessus, p. 46.
6. Mes chants.

O vous de qui les voix jusqu'aux astres montèrent,

Bannis-en ces vains traits, criminelles douceurs[1]
Que j'allois mendier jadis chez les neuf Sœurs.
Dans ce nouveau travail mon but est de te plaire[2].

Je chante d'un héros la vertu solitaire, 10
Ces déserts, ces forêts, ces antres écartés,
Des favoris du Ciel autrefois habités[3] :
Les lions et les saints ont eu même demeure[4].
Là, Malc prioit, jeûnoit, soupiroit à toute heure,
Pleuroit, non ses péchés, mais ceux qu'en notre cœur
A versés le serpent dont Christ est le vainqueur.
Malc avoit dans ces lieux confiné sa jeunesse[5],
Vivoit sous les conseils d'un saint plein de sagesse,
Conservoit avec soin le trésor précieux
Que nous tenons d'une eau dont la source est aux cieux[6].
Les auteurs de ses jours descendus sous la tombe,
Aux trésors temporels le jeune saint succombe,
Croit qu'on en peut jouir sans être criminel,
Que souvent on tient d'eux l'héritage éternel,
Qu'on n'a qu'à faire entrer, par un pieux usage, 25

  Lorsque par vos chansons tout l'univers charmé
  Vous ouït célébrer ce couple bien aimé,
  Grands et nobles esprits, chantres incomparables, etc.
       (*Adonis*, vers 116-119.)

1. Allusion à ses contes.
2. Il avait déjà prêté son nom en 1671 au *Recueil de poésies chrétiennes et diverses* de Loménie de Brienne : voyez notre tome I, p. CII-CIII.
3. Rapprochez *le Diable en enfer*, vers 27-31.
4. *Les Oies*, vers 68-71. — .... *Et quasi adeps separatus a carne, sic David a filiis Israel. Cum leonibus lusit quasi cum agnis ; et in ursis similiter fecit sicut in agnis ovium.* (*Ecclésiastique*, chapitre XLVII, versets 2 et 3.)
5. Dans *le Faucon*, vers 78 et note 5 :

  Là Frédéric alla se confiner.

6. L'eau de la grâce, l'eau du baptême.

Les membres du Seigneur et leur chef en partage[1].
Funeste appas[2] de l'or, moteur de nos desseins[3],
Que ne peux-tu sur nous, si tu plais même aux saints!

Malc annonce au vieillard censeur de sa jeunesse
Qu'il va de ses aïeux recueillir la richesse :   30
Qu'il tâche d'empêcher que des biens assez grands
Ne soient mal dispensés[4] par d'avares[5] parents[6];
Qu'il veut fonder un cloître, et destine le reste
A vivre sans éclat[7], toujours simple et modeste,

---

1. Donner aux pauvres, et donner à Dieu, c'est-à-dire à l'Église.
— *Vos autem estis corpus Christi, et membra de membro.* (Saint Paul, Ire épître aux Corinthiens, chapitre XII, verset 27.) « .... On savoit seulement que nous étions tous membres d'un chef crucifié. » MASSILLON, Sermon pour le mercredi des cendres, *sur le Jeûne*.)

2. *Appas*, dans l'édition originale, et non *appât*.

3. Voyez *Belphégor*, vers 99-100 et note 6; et la comédie de *Je vous prends sans verd*, scène XIII :

    Écueil de tout le monde! Or, quelle est ta puissance!

4. Employés, distribués, départis.

    —   Quant à son temps bien le sut dispenser.
                  (*Épitaphe d'un paresseux*.)

5. Avides, cupides, intéressés : ci-dessus, p. 249 et note 4.

6. Comparez ces vers du *Tartuffe* de Molière (acte IV, scène 1) :

    .... Si je me résous à recevoir du père
    Cette donation qu'il a voulu me faire,
    Ce n'est, à dire vrai, que parce que je crains
    Que tout ce bien ne tombe en de méchantes mains,
    Qu'il ne trouve des gens qui, l'ayant en partage,
    En fassent dans le monde un criminel usage,
    Et ne s'en servent pas, ainsi que j'ai dessein,
    Pour la gloire du Ciel et le bien du prochain;

et Boileau (satire X, vers 604-606) :

    Il est bon d'empêcher ces emplois fastueux
    D'être donnés peut-être à des âmes mondaines,
    Eprises du néant des vanités humaines.

7. Rapprochez *le Petit Chien*, vers 33.

LA CAPTIVITÉ DE SAINT MALC.

Donnant un saint exemple, et par ses soins pieux 35
Peut-être plus utile au siècle[1] qu'en ces lieux.

« Mon fils, dit le vieillard, il faut qu'avec franchise
Je vous ouvre mon cœur touchant votre entreprise.
Où[2] vous exposez-vous? et qu'allez-vous tenter?
En de nouveaux périls pourquoi vous rejeter?   40
De triompher toujours seriez-vous bien capable?
Ah! si vous le croyez, l'orgueil vous rend coupable;
Sinon votre imprudence a déjà mérité
Les reproches d'un Dieu justement irrité.
Fuyez, fuyez, mon fils, le monde et ses amorces[3] :   45
Il est plein de dangers qui surpassent vos forces[4].
Fuyez l'or; mais fuyez encor d'autres appas :
On ne sort qu'en fuyant vainqueur de ces combats[5].
La paix que nous goûtons a-t-elle moins de charmes?
Quoi! vous hasarderiez le fruit de tant de larmes,   50

1. Au monde. On disait : homme de ou du siècle, séculier, laïque, femme de siècle, chanson de siècle, etc.
— Dieu détruira le siècle au jour de sa fureur.
(Traduction paraphrasée de la prose *Dies iræ*,
tome V *M.-L.*, p. 197.)

— Chez Racine (*Abrégé de l'histoire de Port-Royal*, tome IV des OEuvres, p. 506) : « Dieu a permis qu'elle soit restée dans le siècle, afin que plus de personnes pussent apprendre de sa bouche ce miracle si étonnant. »

2. A quoi : tome II, p. 208; et *passim*.
3. Ci-dessus, p. 85 et note 2.
4. .... Le plus sûr chemin pour aller vers les cieux,
C'est d'affermir nos pas sur le mépris du monde.
Ce dangereux flatteur de nos foibles esprits
Oppose mille attraits à ce juste mépris;
Qui s'en laisse éblouir s'en laisse tôt séduire, etc.
(CORNEILLE, *l'Imitation de Jésus-Christ*, livre I, chapitre I,
vers 43-47.)
5. Rapprochez *le Diable en enfer*, vers 2 et 10.

Et celui de ce sang qu'un Dieu versa pour vous ! »
A ces mots le vieillard se jette à ses genoux.

Malc le quitte en pleurant : triste et funeste absence !
Il abandonne au sort sa fragile innocence,
S'engage en des chemins pleins de périls et longs. 55
D'Édesse[1] à Béroé[2] sont de vastes sablons[3] :
L'astre dont les clartés sont esclaves du monde
Parcourt avec ennui cette plaine inféconde
S'il y voit quelque objet, c'est un objet d'horreur.
Maint Arabe voisin y portoit la terreur. 60
Du passant égorgé le corps sans sépulture
D'un ventre carnassier devenoit la pâture.
On voyoit succéder, en ces cruels séjours,
Aux brigands les lions, aux lions les vautours :
Marcher seul en ces lieux eût eu de l'imprudence. 65
La fortune joint Malc à des gens sans défense :
Peu de jeunesse entre eux, force vieillards craintifs,
Femmes, famille[4], enfants aux cœurs déjà captifs.

Ils traversoient la plaine aux zéphyrs inconnue :

1. Ville de la Mésopotamie. — 2. Ville de Syrie, aujourd'hui Alép.
3. .... Autant encore
Que dessus la riue more
Y a de sablons menus.
(REMY BELLEAU, tome I, p. 280.)

Mon Dieu, qu'ils sont beaux et blonds
Vos doublons!
Faites-en chercher encores,
Demi-Mores,
Parmi vos jaunes sablons.
(*Satire Ménippée*, tome I, p. 202.)

Je passai la mer rouge et les sablons brûlés.
(DESMARETS, *les Visionnaires*, acte V, scène VII.)
Comparez les *Lexiques de Malherbe* et *de Corneille*.
4. Toute la famille, et les serviteurs eux-mêmes : p. 249.

Un gros¹ de Sarrasins vient s'offrir à leur vue,   70
Milice du démon, gens hideux et hagards²,
Engeance³ qui portoit la mort dans ses regards.
La cohorte du saint d'abord⁴ est dispersée :
Équipage⁵, trésors, jeune épouse est laissée⁶.
Telle fuit la colombe, oubliant ses amours⁷,   75
A l'aspect du milan qui menace ses jours.
Telle l'ombre d'un loup⁸ dans les verts pâturages
Écarte les troupeaux attentifs aux herbages⁹.
Les compagnons de Malc, épandus¹⁰ par ces champs,
Tomboient sans résister sous le fer des brigands.   80
De toutes parts l'horreur¹¹ régnoit en ce spectacle :
La proie apportoit seule au meurtre de l'obstacle¹².
Ceux que l'amour du gain tira de leur foyer
Perdoient d'un an de peine en un jour le loyer¹³.
Les pères chargés d'ans, laissant leurs tendres gages, 85
Fuyoient leur propre mort en ces funestes plages¹⁴,

1. Une troupe. « Un gros d'Arabes en chemin les ayant rencontrés, etc. » (*la Fiancée du roi de Garbe*, vers 706 et note 1).
2. A la mine hagarde (*ibidem*, vers 257).
3. Ci-dessus, p. 151 et note 2.
4. Tout d'abord, tout aussitôt : tome IV, p. 401 et note 5.
5. Voyez *la Fiancée*, vers 715 et note 7.
6. L'héroïne du poème, entre autres.
7. Ci-dessus, p. 251, 270, etc.
8.   Un loup parut; tout le troupeau s'enfuit.
       Ce n'étoit pas un loup, ce n'en étoit que l'ombre.
                (Livre IX, fable XIX, vers 26-27.)
9. Malgré leur attention à paître.
10. Ci-dessus, p. 153 et note 1. — 11. Page 16 et note 1.
12. Les Sarrasins n'oublioient de tuer que pour piller; ou ils ne tuaient que ceux dont ils ne pouvaient tirer profit.
13. Le salaire : tome III, p. 314 et note 2.
14. Plages de sables.

—   Tel on voit qu'un lion, roi de l'ardente plage,
       De sang et de meurtre altéré,

Et pour deux jours de vie abandonnoient un bien
Près de qui[1] vivre un siècle aux vrais pères n'est rien.
L'amant et la compagne à ses vœux destinée
Quittoient le doux espoir d'un prochain hyménée[2] : 90
Malheureux! l'un fuyoit; on eût vu ses amours[3]
Lui tendre en vain les bras implorant[4] son secours.

Une dame encor jeune, et sage en sa conduite,
Aux yeux de son époux dans les fers fut réduite.
Le mari se sauva regrettant sa moitié ; 95
La femme alla servir un maître sans pitié :
Au chef de ces brigands elle échut en partage.

Cet homme possédoit un fertile héritage,
Et de plusieurs troupeaux dans l'ardente saison
Vendoit à ses voisins le croît[5] et la toison. 100
Notre héros suivit la dame en servitude.
Ce fut lors, mais trop tard, que pour sa solitude,
Pour son cher directeur[6] et ses sages avis,
Il reprit des transports de pleurs en vain suivis.
« Forêts, s'écrioit-il, retraites du Silence[7], 105

Porte sur les chasseurs un regard assuré.
(Lettre au chevalier de Sillery, tome III M.-L., p. 441.)

1. Au prix, en comparaison duquel.
2. Dans le Poème du Quinquina, chant 1, vers 268-269 :

.... Une fille pleurante, et déjà destinée
Aux prochaines douceurs d'un heureux hyménée.

3. Page 283 et note 7.
4. Implorans, dans l'édition originale, malgré le régime direct, et, au vers 85, laissans : voyez tome III, p. 31 et note 11.
5. Les agneaux de l'année : livre IV, fable XII, vers 66. — « Ceulx qui ont droit de mettre bestes cheualines et vaches auec leurs suites n'y mettront que le croist et suite de l'année seulement. » (Coustumier general, tome II, p. 8.)
6. Le « censeur de sa jeunesse » (vers 29).
7. « Le logis du dieu (du Sommeil) est au fond d'un bois où le

Lieux dont j'ai combattu la douce violence [1];
Angéliques cités d'où je me suis banni,
Je vous ai méprisés, déserts : j'en suis puni.
Ne vous verrai-je plus? Quoi! songe, tu t'envoles!
O Malc! tu vois le fruit de tes desseins frivoles !   110
Verse des pleurs amers, puisque tu t'es privé
De ces pleurs bienheureux où ton cœur s'est lavé. »
Ainsi Malc regrettoit sa fortune passée.
Cependant des brigands la proie est entassée ;
On l'emporte à grand bruit : ils s'en vont triomphants.

Leur chef voulut que Malc adorât ses enfants,
Honneur dont on ne doit s'attribuer les marques
Qu'en voyant sous ses pieds les têtes des monarques [2].
Un Arabe exigea ce superbe tribut :
Si Malc s'en défendit, s'il l'osa, s'il le put,   120
S'il en subit la loi sans peine et sans scrupule,
C'est ce qu'en ce récit l'histoire dissimule [3].

Bien qu'à peine la dame achevât son printemps,
Que son teint eût des jours [4] aussi frais qu'éclatants,
L'Arabe n'en fit voir qu'une estime légère :   125
Il lui donna l'emploi d'une simple bergère,
Avec Malc l'envoya pour garder ses troupeaux :

Silence et la Solitude font leur séjour. » (*Le Songe de Vaux*, tome III
M.-L., p. 188.)

Sous ses ombrages verts loge la Solitude.
(*Adonis*, vers 31.)

1. Ci-dessous, vers 514 et note 7.
2. Comme Louis XIV.
3. Elle ne dissimule rien au contraire : *Pervenimus ad interiorem
solitudinem, ubi, dominam liberosque ex more gentis adorare jussi, cer-
vices flectimus* (sancti Hieronymi Opera, *Vita Malchi monachi captivi*,
tome IV, col. 92).
4. Terme de peintres : *le jour*, la façon dont un objet est éclairé.

Bientôt entre leurs mains ils devinrent plus beaux.

Le saint couple cherchoit les lieux les plus sauvages,
S'approchoit des rochers, s'éloignoit des rivages; 130
Lui-même il se fuyoit[1]; et jamais dans ces bois
Les échos n'ont formé des concerts de leurs voix.
Aux jours où l'on faisoit des vœux pour l'abondance[2],
Ils ne paroissoient point aux jeux ni dans la danse :
On ne les voyoit point à l'entour des hameaux 135
Mollement étendus[3] dormir sous les ormeaux.
Les entretiens oisifs et féconds en malices,
Du mercenaire esclave ordinaires délices,
Étoient fuis avec soin de nos nouveaux bergers;
Ils n'envioient point l'heur[4] des troupeaux étrangers[5].
Jamais l'ombre chez eux ne mit fin aux prières,
Ni la main du Sommeil n'abaissa leurs paupières :
La nuit se passoit toute en vœux, en oraison[6].
Dès que l'Aube empourproit les bords de l'horizon,
Ils menoient leurs troupeaux loin de toutes approches.

Malc aimoit un ruisseau coulant entre des roches.
Des cèdres le couvroient d'ombrages toujours verts[7] :

1. Ils s'évitaient l'un l'autre.
2. Comme à la fête des Rogations, mais c'est une fête chrétienne, qui tire son origine, il est vrai, nous l'avons dit (p. 173 et note 4), des fêtes de Cérès. Ici et plus bas, notre poëte semble oublier que nous sommes en Orient.
3. Mollement étendus ils consumoient les heures.
(*Adonis*, vers 139.)
4. Le bonheur : *ibidem*, vers 221 et note 3.
5. Ou plutôt de ceux qui les gardaient.
6. Voyez le *Psautier*, vers 56-57 et note 5 ; et Ronsard, tome I, p. 132 :
En ieune et oraison ie passerois le iour.
7. Une jeune ingénue en ce lieu se vient rendre,

Ils défendoient ce lieu du chaud et des hivers.
De degrés en degrés l'eau tombant sur des marbres
Mêloit son bruit aux vents engouffrés¹ dans les arbres.
Jamais désert ne fut moins connu des humains;
A peine le soleil en savoit les chemins².
La bergère cherchoit les plus vastes campagnes:
Là ses seules brebis lui servoient de compagnes;
Les vents en sa faveur leur offroient un air doux³; 155
Le Ciel les préservoit de la fureur des loups,
Et, gardant leurs toisons exemptes de rapines,
Ne leur laissoit payer nul tribut aux épines.
Dans les dédales verts que formoient les halliers⁴,
L'herbe tendre, le thym, les humbles violiers⁵, 160
Présentoient aux troupeaux une pâture exquise.
En des lieux découverts notre bergère assise
Aux injures du hâle⁶ exposoit ses attraits,

  Et goûter la fraîcheur sur ces bords toujours verts.
     (*Le Fleuve Scamandre*, vers 36-37.)
 1. ....Des autans engouffrés le triste sifflement.
    (LAMARTINE, *Jocelyn*, III⁰ époque.)
 2. Dans la fable III du livre X, vers 28 :
  Nul que Dieu seul et moi n'en connoît les chemins;
dans *Adonis*, vers 330 :
     .... Un séjour
  Jusqu'alors ignoré des mortels et du jour.
 3. Et comme un jour les vents, retenant leur haleine, etc.
     (Livre IV, fable II, vers 16.)
 4. Dans l'édition originale : *hailliers*.
 5. Giroflées sauvages.
   Parmi chardons et espineux halliers
   Naissent les fleurs des tendres violiers.
   (AMYOT, *Comment il faut ouir*, tome I des OEuvres
    morales de Plutarque, p. 85.)
 6. Tome V, p. 487 et note 4 :
   Le hâle avoit fait tort
  A son visage, etc.

Et des pensers[1] d'autrui se vengeoit sur ses traits.
Sa beauté lui donnoit d'éternelles alarmes. 165
Ses mains avec plaisir auroient détruit ses charmes[2] :
Mais, n'osant[3] attenter contre l'œuvre des cieux,
Le soleil se chargeoit de ce crime pieux.
O vous, dont la blancheur est souvent empruntée[4],
Que d'un soin différent votre âme est agitée! 170
Si vous ne vous voulez priver d'un bien[5] si doux,
De ses dons naturels au moins contentez-vous..

Tandis que la bergère en extase ravie[6]
Prioit le saint des saints de veiller sur sa vie[7],
Les ministres divins[8] veilloient sur son troupeau. 175
Quelquefois la quenouille et l'artiste fuseau
Lui délassoient l'esprit, et pour reprendre haleine
De ses propres moutons elle filoit la laine.
Pendant qu'elle goûtoit ce plaisir innocent,
Tournant parfois les yeux sur son troupeau paissant,
« Que vous êtes heureux, peuple doux[9]! disoit-elle,
Vous passez sans pécher cette course[10] mortelle :

1. Ci-dessus, p. 78 et note 5.
2. .... Et d'un coup aussitôt il détruit mille charmes.
(*Adonis*, vers 516.)
3. Pour cet emploi du participe absolu, voyez ci-dessus, p. 245 et note 9.
4. « On n'avoit point encore vu de ces femmes qui ont trouvé le secret de devenir vieilles à vingt ans et de paroître jeunes à soixante, etc. » (*Psyché*, livre I, tome III *M.-L.*, p. 59.) — Comparez l' « éclat emprunté » de Racine (*Athalie*, vers 494).
5. La beauté.
6. Ravi comme en extase à cet objet charmant....
(*Les Oies*, vers 152.)
7. Sur la pureté de sa vie. — 8. Les anges.
9. Que vous êtes heureux, troupeaux! etc.
(*Galatée*, acte II, scène 1.)
10. « Si les bonnes gens vivent encore, ils ne sauroient être fort

On loue en vous voyant celui qui vous a faits ;
Et nous, de qui les cœurs sont enclins aux forfaits,
Laissons languir sa gloire, et d'un foible suffrage[1]   185
Ne daignons relever son nom ni son ouvrage.
Chères brebis, paissez ; cueillez l'herbe et les fleurs :
Pour vous l'Aube nourrit la terre de ses pleurs[2] ;
Vivez de leurs présents : inspirez-nous l'envie
D'éviter les repas qui vous coûtent la vie.   190
Misérables humains[3], semence de tyrans,
En quoi différez-vous des monstres dévorants[4] ? »
Tels étoient les pensers[5] de la sainte héroïne.

Pour Malc, il méditoit sur la triple origine
De l'homme florissant, déchu, puis rétabli[6].   195
Du premier des mortels la faute est en oubli ;
Le Ciel pour Lucifer garde toujours sa haine.
« Dieu tout bon, disoit Malc, si ton Fils par sa peine[7]
M'a sauvé de l'enfer[8], m'a remis dans mes droits,
Garde-moi de les perdre une seconde fois ;   200

éloignés du dernier moment de leur course. » (*Psyché*, livre I,
tome III *M.-L.*, p. 55.)
1. Tome V, p. 77, note 1.
2. Ci-dessus, p. 266 :
....Ainsi l'honneur des prés, les fleurs, présent de Flore,
Filles du blond Soleil et des pleurs de l'Aurore....
3. Même hémistiche dans *la Coupe*, vers 362.
4. Rapprochez les « chiens dévorants » de Racine (*Athalie*,
acte II, scène v), les « vautours dévorants » de Voltaire (*OEdipe*,
acte I, scène III), etc.
5. Ci-dessus, vers 164.
6. Racheté : ci-dessous, vers 199. — 7. La Passion.
8. Roi qui fais tout trembler devant ta majesté,
Qui sauves les élus par ta seule bonté,
Source d'actes bénins et remplis de clémence,
Souviens-toi que pour moi tu descendis des cieux, etc.
(Traduction paraphrasée de la prose *Dies iræ*,
tome V *M.-L.*, p. 198.)

Fais qu'un jour mes travaux par leur fin se couronnent.
Je suis dans les périls, mille maux m'environnent,
L'esclavage, la crainte, un maître menaçant;
Et ce n'est pas encor le mal le plus pressant.
Tu m'as donné pour aide au fort de la tourmente[1] 205
Une compagne sainte, il est vrai, mais charmante;
Son exemple est puissant, ses yeux le sont aussi[2] :
De conduire les miens, Seigneur, prends le souci. »

Le Ciel combloit de dons cette humble modestie :
L'âme de nos bergers du péché garantie 210
Ne se contentoit pas de l'avoir évité.
« Qu'avons-nous, disoient-ils, jusque-là mérité[3] ?
Nous te sommes, Seigneur, serviteurs inutiles ;
Aide-nous, rends nos cœurs en vertu plus fertiles ;
Fais-nous suivre la main qui nous a secourus. 215
Tu combattis pour nous, tu souffris, tu mourus;
Nous vivons, nous passons nos jours dans l'espérance :
Nos délices[4] seront le prix de ta souffrance.
Ne nous feras-tu point imiter ces travaux?
Quand auras-tu, Seigneur, tes enfants pour rivaux ? 220
Si cette ambition te semble condamnable,
C'est l'amour qui la cause : il rend tout pardonnable.
Oui, Seigneur, nous t'aimons, nous l'osons protester[5] :

1. L'on ne pria les saints qu'au fort de la tempête.
(RÉGNIER, satire VI, vers 134.)

2. Ci-dessous, vers 288.

3. .... Il dit en soi : « Rustic, que sais-tu faire?
Veiller, prier, jeûner, porter la haire ?
Qu'est-ce cela? moins que rien, tous le font », etc.
(*Le Diable en enfer*, vers 87-89.)

4. Nos délices éternelles. — « Et nous sembloit que nous fussions transportez es souueraines delices.... du ciel. » (RABELAIS, tome III, p. 95.)

5. Affirmer, jurer : ci-dessus, p. 278 et note 3.

LA CAPTIVITÉ DE SAINT MALC.

Mais si l'effet ne suit, que sert de s'en vanter[1]!
Il faut porter ta croix, goûter de ton calice,   225
Couvrir son front de cendre, et son corps d'un cilice[2]. »

Tandis qu'ils se matoient[3] par ces saintes rigueurs,
Leurs troupeaux prospéroient[4] aussi bien que leurs cœurs;
L'Arabe en profitoit sans en savoir la cause.
Ce brigand, pour le gain employant toute chose,   230
Voulut les engager par de plus forts liens.
Il crut que de s'enfuir ayant[5] mille moyens,
Ils se pourroient enfin soustraire à l'esclavage;
Qu'il falloit joindre aux fers les nœuds du mariage :
Leur amour lui seroit un gage suffisant.   235
Les doux fruits dont l'hymen leur feroit un présent[6]
Augmenteroient ses biens, l'auroient encor pour maître.
Humains, cruels humains, faut-il procurer l'être[7]
Afin que ce bienfait enchaîne un innocent?
Et ne se sauroit-il affranchir en naissant?   240
L'Arabe, ayant ainsi double profit en vue,
Donne aux chastes bergers une alarme imprévue,
Leur propose à tous deux un lien plein d'horreur.

---

1. La foi qui n'agit point, est-ce une foi sincère?
   (RACINE, *Athalie*, acte I, scène I.)

2. Rapprochez les chapitres XI et XII du livre II de *l'Imitation de Jésus-Christ* traduite par Corneille (tome VIII des Œuvres, p. 237-258), qui sont comme la paraphrase de ces vers.

3. Tome IV, p. 250 et note 8.

4. Ci-dessus, vers 128.

5. *Ayans*, dans l'édition originale.

6. Leurs enfants.

7. Mais n'as-tu point appris de qui j'ai reçu l'être?
   (CORNEILLE, *Œdipe*, acte V, scène IV.)

.... Cet enfant obscur à qui j'ai donné l'être.
   (VOLTAIRE, *l'Orphelin de la Chine*, acte II, scène III.)

« Ne nous fais point, dit Malc, tomber dans cette erreur[1] :
Celle que tu me veux joindre par l'hyménée   245
D'un légitime époux suivoit la destinée ;
Tu la lui vins ravir : tu le pus par ta loi.
Nous ne nous plaignons point de nos fers ni de toi,
Redouble la rigueur d'un joug involontaire[2].
Mais, puisque notre Dieu nous défend l'adultère,   250
Laisse-nous résister à ton vouloir impur.
Notre innocence t'est un gage[3] bien plus sûr :
Quel service attends-tu de nous, quand notre zèle
N'aura pour fondement qu'une ardeur criminelle ?
Si tu crains qu'étant[4] bons nous ne quittions tes champs,
Te fieras-tu sur nous quand nous serons méchants[5] ? »

L'Arabe à ce discours se sent transporter d'ire[6].
« Vil esclave, dit-il, tu m'oses contredire !
Meurs ou cède ; obéis, et garde désormais
De m'alléguer ton Dieu, que je ne crus jamais[7]. »   260
Aussitôt de son glaive il dépouille la lame,
Et Malc épouvanté s'approche de la dame.
Le soir on les enferme en un lieu sans clartés[8] :
Leur mariage n'eut que ces formalités.
On n'y vit point d'Hymen ni de Junon paroître.   265
Frivoles déités qui nous devez votre être[9],

1. Dans ce péché. — Voyez tome II, p. 195.
2. Que nous supportons malgré nous.
3. Vers 235.
4. *Étans*, dans le texte original.
5. Coupables selon notre loi : tome V, p. 417.
6. Ci-dessus, p. 263 et note 4.
7.   En preschant l'Euangile où tu ne crus iamais....
   (Ronsard, *Response à quelque predicant de Geneue*.)
8. Comparez *le Muletier*, vers 52 et note 6.
9. Vers 238 et note 7. — Dans la comédie de *Clymène*, vers 392-393 :

LA CAPTIVITÉ DE SAINT MALC. 293

Vous n'accourûtes pas : comment l'auriez-vous pu ?
Vous n'êtes que des noms dont le charme est rompu[1].
Notre couple étant seul eut recours aux prières[2] :
Tous deux avoient besoin de grâces singulières. 270
Ils ne s'étoient point vus encor dans ces dangers[3] :
Non que, portant leurs pas loin des autres bergers,
L'enfer[4] n'eût quelquefois leur perte conspirée[5] ;
Mais des yeux du Seigneur leur conduite éclairée[6]
Ne s'écartoit jamais de la divine loi. 275
Le berger cette nuit se défia de soi :
Sa crainte, incontinent de désespoir suivie,
Pour sauver sa pudeur mit en danger sa vie ;
Et le même couteau qui dans mille besoins
L'aidoit à s'acquitter de ses champêtres soins, 280
Ce couteau, dis-je, alloit du saint couper la trame[7] ;
L'imprudent Malc, voulant mettre à couvert son âme,
S'en alloit de sa main la livrer au démon :
Fureur qui n'étoit pas indigne de pardon.

La lueur de l'acier avertit la bergère. 285
« Que vois-je? cria-t-elle. O Ciel ! qu'allez-vous faire?

> Nous vieillissons enfin, tout autant que nous sommes
> De dieux nés de la fable et forgés par les hommes.

1. « Des noms dont le temps fait sa proie » (*le Fleuve Scamandre*, vers 25).

2.
> Pour nous conserver purs, la nuit, sous l'œil de Dieu,
> Après avoir prié, nous nous disons adieu,
> Et chacun va chercher sa couche solitaire.
> (LAMARTINE, *Jocelyn*, IVe époque.)

3.
> .... D'être seul auprès de quelque belle
> Sans la toucher, il n'est victoire telle ;
> Triomphes grands chez les anges en sont.
> (*Le Diable en enfer*, vers 90-92.)

4. L'enfer portant leurs pas, etc. — 5. Ci-dessus, p. 242 et note 2.
6. Surveillée : tome IV, p. 417 et note 1.
7. Ci-dessus, p. 259 et note 4.

— Je vais, répondit Malc, prévenir les combats
D'un œil toujours présent, et toujours plein d'appas¹.
Nous ne nous fuirons plus² : notre âme est condamnée
Aux dangers qu'à sa suite entraîne l'hyménée.   290
Malgré nous désormais nous vivrons en commun :
Deux parcs nous hébergeoient³, nous n'en aurons plus
Hélas! qui l'auroit cru que cette inquiétude   [qu'un.
Nous chercheroit au fond d'une âpre solitude⁴ !
J'appréhende à la fin que le Ciel irrité   295
N'abandonne nos cœurs à leur fragilité :
Cette faute entre époux nous semblera légère.

— Il faut espérer mieux, dit la chaste bergère :
Dieu ne quittera pas ses enfants au besoin⁵.
Si mon sexe est fragile, il en prendra le soin;   300
Vous ai-je donné lieu d'en être en défiance⁶?
Qu'ai-je fait pour causer cette injuste croyance?
Votre soupçon m'outrage; et vous avez dû voir
Que je sais sur mes sens garder quelque pouvoir.
Quand mon cœur auroit peine à s'en rendre le maître, 305
Êtes-vous mon époux? et le pouvez-vous être?
Nous a-t-on pu lier⁷ sans savoir si la mort
M'a ravi ce mari qui m'attache à son sort?
Vous vous alarmez trop pour un vain hyménée :
Je vous rends cette main que vous m'avez donnée⁸.
Dissimulez pourtant, feignez, comportez-vous⁹

1. Vers 207. — 2. Vers 131. — 3. Tome V, p. 254, 260.
4. Comparez les vers 32-34 d'*Adonis*.
5.   Dieu laissa-t-il jamais ses enfants au besoin?
                    (Racine, *Athalie*, vers 646.)
6.   Elle a lieu de douter et d'être en défiance.
                    (Corneille, *le Menteur*, vers 1336.)
7. Véritablement, légitimement.
8. Ci-dessus, p. 22 et note 6. — 9. Tome V, p. 200 et note 4.

Comme frère en secret, en public comme époux.
Ainsi vécut toujours mon mari véritable;
Et si la qualité de vierge est souhaitable,
Je la suis¹ : j'en fis vœu toute petite encor.   315
Malgré les lois d'hymen j'ai gardé ce trésor.
Après l'avoir sauvé d'un amour légitime,
Voudrois-je maintenant le perdre par un crime?
Non, Malc; je ne crois pas que le Ciel le souffrît;
Il m'en empêcheroit, quelque appât qui s'offrît;   320
Ne craignez plus, vivez; l'Éternel vous l'ordonne.
Estimez-vous si peu cet être² qu'il vous donne?
Votre corps est à lui; ses mains l'ont façonné :
Le droit d'en disposer ne vous est point donné³.
Quelle imprudence à vous de finir votre course⁴   325
Par le seul des péchés qui n'a point de ressource !
Toute faute s'expie ; on peut pleurer encor :
Mais on ne peut plus rien s'étant donné la mort.
Vivez donc; et tâchons de tromper ces barbares. »

Le saint ne put trouver de termes assez rares   330
Pour rendre grâce au Ciel, et louer cette sœur
Dont la sagesse étoit égale à la douceur.
Cette nuit s'acheva comme les précédentes⁵ :
Dieu leur fit employer en prières ardentes

1. Tel est le texte de l'édition originale et des *OEuvres diverses* de 1729, tome I, p. 208.
2. Ci-dessus, vers 266.
3. « De violer cet instinct (l'instinct de la conservation), c'est ce qui n'est pas permis, etc. » (*Psyché*, livre II, tome III M.-L., p. 105.) — « Plusieurs tiennent que nous ne pouuons abandonner ceste garnison du monde sans le commandement exprez de celuy qui nous y a mis, et que c'est à Dieu, qui nous a icy enuoyez non pour nous seulement, ouy bien pour sa gloire et seruice d'aultruy, de nous donner congé quand il luy plaira, non à nous de le prendre. » (Montaigne, tome II, p. 29.)
4. Vers 182. — 5. Vers 143.

Des moments que l'on croit innocemment perdus[1] 335
Quand le somme a sur nous ses charmes répandus[2].
Le lendemain l'Arabe en ses champs les renvoie :
Là montrant[3] aux bergers une apparente joie,
Les larmes, les soupirs, et les austérités,
Quand ils se trouvoient seuls, faisoient leurs voluptés : 340
En eux-mêmes souvent ils cherchoient des retraites.
On ne s'aperçut point de ces peines secrètes ;
Chacun crut qu'ils s'aimoient d'un amour conjugal :
Aucun plaisir au leur ne sembloit être égal.
On se le proposoit tous les jours pour exemple[4] ; 345
Et lorsque deux époux étoient conduits au temple,
« Que le Ciel, disoit-on, afin de vous combler,
Fasse à l'hymen de Malc le vôtre ressembler ! »

Le saint couple à la fin se lasse du mensonge;
En de nouveaux ennuis l'un et l'autre se plonge. 350
Toute feinte est sujet de scrupule à des saints,
Et, quel que soit le but où[5] tendent leurs desseins,
Si la candeur n'y règne ainsi que l'innocence,
Ce qu'ils font pour un bien leur semble être une offense[6].
Malc à ces sentiments donnoit un jour des pleurs : 355
Les larmes qu'il versoit faisoient courber les fleurs[7].
Il vit auprès d'un tronc des légions nombreuses
De fourmis qui sortoient de leurs cavernes creuses.
L'une poussoit un faix; l'autre prêtoit son dos :

---

1. Dont on croit n'avoir pas de comptes à rendre.
2. Pour ce tour et cet accord, comparez ci-dessus, vers 273.
3. Tandis qu'ils montraient, etc.
4. Chacun se proposoit leur hymen pour modèle, etc.
   (*Les Filles de Minée*, vers 174.)
5. Auquel : ci-dessus, p. 281 et note 2.
6. Un péché : tome V, p. 534.
7. Semblable exagération dans *Psyché* (livre II, tome III *M.-L.*,

L'amour du bien public[1] empêchoit le repos ;   360
Les chefs encourageoient chacun par leur exemple.
Un du peuple étant mort, notre saint le contemple
En forme de convoi soigneusement porté
Hors les toits fourmillants de l'avare[2] cité[3].
« Vous m'enseignez, dit-il, le chemin qu'il faut suivre :

p. 121) : « Ressuscitant avec ses larmes les herbes que la canicule
avoit fait mourir.... »; et dans *les Filles de Minée*, vers 268-269 :

    L'infortuné mari, sans cesse s'affligeant,
    Eût accru par ses pleurs le nombre des fontaines.

1. De « la publique utilité » (*la Matrone d'Éphèse*, vers 93).
2. Ci-dessus, p. 280 et note 5.
3. .... *Sic quoque cogitante me aspicio formicarum gregem angusto calle fervere. Videres onera majora quam corpora. Aliæ herbarum quædam semina forcipe oris trahebant; aliæ egerebant humum de foveis, et aquarum meatus aggeribus excludebant. Illæ venturæ hiemis memores, ne madefacta humus in herbam horrea verteret illata semina præcidebant. Hæ luctu celebri corpora defuncta deportabant. Quodque magis mirum est in tanto agmine, egrediens non obstabat intranti, quin potius sj quam vidissent sub fasce et onere concidisse, suppositis humeris adjuvabant. Quid multa? Pulchrum mihi spectaculum dies illa præbuit, Unde recordatus Salomonis, ad formicarum solertiam nos mittentis, et pigras mentes tali exemplo suscitantis, cœpi tædere captivitatis, et monasterii cellulas quærere, ac formicarum illarum desiderare similitudinem, ubi laboratur in medium, cumque nihil cujusquam proprium sit, omnium omnia sunt.* (Sancti Hieronymi opera, *Vita Malchi monachi captivi*, tome IV, col. 93.) Cette description est imitée du IVe livre de l'*Énéide* de Virgile, vers 402-407, traduits par du Bellay (tome I des OEuvres, p. 359), et dont il s'est inspiré aussi dans son *Discours au Roy sur le faict de ses quatre Estats* (tome II, p. 493-494) :

    Vous voyriez par les champs, pour piller le monceau
    Du bled nouueau battu, marcher ce noir troupeau
    Par ung sentier estroict : les uns vont et retournent,
    Les aultres hastent ceux qui paresseux seiournent,
    Ceux ci traisnent les grains trop pesans et trop gros,
    Ceux là les vont poussant de l'espaule et du dos :
    Tout le chemin en fume. Auecq tel exercice
    Trauaille le paisant pour le commun seruice.

Rapprochons un tableau analogue dans *Psyché*, livre II (tome III
M.-L., p. 152-154); celui des travaux, de l'industrie des castors,

Ce n'est pas pour soi seul qu'ici-bas on doit vivre;
Vos greniers[1] sont témoins que chacune de vous
Tâche à contribuer au commun bien de tous[2].
Dans mon premier désert j'en pouvois autant faire;
Et, sans contrevenir aux vœux d'un solitaire,   370
L'exemple, le conseil, et le travail des mains,
Me pouvoient rendre utile à des troupes de saints :
Aujourd'hui je languis dans un lâche esclavage;
Je sers pour conserver des jours de peu d'usage[3].
Le monde a bien besoin que Malc respire encor[4] ?   375
Vil esclave, tu mens pour éviter la mort!
Que ne résistois-tu, quand on força ton âme
A se voir exposée aux beautés d'une femme?
Lorsqu'il ne fut plus temps tu courus au trépas.

dans le premier *Discours à Mme de la Sablière*, vers 96-113; Montaigne (tome II, p. 203) : « Le philosophe Cleanthes vit (Plutarque, *de l'Industrie des animaux*, chapitre XII) des fourmis partir de leur fourmiliere, portans le corps d'ung fourmi mort vers une aultre fourmiliere de laquelle plusieurs aultres fourmis leur vinrent au deuant, comme pour parler à eulx, etc. »; et une anecdote qui est à la fin de l'*Histoire de la vie et des ouvrages de J. de la Fontaine*, par Mathieu Marais : voyez notre tome I, p. LXXVI.

1. Livre IV, fable III, vers 51-52 :
    Ni mon grenier, ni mon armoire
    Ne se remplit à babiller.

— *Vade ad formicam, o piger! Et considera vias ejus, et disce sapientiam; quæ cum non habeat ducem, nec præceptorem, nec principem, parat in æstate cibum sibi, et congregat in messe quod comedat.* (SALOMON, *Proverbes*, chapitre VI, versets 6-8.)

2. « Les fourmis passent pour une excellente démocratie. Elle est au-dessus de tous les autres États, puisque tout le monde y est égal, et que chaque particulier y travaille pour le bonheur de tous. » (VOLTAIRE, *Dictionnaire philosophique*, au mot LOIS.) Hâtons-nous d'ajouter que la réalité est loin d'être d'accord avec ces belles phrases : on a pu observer que chez les fourmis, comme chez tous les autres animaux, règnent l'injustice et le privilège.

3. De peu d'utilité.

4. Comparez vers 35-36.

LA CAPTIVITÉ DE SAINT MALC.

Quitte, quitte des lieux où Christ n'habite pas. 380
Avec ses ennemis veux-tu passer ta vie? »

Il déclare à la sainte aussitôt son envie,
Va s'asseoir auprès d'elle, et lui parle en ces mots :
« Ma sœur, je me souviens que vos sages propos
Déjà plus d'une fois m'ont retiré de peine. 385
Naguère, en conduisant mon troupeau dans la plaine,
Je songeois à l'état où[1] le sort nous réduit.
Quelle est de nos travaux l'espérance et le fruit?
Rien que de prolonger le cours de nos misères,
Et vieillir, s'il se peut, sous des ordres sévères. 390
Voilà dedans ces lieux le but de notre emploi :
Nous y vivons pour vivre[2]; est-ce assez, dites-moi?
Faut-il pas consacrer à l'auteur de son être[3]
Tous ses soins, tout son temps, enfin tout ce qu'un maître
Et qu'un père à la fois uniquement chéri 395
Exige de devoirs d'un couple favori[4]?
Dieu nous comble tous deux de ses faveurs célestes :
Il nous a dégagés de cent pièges funestes[5];
Sa grâce est notre guide ainsi que notre appui;
Nous ne persévérons dans le bien que par lui. 400
Allons nous acquitter de ce bienfait immense[6].
Ici le jour finit, et puis il recommence,
Sans que nous bénissions le saint nom qu'à demi,

---

1. Vers 352.
2.   Pour respirer sans plus, et ne songer à rien.
                            (*Les Oies*, vers 71.)
3. Ci-dessus, vers 322. — 4. Vers 12.
5. Vers 209-210 :
    Le Ciel combloit de dons cette humble modestie :
    L'âme de nos bergers du péché garantie, etc.
6.   Mais je voudrois m'être acquitté
        De cette grâce par avance.
                    (*Les Oies*, vers 41-42.)

Ne vivant[1] pas pour Dieu, mais pour son ennemi.
Ma sœur, si nous cherchions de plus douces demeures?
Je vous ai fait récit quelquefois de ces heures
Qu'en des lieux séparés de tout profane abord[2].
Je passois à louer l'arbitre de mon sort :
Alors j'avois pitié des heureux de ce monde.
Maintenant j'ai perdu cette paix si profonde :   410
Mon cœur est agité malgré tous vos avis.
Je ne me repens pas de les avoir suivis :
Mais enfin jetez l'œil sur l'état où nous sommes.
Vous êtes exposée aux malices[3] des hommes ;
Je n'ai plus de mes bois les saintes voluptés.   415
Ne reviendront-ils point ces biens que j'ai quittés ?
Ah ! si vous jouissiez de leur douceur exquise !
La fuite, direz-vous, ne nous est pas permise :
De notre liberté l'Arabe est possesseur.
Et quel droit a sur nous un cruel ravisseur ?   420
Brisons ses fers ; fuyons sans avoir de scrupule :
Le mal est bien plus grand lorsque l'on dissimule.
Quelque prétexte qu'ait un mensonge pieux,
Il est toujours mensonge, et toujours odieux[4].
Allons vivre sans feinte[5] en ces forêts obscures   425
Où j'ai trouvé jadis des retraites si sûres.
Ne tentons plus le Ciel, ayons une humble peur :
Je vous promets des jours tout remplis de douceur. »

Il se tut. Aussitôt la prudente bergère
Approuve les conseils que le saint lui suggère.   430
Il fait choix de deux boucs les plus grands du troupeau,
Les tue, ôte les chairs, change en outre leur peau.

1. *Vivans*, dans le texte original.
2. Voyez ci-dessus, vers 10-12.
3. A la méchanceté, aux méchantes entreprises.
4. Vers 351-354. — 5. Vers 351.

LA CAPTIVITÉ DE SAINT MALC.

Notre couple s'en sert à traverser des ondes
Dont il falloit franchir les barrières profondes;
Le courant les poussa bien loin sur l'autre bord[1].   435
Tous deux marchent en hâte où les guide leur sort.
Ils avoient achevé quatre stades à peine,
Quand, trahis par leurs pas imprimés sur l'arène[2],
Ils entendent de loin des chameaux et du bruit,
Tournent tête[3]; et, voyant[4] que leur maître les suit,
Se pressent, mais en vain; tout ce qu'ils purent faire
Fut de gagner un antre affreux et solitaire,
Triste séjour de l'ombre. En ses détours obscurs
Régnoit une lionne, hôtesse de ses murs[5].
Elle y conçut un fan[6], unique et tendre gage   445
Des brûlantes ardeurs du roi de cette plage[7].
Mère nouvellement, on l'eût vûe allaiter
Celui qu'elle venoit en ces lieux d'enfanter.
Mais comment l'eût-on vue? A peine la lumière
Osoit franchir[8] du seuil la démarche[9] première.   450
Par cent cruels repas cet antre diffamé[10]

1. Bien plus bas en aval.
2. Rapprochez *Adonis*, vers 308.
3. Regardent derrière eux.
4. *Voyans*, et, au vers 479, *attendans*, dans le texte original.
5. Ci-dessus, p. 254 et note 2.
6. Telle est l'orthographe de l'édition originale.

— Mère Lionne avoit perdu son fan.
(Livre X, fable XII, vers 1 et note 1.)

7. Vers 86 et note 14.
8. Ci-dessus, vers 152.
9. L'espace de terrain contenu dans le premier pas.
10. Souillé, mal famé, redouté. — « L'endroit étoit plus connu et plus diffamé que le voisinage de Scylle et Charybde. » (*Psyché*, livre II, tome III *M.-L.*, p. 146.) « L'assemblée bien peu souuent se departoit que la tribune aux harangues ne fust souillée et diffamée de sang. » (AMYOT, traduction de la *Vie de César*, tome II, p. 356.)

Se trouvoit en tout temps de carnage[1] semé.
Le saint couple frémit, et s'arrête à l'entrée :
Ils n'osent pénétrer cette horrible contrée[2] ;
Ils cherchent quelque coin en tâtant et craintifs.   455
L'Arabe croit déjà tenir ses fugitifs.
Il n'avoit avec lui pour escorte et pour guide
Qu'un esclave fidèle, adroit, et peu timide.
« Va me querir, dit-il, ce couple qui s'enfuit. »
Le cimeterre au poing l'esclave entre avec bruit.   460
La lionne l'entend, rugit, et pleine d'ire[3]
Accourt, se lance à lui[4], l'abat et le déchire.
De son séjour si long le maître est étonné ;
Et d'un courroux aveugle aussitôt entraîné,
« Est-ce crainte ou pitié, dit-il, qui te retarde?   465
Quoi ! je n'ai pas encor cette troupe fuyarde !
Enfants de l'infortune, esprits nés pour les fers[5],
Je vous irai chercher tous trois jusqu'aux enfers. »
Dans le gouffre à ces mots l'ardeur le précipite ;
Sa colère a bientôt le sort qu'elle mérite.   470
A peine il est entré que les cruelles dents
Et les ongles félons[6] s'impriment dans ses flancs.
Les saints, loin d'en avoir une secrète joie,
Du parti le plus fort craignent d'être la proie,
Font des vœux pour l'Arabe, et tous deux soupirants   475
Souhaitent un remords du moins à leurs tyrans :
Mais des suppôts[7] de Bel[8] l'âme aux feux consacrée,

1. Ci-dessus, p. 263 et note 5.
2. Croirai-je qu'un mortel, avant sa dernière heure,
   Peut pénétrer des morts la profonde demeure?
                         (RACINE, *Phèdre*, acte II, scène 1.)
3. Vers 257.
4. Comparez *Adonis*, vers 382 :
   Au sanglier l'une et l'autre est prête à se lancer.
5. Vers 68 : « cœurs déjà captifs ». — 6. Page 245.
7. Ci-dessus, p. 7 et note 2. — 8. Baal.

Victime nécessaire, à l'enfer est livrée.

Le maître et son esclave, attendant le trépas,
Gisent ensanglantés, la mort leur tend les bras. 480
La cruelle moitié du monstre de Libye
Traîne en ses magasins[1] leurs deux corps où la vie
Cherche encore un refuge et quitte en gémissant
Les hôtes que du Ciel elle obtint en naissant[2].
Le lionceau se baigne en leur sang avec joie ; 485
Il ne sait pas rugir, et s'instruit à la proie[3] ;
Digne de ces leçons il commence à goûter[4]
Les meurtres qu'il ne peut encore exécuter.
Après qu'il a joui du crime de sa mère,
Et qu'ils ont assouvi leur faim et leur colère, 490
La lionne repense à ces actes sanglants,
Emporte en d'autres lieux son fan avec les dents,
Quitte l'obscur séjour[5] ; et se sentant coupable,
Encor que faite au meurtre et de crainte incapable,
Elle fuit, et confie aux plus âpres rochers 495
Du cruel nourrisson les jours qui lui sont chers.

Malc cherche aussi bien qu'elle un plus certain asile :
L'abord de ce séjour lui semble trop facile.
L'odeur des animaux, la piste de leurs pas[6],
La vengeance[7] et le bruit de ces cruels trépas, 500

1. Tome III, p. 221.
2. Dans la fable II du livre VII, vers 4 :

   .... Peu de beaux corps, hôtes d'une belle âme.

3. Tome III, p. 37 et note 15.
4. Tome II, p. 436 et note 4.
5. « Triste séjour de l'ombre » (vers 443).
6. Vers 438.
7. Que les amis, que la famille de l'Arabe, voudront tirer de ces meurtres.

Tout lui fait redouter qu'une troupe infidèle[1]
N'évente[2] les secrets que cet antre recèle,
Ne trouve l'innocent, en cherchant les auteurs
De l'attentat commis sur ses persécuteurs.
La faim même, qui rend les saints ses tributaires, 505
Fait sortir nos héros de ces lieux[3] solitaires.
Loin du peuple profane ils vont finir leurs jours ;
Un bourg de peu de nom fait enfin leurs amours[4].

Là le couple pieux aussitôt se sépare :
De leur mensonge saint l'offense[5] se répare. 510
Cet hymen se dissout ; la dame entre en un lieu
Où cent vierges ont pris pour époux le vrai Dieu.
Dans un cloître éloigné Malc s'occupe au silence[6] ;
Et s'il n'alloit parfois régler la violence[7]
Dont la chaste recluse embrasse l'oraison[8], 515
Sa retraite pourroit s'appeler sa prison.
Il y vit dans les pleurs, nectar de pénitence[9] :
C'est le seul dont ses vœux demandent l'abondance.
Plus ange que mortel, il se prive des biens
Qui sont de notre corps agréables soutiens : 520
Ce jeûne rigoureux n'accourcit[10] point sa vie.

1. Une troupe d'infidèles.
2. Ci-dessus, p. 255 et note 2.
3. « La nécessité de manger fit sortir nos gens de ce lieu. »
(*Psyché*, livre 1, tome III *M.-L.*, p. 19.)
4. Tome V, p. 259.
5. Vers 354.
6. Dans *la Matrone*, vers 103 et note 5 : « occupée à ses pleurs ».
7. Terme de spiritualité : ardeur incessante de la dévotion.
Comparez ci-dessus, vers 106.
8. Comme on dit : embrasser la dévotion, la vertu, l'erreur, etc.
— Puis-je embrasser l'erreur où ce discours me plonge ?
(*Adonis*, vers 92.)
9. Tome II, p. 458 et note 10.
10. Tome IV, p. 10 et note 4.

Des deux flambeaux du ciel[1] la course entre-suivie[2]
A longtemps ramené la peine et le repos,
Le repos aux humains, la peine au saint héros,
Sans qu'il semble approcher du terme de sa course[3]. 525
De son zèle fervent l'inépuisable source
Fomente[4] la chaleur qui retarde sa mort :
Près d'un siècle d'hivers n'a pu l'éteindre encor.

Jérôme en est témoin, ce grand saint dont la plume
Des faits du Dieu vivant expliqua le volume[5]. 530
Il vit Malc, il apprit ces merveilles de lui[6];
Et mes légers accords les chantent aujourd'hui.
Qui voudra les savoir d'une bouche plus digne
Lise chez d'Andilly[7] cette aventure insigne[8].
Jérôme l'écrivoit lorsque le peuple franc 535
Du bonheur des Romains arrêtoit le torrent[9].

1. Le soleil et la lune.
2. Tome II, p. 297 et note 37. — Dans l'opéra de *Daphné*, acte II, scène 1 :

>   Ces plaisirs passeront : tout passe dans la vie;
>   De différents desirs elle est entre-suivie.

3. Vers 325.
4. Ci-dessous, p. 330.
5. La Bible, traduite par lui de l'hébreu en latin : c'est la version qui est connue sous le nom de *Vulgate*.
6. Saint Jérôme dit avoir entendu raconter cette aventure par Malc lui-même, dans un petit bourg de Syrie nommé Marona, au midi de la ville d'Alep et au levant de celle d'Antioche (sancti Hieronymi *Opera*, tome IV, col. 90-96).
7. Dans l'édition originale : *Dandilli*.
8. Voyez ci-dessus, le commencement de la notice.
9. .... *Verum quid ago ? Fracta navi de mercibus disputo .... Præsentium miseriarum pauca percurram. Quod rari huc usque residemus, non nostri meriti, sed Domini misericordiæ est. Innumerabiles et ferocissimæ nationes universas Gallias occuparunt. Quidquid inter Alpes et Pyrenæum est, quod Oceano et Rheno includitur, Quadus, Wandalus, Sarmata, Halani, Gipedes, Heruli, Saxones, Burgundiones, Alemani,*

Je la chante en un temps où sur tous les monarques
Louis de sa valeur donne d'illustres marques[1],
Cependant qu'à l'envi sa rare piété
Fait au sein de l'erreur régner la vérité. 540

Prince, qui par son choix remis le culte aux temples[2],
Qui t'acquis cet honneur par tes pieux exemples,
Et que le haut savoir, le sang, et la vertu,
Ont dès les jeunes ans de pourpre revêtu[3],
Je t'offre ce récit, foible fruit de mes veilles : 545
Mais s'il faut que nos dons égalent tes merveilles,
Quel Homère osera placer devant ses vers
Ton nom digne de vivre autant que l'univers?

---

et, o lugenda respublica! hostes Pannonii vastarunt.... Quis hoc credet? quæ digno sermone historiæ comprehendent? Romam in gremio suo, non pro gloria, sed pro salute pugnare? Imo ne pugnare quidem, sed auro et cuncta supellectile vitam redimere? (Epistola xcı sancti Hieronymi ad Ageruchiam, *de Monogamia*, tome IV, col. 748-749.)

1. Louis XIV avait en 1672 fait la conquête de la Hollande.
2. Le cardinal de Bouillon avait été nommé en 1671 grand aumônier de France.
3. Le Roi le fit cardinal, comme nous l'avons dit, le 5 août 1669; il n'avait pas vingt-six ans.

POÈME DU QUINQUINA.

C'est à la demande, non d'un médecin, non d'un apothicaire, mais de la charmante duchesse de Bouillon, que la Fontaine composa ce poème médical, consentit à célébrer les vertus de ce fébrifuge. La duchesse de Bouillon partageait l'engouement de la duchesse de Mazarin, sa sœur, pour cette précieuse écorce, dont l'anglais Tabor, qui se faisait appeler le chevalier Talbot, avait récemment propagé l'emploi en France, avec la recommandation, l'appui, de l'aimable Hortense. En épousant chaleureusement la cause du puissant spécifique, ou, pour mieux dire, en suivant la mode nouvelle, les deux sœurs rendirent sans doute service à l'humanité, mais notre poète, en les secondant, en se résignant à cette tâche ingrate, risqua cependant plutôt d'ennuyer ses contemporains que de les convaincre.

Peut-être céda-t-il à l'influence d'un médecin de ses amis, François de la Salle, dit Monginot[1], qui avait publié, sous le voile de l'anonyme, un traité intitulé : *De la Guérison des fièvres par le Quinquina* (Lyon, 1679, Paris, 1680, 1681, 1683, 1686, 1688, in-12), traduit en latin par Théophile Bonnet, sous ce titre : *Tractatus de febrium curatione per usum Quinquinæ*, et imprimé dans le *Zodiacus medico-gallicus* (Genève, 1682, in-4°, p. 161). Mais nous ne le pensons pas : quelle que fût son amitié pour Monginot, celui-ci n'aurait pu le déterminer sans doute à entreprendre une pareille besogne.

Ce remède n'avait été introduit en Europe que vers 1638, après avoir guéri d'une fièvre opiniâtre la comtesse d'el Cinchon, femme du vice-roi du Pérou, guérison qui avait paru presque miraculeuse : d'où les noms de *Cinchona*, ou *poudre de la comtesse*, *Cinchonée*, *Cinchonaode*, *Cinchonine*, etc. Les jésuites l'apportèrent vers 1649 en Italie et en Espagne sous le nom d' « écorce du Pérou », « poudre des pères », « poudre des jésuites », puis « poudre du cardinal

1. Fils de l'auteur du *Traité de conservation de la santé* (Paris, 1631, in-4°), qui fut médecin de Henri IV.

Lugo », qui le premier la fit connaitre en France en 1650. Comme on la vendait au poids de l'or, les malades la prenaient à si petite dose, les falsifications étaient si fréquentes, qu'elle était bien souvent inefficace, et la plupart des médecins ne se faisaient pas faute de traiter de charlatans, d'empiriques, et même de sorciers (ci-dessous, p. 309), ceux qui la recommandaient. Mais les cures nombreuses et radicales de Talbot en 1679[1], qui l'administrait infusée dans du vin, condamnèrent les détracteurs du quinquina au silence. Lorsque le Dauphin, Condé, la Dauphine, Colbert, le maréchal de Bellefonds, le duc de Lesdiguières, et plusieurs autres personnages illustres eurent été guéris par lui, Louis XIV ne put se refuser à lui donner sa protection : Talbot obtint pour son « remède anglois » une gratification de deux mille louis d'or et une pension annuelle de deux mille francs, et le Roi fit acheter à Cadix et à Lisbonne une grande quantité de ce fébrifuge pour les hôpitaux. C'est alors, selon l'expression de Racine (lettre à Boileau du 17 août 1687), que, la fièvre et la mode aidant, on ne vit plus à la cour que des gens qui avaient « le ventre plein de quinquina ».

Toutefois ce n'avait point été sans difficultés, sans luttes, que, même après les cures retentissantes que nous venons de rappeler, même après tant de preuves de la faveur royale, Talbot était arrivé à faire triompher son remède. Voici en effet ce que nous lisons dans les *Nouvelles de la république des lettres*, de février 1685, article XI :

« Cette écorce du Pérou, dit Pechlinus[2], ayant été apportée en Europe il y a quelque trente-quatre ans, fit d'abord un très grand bruit. Brunacius et Chifflet lui donnèrent tant d'éloges[3] qu'il sembloit que la nature n'avoit rien que cela pour la guérison des fièvres. Mais elle déchut bientôt de sa grande réputation, et pendant plus de quinze ans elle a été comme ensevelie. On ajoute à cela quelques raisons pour quoi cette drogue ne se soutint pas ; puis on nous

---

1. Il avait publié, sous le nom du chevalier Talbot, *Pyretologia, or a rational account of the cause and cure of agues, with their signs* (Londres, 1672, in-8°).

2. *Johannis Nicolai Pechlini Med. D. P. Serenissimi Cimbriæ Principis Reg. Archiatri, Theophilus Bibaculus, sive de potu Theæ Dialogus. — Francofurti, impensis Joh. Sebastiani Richelli, Bibliopolæ Kiloniensis*, 1684, in-4°.

3. Pour Chifflet, c'est une erreur grossière : voyez ci-dessous, p. 313 et note 1.

dit qu'il y a quatre ans qu'un Anglois, inconnu jusques alors, ayant trouvé une certaine préparation du quinquina qui lui réussit deux ou trois fois, courut à Paris comme à une ville très propre à faire trouver une abondante moisson. Il n'y fut pas plus tôt arrivé qu'un grand nombre d'affiches firent connoître de quoi il étoit capable, et d'abord sa maison se trouva environnée de fébricitants. Son remède réussit, soit par la favorable disposition de l'année, soit par l'efficace de la préoccupation. Le voilà donc en la bouche de tout le monde; le voilà produit à la cour où il guérit Monsieur le Dauphin. Après quoi, ce ne furent que présents, que pensions, qu'ordres de chevalerie, pour un nouveau venu qui étoit auparavant *medicus diabolicus aut recoctus pharmacopola*, à ce que dit cet auteur dont je rapporte le narré sans m'en rendre le garant. C'est ainsi, ajoute-t-il, que le quinquina est remonté dans son premier lustre, et qu'au lieu qu'on ne le vendoit que seize écus la livre, il en coûte aujourd'hui cent. Mais il est à craindre, dit-il, que ce remède anglois ne tombe à son tour par le changement du caractère particulier des fièvres et des saisons. Je ne sais si ce pronostic aura lieu, mais il me semble qu'on ne parle plus tant de ce fébrifuge. Celui d'un apothicaire provençal nommé Savari fait plus de bruit à présent en France, dit-on, que l'anglois. »

Deux mois après (numéro d'avril, article VIII), les mêmes *Nouvelles* prennent très nettement parti pour le quinquina; et l'on y trouve, avec les noms des principaux détracteurs auxquels fait allusion la Fontaine, les causes de l'animosité de « l'École » :

« On doit nous envoyer incessamment cet ouvrage[1]. Il est imprimé à Londres, où M. Guide exerce la médecine avec beaucoup de succès. En attendant nous faisons savoir qu'on s'est trompé apparemment dans la nouvelle qu'on nous a mandée le mois d'août dernier qu'il paroissoit à Paris un livre contre le quinquina. Il faut que l'on ait pris pour un livre déjà imprimé quelque livre manuscrit, qui peut-être paroîtra bientôt, ou bien quelques thèses soutenues à Paris dans les écoles de médecine contre l'usage du quinquina. Nous avons vu celles qui ont été soutenues sous M. Denyau

[1]. *Observations des bons et des mauvais usages du Quinquina dans les fièvres intermittentes, avec la recherche des causes et du foyer de ces maladies, etc.*, par M. Guide. Nous n'avons pu découvrir la date et le format de ce volume imprimé à Londres.

le 9 décembre 1683; celles qui furent soutenues sous M. Perreau le 24 de février 1684, et celles qui furent soutenues le 9 mars suivant sous M. de Mauvilain. Les unes et les autres s'accordent parfaitement à médire du quinquina.

« Celles de M. Perreau affirment en propres termes que toute la vertu de cette poudre ne va qu'à donner un peu de répit, mais que c'est une fausse trêve qui ne promet la paix qu'afin de renouveler une guerre plus dangereuse, et que, si le poison se cache pour un peu de temps, ce n'est qu'afin de faire plus de ravages après cela; que plus on se sert de ce remède, plus on consume le suc génital des parties, et qu'enfin cela rend la vie beaucoup plus courte.

« Celles de M. de Mauvilain disent que le suc mélancolique, suspendu mal à propos par le quinquina, cause des fièvres continues, des asthmes, des dévoiements, des hydropisies, des convulsions, des inflammations, des abcès. Peu s'en faut qu'on ne nous donne le catalogue des maladies dont le Malade imaginaire se vit menacé. On conclut « que la fièvre quarte guérie à contre-temps par ce re-« mède est un mal mortel ».

« Celles de M. Denyau portent que le quinquina coagule la masse du sang, qu'il cause des scirrhes dans le foie, dans la rate, dans le mesentère, dans le pancreas, qu'il produit des hydropisies, et que celui qui en a fortifié le venin avec de l'opium, a tenu une conduite plus méchante que les autres, et a fait impunément ses expériences en faisant mourir des gens. En suite de quoi on dit, avec une exclamation très pathétique : « O temps, ô mœurs! on n'a plus « besoin de livres, ni de science, ni de pratique, ni de probité, pour « être un grand médecin : on n'a besoin que d'effronterie, que de « caquet, que de la faveur des femmes, que de luxe, et que d'un « patron éminent, ne fût-on qu'une machine. »

« Ce n'est donc point sans raison que M. Minot a dit qu'il se trouve encore des gens qui décrient le quinquina comme une drogue pernicieuse, et qui soutiennent que, s'il guérit les fièvres, ce n'est que par la fixation des humeurs, et qu'ainsi « cette guéri-« son est plus dangereuse que le mal, puisque, par ce moyen, on « enferme le loup dans la bergerie. » Mais il est bien étonnant qu'on ne se rende pas à tant d'expériences incontestables. Ces Messieurs disent que le quinquina fige le sang; mais pourquoi ne se sont-ils pas assurés du contraire, comme a fait M. Minot, en mêlant l'infusion de cette écorce avec du sang, ou en la seringuant dans les veines? Le livre de la *Guérison des fièvres par le Quinquina*, composé par M. de Monginot, fameux médecin de Paris, a été si bien reçu et imprimé tant de fois, qu'on peut dire que c'est s'opposer au torrent que de soutenir les thèses dont nous avons fait mention. On me dira qu'en matière de philosophie le bon parti est presque toujours de s'opposer au torrent, mais il y a beaucoup d'apparence qu'en cette rencontre la chose ne se passe pas ainsi. Qu'il me soit permis de rapporter en qualité d'historien les réflexions d'un très grand nombre de gens.

« Ils disent que, si ce n'étoit qu'un particulier qui décriât le quinquina, on n'auroit pas raison de le trouver si étrange ; mais on ne sauroit digérer que cela se fasse dans des assemblées publiques et devant un corps célèbre. D'où vient, demandent-ils, que les personnes savantes qui en font partie laissent passer des choses qui commettent toute la Faculté? Pourquoi ne s'y opposent-elles pas?

« Voici comment ils répondent eux-mêmes à leur demande. Ils disent que les oppositions des plus savants sont nulles, parce qu'ils perdent leur cause à la pluralité des voix. La raison pour quoi ils la perdent, c'est : 1° parce que les vieux docteurs, qui croiroient se déshonorer s'ils abandonnoient leurs principes pour de nouvelles découvertes, ne veulent jamais démordre de leurs anciens préjugés ; 2° parce que les jeunes médecins, ayant besoin de la recommandation des vieux pour se pousser dans la pratique, n'osent leur déplaire en opinant.

« C'est ce qui fait que l'on donne l'exclusion aux nouvelles découvertes. N'allons point chercher des exemples éloignés dans les oppositions que la Faculté a formées contre l'opération de la pierre, contre l'antimoine, etc. »

On peut encore consulter, sur les premiers pas et sur les progrès du quinquina en France, le *Mercure galant* d'octobre 1679, p. 169, d'octobre 1680, p. 272 et suivantes ; Racine, déjà cité, tome VI, p. 588-590 ; Mme de Sévigné, tomes V, p. 559 ; VI, p. 27-28, et p. 39, où Talbot est qualifié d' « homme divin » ; VII, p. 103-104 et p. 128-129 : « L'Anglois a promis au Roi sur sa tête, et si positivement, de guérir Monseigneur, dans quatre jours, et de la fièvre, et du dévoiement, que, s'il n'y réussit, je crois qu'on le jettera par les fenêtres ; mais, si ses prophéties sont aussi véritables qu'elles l'ont été pour tous les malades qu'il a traités, je dirai qu'il lui faut un temple comme à Esculape. C'est dommage que Molière soit mort :

il ferait une scène merveilleuse de d'Aquin qui est enragé de n'avoir pas le bon remède, et de tous les autres médecins, qui sont accablés par les expériences, par les succès, et par les prophéties comme divines de ce petit homme. Le Roi lui a fait composer son remède devant lui, et lui confie la santé de Monseigneur. Pour Madame la Dauphine, elle est déjà mieux »; VIII, p. 102, 105; IX, p. 255, 590, où elle continue à parler des « miracles ordinaires » de Talbot; et *passim;* la Bruyère, tome II, p. 200; Mme de Motteville, *Mémoires* (tome XL de la collection Petitot, p. 186); dans la correspondance de Bussy (tome V, p. 182), une lettre de Mlle de Scudéry du 14 novembre 1680 : « Toute la maison royale est guérie par le médecin anglois; les autres médecins sont enragés contre lui : il a eu du Roi deux mille francs de pension et deux mille pistoles une fois payées. Il s'appelle Talbot, et, comme vous savez, d'Aquin est le premier médecin du Roi; le comte de Gramont a retourné une chanson de l'opéra d'*Alceste*[1] sur la guérison de Madame la Dauphine :

> Talbot est vainqueur du trépas,
> D'Aquin ne lui résiste pas;
> La Dauphine est convalescente.
> Qu'un chacun chante :
> « Talbot est vainqueur du trépas,
> D'Aquin ne lui résiste pas »;

le Pays, *Amitiés, Amours et Amourettes* (Paris, 1685, in-12), p. 58-60, où, en tête de sa lettre (xxxiv) au révérend père C..., théologien de la compagnie de Jésus, il le conjure de lui envoyer du quinaquina, pour le guérir de la fièvre quarte : « Ce n'est pas assez d'avoir été mon maître, il faut présentement être mon médecin.... C'est à vous que j'ai recours pour recouvrer un certain bois qu'on appelle, si je ne me trompe, du quinaquina; il s'en trouve en plusieurs lieux de falsifié, mais on m'a dit que le véritable n'étoit que chez vous, et que vos pères en étoient les seuls dépositaires. Il n'est pas nécessaire de vous dire que c'est pour me guérir de la fièvre quarte. Vous savez assez la vertu de ce remède et la malignité de ce mal qui résiste à toute la science de

1. Acte V, scène 1 d'*Alceste, ou le Triomphe d'Alcide*, tragédie lyrique, en cinq actes et en vers, paroles de Quinault, musique de Lulli, représentée sur le théâtre du Palais-Royal le 19 janvier 1674.

la médecine, et dont le poison n'a point d'autre antidote que celui que je vous demande »; la *Relation de la cour de France* en M.DC.XC par Ézéchiel Spanheim, envoyé extraordinaire de Brandebourg (Paris, 1882, in-8°), p. 436 : « Il (Louis XIV) ne laissa pas.... d'avoir, de diverses reprises, des accès de fièvre intermittente, dont il ne s'est guéri que par l'usage redoublé, et qui avoit pris grand cours à Paris depuis quelques années, et qu'on appeloit le remède du médecin anglois qui l'avoit introduit, à savoir du quinquina »; plusieurs couplets en l'honneur de Talbot placés par Paul Lacroix dans les *OEuvres inédites* attribuées à la Fontaine (Paris, 1863, in-8°, p. 159-161); une ode sur le quinquina adressée à Fagon, citée dans le Dictionnaire de Trévoux ; l'*Histoire de la Fontaine*, par Walckenaer (tome II, p. 18-23); la Notice biographique qui est en tête de notre tome I (p. CXXIII-CXXIV); etc.; et, parmi les ouvrages spéciaux relatifs à ce médicament, à sa préparation et à son emploi, outre ceux que nous avons déjà cités, le traité intitulé *Anastasis corticis Peruviani seu Chinæ defensio*, par Sébastien Badus, médecin du cardinal Lugo (Gênes, 1661, in-4°); *la Connoissance certaine et la prompte et facile guérison des fièvres, avec des particularités curieuses et utiles sur le remède anglois*, par Nicolas de Blégny (Paris, 1680, 1681, 1682, 1683, Bruxelles, 1682, in-12), compilation qui est un modèle de réclame; *les Admirables qualités du Kinkina confirmées par plusieurs expériences* (Paris, 1689, in-12), ouvrage réimprimé en 1694; Helvétius, *Traité des maladies les plus fréquentes et des remèdes propres à les guérir, Méthode pour traiter les fièvres intermittentes* (Paris, 1739, in-12), tome II, p. 20-35; Robert James, Dictionnaire médical (Londres, 1743, in-fol.), traduit par Diderot et autres (Paris, 1746, in-fol.), tome V, p. 1017, de la traduction; H. Ruiz, *Quinologia, a tratado del arbol de la Quina* (Madrid, 1792, in-4°); Bonpland et Humboldt, *Flore équinoxiale* (Paris, 1809-1825); Alibert, *Traité des fièvres pernicieuses intermittentes* (Paris, 1820, in-8°); Weddell, *Histoire naturelle des Quinquinas* (Paris, 1849, in-fol.); Briquet, *Recherches expérimentales sur les propriétés du Quinquina et de ses composés* (Paris, 1855, in-8°); etc., etc.

Un de ses plus ardents adversaires et détracteurs fut J.-J. Chifflet, dans son pamphlet intitulé : *Pulvis febrifugus orbis Americani ventilatus*[1] (Anvers, 1653, in-8°, Paris, même année, in-4°). N'ou-

1. *Ventilatus*, éventée, et non *vindicatus*, comme a écrit, dans la

blions pas non plus Gui Patin qui, dans ses *Lettres*, l'a mainte fois combattu (tomes II, p. 107, 112 : *pene solos habuit præcones loyolitas*, III, p. 19, 53, 391-392, 666).

Un mélodrame a été inspiré par la découverte de ce merveilleux fébrifuge : *Amazampo, ou la Découverte du Quinquina*, de Montigny, représenté au théâtre de la Gaîté en 1836, et qui amena, dit-on, à ce théâtre une grande affluence d'apothicaires.

La première édition du *Poëme du Quinquina* est de 1682 ; c'est un in-12, dont voici le titre :

POËME
DU
QUINQUINA,
ET AUTRES OUVRAGES
EN VERS
DE M. DE LA FONTAINE.

A PARIS,

Chez Denis Thierry, ruë
S. Jacques, devant la ruë du Plâtre
à l'enseigne de la ville de Paris.

Et

Claude Barbin, sur le second Perron
de la sainte Chapelle au Palais.
M.DC.LXXXII.
Avec Privilege du Roy.

Le Privilège est du 2 novembre 1681, l'Achevé d'imprimer pour la première fois du 24 janvier 1682. Ce volume, composé de 2 feuillets liminaires, un pour le titre, un pour l'extrait du Privilège et l'Achevé d'imprimer, et de 242 pages numérotées, contient : 1 à 56, le *Poëme du Quinquina*, 57 à 72, *la Matrone d'Éphèse*, 73 à 93, *Belphégor*, 94 à 127, *Galatée*, et 128 à 242, *Daphné*. Le titre courant est « OEuvres diverses » pour les quatre premiers morceaux, et « Daphné » pour cet opéra.

Bibliotheca Belgica, Foppens, reproduisant une faute de transcription déjà vieille, peut-être volontaire.

A MADAME LA DUCHESSE DE BOUILLON[1].

CHANT I.

Je ne voulois chanter que les héros d'Ésope[2] ;
Pour eux seuls en mes vers j'invoquois Calliope.
Même j'allois cesser[3], et regardois le port :
La raison me disoit que mes mains étoient lasses[4] ;
Mais un ordre est venu plus puissant et plus fort   5
Que la raison : cet ordre accompagné de grâces,
Ne laissant rien de libre au cœur ni dans l'esprit[5],
M'a fait passer le but que je m'étois prescrit.

1. Marie-Anne Mancini, nièce du cardinal Mazarin, mariée le 20 avril 1662 à Godefroy-Maurice de la Tour-d'Auvergne, duc de Bouillon, grand chambellan de France, et morte le 20 juin 1714, à l'âge de soixante-quatre ans. Voyez la Notice biographique, en tête de notre tome I, p. LXXVIII-LXXXI ; et un curieux portrait d'elle chez Saint-Simon, tome X, p. 195-197.

2. Comparez l'épître à *Monseigneur le Dauphin*, en tête du livre I des Fables, vers 1 :

Je chante les héros dont Ésope est le père ;

et, pour le vers suivant, les vers 1-3 de la fable 1 du livre II :

    Quand j'aurois en naissant reçu de Calliope
    Les dons qu'à ses amants cette Muse a promis,
    Je les consacrerois aux mensonges d'Ésope.

3. C'est en effet en 1679 qu'avait paru l'avant-dernier recueil des Fables qu'en lisant l'épilogue on eût pu croire le dernier : tome III, p. 166.

4. *Ibidem*, p. 330 et note 9. — Au chant II, vers 202-203 :

Ne nous engageons point dans un détail immense :
Les longs travaux pour moi ne sont plus de saison.

5. Dans la lettre de juin 1671 à la duchesse de Bouillon :

    Qu'Olympe a de beautés, de grâces et de charmes !
    Elle sait enchanter les esprits et les yeux.

Vous vous reconnoissez à ces traits, Uranie[1] :
C'est pour vous obéir, et non point par mon choix,
Qu'à des sujets profonds j'occupe mon génie,
Disciple de Lucrèce une seconde fois[2].
Favorisez cet œuvre[3]; empêchez qu'on ne die[4]
Que mes vers sous le poids languiront abattus :
Protégez les enfants d'une Muse hardie;
Inspirez-moi; je veux qu'ici l'on étudie
D'un présent d'Apollon la force et les vertus.

Après que les humains, œuvre de Prométhée[5],
Furent participants du[6] feu qu'au sein des dieux
Il déroba pour nous d'une audace[7] effrontée,
Jupiter assembla les habitants des cieux[8].
« Cette engeance[9], dit-il, est donc notre rivale !
Punissons des humains l'infidèle artisan[10] :

1. La Fontaine, qui appelle ailleurs la duchesse de Bouillon Olympe (voyez la note précédente), a donné aussi cet autre nom d'Uranie à Mme de la Fayette (tome V M.-L., p. 195).
2. Allusion au *Discours à Mme de la Sablière* sur l'âme des bêtes : tome II, p. 457. Il est bien évident qu'ici Lucrèce personnifie pour la Fontaine la poésie didactique.
3. Tome III, p. 198 et note 10, et ci-dessus, p. 227, onzième ligne de la note 2.
4. Tome V, p. 206 et note 6; et *passim*.
5. Tomes I, p. 18 et note 1, II, p. 136 et note 11. — Notre poète a fait de Prométhée un des personnages du Prologue de *Daphné* (tome IV M.-L., p. 154-155).
6. Même locution dans le conte IV de la Ve partie, vers 63 :

    .... Sa gouvernante,
Qui du secret n'étoit participante.

7. Avec une audace.
8. Livre XI, fable II, vers 22 : « Il assembla les dieux. »
9. Ci-dessus, p. 283 et note 3.
10. Mot qui ne s'associe guère qu'avec un régime abstrait : « artisan de sa bonne ou mauvaise fortune, artisan de sa grandeur, etc. » — Comparez livre IX, fable VI, vers 9 et note 3.

LE QUINQUINA.

Tâchons par tout moyen[1] d'altérer son présent.
Sa main du feu divin leur fut trop libérale :   25
Désormais nos égaux, et tout fiers de nos biens,
Ils ne fréquenteront vos temples ni les miens.
Envoyons-leur de maux une troupe fatale,
Une source de vœux, un fonds pour nos autels[2]. »
Tout l'Olympe applaudit[3] : aussitôt les mortels   30
Virent courir sur eux avecque violence
Pestes, fièvres, poisons répandus dans les airs.
Pandore ouvrit sa boîte[4]; et mille maux divers
S'en vinrent au secours de notre intempérance[5].
Un des dieux fut touché du malheur des humains :   35
C'est celui qui pour nous sans cesse ouvre les mains;
C'est Phébus Apollon. De lui vient la lumière,
La chaleur qui descend au sein de notre mère,
Les simples[6], leur emploi, la musique, les vers[7],

1. Tome V, p. 113.
2. Vers très heureusement elliptique. — Rapprochez la fable xiii du livre IX :

    O! combien le péril enrichiroit les dieux
    Si nous nous souvenions des vœux qu'il nous fait faire!

et la notice et les notes de cette fable.

3.   Le maître du tonnerre
Eut à peine achevé que chacun applaudit.
    (Livre XI, fable ii, vers 29-30.)

4. Voyez tome I, p. 222 et note 10; à l'*Appendice* du tome III, p. 379-380, une gracieuse allégorie de Gelli; et ci-dessous, les vers 284 du chant i, 266-267 du chant ii.

5. Au sens le plus général du mot.

6. Livre V, fable viii, vers 13-14 :

    .... Il connoît les vertus et les propriétés
    De tous les simples de ces prés.

7. La Fontaine a énuméré ailleurs, sur un ton quelque peu ironique, les divers talents d'Apollon :

    .... Vrai trésor de doctrine,

Et l'or, si c'est un bien que l'or pour l'univers¹. 40
Ce dieu, dis-je, touché de l'humaine misère²,
Produisit un remède au plus grand de nos maux :
C'est l'écorce du kin³, seconde panacée⁴.
Loin des peuples connus Apollon l'a placée⁵ :
Entre elle et nous s'étend tout l'empire des flots⁶. 45

> Berger, devin, architecte, et chanteur,
>   Et docteur
>   En médecine ;
> Tantôt portant le jour en différents quartiers,
> Tantôt faisant des vers en l'honneur de Sylvie.
> Je ne m'étonne pas, ayant trop de métiers,
>   S'il a peine à gagner sa vie.
> (*Le Songe de Vaux*, IV° fragment, tome III *M.-L.*, p. 211 ;
> *ibidem*, p. 231.)

1. Restriction analogue, ci-dessous, vers 127-128 et note 2.
2. Semblable inversion au vers 15 de la fable IV du livre XI : « l'humain séjour ».
3. Le poète écrit ici *Kin*, ailleurs *Quin*. Aucun de nos dictionnaires, sauf Littré qui ne cite que notre auteur, ne donne *Kin*, *Quin*, ni *Quina*, pour désigner cet arbre, mais *Quinquina*. Cependant aujourd'hui encore on désigne sous le nom de Kina ou Quina certaines préparations pharmaceutiques où entre le quinquina.
4. Quelle est la première ? S'agit-il de cette fille d'Esculape, *Panacea*, qui guérissait toutes les maladies, et dont parlent Pline (livre XXV, chapitre XI) et Vossius (livre IV, chapitre LVIII)? ou de ce prétendu remède universel, que Mme de Genlis, après beaucoup d'autres (*Maison rustique*, tome II, p. 251), dit avec raison n'avoir jamais existé ?
5. La Fontaine, comme le remarque Walckenaer, « indique une contrée lointaine, mais n'en désigne aucune en particulier, parce que de son temps on était encore incertain sur le pays d'où l'on tirait le *quinquina*. Les uns soutenaient qu'il venait de la Chine, et que c'était par cette raison qu'on le nommait *china* ou *kina*; ils le désignaient en latin par les mots de *cortex chinensis*, écorce de la Chine; d'autres, mieux instruits, assuraient que c'était une production du Pérou, et le nommaient *cortex peruviensis*. » Voyez Blégny déjà cité, *la Connoissance certaine et la prompte et facile guérison des fièvres*, etc., p. 18.
6. Dans *Psyché*, livre I, tome III *M.-L.*, p. 27, « l'empire flottant » ; au livre VIII, fable IX, vers 15, « le maritime empire » ; etc.

LE QUINQUINA.

Peut-être il a voulu la vendre à nos travaux[1] ;
Peut-être il la devoit donner pour récompense
Aux hôtes d'un climat où règne l'innocence[2].
O toi qui produisis ce trésor sans pareil,
Cet arbre, ainsi que l'or, digne fils du Soleil, 50
Prince du double mont[3], commande aux neuf pucelles[4]
Que leur chœur pour m'aider députe deux d'entre elles.
J'ai besoin aujourd'hui de deux talents divers :
L'un est l'art de ton fils[5], et l'autre, les beaux vers.

Le mal le plus commun, et quelqu'un même assure 55
Que seul on le peut dire un mal, à bien parler[6],
C'est la fièvre, autrefois espérance trop sûre.

1. A nos fatigues, nous la faire acheter par nos peines.
2. Tandis que notre poète semble s'évertuer à deviner les raisons qu'Apollon a pu avoir de faire naître cet arbre précieux par delà « tout l'empire des flots », Voltaire se contente de dire avec son ironie habituelle : « .... Le quinquina, seul spécifique contre les fièvres intermittentes, placé par la nature dans les montagnes du Pérou, tandis qu'elle a mis la fièvre dans le reste du monde » (*Essai sur les mœurs*, chapitre CXLV).
3. Le Parnasse : *biceps, bifrons, bifidus, bicornis; Parnassi cornua* : la cime des roches qui dominent la fontaine Castalie et Delphes. Comparez Marot, tomes III, p. 173, IV, p. 60 : la « montagne à double croupe », III, p. 213 : « à deux testes », Ronsard, tome II, p. 282 : la « croupe iumelle », du Bellay, tome I, p. 146 : le « mont qui se fend en deux », p. 152 : le « double coupeau », p. 206 : le « mont deux fois cornu », p. 133, 199 : le « double mont », comme ici ; une lettre de la Fontaine à Saint-Évremond du 18 décembre 1687 : « le dieu du double mont », et, dans la comédie de *Clymène*, vers 505-508 :

> .... On croiroit au nombre des ouvrages
> Et des compositeurs, car chacun fait des vers,
> Qu'il nous faudroit chercher un mont dans l'univers,
> Non pas double, mais triple.

4. Tome V, p. 581 et note 4.
5. Esculape : livre VIII, fable XVI, vers 42 et note 18.
6. Exagération semblable ci-dessus, au vers 42.

A Clothon[1], quand ses mains se lassoient de filer[2].
Nous en avions en vain l'origine cherchée[3];
On prédisoit son cours, on savoit son progrès, 60
    On déterminoit ses effets;
    Mais la cause en étoit cachée.
« La fièvre, disoit-on, a son siège aux humeurs[4].
Il se fait un foyer qui pousse ses vapeurs
    Jusqu'au cœur[5] qui les distribue 65
Dans le sang dont la masse en est bientôt imbue.
Ces amas enflammés, pernicieux trésors,
Sur l'aile des esprits aux familles errantes,
    S'en vont infecter tout le corps,
    Sources de fièvres différentes. 70
Si l'humeur bilieuse a causé ces transports,
    Le sang, véhicule fluide
    Des esprits ainsi corrompus,
Par des accès de tierce à peine interrompus[6],
Va d'artère en artère attaquer le solide[7]. 75
Toutes nos actions souffrent un changement:
Le test[8] et le cerveau piqués violemment

   1. Une des trois Parques, celle que la Fontaine nomme le plus souvent : comparez *les Filles de Minée*, vers 129 et note 4.
   2. Rapprochez, pour ces quatre derniers vers, le début des *Animaux malades de la peste*.
   3. Ci-dessus, p. 296 et note 2.
   4. Pour cet emploi élégant du datif, voyez ci-dessus, p. 20 et note 2.
   5. La plupart des éditeurs mettent à tort, après *cœur*, une virgule qui n'est pas dans le texte original et qui fausse le sens.
   6. Fièvre tierce, celle dont les accès reprennent tous les trois jours inclusivement, c'est-à-dire entre lesquels il y a un jour d'intervalle, fièvre que l'on a de deux jours l'un.
   7. C'est un résumé de la doctrine médicale de Galien, qui avait lui-même emprunté ces idées à la philosophie du médecin grec Érasistrate : « Le corps vivant est formé de trois ordres de principes constituants, les solides, les humeurs, les esprits. »
   8. *Test, têt*, le crâne, la boîte osseuse qui couvre le cerveau. « Le

LE QUINQUINA.

Joignent à la douleur les songes, les chimères[1],
L'appétit de parler[2], effets trop ordinaires.
    Que si le venin dominant   80
    Se puise en la mélancolie[3],
J'ai deux jours de repos[4], puis le mal survenant
    Jette un long ennui sur ma vie. »

Ainsi parle l'École et tous ses sectateurs[5].

<small>crane, dit Ambroise Paré (livre III, chapitre IV), que nous appelons le test, est dessus la teste comme ung heaume. »

        Ton test n'aura plus de peau.
                     (Ronsard, tome I, p. 47.)
    Mesme tous animaux, iusques en leurs ceruelles
    Couuertes de leur test....
                       (Baif, tome II, p. 7.)

« Le test estoit sans comparaison plus dur aux Ægyptiens qu'aux Persiens. » (Montaigne, tome I, p. 322.) — L'Académie, qui donne *test* sans observation dans les deux premières éditions de son Dictionnaire, écrit *têt* dans les cinq dernières, en ajoutant : « Il est vieux. »

1. Le délire : il y a dans les écrits médicaux du temps des récits singuliers de « chimères », de « songes », chez les fiévreux, et surtout chez les atrabilaires dont il va être question. Mais plus étranges encore sont les remèdes que prescrivaient les médecins pour guérir ces hallucinés : les myrobolans noirs, le fumeterre, le lupulus, le cuscute, le polypode de chêne, l'épithym, etc.

2. Le besoin de parler.

3. Les médecins distinguaient la « bile jaune », *bilis lurida, flava*, et la « bile noire », *atra bilis*, autrement nommée « atrabile », « mélancolie », « hypocondrie ». — Robert Burton a écrit un livre très curieux sur la « mélancolie » : *The Anatomy of melancholy, what it is, with all the kinds, causes, etc., and several cures of it* (Oxford, 1621, in-4°), auquel Sterne a fait de nombreux emprunts.

4. N'oublions pas qu'il s'agit ici, non plus de la fièvre tierce, mais de la fièvre quarte.

5.   Voilà le train du monde et de ses sectateurs.
                (Livre XII, fable XVI, vers 19.)

Comparez le vers 42 de la fable IX du livre XI : « Aristote et sa suite ».</small>

Leurs malades debout[1] après force lenteurs 85
   Donnoient cours[2] à cette doctrine :
   La nature, ou la médecine,
Ou l'union des deux, sur le mal agissoit.
   Qu'importe qui? l'on guérissoit.
On n'exterminoit pas la fièvre, on la lassoit[3]. 90
Le bon tempérament, le séné, la saignée :
Celle-ci, disoient-ils, ôtant le sang impur,
Et non comme aujourd'hui des mortels dédaignée[4];
Celui-là, purgatif innocent et très sûr
(Ils l'ont toujours cru tel); et le plus nécessaire, 95
   J'entends le bon tempérament,
Rendu meilleur encor par le bon aliment[5],
Remettoient le malade en son train ordinaire.
On se rétablissoit, mais toujours lentement.

1. Remis debout. — 2. Circulation, crédit.
3. Et non : « on la laissoit », comme écrit Walckenaer.
4. Nous lisons dans la Correspondance de Gui Patin un bon nombre de passages très curieux sur la saignée (tomes I, p. 63, 165 : « Gui Patin saigné sept fois pour un rhume », 375, II, p. 219, 420 : « Il ne se passe jour à Paris que nous ne fassions saigner plusieurs enfants à la mamelle et plusieurs septuagénaires, *qui singuli feliciter inde convalescunt.* Il n'y a point de femme à Paris qui ne veuille bien croire à la saignée, et que son enfant soit saigné dans la fièvre, à la petite vérole, ou à la rougeole, ou aux dents, ou aux convulsions, tant elles en ont vu d'expériences », III, p. 86 : « le petit Roi saigné neuf fois, en 1658, à Calais », 137, 416, 418, 419, 711, etc.). Rapprochez une lettre de Mme de Sévigné du 15 octobre 1695 (tome X, p. 324) : « Étrange remède, qui fait répandre du sang quand il n'y en a déjà que trop de répandu ! c'est brûler la bougie par les deux bouts. » Voyez, *ibidem*, p. 113, et tome VII, p. 388, 414, 415, etc. — « Il est constant qu'en plusieurs occasions on ne peut se dispenser d'y avoir recours (à la saignée) avant l'usage du remède. Il faut pourtant prendre garde que l'abus qu'on en pourroit faire épuiseroit les forces et altéreroit les fonctions des parties. » (MONGINOT, *de la Guérison des fièvres par le Quinquina*, p. 66.)
5. Ci-dessus, p. 77.

Une cure plus prompte étoit une merveille. 100
Cependant la longueur[1] minoit nos facultés[2].
S'il restoit des impuretés[3],
Les remèdes alors de nouveau répétés,
Casse, rhubarbe, enfin mainte chose pareille[4],
Et surtout la diète, achevoient le surplus, 105
Chassoient ces restes superflus,
Relâchoient, resserroient, faisoient un nouvel homme :
Un nouvel homme ! un homme usé[5].

1. La durée prolongée de la maladie.
2. Dans la fable XXI du livre I, vers 36 :
On nous mine par des longueurs.
3. « La purgation.... est nécessaire avant que de prendre le quinquina, lorsqu'il y a beaucoup d'impuretés dans le bas-ventre.... Cependant il est très vrai qu'il n'est pas besoin pour le donner qu'on ait épuisé toutes les mauvaises humeurs. » (MONGINOT, *ibidem*, p. 68.)
4. Ces vers ne font-il pas inévitablement songer à la réponse invariable du « Bachelier » dans le troisième intermède du *Malade imaginaire* de Molière ?

Clysterium donare,
Postea seignare,
Ensuitta purgare....
— *Mais si maladia*
Opiniatria...?
— *Clysterium, etc.*

On peut rapprocher aussi de tout ce passage la cérémonie amplifiée de la même comédie.

SECUNDUS DOCTOR.

.... *Dicat un peu mihi Dominus prætendens*
Raison à priori et evidens
Cur rhubarba et le sené
Per nos semper est ordonné
Ad purgandam l'utramque bile?
Si dicit hoc, erit valde habile.

BACHELIERUS.

.... *Respondeo vobis :*
Quia est in illis
Virtus purgativa,
Cujus est natura
Istas duas biles evacuare.

5. C'est le mot de Thevenot, sous-bibliothécaire de Louis XIV,

Lorsqu'avec tant d'apprêts cet œuvre[1] se consomme,
Le trésor de la vie est bientôt épuisé[2].   110

Je ne veux pour témoins de ces expériences
Que les peuples sans lois, sans arts, et sans sciences :
Les remèdes fréquents n'abrègent point leurs jours,
Rien n'en hâte le long et le paisible cours.

au lit de mort du seigneur de Charleval, tué par la rhubarbe et la saignée : « Enfin, disait le médecin, voilà la fièvre qui s'en va ! — Et moi, je vous dis que c'est le malade ! »

1. Ci-dessus, vers 13 et note 3.

2. Le traitement de la fièvre était tel que la Fontaine l'indique ici avant le chevalier Talbot, qui fit à cet égard une révolution de médecine, et qui défendit, comme choses dangereuses, la diète, la saignée, et les purgations, pendant qu'on prenait son remède : voyez les *Admirables qualités du Kinkina*, etc., 2ᵉ édition, Paris, 1694, in-12, p. 17 et 22. La première édition de ce livre parut, comme nous l'avons dit, en 1689; et voici cependant ce que nous lisons dans les intéressantes *Études sur François Iᵉʳ, roi de France, sur sa vie privée et son règne*, par Paulin Paris (Paris, 1885, tome I, p. 55) : « En 1511, François eut de violents accès de fièvre tierce qu'il promena de Romans à Valence, pendant les mois de juin et de juillet. Les médecins ne savaient pas mieux les prévenir alors qu'ils ne le savent aujourd'hui, et le quinquina ne leur donnait pas encore un moyen de les arrêter. On trouve pourtant dans les *Commentarii* de Beaucaire (livre VII, p. 189) une phrase qui semblerait prouver que les vertus de cette écorce fébrifuge n'étaient pas inconnues au seizième siècle en Europe. Après avoir parlé de la feuille de l'arbre nommé gaïac, employée pour la guérison du mal de Naples, il ajoute : *Utuntur nonnulli etiam china vel cina radice, quæ tamen articularibus morbis sublevandis commodior esse perhibetur; ea etiam imperator Carolus [quintus] frequenter usus est.* » Sans doute le quinquina, avant d'être connu officiellement, pour ainsi dire, en Europe, était déjà employé par quelques personnes qui l'avaient rapporté du Pérou, à moins qu'on n'ait confondu ce fébrifuge avec la racine de gentiane, ou quelque similaire, dont on se servait jadis contre les fièvres intermittentes. — Citons aussi, contre l'usage de la diète et de la saignée, ce passage de Van Helmont (*Ortus Medicinæ, id est initia Physicæ inaudita*, etc., 4ᵉ édition, Lyon, 1655, in-fol., p. 280), dans le chapitre intitulé *Victus ratio* : *Jam a quinquaginta hinc annis mecum experior, me plures sanare, etiam non visos, spretisque diætæ regulis,*

Telle est des Iroquois¹ la gent presque immortelle : 115
La vie après cent ans chez eux est encor belle.
Ils lavent leurs enfants aux ruisseaux les plus froids;
La mère au tronc d'un arbre, avecque son carquois,
Attache la nouvelle et tendre créature ;
Va sans art apprêter un mets non acheté². 120
Ils ne trafiquent point des dons de la nature;
Nous vendons cher les biens qui nous ont peu coûté.
L'âge où nous sommes vieux est leur adolescence.
Enfin il faut mourir; car sans ce commun sort
Peut-être ils se mettroient à l'abri de la mort 125
    Par le secours de l'ignorance.

Pour nous, fils du savoir, ou, pour en parler mieux,
Esclaves de ce don que nous ont fait les dieux³,
Nous nous sommes prescrit une étude infinie :
L'art est long⁴, et trop courts les termes de la vie⁵. 130

quam plures simul medici, qui in nostra urbe oberrant. Experior, inquam, ne omnes febres continuatas et intermittentes curare paucis diebus, imo et plerumque paucis horis, non admisso phlebotomo, sed permisso vino.

1. Les Iroquois, cette confédération jadis puissante, aujourd'hui presque disparue. Au temps de Louis XIV, leur pays s'étendait le long des côtes méridionale et orientale du lac Ontario jusqu'au lac Champlain dit lac des Iroquois; ils possédaient aussi des villages au nord du Saint-Laurent jusqu'au confluent de la « rivière des Français ».

2. Voyez tome III, p. 304, note 4, la fin de la citation de Virgile.

3. Rapprochez la fable XIX du livre VIII, où le poète semble guidé par une inspiration toute contraire, et particulièrement la note 18 de cette fable. — *Qui addit scientiam addit et laborem.* (*Ecclésiaste,* chapitre I, verset 18.)

4. Comparez les vers 25-26 de la lettre de février 1686 à M. Simon de Troyes :

    Il faut du temps; le temps a part
    A tous les chefs-d'œuvre de l'art.

5. *Adonis,* vers 13; et dans une ode de Maucroix à Conrart:

    D'où se forme en nos cœurs cette brutale envie

Un seul point négligé fait errer aisément :
Je prendrai de plus haut tout cet enchaînement,
Matière non encor par les Muses traitée,
Route qu'aucun mortel en ses vers n'a tentée :
Le dessein en est grand, le succès malaisé ;   135
Si je m'y perds, au moins j'aurai beaucoup osé [1].

Deux portes sont au cœur [2] ; chacune a sa valvule [3].
Le sang, source de vie, est par l'une introduit ;

> D'abréger une vie
> Dont le plus long espace a des termes si courts?

1. Tome III, p. 169 et note 9 :

> Si mon œuvre n'est pas un assez bon modèle,
> J'ai du moins ouvert le chemin :
> D'autres pourront y mettre une dernière main.

2. On n'oserait guère demander au poète, lancé presque malgré lui dans ces difficultés, plus de précision qu'il n'en met dans ses descriptions et dans ses mots. Toutefois « quatre » serait préférable à « deux », et « cavités » à « portes » : oreillette droite, recevant le sang des veines du corps, et oreillette gauche, le sang des veines pulmonaires ; ventricule droit, envoyant le sang veineux au poumon, et ventricule gauche, le sang artériel à tout le corps.

3. « Tout repli, dit Littré, qui, dans les vaisseaux et conduits du corps, empêche les liquides ou autres matières de refluer, ou qui a pour fonction principale de ralentir ou de modifier le cours des liquides sur le trajet desquels il se trouve. » — Notre poète décrit ici la circulation du sang découverte par le docteur Harvey, ce qui exclut la doctrine de la présence du gaz ou des esprits dans les vaisseaux artériels, qu'il a exposée plus haut, et à laquelle plusieurs médecins de ce temps étaient encore attachés. — William Harvey, né à Folkestone le 2 avril 1578, mourut à Londres le 3 juin 1658. Disciple de Fabrizio d'Acquapendente, à l'université de Padoue, c'est dans son premier et célèbre ouvrage : *Exercitatio anatomica de motu cordis et sanguinis in animalibus* (Francfort, 1628, in-4°), qu'il consigna ses idées sur la circulation du sang. A côté ou à la suite de ses contradicteurs déclarés, Primerose à Montpellier, Riolan à Paris, Parisanus à Venise, les envieux essayèrent de lui enlever l'honneur de sa grande découverte. Théodore Janson d'Almeloveen, dans son *Onomasticon rerum inventarum et Inventa*

L'autre huissière[1] permet qu'il sorte et qu'il circule,
Des veines sans cesser aux artères[2] conduit.   140
Quand le cœur l'a reçu, la chaleur naturelle
En forme ces esprits qu'animaux on appelle[3].

nova antiqua (Amsterdam, 1684, in-fol.), rapporte plusieurs endroits d'Hippocrate pour justifier qu'il a connu la circulation; Walæus, *Epistolæ ad Thomam Bartholinum, de chyli et sanguinis motu* (Leyde, 1641, in-8°), et Charleton, *Œconomia animalium novis in medicina hypothesibus superstructa* (Londres, 1658, in-fol.), *exerc. VI*, prétendent qu'Aristote et Platon, comme Hippocrate, l'ont connue aussi. On a dit encore que les médecins chinois l'enseignaient quatre cents ans avant qu'on en parlât en Europe. Il en est même qui remontent jusqu'à Salomon, croyant en trouver des vestiges dans le chapitre XII de l'Ecclésiaste. Bernardin Genga, dans son *Anatomia per uso ed intelligenza del disegno* (Rome, 1691, in-fol.), transcrit des passages de Realdus Colombus et d'Andreas Cesalpinus, par lesquels il prétend montrer qu'ils l'admettaient. Il dit aussi que c'est Fra Paolo Sarpi, qui, ayant exactement considéré la structure des valvules dans les veines, a inféré, dans ces derniers temps, la circulation, de leur construction et de plusieurs autres expériences. Janson cite également le passage d'Andreas Cesalpinus, qui contient fort clairement, selon lui, la doctrine de la circulation dès l'an 1593. Jean Leonicenus ajoute que Fra Paolo avait découvert la circulation du sang et les valvules des veines, mais qu'il n'osa pas en parler, de peur de l'Inquisition, et qu'il communiqua seulement son secret à Acquapendente, qui, après sa mort, mit le livre qu'il avait composé sur ce sujet dans la bibliothèque de Saint-Marc, où il fut longtemps caché; mais que Acquapendente révéla ce secret à Harvey. Enfin les Jésuites soutiennent que leur père Fabri a enseigné avant Harvey la circulation du sang : voyez le *Dictionnaire des arts et des sciences* (Paris, 1694, in-fol.); et le tome IX du Molière de notre Collection, p. 355 et note 3.

1. Préposée à l'huis, portière. L'Académie n'a enregistré ce féminin dans aucune des éditions de son Dictionnaire.

2. Les artères sont les vaisseaux destinés à porter le sang soit du ventricule droit du cœur au poumon, soit du ventricule gauche du cœur à toutes les autres parties du corps; et les veines sont les petits canaux qui ramènent au cœur le sang distribué par les artères dans toutes les parties et devenu noir en cette distribution.

3. Ci-dessus, p. 262 et note 5. — La Fontaine joint ici à ce mot

Ainsi qu'en un creuset il est raréfié.
Le plus pur, le plus vif, le mieux qualifié[1],
En atomes extrait quitte la masse entière, 145
S'exhale, et sort enfin par le reste attiré.
Ce reste rentre encore, est encore épuré;
Le chyle[2] y joint toujours matière sur matière.
Ces atomes font tout; par les uns nous croissons;
Les autres, des objets touchés en cent façons, 150

l'épithète que lui donnait la physiologie de l'époque : « animaux ». On désignait par là un fluide très subtil qui, après s'être formé dans le cœur et dans le cerveau, se distribuait, pensait-on, dans toutes les parties du corps et y portait la vie. L'opinion, la volonté des hommes étaient les effets immédiats de la manière dont les esprits animaux se filtraient dans le cervelet, et de là dans la moelle allongée : ces esprits animaux dépendaient de la circulation du sang: ce sang dépendait de la formation du chyle. — « Ce qu'il y a de plus remarquable, c'est la génération des esprits animaux, qui sont comme un vent très subtil, ou plutôt comme une flamme très pure et très vive qui, montant continuellement en grande abondance du cœur dans le cerveau, se va rendre de là par les nerfs dans les muscles, et donne le mouvement à tous les membres. » (DESCARTES, *Discours de la méthode*, chapitre v, § 8.)

1. Ayant la meilleure qualité.

2. « Les aliments, dit Fénelon (*de l'Existence de Dieu*, Ire partie, chapitre II), changés par une prompte coction, se confondent tous en une liqueur douce qui devient ensuite une espèce de lait nommé chyle, et qui, parvenant enfin au cœur, y reçoit, par l'abondance des esprits, la forme, la vivacité et la couleur du sang. » Comparez Voltaire (IVe *Discours sur l'homme*) :

Pour découvrir un peu ce qui se passe en moi,
Je m'en vais consulter le médecin du Roi;
Sans doute il en sait plus que ses doctes confrères.
Je veux savoir de lui par quels secrets mystères
Ce pain, cet aliment dans mon corps digéré,
Se transforme en un lait doucement préparé;
Comment, toujours filtré dans ses routes certaines,
En longs ruisseaux de pourpre il court enfler mes veines,
A mon corps languissant rend un pouvoir nouveau,
Fait palpiter mon cœur et penser mon cerveau.

— En termes de médecine, le chyle est un fluide, qui, dans les intestins grêles, est séparé des aliments pendant l'acte de la diges-

LE QUINQUINA.

Vont porter au cerveau les traits dont ils s'empreignent,
  Produisent la sensation[1].
    Nulles prisons[2] ne les contraignent[3] ;
    Ils sont toujours en action.
Du cerveau dans les nerfs ils entrent, les remuent ; 155
C'est l'état de la veille ; et réciproquement,
Sitôt que moins nombreux en force ils diminuent,
Les fils des nerfs lâchés font l'assoupissement.

Le sang s'acquitte encor chez nous d'un autre office :
En passant par le cœur il cause un battement ; 160
C'est ce qu'on nomme pouls[4], sûr et fidèle indice
  Des degrés du fiévreux tourment[5].
    Autant de coups qu'il réitère,
Autant et de pareils vont d'artère en artère
Jusqu'aux extrémités porter ce sentiment[6]. 165
Notre santé n'a point de plus certaine marque
  Qu'un pouls égal et modéré ;
Le contraire fait voir que l'être est altéré ;
Le foible et l'étouffé confine avec la Parque,
  Et tout est alors déploré[7]. 170

tion, et que les vaisseaux dits chylifères pompent à la surface de l'intestin, et portent dans le sang pour servir à sa formation.

1. Comparez les vers 40-44 et 166-167 du premier *Discours à Mme de la Sablière* (tome II, p. 461-462 et 472).

2. .... Cependant les esprits,
   En foule avec le sang de leurs prisons sortis,
   Laissent faire, etc.
            (*Adonis*, vers 453-455.)

3. Ne sont capables de les contraindre, de les tenir arrêtés.

4. Le « pouls » est le battement des artères, dû à l'ondée du sang qui est projetée par chaque contraction du ventricule gauche du cœur.

5. Du tourment de la fièvre. — 6. La sensation de ce battement.

7. Tout est fini, tout est perdu. Rapprochez Saint-Simon,

Que l'on ait perdu la parole,
Ce truchement[1] pour nous dit assez notre mal,
Assez il fait trembler pour le moment fatal :
  Esculape en fait sa boussole.
Si toujours le pilote a l'œil sur son aimant[2], 175
Toujours le médecin s'attache au battement,
C'est sa guide[3] ; ce point l'assure et le console
  En cette mer d'obscurités
Que son art dans nos corps trouve de tous côtés.

Ayant parlé du pouls, le frisson se présente. 180
Un froid avant-coureur s'en vient nous annoncer
Que le chaud de la fièvre aux membres va passer.
Le cœur le fomentoit[4], c'est au cœur qu'il s'augmente
Et qu'enfin parvenant jusqu'à certain excès,
Il acquiert un degré qui forme les accès. 185

  Si j'excellois en l'art où je m'applique,
  Et que l'on pût tout réduire à nos sons[5],

tome II, p. 76 : « Notre affaire se regardoit comme déplorée » ; et les exemples donnés par Littré, 2°.

1. Ci-dessus, p. 235 et note 4 :
  Ses regards, truchements de l'ardeur qui la touche.
2. Sur l'aiguille aimantée.
3. « Sa guide », bien que se rapportant au masculin « battement », parce que le poète pense au féminin « boussole » : voyez tome II, p. 195 et note 8.
4. De son zèle fervent l'inépuisable source
  Fomente la chaleur qui retarde sa mort.
  (*Poëme de la Captivité de saint Malc*, vers 526-527.)
5. Faire entrer tous les sujets dans nos vers. — Ci-dessus, p. 237. Chez Voiture (*Poésies*, p. 125) :
  Nous autres faiseurs de chansons,
  De Phébus sacrés nourrissons,
  Peu prisés au siècle où nous sommes,
  Saurions bien mieux vendre nos sons,

J'expliquerois par raison mécanique
Le mouvement convulsif des frissons :
Mais le talent des doctes nourrissons[1]
Sur ce sujet veut une autre manière.
Il semble alors que la machine entière
Soit le jouet d'un démon furieux[2].
Muse, aide-moi; viens sur cette matière
Philosopher[3] en langage des dieux[4].

  Des portions d'humeur grossière,
  Quelquefois compagnes du sang,
Le suivent dans le cœur, sans pouvoir, en passant,
  Se subtiliser[5] de manière
Qu'il naisse des esprits[6] en même quantité
  Que dans le cours de la santé.
Un sang plus pur s'échauffe avec plus de vitesse;
L'autre reçoit plus tard la chaleur pour hôtesse.
Le temps l'y sait aussi beaucoup mieux imprimer :
Le bois vert, plein d'humeurs[7], est long à s'allumer;
Quand il brûle, l'ardeur en est plus véhémente[8].
Ainsi ce sang chargé repassant par le cœur

  S'ils faisoient revivre les hommes
  Comme ils font revivre les noms.
1.   J'ai rang parmi les nourrissons
  Qui sont chers aux doctes pucelles.
(Lettre de la Fontaine au prince de Conti du 18 août 1689.)

2. Il sent un froid démon s'emparer de son corps.
      (*Adonis*, vers 526.)
3. Comparez *le Faiseur d'oreilles*, vers 45 et note 2.
4. Ci-dessus, p. 223 et note 3.
5. Dans le premier *Discours à Mme de la Sablière* (tome II, p. 476) :
  Je subtiliserois un morceau de matière.
6. Vers 68, 142. — 7. Plein d'humidité.
8. « Il n'est feu que de bois vert », comme dit le proverbe.

S'embrase d'autant plus que c'est avec lenteur,
Et regagne au degré[1] ce qu'il perd par l'attente[2].

Ce degré, c'est la fièvre. A l'égard des retours   210
    A certaine heure, en certains jours,
C'est un point inscrutable, à moins qu'on ne le fonde
Sur les moments prescrits à[3] cuire ou consumer
L'aliment ou l'humeur qui s'en est pu former.
    Il n'est merveille qui confonde   215
Notre raison, aveugle en mille autres effets,
Comme ces temps marqués où[4] nos maux sont sujets.
Vous qui cherchez dans tout une cause sensible,
    Dites-nous comme il est possible
Qu'un corps dans le désordre amène réglément[5]   220
    L'accès, ou le redoublement.

Pour moi, je n'oserois entrer dans ce dédale;
Ainsi de ces retours je laisse l'intervalle :
Je reviens au frisson, qui du défaut d'esprits
    Tient sans doute son origine.   225
Les muscles moins tendus, comme étant moins remplis,
    Ne peuvent lors dans la machine[6]
Tirer leurs opposés de même qu'autrefois,
Ni ceux-ci succéder à de pareils emplois.
Tout le peuple mutin, léger, et téméraire[7],   230
Des vaisseaux mal fermés en tumulte sortant,
    Cause chez nous dans cet instant

---

1. Vers 162 et 185.
2. C'est exactement la doctrine de François Monginot.
3. Sur le temps nécessaire pour, etc.
4. Auxquels : ci-dessus, p. 299 et note 1.
5. D'une manière réglée, ponctuelle. — « Je suis ravie que nos lettres reçues le soir ne vous donnent point réglément de méchantes nuits trois fois la semaine. » (Mme de Sévigné, tome VIII, p. 536.)
6. Ci-dessus, vers 192. — 7. Les esprits : vers 200.

LE QUINQUINA.

Un mouvement involontaire.
Le peu qui s'en produit sort du lieu non gonflé,
Comme on voit l'air sortir d'un ballon mal enflé. 235
La valvule¹ en la veine², au ballon la languette,
Geôlière³ peu soigneuse à fermer la prison,
Laisse enfin échapper la matière inquiète :
Aussitôt les esprits agitent sans raison,
De çà, de là, partout où le hasard les pousse, 240
Notre corps qui frémit à leur moindre secousse.

Le malade ressemble alors à ces vaisseaux
Que des vents opposés et de contraires eaux
Ont pour but du débris⁴ que leurs fureurs méditent ;
Les ministres⁵ d'Éole et le flot les agitent ; 245
Maint coup, maint tourbillon les pousse à tous moments
Frêle et triste jouet de la vague et des vents⁶.

1. Vers 137.
2. Dans les exemplaires non cartonnés de l'édition originale :
« la valvule en l'artère ». Plus bas, vers 292, on lit : « Retranchez-
en le temps dont Morphée est *maître* », au lieu de « *le maître* ».
3. Vers 139 : « huissière ».
4. Dans la fable II du livre V, vers 8 :

    .... La moindre chose
   De son débris seroit cause.

Voyez aussi la fable III du livre XI, vers 39; *Philémon et Baucis*,
vers 145 et note 4; et les *Lexiques de Malherbe* et *de la Rochefoucauld*.
5. Ci-dessus, p. 158 et note 3.
6. *Ludibrium pelagi vento jactatur et unda.*
     (CLAUDIEN, XXVIII, vers 139.)

Comparez *la Fiancée du roi de Garbe*, vers 104-106 :

   L'un et l'autre vaisseau,
  Malmené du combat, et privé de pilote,
  Au gré d'Éole et de Neptune flotte ;

et Voltaire, tome XI, p. 76 :

  Tel un vaisseau sans voile, sans boussole,
  Tournoie au gré de Neptune et d'Éole.

En tel et pire état le frisson vient réduire
Ceux qu'un chaud véhément menace de détruire[1] ;
Il n'est muscle ni membre en l'assemblage entier   250
Qui ne semble être près du naufrage dernier.
De divers ennemis à l'envi nous traversent,
Malheureuse carrière où ces démons[2] s'exercent.

Si le mal continue, et que d'aucun repos
La fièvre n'ait borné ses funestes complots,   255
Dans les fébricitants il n'est rien qui ne pèche :
Le palais se noircit, et la langue se sèche ;
On respire avec peine, et d'un fréquent effort :
Tout s'altère ; et bientôt la raison prend l'essort[3].
Le médecin confus[4] redouble ses alarmes.   260
     Une famille tout en larmes
Consulte ses regards : il a beau déguiser[5],
Aucun des assistants ne s'y laisse abuser.
Le malade lui-même a l'œil sur leur visage :
Tout ce qui l'environne est d'un triste présage ;   265
Sa moitié, des enfants, l'un l'appui de ses jours,

---

1. Ci-dessus, vers 180-182. — 2. Vers 193.
3. Comme un oiseau qui s'échappe, s'envole. — La rime veut *essort*; mais ce mot est écrit sans *t* dans tous nos dictionnaires anciens et modernes. — La raison fait place au délire (vers 280-281).
4. Qui y perd son latin.
5. Feindre : livre VII, fable VII, vers 29.

    Lors que l'on se voit assaillir
    Par un secret venin qui tue,
    Et que l'on se sent défaillir
    Les forces, l'esprit, et la vue ;
    Quand on voit que les médecins
    Se trompent dans leurs desseins,
    Et qu'avec un visage blême
    On oit quelqu'un qui dit tout bas :
    « Mourra-t-il ? Ne mourra-t-il pas ? etc. ».
        (VOITURE, *Poésies*, p. 122-123.)

Un autre entre les bras de ses chastes amours[1],
Une fille pleurante, et déjà destinée
Aux prochaines douceurs d'un heureux hyménée[2].
Alors, alors, il faut oublier ces plaisirs.   270
L'âme en soi se ramène[3], encor que nos desirs
Renoncent à regret à des restes de vie[4].
« Douce lumière, hélas! me seras-tu ravie?
Ame, où t'envoles-tu sans espoir de retour? »
Le malade arrivé près de son dernier jour   275
Rappelle ces moments où personne ne songe
Aux remords trop tardifs[5] où cet instant nous plonge.
Sur ce qu'il a commis il tâche à[6] repasser :
En vain ; car le transport à ce foible penser
Fait bientôt succéder les folles rêveries,   280

1. Encore sur le sein de sa mère.

2. L'amant et la compagne à ses vœux destinée
Quittoient le doux espoir d'un prochain hyménée.
(*Saint Malc*, vers 89-90.)

3. Fait un retour sur elle-même.

— .... Comme notre esprit, jusqu'au dernier soupir,
Toujours vers quelque objet pousse quelque desir,
Il se ramène en soi n'ayant plus où se prendre.
(CORNEILLE, *Cinna*, vers 367-369.)

.... C'est lorsque j'ai senti mon âme tout entière,
Se ramenant en soi, faire un dernier effort
Pour braver les horreurs que l'on sent à la mort.
(CHAULIEU, à *M. le marquis de la Fare, sur la mort*, vers 6-8.)

4. Dans la fable 1 du livre VIII, vers 60 :

Le plus semblable aux morts meurt le plus à regret.

5. « Convertissez-vous de bonne heure; n'attendez pas que la maladie vous donne ce conseil salutaire : que la pensée en vienne de Dieu et non de la fièvre. » (BOSSUET, IV° sermon pour le 1ᵉʳ dimanche de carême.)

6. Ci-dessus, p. 298, et p. 247 et note 1 :

Il tâche à rappeler, etc.

336   POÈMES.

Le délire, et souvent le poison des furies[1].
On tente l'émétique[2] alors infructueux,
Puis l'art nous abandonne au remède des vœux.

Pandore, que ta boîte en maux étoit féconde[3] !
Que tu sus tempérer[4] les douceurs de ce monde ! 285
A peine en sommes-nous devenus habitants,
Qu'entourés d'ennemis[5] dès les premiers instants,
Il nous faut par des pleurs ouvrir notre carrière[6] :
On n'a pas le loisir de goûter[7] la lumière.
Misérables humains[8], combien possédez-vous 290
    Un présent si cher et si doux?
Retranchez-en le temps dont Morphée est le maître;
    Retranchez ces jours superflus
    Où notre âme ignorant son être
Ne se sent pas encore, ou bien ne se sent plus[9]; 295
Otez le temps des soins[10], celui des maladies,
Intermède fatal qui partage nos vies.
La fièvre quelquefois fait que dans nos maisons
Nous passons sans soleil trois retours de saisons.
    Ce mal a le pouvoir d'étendre 300

1. La fièvre chaude.
2. Sur le vin émétique, voyez le Molière de notre Collection, tome V, p. 137 et note 3.
3. Ci-dessus, p. 317 et note 4.
4. Mêler d'amertumes. — 5. Vers 252.
6. « Et ego.... primam vocem similem omnibus emisi plorans. » (*Livre de la Sagesse*, chapitre VII, verset 3.)

    Nous pleurons aussi tost que du ventre sortons.
              (RONSARD, tome II, p. 272.)

« Nous commençons tous notre vie par les mêmes infirmités de l'enfance : nous saluons tous, en entrant au monde, la lumière du jour par nos pleurs. » (BOSSUET, *Oraison funèbre de Messire Henri de Gornay*.)

7. Page 303 et note 4. — 8. Page 289 et note 3.
9. Les deux enfances. — 10. Tome III, p. 123 et note 20.

LE QUINQUINA.

Autant et plus encor son long et triste cours;
    Un de ces trois cercles¹ de jours
Se passe à le souffrir, deux autres à l'attendre.

Mais c'est trop s'arrêter à des sujets de pleurs :
Allons quelques moments dormir sur le Parnasse²; 305
Nous en célébrerons avecque plus de grâce
Le présent qu'Apollon oppose à ces malheurs.

CHANT II.

Enfin, grâce au démon³ qui conduit mes ouvrages⁴,
Je vais offrir aux yeux de moins tristes images;
Par lui j'ai peint le mal, et j'ai lieu d'espérer
Qu'en parlant du remède il viendra m'inspirer.

On ne craint plus cette hydre aux têtes renaissantes⁵, 5
La fièvre exerce en vain ses fureurs impuissantes :

---

1. Comparez la fable 1 du livre X, vers 55-56 :
  .... Parcourant sans cesser ce long cercle de peines
  Qui, revenant sur soi, ramenoit, etc.

2. *Nec fonte labra prolui caballino,*
  Nec in bicipiti somniasse Parnasso
  Memini, ut repente sic poeta prodirem.
           (Perse, *Prologue*, vers 1-3.)

— Dans l'opéra de *Daphné*, acte V, scène vi :
  .... Allez dormir encor sur le Parnasse.

3. Le démon de la poésie.
4. Dans une dédicace au procureur général Harlay (tome II M.-L., p. 266) :
  .... L'un a pour protecteur le démon du Parnasse, etc.

5. Tome IV, p. 369 et note 4.

J. DE LA FONTAINE. VI

D'autres temps sont venus, Louis règne; et les dieux
Réservoient à son siècle un bien si précieux;
A son siècle ils gardoient l'heureuse découverte
D'un bois qui tous les jours cause au Styx quelque perte[1].
Nous n'avons pas toujours triomphé de nos maux :
Le Ciel nous a souvent envoyé des travaux[2].
D'autres temps sont venus, Louis règne; et la Parque
Sera lente à trancher nos jours sous ce monarque[3].
Son mérite a gagné les arbitres du sort :   15
Les destins avec lui semblent être d'accord.
Durez, bienheureux temps; et que sous ses auspices
Nous portions chez les morts plus tard nos sacrifices[4].
J'en conjure le dieu qui m'inspire ces vers;
Je t'en conjure aussi, père de l'univers,   20
Et vous, divinités aux hommes bienfaisantes,
Qui tempérez les airs, qui régnez sur les plantes,

1. Rapprochez la fable 1 du livre VII, vers 5.
2. Des peines, des souffrances. Page 319 :

....Peut-être il a voulu la vendre à nos travaux.

3. Citons au sujet de ces vers le sonnet de Claude Mallemans de Messanges sur la protection accordée par Louis XIV au quinquina, sonnet qui orne quelques exemplaires de l'ouvrage de Nicolas de Blégny : *Connoissance et guérison des fièvres* (ci-dessus, p. 313) :

....Ton bras armé d'un foudre a-t-il semé l'effroi,
D'un mot tu calmes tout, et ta bonté préfère
Le favorable nom de protecteur, de père,
Aux titres glorieux de conquérant, de roi.
C'est peu pour ta vertu qu'une gloire si belle
Brave des temps jaloux l'atteinte criminelle,
Et se voie en tous lieux ériger des autels;
Déjà vainqueur du Styx et du sombre monarque,
Tu viens pour nous encore anéantir la Parque,
Et tu veux qu'avec toi nous soyons immortels.

4. Image analogue au livre IX, fable XIII, vers 31-32 :

Meurs, et va chez Pluton
Porter tes cent talents en don.

Concourez pour lui plaire, empêchez les humains
D'avancer leur tribut au roi des peuples vains[1].
J'enseigne là-dessus une nouvelle route :   25
C'est le bien des mortels; que tout mortel m'écoute.

J'ai fait voir ce que croit l'École[2] et ses suppôts[3].
On a laissé longtemps leur erreur en repos;
Le quina l'a détruite, on suit des lois nouvelles[4].
Arrière les humeurs; qu'elles pèchent[5] ou non,   30
La fièvre est un levain qui subsiste sans elles :
  Ce mal si craint n'a pour raison
Qu'un sang qui se dilate, et bout dans sa prison[6].

On s'est formé jadis une semblable idée
Des eaux dont tous les ans Memphis est inondée.   35
  Plus d'un naturaliste a cru
Que les esprits nitreux[7] d'un ferment prétendu
Faisoient croître le Nil, quand toute eau se renferme

---

1. Qui sont comme vides, qui n'ont qu'une apparence : au roi des ombres. — Dans *Adonis*, vers 585 :

  Rois des peuples légers, etc.

Comparez Virgile, *Géorgiques*, livre IV, vers 472 :

 Umbræ ibant tenues simulacraque luce carentum.

2. Ci-dessus, vers 84 du chant I. — 3. Page 7 et note 2.
4. « Un train plus nouveau » (*le roi Candaule*, vers 128).
5. Les humeurs peccantes.
6. Cet alinéa et celui qui suit ne sont que la doctrine de François Monginot, mise en vers (*ibidem*, p. 32-37) : « La fièvre est un bouillonnement ou fermentation extraordinaire excitée dans la masse du sang...; cette fermentation contre-nature altère ce sang, en trouble le mouvement, et pervertit l'économie de tout le corps...; le principe ou la cause immédiate de cette fermentation est un mauvais levain qui tient de l'aigre ou de l'âcre. » C'est aussi le résumé d'une partie du chant I (vers 196-254).
7. Ci-dessous, vers 50.

Et n'ose outrepasser le terme
Que d'invisibles mains sur ses bords ont écrit.   40
Celle-ci seule échappe, et dédaigne son lit :
Les nymphes de ce fleuve errent dans les campagnes
Sous les signes brûlants[1], et pendant plusieurs jours.
D'où vient, dit un auteur[2], qu'il enfle alors son cours[3] ?
Le climat est sans pluie ; on n'entend aux montagnes[4]
    Bruire en ces lieux aucuns torrents :
    En ces lieux nuls ruisseaux courants
N'augmentent le tribut dont s'arrosent les plaines.
Si l'on croit cet auteur, certain bouillonnement
Par le nitre causé fait ce débordement.   50

C'est ainsi que le sang fermente dans nos veines[5],
Qu'il y bout, qu'il s'y meut, dilaté par le cœur.
    Les esprits alors en fureur
Tâchent par tous moyens d'ébranler la machine[6].
On frissonne, on a chaud. J'ai déduit ces effets   55
    Selon leur ordre et leur progrès[7].
Dès qu'un certain acide en notre corps domine,
Tout fermente, tout bout, les esprits, les liqueurs ;
Et la fièvre de là tire son origine
    Sans autre vice des humeurs[8].   60

---

1. Du mois de juin au mois de septembre.

2. Cureau de la Chambre, dans son *Discours sur les causes du débordement du Nil* (Paris, 1665, in-4°) : il attribue la crue de ce fleuve au nitre dont son lit est plein et qu'il dit être cause d'une véhémente fermentation.

3. On sait que les inondations du Nil sont dues au débordement de ses affluents de l'Abyssinie, région où du mois d'avril au mois d'octobre il tombe une énorme quantité de pluie.

4. Ci-dessus, p. 20 et note 1.

5. Vers 33. — 6. Vers 227 du chant I.

7. *Ibidem*, vers 180-210.

8. Ci-dessus, vers 30. — On lit chez Monginot (*ibidem*, p. 38) :

Que faisoient nos aïeux pour rendre plus tranquille
Ce sang ainsi bouillant? ils saignoient[1], mais en vain.
   L'eau qui reste en l'éolipyle[2]
Ne se refroidit pas quand il devient moins plein;
L'airain soufflant fait voir que la liqueur enclose   65
Augmente de chaleur, déchue en quantité :
Le souffle alors redouble, et cet air irrité
Ne trouve du repos qu'en consumant sa cause[3].
Du sentiment fiévreux on tranche ainsi le cours :
Il cesse avec le sang, le sang avec nos jours.   70

Tout mal a son remède au sein de la nature[4].
Nous n'avons qu'à chercher : de là nous sont venus
   L'antimoine[5] avec le mercure,
   Trésors autrefois inconnus.
Le quin[6] règne aujourd'hui : nos habiles s'en servent.
   Quelques-uns encore conservent,
   Comme un point de religion[7],
L'intérêt de l'École et leur opinion[8].
Ceux-là même y viendront; et désormais ma veine

« Ce que je viens d'avancer de ce ferment ou levain acide comme de la principale cause de la fièvre, etc. », et plus bas, p. 44 : « Ayant supposé ce que je viens de dire, que c'est un levain acide qui est la principale cause des fièvres.... »

1. Vers 91-93 du chant I.
2. Cornue de cuivre pourvue d'un tube à mince ouverture, qui, remplie d'eau et chauffée, donne issue à un jet impétueux de vapeur. — « ....C'est, dit Panurge, comme Ienin de Quinquenays pissant sus le fessier de sa femme Quelot abatit le vent punays qui en sortoit comme d'une magistrale æolipyle. » (RABELAIS, tome II, p. 422.)
3. Qu'en séchant jusqu'à la dernière goutte l'eau contenue dans l'appareil.
4. « Nous ne voyons jamais tout ce que la nature nous met pour ainsi dire devant les yeux. » (MONGINOT, *ibidem*, p. 4.)
5. Chant I, vers 282, note 2.
6. Plus haut, *Kin* dans l'édition originale.
7. Un article de foi. — 8. Voyez ci-dessus, la notice, p. 309.

Ne plaindra plus des maux dont l'art fait son domaine[1].
Peu de gens, je l'avoue, ont part à ce discours :
Ce peu c'est encor trop. Je reviens à l'usage
D'une écorce fameuse, et qui va tous les jours
Rappeler des mortels jusqu'au sombre rivage[2].

Un arbre en est couvert, plein d'esprits odorants, 85
Gros[3] de tige, étendu, protecteur de l'ombrage.
Apollon a doué de cent dons différents
    Son bois, son fruit, et son feuillage.
    Le premier sert à maint ouvrage ;
Il est ondé[4] d'aurore ; on en pourroit orner 90
Les maisons où le luxe a droit de dominer.
Le fruit a pour pépins une graine onctueuse,
    D'ample volume, et précieuse :
Elle a l'effet du baume, et fournit aux humains,
Sans le secours du temps, sans l'adresse des mains, 95
    Un remède à mainte blessure.
    Sa feuille est semblable en figure
Aux trésors toujours verts que mettent sur leur front
Les héros de la Thrace, et ceux du double mont[5].
Cet arbre ainsi formé se couvre d'une écorce 100

1. Ne les plaindra plus parce qu'il sait les guérir.
2. Déjà prêts à passer les eaux du Styx. — Comparez ci-dessus, p. 269 et note 5.
3. Il y a, non pas *gros*, mais *os*, dans notre exemplaire de l'édition originale ; dans d'autres, simplement une *s*.
4. Teinté, veiné de couleurs aux lignes irrégulières en forme d'ondes.
5. Aux feuilles du laurier dont se couronnent les guerriers et les poètes, Mars et Apollon. — Rapprochez ces vers d'Apollon dans l'opéra de *Daphné* (acte V, scène VI) :

    Bel arbre, adieu. Je quitte à regret cette place,
    Et veux qu'à l'avenir on ceigne de lauriers
    Le front de mes sujets et celui des guerriers.

Qu'au cinnamome! on peut comparer en couleur².
Quant à ses qualités principes de sa force,
C'est l'âpre, c'est l'amer, c'est aussi la chaleur.
Celle-ci cuit les sucs de qualité louable³,
Dissipe ce qui nuit ou n'est point favorable ;   105
  Mais la principale vertu
Par qui soit ce ferment dans nos corps combattu,
C'est cet amer, cet âpre, ennemis de l'acide⁴,
Double frein qui, domptant sa fureur homicide,
Apaise les esprits de colère agités.   110
  Non qu'enfin toutes âpretés
Causent le même effet, ni toutes amertumes :
La nature, toujours diverse en ses coutumes,
Ne fait point dans l'absinthe un miracle pareil ;
Il n'est dû qu'à ce bois, digne fils du Soleil⁵.   115
  De lui dépend tout l'effet du remède ;
  Seul il commande aux ferments ennemis,

 1. A la cannelle.
 2. Comme le remarque Walckenaer, les botanistes n'ont bien fait connaître les diverses espèces de quinquinas que depuis peu d'années ; et il existe encore une sorte d'incertitude pour déterminer les espèces auxquelles appartiennent les noms de ces plantes que l'on vend dans le commerce, et pour distinguer les meilleures. Voici les indications que donnaient à ce sujet les gens de l'art du temps de la Fontaine : « Il faut choisir les écorces noires par dehors, et de couleur de cannelle par dedans. Le moins bon a l'écorce blanche par dehors et jaunâtre par dedans. Les petites écorces, particulièrement celles de la racine, sont les plus excellentes : on les connoît par de petites lignes dont elles sont traversées. » (*Les Admirables qualités du Kinkina*, p. 29.)
 3. Terme de médecine. — « La matière est-elle louable? » (MOLIÈRE, *le Médecin malgré lui*, acte II, scène IV.)
 4. Ci-dessus, vers 57. — « ....Son amertume combat et mortifie le levain des fièvres, l'amer et l'acide ne pouvant compatir ensemble. » (MONGINOT, *ibidem*, p. 44.)
 5. Cet arbre, ainsi que l'or, digne fils du Soleil.
         (Chant I, vers 50.)

Bien que souvent on lui donne pour aide
La centaurée¹, en qui le Ciel a mis
Quelque âpreté, quelque force astringente, 120
Non d'un tel prix, ni de l'autre approchante,
Mais quelquefois fébrifuge certain².
C'est une fleur digne aussi qu'on la chante,
J'ai dit sa force, et voici son destin :
Fille jadis, maintenant elle est plante. 125
    Aide-moi, Muse, à rappeler
Ces fastes qu'aux humains tu daignas révéler.
On dit, et je le crois, qu'une nymphe savante
L'eut du sage Chiron, et qu'ils lui firent part
    Des plus beaux secrets de leur art³. 130
Si quelque fièvre ardente attaquoit ses compagnes,
    Si courants⁴ parmi les campagnes
Un levain⁵ trop bouillant en vouloit à leurs jours,
La belle à ses secrets avoit alors recours.
Il ne s'en trouva point qui pût guérir son âme 135
Du ferment⁶ obstiné de l'amoureuse flamme⁷.

    1. Monginot, *ibidem*, p. 56.
    2. La centaurée, ainsi nommée du centaure Chiron, qui passait pour avoir inventé la médecine, qu'il enseigna à Esculape. — *Quartum genus panacis ab eodem Chirone repertum, centaurion cognominatur.* (PLINE, livre XXV, chapitre XIV.)
    3. « On peut dire en quelque façon la même chose de la centaurée que du quinquina; elle est amère, apéritive, détersive, et légèrement astringente.... On a même vu plusieurs fois la simple décoction de la centaurée guérir des fièvres assez opiniâtres. » (MONGINOT, *ibidem*, p. 48-49.)
    4. *Courans* dans l'édition originale, se rapportant à *compagnes*.
    5. Ci-dessus, vers 31. — 6. Vers 37, 107.
    7.   Nulle herbe n'est maistresse
           Contre le coup d'amour.
        (RONSARD, tome I, p. 134; *ibidem*, p. 431.)

—Rapprochez la fable XXIV du livre XII, *Daphnis et Alcimadure*, qui est comme la contre-partie de cette légende.

Elle aimoit un berger qui causa son trépas[1] ;
Il la vit expirer, et ne la plaignit pas.
Les dieux pour le punir en marbre le changèrent,
L'ingrat devint statue ; elle fleur, et son sort   140
Fut d'être bienfaisante encore après sa mort ;
Son talent et son nom toujours lui demeurèrent.
Heureuse si quelque herbe eût su calmer ses feux !
Car de forcer un cœur[2] il[3] est bien moins possible :
Hélas ! aucun secret[4] ne peut rendre sensible,   145
Nul simple n'adoucit un objet[5] rigoureux ;
    Il n'est bois, ni fleur, ni racine,
    Qui dans les tourments amoureux
    Puisse servir de médecine.

La base du remède étant ce divin bois[6],   150
Outre la centaurée on y joint le genièvre[7] ;
    Foible secours, et secours toutefois.
De prescrire à chacun le mélange et le poids,

---

1.   Avec toute sa science
Elle (*Nérie*) ne put trouver de remède à l'amour.
(*La Coupe enchantée*, vers 193-194.)

2. Jupiter, je t'implore : on veut forcer les cœurs.
(*Daphné*, acte V, scène 1.)

Comparez *les Filles de Minée*, vers 362.

3. Pour l'emploi de ce neutre, voyez tome V, p. 269 et note 2.

4. Aucun secret de médecine : ci-dessus, vers 130, 134, et tome V, p. 555 et note 4.

5. Ci-dessus, p. 123 et note 7, et p. 129, 232, etc.

6. « De quelque manière qu'on donne le quinquina, il est toujours la principale chose, pour ne pas dire l'unique, à laquelle est due la guérison. » (MONGINOT, *ibidem*, p. 13.)

7. Le chevalier Talbot, soit pour déguiser le secret de son remède, soit pour en augmenter l'efficacité, mêlait au quinquina les fleurs de la petite centaurée, et un sel extrait de cette plante ; il y mêlait encore la graine de genièvre, et beaucoup d'autres médicaments (*les Admirables qualités du Kinkina*, p. 123-127).

Un plus savant l'a fait[1] : examinez la fièvre,
  Regardez le tempérament ; 155
Doublez, s'il est besoin, l'usage de l'écorce ;
Selon que le malade a plus ou moins de force[2],
Il demande un quina plus ou moins véhément.
Laissez un peu de temps agir la maladie[3] :
Cela fait, tranchez court ; quelquefois un moment 160
  Est maître de toute une vie.
Ce détail est écrit ; il en court un traité.

  Je louerois l'auteur[4] et l'ouvrage :
L'amitié le défend, et retient mon suffrage ;
C'est assez à l'auteur de l'avoir mérité. 165
Je lui dois seulement rendre cette justice,
Qu'en nous découvrant l'art il laisse l'artifice,
  Le mystère[5], et tous ces chemins
Que suivent aujourd'hui la plupart des humains.

  Nulle liqueur au quina n'est contraire : 170

1. Monginot, *ibidem*, p. 65-72.
2. *Ibidem*, p. 80.
3. *Ibidem*, p. 77.
4. Monginot : voyez ci-dessus, la notice. C'est à sa fille, la marquise de Périne, femme d'un esprit distingué, et non moins recherchée que son père pour les agréments de son commerce, que Saint-Évremond dédia ses derniers vers (*OEuvres*, 1753, in-12, tome VI, p. 273).
5. « On doit être persuadé que les préparations les plus simples ne sont pas moins sûres que les autres, et que les mystères sont plus utiles à ceux qui distribuent les remèdes qu'à ceux qui s'en servent. » (Monginot, *Avertissement* de son traité.) « D'autres ont fait un secret de ce remède, et n'ont pas laissé en même temps d'imiter cette manière de le donner à plusieurs reprises (dans l'intermission des accès), ce qu'ils ont fait avec peu de circonspection et beaucoup de hardiesse ; et peut-être que cette hardiesse n'a pas été inutile à soutenir leur réputation. » (Monginot, p. 10-11 ; voyez aussi p. 16-17.) « Le médecin anglois, qui avoit compris que sa fortune dépendoit de son secret, étoit mystérieux

L'onde insipide et la cervoise amère[1],
Tout s'en imbibe; il nous permet d'user
D'une boisson en tisane[2] apprêtée[3].
Diverses gens l'ayant su déguiser,
Leur intérêt en a fait un Protée.   175
Même on pourroit ne le pas infuser,
L'extrait suffit[4] : préférez l'autre voie,
C'est la plus sûre[5]; et Bacchus vous envoie
De pleins vaisseaux d'un jus délicieux,
Autre antidote, autre bienfait des cieux.   180
Le moût surtout[6], lorsque le bon Silène,
Bouillant encor le puise à tasse pleine,
Sait au remède ajouter quelque prix;
Soit qu'étant plein de chaleur et d'esprits
Il le sublime[7], et donne à sa nature   185

au point de vouloir donner lui-même toutes les prises à chaque malade, sans les confier à qui que ce soit. Et quand même il les auroit abandonnées à d'autres mains, les cinquante louis qu'il falloit consigner avant que de rien tirer de lui, étoient une somme un peu trop forte. » (BLÉGNY, *Connoissance et guérison des fièvres*, p. 8.)

1. « On peut aussi composer une bière avec le même remède, en faveur de ceux qui sont accoutumés à ce breuvage; elle aura les mêmes vertus que le vin. » (MONGINOT, *ibidem*, p. 26.)

2. *Ptisanne*, dans l'édition originale, prononciation depuis longtemps adoucie par l'usage : comparez le Molière de notre Collection, tome V, p. 329.

3. « On peut faire enfin l'infusion avec des tisanes communes. » (MONGINOT, *ibidem*, p. 29, et *passim*.) Aux pages 27-28, il donne la composition de cette tisane.

4. *Ibidem* (p. 18), on trouve la préparation de cet extrait.

5. « Quand les accès sont longs et violents, la boisson doit être préférée aux bols. » (*Ibidem*, p. 106.)

6. « Cette même préparation sera encore meilleure et moins désagréable, si on la fait dans le temps des vendanges, mêlant les mêmes choses avec le vin lorsqu'il cuvera. » (*Ibidem*, p. 26.)

7. Terme de chimie. « Distiller, c'est un art.... Aulcuns appellent cet art *sublimer*, qui ne signifie aultre chose que separer le pur de l'impur, les parties les plus subtiles et deliées d'auecques les plus

348   POËMES.

D'autres degrés qu'une simple teinture;
Soit que le vin par ce chaud véhément[1]
S'empreigne[2] alors beaucoup plus aisément,
Ou que bouillant il rejette avec force
Tout l'inutile et l'impur de l'écorce[3] :   190
Ce jus enfin pour plus d'une raison
Partagera les honneurs d'Apollon ;
Nés l'un pour l'autre ils joindront leur puissance.
Entre Bacchus et le sacré vallon[4]
Toujours on vit une étroite alliance[5].   195
Mais, comme il faut au quina quelque choix,
Le vin en veut aussi bien que ce bois :
Le plus léger convient mieux au remède[6] ;
Il porte au sang un baume précieux ;
C'est le nectar que verse Ganymède   200
Dans les festins du monarque des dieux.

Ne nous engageons point dans un détail immense:

corpulentes, espaisses, et excrementeuses. » (AMBROISE PARÉ, OEuvres, Paris, 1614, in-fol., livre XXVI, chapitre 1.)

1. Chant 1, vers 249.
2. Tel est bien le texte de l'édition originale, comme ci-dessus, p. 329.
3. « ....Comme le moust bouillant dans ung vaisseau poulse à mont tout ce qu'il y a dans le fond. » (MONTAIGNE, tome II, p. 13.)
4. Tome V, p. 158 et note 6.
5.   Mais d'autant plus que poete j'aime mieux
        Le bon Bacchus que tous les aultres dieux, etc.
                    (RONSARD, tome II, p. 381.)
6. « Monginot, dit Walckenaer, est le seul qui conseille cela, et qui recommande de prendre le remède dans le temps des vendanges. C'est tout le contraire dans les traités de ce temps que j'ai consultés : dans tous on recommande de préparer le quinquina avec du bon vin de Bourgogne, et même du vin d'Espagne. Cette dernière méthode est celle que l'on suit encore aujourd'hui. » Voyez les Admirables qualités du Kinkina, p. 124-137.

Les longs travaux pour moi ne sont plus de saison[1];
Il me suffit ici de joindre à la raison
      Les succès de l'expérience.   205
Je ne m'arrête point à chercher dans ces vers
Qui des deux[2] amena les arts dans l'univers;
Nos besoins proprement en font leur apanage :
Les arts sont les enfants de la nécessité[3];
Elle aiguise le soin[4], qui, par elle excité,   210
      Met aussitôt tout en usage.
         Et qui sait si dans maint ouvrage
L'instinct des animaux, précepteur des humains,
N'a point d'abord guidé notre esprit et nos mains[5]?
Rendons grâce au hasard. Cent machines sur l'onde 215
Promenoient l'avarice[6] en tous les coins du monde :
L'or entouré d'écueils avoit des poursuivants[7];
Nos mains l'alloient chercher au sein de sa patrie :
Le quina vint s'offrir à nous en même temps,
Plus digne mille fois de notre idolâtrie.   220
Cependant près d'un siècle[8] on l'a vu sans honneurs.

1. .... Même j'allois cesser, et regardois le port :
   La raison me disoit que mes mains étoient lasses.
          (Chant 1, vers 3-4.)

   Bornons ici cette carrière :
   Les longs ouvrages me font peur.
    (Épilogue du livre VI des *Fables*, vers 1-2.)

2. De la raison, ou de l'expérience, de la pratique.
3. Tome V, p. 525 et note 6 :

      Nécessité, mère de stratagème.

4. Vers 296 du chant 1 et note 10.
5. Comparez *Saint Malo*, vers 357 et suivants.
6. Ci-dessus, p. 280 et note 5. — 7. Page 98 et note 8.
8. Un demi-siècle tout au plus. Selon la légende, les indigènes de l'Amérique, par haine pour leurs cruels conquérants, avaient caché aux Espagnols le secret de ce remède; il ne leur fut révélé qu'en 1638, et les jésuites, nous l'avons dit, ne le portèrent en Europe qu'en 1649.

Depuis quelques étés qu'on brigue ses faveurs,
Quel bruit n'a-t-il point fait! de quoi fument nos temples
Que de l'encens promis au succès de ses dons ?
Sans me charger[1] ici d'une foule d'exemples,   225
Je me veux seulement attacher aux grands noms.

Combien a-t-il sauvé de précieuses têtes[2]!
Nous lui devons Condé[3], prince dont les travaux,
L'esprit, le profond sens, la valeur, les conquêtes,
Serviroient de matière à former cent héros :   230
Le quin fera longtemps durer ses destinées.
Son fils, digne héritier d'un nom si glorieux,
Eût aussi sans ce bois langui maintes journées.
   J'ai pour garants deux demi-dieux[4] :
Arbitres de nos jours[5], prolongez les années   235
De ce couple vaillant et né pour les hasards[6],
De ces chers nourrissons de Minerve et de Mars.
   Puisse mon ouvrage leur plaire !

1. « Comme les narrations en vers sont très malaisées, il se faut charger de circonstances le moins qu'on peut. » (Préface de la II⁰ partie des *Contes*, tome IV, p. 151.)
2. Aux grandes cures dont nous avons parlé (ci-dessus, p. 308), aux trois que choisit ici la Fontaine, de Blégny ajoute celles « du duc de Chartres, de Mademoiselle présentement reine d'Espagne, du duc du Maine, du comte de Vexin, de Mlle de Duras, etc. » (*Connoissance et guérison des fièvres*, p. 47-48).
3. Voyez Mme de Sévigné, tome VII, p. 94, note 1.
4. Ces deux princes : tome III, p. 63 et note 5.
5. Ci-dessus, vers 15 :

   Son mérite a gagné les arbitres du sort.

6.   .... Gens fuyants les hasards,
     Peuple antipode des Césars.
             (Livre VIII, fable xxiv, vers 19.)
   C'est ainsi qu'un guerrier pressé de toutes parts
   Ne songe qu'à périr au milieu des hasards.
             (*Adonis*, vers 417-418.)

Je toucherai du front les bords du firmament[1].
Et toi que le quina guérit si promptement,   240
　　Colbert, je ne dois point te taire;
Je laisse tes travaux, ta prudence[2], et le choix
D'un prince que le Ciel prendra pour exemplaire[3]
Quand il voudra former de grands et sages rois.
D'autres que moi diront ton zèle et ta conduite[4],   245
Monument éternel aux ministres suivants;
Ce sujet est trop vaste, et ma Muse est réduite
A dire les faveurs que tu fais aux savants.
Un jour j'entreprendrai cette digne matière;
Car pour fournir encore une telle carrière   250
Il faut reprendre haleine : aussi bien aujourd'hui

　1.　　*Sublimi feriam sidera vertice.*
　　　　　　(HORACE, livre I, ode 1, vers 36.)

— Comparez un même éloge de Condé et de son fils dans une variante de la lettre au chevalier de Sillery du 28 août 1692 (tome III *M.-L.*, p. 440):

　　….Maître de son courroux Bourbon s'est toujours vu,
　　Quoique emporté par son courage.
　　Quel plaisir à celui duquel il tient le jour!
　　J'en tiens un beau présent, chacun m'en fait la cour;
　　Il m'a déifié, ma gloire atteint le faîte :
　　Je touche maintenant l'Olympe de la tête.

　2. Colbert avait été atteint de la fièvre en 1680 en accompagnant Louis XIV au voyage de Flandres. Notre poète se montre juste ici envers lui, quoique ce ministre ait toujours pris soin de l'exclure des faveurs (pensions et gratifications) du Roi : il ne pouvait oublier que la Fontaine avait été l'ami fidèle, le protégé reconnaissant de Foucquet. Rapprochez une épigramme *sur la mort de M. Colbert* (tome V *M.-L.*, p. 145); et le *Remercîment* à l'Académie.

　3.　…. Ce roi, des bons rois l'éternel exemplaire.
　　　　　　(MALHERBE, tome I, p. 73.)
Voyez aussi Ronsard, tome I, p. 361 : « Hector,

　　Qui t'engendra pour estre l'exemplaire,
　　Comme il estoit, du labeur militaire…. »

　4. Tome V, p. 430 et note 6.

352   POÈMES.

Dans nos chants les plus courts on trouve un long ennui[1].

J'ajouterai sans plus que le quina dispense
De ce régime exact[2] dont on suivoit la loi :
Sa chaleur contre nous agit faute d'emploi;   255
Non qu'il faille trop loin porter cette indulgence[3].
Si le quina servoit à nourrir nos défauts,
Je tiendrois un tel bien pour le plus grand des maux.
Les Muses m'ont appris que l'enfance du monde[4],
Simple, sans passions, en desirs inféconde,   260
Vivant de peu[5], sans luxe, évitoit les douleurs :
Nous n'avions pas en nous la source des malheurs
    Qui nous font aujourd'hui la guerre[6].

---

1. Page 224: « On est tellement rebuté des poëmes à présent, etc. »
2. Chant I, vers 105 : la diète.
3. Le chevalier Talbot permettait bien, quand il administrait son remède, une nourriture légère, et même du poulet et des perdrix; mais il défendait le laitage, les fruits crus, les viandes salées et épicées, et les pâtisseries (*les Admirables qualités du Kinkina*, p. 48).

4. Quand le mary de Rhée, au siècle d'innocence,
Gouvernoit doucement le monde en son enfance,
Que la terre de soi le froment rapportoit....
    (REGNIER, satire VI, vers 121-123.)

Dans les temps bienheureux du monde en son enfance
Chacun mettoit sa gloire en sa seule innocence.
    (BOILEAU, satire V, vers 89-90.)

5. *Contentique cibis, nullo cogente, creatis, etc.*
    (OVIDE, *Métamorphoses*, livre I, vers 103.)

— Rapprochez toute sa description de l'âge d'or (*ibidem*, vers 89-112.)

6.   Un mal qui répand la terreur....
    Faisoit aux animaux la guerre.
    (Livre VII, fable I, vers 6.)

LE QUINQUINA.

Le Ciel n'exigeoit lors nuls tributs de la terre : [soin[1].
L'homme ignoroit les dieux, qu'il n'apprend qu'au be-
De nous les enseigner Pandore prit le soin[2].
Sa boîte se trouva de poisons trop remplie[3] :
Pour dispenser les biens et les maux de la vie,
En deux tonneaux à part l'un et l'autre fut mis[4].

1. Comparez Lucrèce, livre V, vers 1160 et suivants :
> *Nunc, quæ causa deum per magnas numina gentes*
> *Pervolgarit, et ararum compleverit urbes, etc.* ;

le poème de *Saint Malc*, vers 266 :
> Frivoles déités qui nous devez votre être... ;

et ci-dessus, le chant I, vers 26-29.

2. Dieu fit naître Iustice en l'age d'or, çà bas,
Quand le peuple innocent encor ne viuoit pas,
Comme il fait, en peché, et quand le vice encore
N'auoit passé les bords de la boîte à Pandore.
(Ronsard, tome II, p. 231.)

3. Vers 284 du chant I.
4. Rapprochez, pour cette allégorie, Homère, l'*Iliade*, chant XXIV, vers 527-533; le *Roman de la Rose*, vers 6839 et suivants :

> Iupiter en toute saison
> A sor le suel de sa maison,
> Ce dit Omers, deus plains tonneaus;
> Si n'est viex hons, ne garsonneaus,
> Si n'est dame, ne damoiselle,
> Soit vielle ou ione, laide ou bele,
> Qui vie en ce monde reçoiue,
> Qui de ces deus tonneaus ne boiue.
> C'est une tauerne planiere,
> Dont Fortune la tauerniere
> Trait aluine et piment en coupes,
> Por faire à tout le monde soupes :
> Tous les en aboiure à ses mains,
> Mes les uns plus, les aultres mains.
> N'est nus qui chascun ior ne pinte
> De ces tonneaus ou quarte ou pinte,
> Ou mui, ou setier, ou chopine,
> Si cum il plaist à la meschine,
> Ou plaine paume ou quelque goute

354   POÈMES.

Ceux de nous que Jupin regarde comme amis   270
Puisent à leur naissance en ces tonnes fatales

   Que Fortune ou bec li agoute ;
   Car bien et mal à chascun verse,
   Si cum ele est doulce ou peruerse ;

Destructorium vitiorum, Lyon, 1511, in-4°, dialogue CII ; la Perrière, *le Theatre des bons engins*, Paris, 1539, in-8°, emblème LVII ; Corrozet, *Hecatongraphie*, Paris, 1543, in-8°, emblème XII ; Bocchi, *Symbolicarum quæstionum libri V*, Bologne, 1555, in-4°, symbole VIII ; Pictorius, *Sermonum convivalium libri X*, Bâle, 1559, in-8°, p. 175 ; Corrozet, déjà cité, *le Parnasse des poetes françois modernes*, Paris, 1571, in-8°, p. 78 ; la *Satire Ménippée*, tome I, p. 18-19 : « Au fond et milieu de la piece estoient figurées les barricades de Paris, où l'on voyoit ung roy simple et bon catholique, et qui auoit tant fait de bien et donné tant de priuileges aux Parisiens, estre chassé de sa maison, et assiegé de toutes parts, auec tonneaux et barriques pour le prendre.... Et au bas de ladicte piece estoit escript ce quatrain :

   « Iupiter de ses tonneaux
   Le bien et le mal nous verse,
   Mais par ceux cy tous nouueaux
   Il met tout à la renuerse » ;

le Poulchre de la Motte Messemé, *les Passe-temps*, Paris, 1597, in-8°, livre I, chapitre VI ; Ronsard, *au cardinal de Chastillon*, *à Iean Morel*, et *Response à quelque predicant de Geneue* :

   On dit qu'au ciel là haut au deuant de la porte
   Il y a deux tonneaux de differente sorte :
   L'ung est plein de tous biens, l'aultre est plein de tous maux,
   Que Dieu respand çà bas sur tous les animaux.
   Il nous donne le mal auecques la main dextre,
   Et le bien, chichement, auecques la senestre ;

du Bellay, *à Iean Proust* ; Baïf, *à M. Brulard* ; Piron, *les deux Tonneaux*, poème allégorique, Paris, 1744, in-12 ; Voltaire, *les deux Tonneaux*, opéra-comique ; *les Adorateurs, ou les Louanges de Dieu* (tome XLVI des OEuvres, p. 376) : « Toute l'antiquité rechercha la cause des imperfections du monde avec autant d'empressement que de désespoir. Les Grecs imaginèrent des Titans, enfants du ciel et de la terre.... Les autres inventèrent la belle fable de Pandore. D'autres, plus philosophes peut-être en paraissant ne

LE QUINQUINA.

Un mélange des deux par portions égales ;
Le reste des humains abonde dans les maux[1].
Au seuil de son palais Jupin mit ces tonneaux.
Ce ne fut ici-bas que plainte et que murmure[2]; 275
On accusa des maux l'excessive mesure.
Fatigué de nos cris[3] le monarque des dieux
Vint lui-même éclaircir la chose en ces bas lieux.
La Renommée en fit aussitôt le message[4].
Pour lui représenter nos maux et nos langueurs, 280
     On députa deux harangueurs[5],
De tout le genre humain le couple le moins sage ;
     Avec un discours ampoulé
     Exagérant nos maladies,
     Jupiter en fut ébranlé : 285
Ils firent un portrait si hideux de nos vies,
Qu'il inclina d'abord à réformer le tout.

l'être pas, mirent Jupiter entre deux tonneaux, versant le bien goutte à goutte et le mal à plein canal »; épître LXXXIV :

    Il (Dieu) a deux gros tonneaux d'où le bien et le mal
        Descendent en pluie éternelle
    Sur cent mondes divers, et sur chaque animal.
    Les sots, les gens d'esprit, et les fous, et les sages,
    Chacun reçoit sa dose, et le tout est égal ;

lettre à Mme la marquise du Deffand, du 5 mai 1756 : « Des deux tonneaux de Jupiter le plus gros est celui du mal ; or, pourquoi Jupiter a-t-il fait ce tonneau aussi énorme que celui de Cîteaux ? ou comment ce tonneau s'est-il fait tout seul ? cela vaut bien la peine d'être examiné »; etc.

1. Reçoit beaucoup plus de maux que de biens.
2. Tous deux ne recueillant que plainte et que murmure....
            (Livre XII, fable xxv, vers 31.)
3. Ci-dessus, p. 92 et note 7.
4. .... Dorimène tantôt t'en a fait le message.
            (Joconde, vers 166.)
5.   Si je m'étois trouvé plus près
     Des harangueurs et des harangues....
    (Lettre à M. Foucquet, tome III M.-L., p. 292.)

Momus[1] alors présent reprit de bout en bout[2]
De nos deux envoyés les harangues frivoles :
« N'écoutez point, dit-il, ces diseurs de paroles[3] ; 290
Qu'ils imputent leurs maux à leur dérèglement,
Et non point aux auteurs de leur tempérament[4].
Cette race pourroit avec quelque sagesse
Se faire de nos biens à soi-même largesse. »
Jupiter crut Momus; il fronça les sourcils : 295
Tout l'Olympe en trembla sur ses pôles assis[5].
Il dit aux orateurs : « Va, malheureuse engeance[6],
C'est toi seule qui rends ce partage inégal;
En abusant du bien, tu fais qu'il devient mal,
Et ce mal est accru par ton impatience. » 300

Jupiter eut raison, nous nous plaignons à tort :
La faute vient de nous aussi bien que du sort[7].
Les dieux nous ont jadis deux vertus députées[8],
La constance aux douleurs[9], et la sobriété :
C'étoit rectifier cette inégalité. 305
  Comment les avons-nous traitées?
  Loin de loger en nos maisons

1. Momus, le dieu de l'ironie, de la satire, des bons mots et des bons tours : comparez l'opéra de *Daphné*, passim, et le IXe fragment du *Songe de Vaux* (tome III M.-L., p. 233).
2. Tome V, p. 553 et note 2.
3. Tome II, p. 292 et note 5.
— Ces obligeants diseurs d'inutiles paroles.
     (Molière, *le Misanthrope*, vers 46.)
4. Ci-dessus, vers 155.
5. Page 155 et note 4.
6. Page 283 et note 3.
7. Rapprochez la fable xi du livre V.
8. Voyez, pour ce tour et cet accord du participe, ci-dessus, p. 320 et note 3.
9. Contre les douleurs.

LE QUINQUINA.

Ces deux filles du Ciel, ces sages conseillères,
Nous fuyons leur commerce, elles n'habitent guères
    Qu'en des lieux que nous méprisons.   310
L'homme se porte en tout avecque violence [1]
    A l'exemple des animaux,
Aveugle jusqu'au point de mettre entre les maux
    Les conseils de la tempérance [2].

Corrigez-vous, humains; que le fruit de mes vers   315
Soit l'usage réglé des dons de la nature.
Que si l'excès vous jette en ces ferments divers [3],
Ne vous figurez pas que quelque humeur impure [4]
Se doive avec le sang épuiser dans nos corps [5];
Le quina s'offre à vous, usez de ses trésors.   320
Éternisez mon nom, qu'un jour on puisse dire :
« Le chantre de ce bois sut choisir ses sujets;
    Phébus, ami des grands projets,
Lui prêta son savoir aussi bien que sa lyre. »
J'accepte cet augure à mes vers glorieux;   325
Tout concourt à flatter là-dessus mon génie :
Je les ai mis au jour sous Louis, et les dieux
N'oseroient s'opposer au vouloir d'Uranie [6].

---

1. De tous les animaux, l'homme a le plus de pente
    A se porter dedans l'excès.
              (Livre IX, fable xi, vers 23-24.)
2. Page 317 et note 5.
3. Ci-dessus, vers 136 et note 6.
4. Vers 30 et 60.
5. Vers 69-70.
6. La duchesse de Bouillon : chant i, vers 9.

FIN DES POÈMES.

APPENDICE

APPENDICE.

I. — Page 12.

(V° partie, conte II.)

Bons dieux! que Cimon m'a fait de peine dans toutes les villes et sur tous les rivages! à quel excès il s'est porté sans respect pour les lois, sans égard pour l'amitié! Nous étions venus ensemble à Troie pour jouir du spectacle de la terre et de la mer. Je ne vous détaillerai pas tout ce que j'y ai vu : j'aurais trop à dire ; et je craindrais qu'en imitant le babil des poètes je ne parusse vous entretenir de bagatelles. Mais je vous parlerai des beaux faits de Cimon, et de sa pétulance contre laquelle je ne pourrais jamais déclamer avec assez de force.

Nous étions à Troie depuis plusieurs jours et nous ne pouvions nous lasser de voir ce que cette ville offre de curieux; j'avais résolu de m'y arrêter jusqu'à ce que j'eusse rapproché tous les vers de l'Iliade de chacun des objets dont ils parlent. Nous tombâmes au jour où la plupart des habitants cherchent à marier celles de leurs filles à qui la loi et l'âge le permettent. Il y en avait un grand nombre dans ce cas. C'est une coutume dans la Troade que les filles, sur le point de se marier, viennent au Scamandre et, se baignant dans les eaux du fleuve, prononcent ces paroles qui sont consacrées : « Scamandre, je t'offre ma virginité. » Une jeune fille, entre autres, nommée Callirrhoé, d'une belle taille, d'une naissance distinguée, vint au fleuve pour se baigner. Je regardais de loin cette cérémonie avec les parents des filles et le reste du peuple, jouissant du spectacle de la fête autant qu'il est permis aux hommes. Notre honnête homme de Cimon se cache dans les herbes du Scamandre, et se couronne de roseaux : c'était un piège tendu pour la circonstance, un tour qu'il avait médité de jouer à Callirrhoé. Celle-ci, je l'ai su depuis, se baignait et prononçait les paroles ordinaires :

« Scamandre, je t'offre ma virginité. » Le Scamandre Cimon s'élance des roseaux : « Scamandre, dit-il, reçoit le présent de Callirrhoé; il veut la combler de biens. » En disant ces mots, il enlève la fille et se cache; mais l'affaire ne resta point cachée.

Quatre jours après, on faisait, en l'honneur de Vénus, une procession à laquelle assistaient les nouvelles mariées, et dont nous étions spectateurs. La jeune Callirrhoé aperçoit Cimon qui regardait avec moi, fort tranquille, comme quelqu'un qui n'eût fait aucun mal; elle se prosterne à ses pieds, et, se tournant du côté de sa nourrice : « Voilà, dit-elle, ma nourrice, le Scamandre à qui j'ai donné ma virginité. » A ces mots, la nourrice se récrie et par là toute la fourbe se découvre.

Rentré dans mon logement, j'y trouve Cimon; je m'emporte contre lui comme je devais, et le traitant de scélérat je lui dis qu'il nous a perdus. Lui, sans être ni plus honteux ni plus effrayé, se met à me raconter de longues histoires, à me citer nombre d'aventures de ce genre arrivées à diverses personnes et en différents pays, tournant en risée des actions dignes du dernier supplice.... « Pour moi, ajouta-t-il, j'ai eu une simple entrevue avec une fille qui n'était plus vierge.... D'ailleurs, pour que les histoires d'Ilion ne soient pas toutes sur le ton terrible et tragique, j'ai cru devoir m'égayer et mettre le Scamandre en comédie. »

A ce récit, je demeurai pétrifié, ne pouvant croire ce qui s'était passé, et craignant les suites d'une telle impudence. Cimon paraissait se disposer à me raconter une troisième aventure de la même espèce, sous le nom de Bacchus ou d'Apollon, lorsque, apercevant une foule de peuple qui venait à notre logement : « Voilà, lui dis-je, ce que je craignais; ils viennent pour nous brûler. » Et aussitôt je sortis par une porte de derrière, et je me réfugiai chez Ménalippide. De là, sur le soir, je m'avançai du côté de la mer, et je fus porté vers une certaine hôtellerie par un vent auquel, en vérité, on ne pouvait s'exposer qu'en cherchant à fuir le forfait d'un Cimon....

(*Œuvres complètes de Démosthène et d'Eschine*, traduites par Auger, lettre dixième attribuée à Eschine, Paris, 1820, in-8°, tome III, p. 274-281.)

II. — Page 24.

(V^e partie, conte III.)

Quædam mulier dilexit juvenem, quem cum congrue convenire non posset nec auderet alloqui, hac calliditate usa est. Confitebatur monacho cuidam cui juvenis vicinus erat, ita : « Habes, pater bone, vicinum juvenem (nominando eum) qui frequenter oberrat ædes meas, meque cupide inspiciendo, infamiam, ut timere licet, mihi affert, cui rogo suadeas ut istos suos gressus moderetur. » Per hoc enim sperabat monachum suis istis verbis juvenem primum incitaturum ad sui amorem. Monachus autem bene pollicitus est, atque rem egit cum juvene. Qui nihil sibi conscius, intellexit mulieris technas, non tamen prosequitur rem. Mulier secundo cingulum aliaque ornamenta muliebra comparat, atque ad monachum accedit, conquerendo de rebus sibi a juvene condonatis, atque ut illi res suas restituat rogat. Frater cum summa acerbitate et castigatione defert juveni res suas, ut credebat. Nec longe post, cum maritus mulieris peregre esset profectus, rursum convenit monachum, dicitque juvenem per arborem propinquam domui suæ pridie noctu in cubile suum ascendisse. Unde monachus, magis exasperatus, dedit juveni modum quo tandem ad mulierem perveniret, seque ignarus gessit copulatorem illorum amoris.

(Frischlinus, *Facetiarum libri tres*, Argentorati, 1609, in-12, livre III, fol. 125 v° - 126 r°.)

III. — Page 64.

(V^e partie, conte VI.)

I'ay cogneu une trez belle dame, laquelle, aprez la mort de son mary, vint à estre si esplorée et desesperée qu'elle s'arrachoit les cheueux, se tiroit la peau du visage, de la gorge, l'allongeoit tant qu'elle pouuoit ; et, quand on luy remonstroit le tort qu'elle faisoit à son beau visage : « Ah Dieu! que me dictes vous? disoit elle ; que voulez vous que ie fasse de ce visage? pour qui le contregarderay ie, puisque mon mary n'est plus? » Au bout de huict mois aprez, ce fut elle qui s'accommode de blanc et rouge d'Espagne, les cheueux de poudre : qui fut ung grand changement.

J'allegueray là dessus ung bel exemple, qui pourra servir à semblable, d'une belle et honneste dame d'Effeze, laquelle ayant perdu son mary, il fut impossible à ses parens et amys de lui trouuer aulcune consolation ; si bien qu'accompagnant son mary en ses funerailles, auecqu'une infinité de regretz, d'ennuys, de sanglotz, de crys, de plainctes et de larmes, aprez qu'il fut mis et colloqué dans le charnier où il deuoit reposer, elle, en despit de tout le monde, s'y iecta, iurant et protestant de n'en partir iamais, et que là elle se vouloit laisser à la faim, et là finir ses iours auprez du corps de son mary qu'elle ne vouloit abandonner iamais; et de faict fit ceste vie l'espace de deux ou trois iours. La fortune sur ce voulut qu'il fust executé ung homme de là, et pendu, pour quelque forfaict, dans la ville, et aprez fut porté hors la ville aux gibetz accoustumez, où falloit que telz corps penduz et executez fussent gardez quelques iours sogneusement par quelques soldatz ou sergentz, pour seruir d'exemple, à fin qu'ilz ne fussent de là enleuez. Ainsi donc qu'ung soldat, qui estoit à la garde de ce corps, et estoit en sentinelle et escoute, il ouyt là prez une voix fort deplorante, et s'en aprochant vit que c'estoit dans ce charnier, où, y estant descendu, y aperceut ceste dame belle comme le iour, toute esplorée et lamentante ; et, s'aduançant à elle, se mit à l'interroger de la cause de sa desolation, qu'elle luy declara benignement; et se mettant à la consoler là dessus, n'y pouuant rien gaigner pour la premiere fois, y retourna pour la deuxiesme et troisiesme ; et fit si bien qu'il la gaigna, la remit peu à peu, luy fit essuyer ses larmes ; et, entendant la raison, se laissa si bien aller qu'il en iouyt par deux fois, la tenant couchée sur le cercueil mesme du mary qui seruit de couche ; et puis aprez se iurerent mariage : ce qu'ayant accomply trez heureusement, le soldat s'en retourna, par son congé, à la garde de son pendu ; car il luy aloit de la vie. Mais tout ainsy qu'il auoit esté bien heureux en ceste belle entreprise et execution, le malheur fut tel pour luy, que, cependant qu'il s'y amusoit par trop, voicy venir les parens de ce paouure corps au vent, pour le despendre s'ilz n'y eussent trouué de garde; et, n'y en ayant point trouué, le despendirent aussi tost, et l'emportèrent de vitesse pour l'enterrer où ilz pourroient, à fin d'estre priuez d'ung tel deshonneur et spectacle ord et sale à leur parenté. Le soldat, voyant et trouuant à dire le corps, s'en vint courant desesperé à sa dame, luy annoncer son infortune, et comment il estoit perdu, d'autant que la loy de là portoit que, quiconque soldat s'endormoit en garde, et qui laissoit emporter le corps, deuoit estre mis en sa place et estre pendu, et que pour ce il courroit ceste fortune. La dame, qui auparauant auoit esté consolée de luy, et auoit besoing de consolation pour elle, s'en trouua garnye à propos pour luy, et pour ce luy dit : « Ostez vous de peine, et venez moy seulement ayder pour oster mon mary de son tumbeau, et nous le mettrons et pendrons au lieu de l'aultre. Et par ainsy le prendra on pour l'aultre. » Tout ainsy qu'il fut dict, tout ainsy fut il faict : encor dit on que le pendu de deuant auoit eu une oreille coupée : elle en fit de mesme pour le representer mieulx. La justice vint le lendemain, qui n'y trouua rien à dire ; et par ainsy sauua son galant par ung acte et oprobre fort villain à son mary, celle, dis ie, qui l'auoit tant deploré et regretté qu'on en eust iamais esperé si ignomineuse yssue.

(BRANTÔME, *OEuvres complètes*, tome IX, Paris, 1876, in-4°, p. 660-662.)

IV. — Page 64.

(V° partie, conte VI.)

Après tout ce que je vous ai dit de Pétrone, vous me trouverez bien hardi d'entreprendre de vous faire voir en notre langue quelques traits de ce qui nous reste de ses ouvrages : c'est un essai que je fais pour vous contenter, et qui demeurera, s'il vous plaît, entre nous, parce que je ne me pique pas de la gloire de bien écrire, et que je suis persuadé qu'il n'est pas aisé d'atteindre à la politesse de cet auteur. Je sais qu'il a des grâces inimitables, qu'il y a une certaine fleur d'esprit dans la manière dont il s'exprime, qu'elle se perd dès qu'elle passe en d'autres mains, que l'on trouve en tout ce qu'il dit un air si naturel et si aisé, un tour si fin et si délicat, qu'on ne sauroit rendre beauté pour beauté ni le traduire sans le défigurer. Je voudrois bien néanmoins vous pouvoir conter aussi agréablement que lui sa nouvelle de la Matrone d'Éphèse, que vous avez tant d'envie d'entendre, sans rien dérober de sa gloire, ni de votre plaisir.

Après qu'Eumolpe eut garanti ses amis du danger où ils s'étoient trouvés dans le vaisseau de Licas, et que par son courage et son adresse il eut désarmé la colère de tous ceux qui étoient entrés dans la querelle pour l'un ou l'autre des deux partis, il n'oublia rien pour calmer ce qui pouvoit rester de ressentiment dans les esprits; et, pour assurer cette réconciliation, il fit si bien qu'on ne parla plus que de se divertir; et, tournant la conversation sur des matières agréables, il la fit tomber enfin sur l'attachement qu'ont la plupart à donner de l'amour, et sur le plaisir qu'elles ont d'être aimées, sur leur légèreté à s'engager dans de nouvelles passions, et la facilité qu'elles ont à s'en dégager.

Eumolpe qui n'avoit jamais eu de tendresse pour le sexe, et qui n'avoit pas cette discrétion qui oblige les honnêtes gens à cacher ce qu'ils en pensent, dit cent choses plaisantes pour faire voir qu'elles n'étoient tendres que par foiblesse ou par caprice; qu'elles n'étoient fidèles que par l'intérêt, la crainte, ou le défaut d'occasions; que la coquetterie étoit le fonds de leur humeur; et que leur vertu n'étoit qu'une habileté à la déguiser. Il dit que leur âme n'étoit pas moins fardée que leur visage, et qu'il y avoit de l'artifice en toutes leurs paroles et leurs actions, mais surtout dans leurs larmes. Il dit que c'étoit là le fort de leur déguisement, et le plus grand art dont elles se servoient pour tromper les hommes; qu'après ce qu'il avoit vu il se défieroit toute sa vie de ces femmes qui font vanité de leurs soupirs, et qui veulent se signaler par la montre d'une inconsolable douleur.

Tifreine et ses femmes écoutoient ce discours avec beaucoup d'impatience, et vouloient interrompre Eumolpe; mais il étoit en possession de dire toutes choses, et de les dire si plaisamment qu'il avoit toujours les rieurs de son côté. Comme il vit donc que le reste de la compagnie souhaitoit d'apprendre ce qu'il avoit vu, et qu'hormis Tifreine tout le monde avoit les yeux attachés sur lui pour donner attention à ce qu'il alloit conter, il commença de la sorte :

« Une dame recommandable par la réputation de sa vertu, autant que par les charmes de sa beauté, étoit l'ornement et l'admiration de la ville d'Éphèse, et les femmes mêmes des pays voisins venoient la voir par curiosité comme une merveille. Le Ciel lui avoit donné un époux digne d'elle; mais le bonheur dont ils jouissoient tous deux ne fut pas de longue durée, et la mort de cet époux termina bientôt le cours d'une félicité que tout le monde regardoit avec envie.

Elle parut si sensible à cette perte que toutes les marques d'une douleur ordinaire étoient trop foibles pour exprimer la sienne. Elle ne se contenta pas, selon la coutume, d'assister tout échevelée à la pompe funèbre de son mari, de fondre en larmes, et de se battre la poitrine devant le peuple qui accompagnoit le convoi. Elle voulut suivre le défunt jusqu'au monument, et, l'ayant fait embaumer et mettre dans un cercueil, elle le fit porter dans un sépulcre

APPENDICE. 367

à la mode des Grecs. Et, comme si la mort n'avoit pas eu le pouvoir de les séparer, elle se résolut à ne point quitter le corps, à pleurer nuit et jour, et se laisser mourir de faim auprès de lui.

Ses parents et ses amis ne purent la détourner d'une résolution si cruelle, et les magistrats, voyant que leurs conseils, ni même leur autorité, ne gagnoient rien sur cet esprit tout occupé de son désespoir, furent contraints de l'abandonner. Cette dame enfin devenue plus illustre par l'excès de sa douleur qu'elle ne l'étoit auparavant par sa vertu ni par sa beauté, avoit passé trois jours sans prendre aucune nourriture, n'ayant pour compagnie qu'une femme fidèle et affectionnée, qui mêloit ses larmes à celles de sa maîtresse, et prenoit le soin d'entretenir la lumière qui les éclairoit dans l'obscurité de cette grotte. On ne parloit d'autre chose dans la ville d'Éphèse ; une vertu si rare faisoit l'entretien le plus ordinaire du monde, et chacun la proposoit comme un exemple admirable d'amour et de fidélité.

Dans le même temps le gouverneur de la province ayant fait attacher en croix quelques voleurs, tout proche de la triste demeure où la vertueuse dame se consumoit en regrets au pied du cercueil de son cher époux, le soldat commandé pour garder les croix de peur que les corps ne fussent enlevés, aperçut, durant les ténèbres et le silence de la nuit, la lumière qui étoit dans le monument, et crut entendre les plaintes d'une personne affligée. Aussitôt, par un mouvement de curiosité commun à tous les hommes, il s'avança de quelques pas de ce côté-là pour savoir ce que ce pouvoit être ; mais, entendant redoubler les mêmes plaintes, il descendit enfin dans la grotte pour s'éclaircir de la vérité.

Au bruit qu'il fit en entrant, cette dame désolée tourna devers lui les yeux qu'elle tenoit auparavant attachés sur le corps de son mari; mais si, malgré sa douleur, elle fut surprise de l'abord de cet inconnu, il ne le fut pas moins par un spectacle si lugubre, et par la vue de la plus belle personne du monde. Il eut bien de la peine à s'assurer si ce n'étoit point une illusion, et si ce corps qu'il voyoit étendu, et ces femmes qui le gardoient, n'étoient pas autant de fantômes.

Dès qu'il fut revenu de son premier étonnement, il vit bien que ces objets devoient causer plus de compassion que de crainte, et, par les plaintes qu'il entendoit, il comprit le sujet d'une affliction si extraordinaire. Il remarqua même sur le visage abattu de cette illustre affligée des charmes que la douleur et l'abstinence n'avoient que bien peu diminués. Et, comme l'amour s'insinue aisément dans les cœurs par pitié, il la plaignit et l'aima presque en un même moment, et, commençant déjà de s'intéresser à sa conservation, il fut chercher quelque nourriture, et la porta aussitôt dans ce tombeau.

Il n'oublia rien pour l'exhorter à ne persévérer pas davantage dans une résolution si funeste et des regrets superflus. Il lui dit que la sortie de ce monde étoit la même pour tous les hommes, et qu'il falloit aller en même lieu. Il lui représenta que, la fin de la vie étant inévitable, les regrets de sa perte étoient inutiles. Il se servit enfin de toutes les raisons que l'on emploie d'ordinaire pour adoucir de semblables afflictions; mais, au lieu de se montrer sensible à la consolation de cet inconnu, elle redoubloit les efforts de sa douleur, se meurtrissoit le visage avec plus de violence qu'auparavant, et s'arrachoit les cheveux qu'elle jetoit sur le cercueil de son cher époux comme de nouveaux sacrifices de son amour et de son désespoir.

Le soldat ne se rebuta point de cette obstination, et, s'imaginant qu'il pourroit la fléchir plus aisément par l'exemple de sa suivante, il essaya de persuader celle-ci par toutes sortes de moyens. Comme sa douleur étoit moins forte, et qu'elle n'avoit pas trop bien résolu de se laisser mourir de faim, elle ne sut résister plus longtemps au pressant besoin de manger et à la vue des viandes qui la tentoient davantage que tous les discours de ce consolateur. Enfin elle se laissa vaincre, et, surmontant un reste de pudeur qu'elle avoit de montrer moins de courage que sa maîtresse, elle tendit la main pour recevoir le secours qu'on lui offroit si généreusement.

Dès qu'elle eut repris quelque vigueur par un peu de nourriture, elle se mit à combattre elle-même une douleur si opiniâtre par toutes les raisons que son amitié ou l'envie de sortir d'un si triste lieu lui purent inspirer. « Que vous servira, disoit-elle à sa maîtresse, de vous ensevelir toute vivante dans ce tombeau, et de vouloir rendre à la destinée une âme qu'elle ne vous demande pas encore?

> N'exercez point sur vous ces injustes rigueurs;
> Que votre désespoir épargne un peu vos charmes.
> Les dieux, peu touchés de vos larmes,
> Ne vous rendront jamais l'objet de vos douleurs.
> La Mort est un monstre inflexible,
> Et ce corps insensible
> Ne se peut ranimer par l'excès de vos pleurs;
> Renoncez à la triste gloire
> D'être fidèle et tendre pour un mort.
> Vos regrets ne sauroient changer l'ordre du sort;
> Perdez de votre amour la funeste mémoire,
> Songez à vivre et cessez de pleurer,
> Malgré de votre époux la perte douloureuse;
> Vous pouvez encore être heureuse :
> Vous avez dans vos yeux de quoi la réparer.

Si celui que vous pleurez avec tant d'amertume étoit à votre place, il seroit sans doute plus raisonnable que vous n'êtes, et se consoleroit plus aisément de vous avoir perdue. Croyez-moi, défaites-vous d'une foiblesse dont les seules femmes sont capables, et jouissez des avantages de la lumière tant qu'il vous sera permis. Ce corps que vous voyez devant vous vous apprend assez quel est le prix et la brièveté de la vie, et vous avertit que vous devez mieux la ménager. »

La faim et le desir naturel de se conserver sont de puissants séducteurs en de pareilles occasions; et la personne du monde la plus désespérée a bien de la peine à se défendre d'écouter ceux qui lui conseillent de vivre. Il ne faut donc pas trouver étrange si cette femme, qui paroissoit si résolue à mourir de sa douleur, fut contrainte de succomber à ces persuasions, et à l'exemple de sa suivante.

Ce soldat officieux, voyant qu'il avoit gagné sur elle une chose qui lui paroissoit d'abord impossible, porta ses desirs plus loin; et, comme l'amour nous fait imaginer de la facilité dans toutes les choses qu'il nous fait desirer, il crut trouver encore moins de résistance dans la vertu de cette belle affligée qu'il n'avoit fait dans son désespoir.

Et, pour en venir à bout, il lui dit tout ce que les premiers feux d'une passion, aidée d'une grande espérance et d'une occasion favorable, peuvent inspirer de plus touchant. Le jeune homme ne paroissoit pas à la prude ni désagréable de sa personne, ni sans esprit. Elle commençoit à remarquer qu'il faisoit toutes choses avec beaucoup de grâce, et qu'il n'étoit pas incapable de persuader. Déjà cette sympathie secrète qui fait plus souvent et plus tôt que l'estime la liaison des cœurs agissoit si fortement sur le sien que les conseils de la suivante, qui n'oublioit rien pour reconnoître les grâces de leur bienfaiteur, achevèrent de la gagner.

« Pouvez-vous, lui disoit-elle, moins faire pour celui qui vous a sauvé la vie que de répondre à son amour, et, puisque vous rencontrez heureusement en lui de quoi vous consoler de la perte que vous avez faite, étouffez, si vous me voulez croire, dans la douceur d'être aimée le reste de votre douleur.

C'est pousser trop longtemps d'inutiles soupirs;
Ne vous opposez point à ces justes desirs.
La nature vous dit qu'il est doux de les suivre :
Ce n'est pas assez que de vivre,
Il faut vivre pour les plaisirs. »

Il est aisé de s'imaginer le reste, et qu'il falloit un cœur plus insensible que le sien contre de si fortes attaques. Le moyen après tout qu'une femme abattue par une si longue abstinence, et l'excès de son déplaisir, eût la force de résister à la violence d'un soldat entreprenant et passionné, ou plutôt comme se pouvoit-elle défendre d'aimer, et de satisfaire un homme à qui elle avoit de si grandes obligations ?

Ils demeurèrent ensemble non seulement la première nuit d'une aventure si rare, mais encore le lendemain et le jour d'après, dans cette grotte, les portes si bien fermées que quiconque y fût venu auroit pensé sans doute que cette femme, que l'on croyoit la plus honnête du monde, avoit expiré sur le corps de son mari.

Le soldat, charmé de sa maîtresse et du secret de sa bonne fortune, alloit pendant le jour acheter de quoi lui faire bonne chère, et le portoit dans le monument dès que la nuit étoit venue. Cependant les parents de l'un de ces voleurs que l'on avoit pendus, s'étant aperçus qu'il n'y avoit plus de garde auprès d'eux, enlevèrent le corps, et lui rendirent les derniers devoirs; mais le soldat, à qui les soins de son plaisir avoient fait négliger ceux de sa charge, voyant le lendemain qu'il n'y avoit plus de corps à l'une de ces croix, tout effrayé de la crainte du châtiment qu'il avoit mérité, revint trouver sa maîtresse, et lui conter le malheur qui venoit de lui arriver.

Il n'alloit pas moins que de la vie dans la faute qu'il avoit faite, et sachant combien le gouverneur de la province étoit sévère, il désespéroit de sa grâce, et ne vouloit point attendre sa condamnation. Il étoit donc résolu de se faire justice lui-même, et de punir sa négligence de sa propre main pour éviter la honte du supplice. Il sembloit que rien ne le pouvoit détourner de cette pensée, et qu'une mort violente alloit ravir à cette belle le second objet de son amour. Il la supplioit déjà d'avoir soin de sa sépulture, et de le mettre dans ce même tombeau qui devoit être fatal à son époux et à son amant. Il étoit enfin sur le point d'exécuter un dessein si funeste, lorsque cette dame, qui, durant son discours, n'avoit songé qu'aux moyens de l'empêcher, arrêta le coup de son désespoir.

« Aux dieux ne plaise, s'écria-t-elle, que je sois réduite à regretter en même temps la perte de deux personnes qui me sont si chères, puisqu'il y a des expédients pour m'en garantir : il est juste que ce qui me reste de l'une serve à me conserver l'autre, et j'aime bien mieux voir pendre le mort que de voir périr le vivant. »

A ces mots le soldat, tout transporté de joie, se jette aux pieds de sa maîtresse, et, ravi du conseil ingénieux d'une femme si avisée, il confesse que son amour et ses services sont trop heureusement récompensés. Après cela, ils se mirent en devoir tous trois de tirer le corps du cercueil; le soldat le chargea sur ses épaules, et fit si bien qu'il l'attacha sur cette croix d'où l'on avoit enlevé l'autre.

Le lendemain deux amis du mort, poussés de la curiosité d'apprendre ce qu'étoit devenue la vertueuse femme, s'en allèrent de bonne heure vers le tombeau. Ils s'entretenoient en chemin des louanges d'une fidélité si extraordinaire, et, quand ils furent proches des croix, ils levèrent par hasard les yeux sur celle qui étoit le plus près d'eux, où ils reconnurent le visage de leur ami dont les traits étoient encore assez remarquables. La peur les saisit à un tel point qu'au lieu d'aller jusqu'au monument pour s'en assurer davantage, ils coururent tout effrayés vers la ville d'Éphèse, où ils firent avec peine le récit de ce qu'ils venoient de voir. La nouvelle s'en répandit aussitôt, et le peuple accourut en foule pour voir un spectacle si nouveau, chacun disant avec étonnement : « Comment se peut-il faire qu'un mort soit sorti du cercueil pour aller au gibet? »

En ce moment Eumolpe fut contraint de finir son conte, parce qu'il se fit un si grand éclat de rire dans toute la compagnie qu'on ne lui donna plus d'attention. Les mariniers qui s'étoient approchés pour l'entendre s'en retournèrent à leurs manœuvres en battant des mains sur une aventure si plaisante. Et Tifreine même, qui, durant le récit d'Eumolpe, en avoit rougi plus d'une fois pour l'honneur de son sexe, ne put s'empêcher d'en sourire. Le seul Licas, qui avoit un fonds de mauvaise humeur, capable d'empoisonner toutes les joies du monde, se prit à dire en branlant la tête d'un air chagrin : « Si j'avois été à la place du gouverneur de la province, j'aurois fait détacher le mort de cette croix, et l'aurois fait remettre dans le tombeau avec les mêmes honneurs que la première fois, et j'aurois fait pendre en sa place, avec toutes les marques d'infamie, une si méchante femme. » Ce jugement fut trouvé si à contre-temps et de si mauvais goût qu'on ne fit pas seulement semblant de l'entendre, et chacun se remit à rire plus fort qu'auparavant.

(SAINT-EVREMOND, conte ajouté aux *Nouvelles en vers*, par *M. de L. F.*, Paris, 1665, in-12, p. 33-60.)

V. — Page 121.

(V^e partie, conte VIII.)

Una de le buone de la citta haveva il marito piu ghiotto del giuco che la scimia de le ciriege.... E perche egli havea una possessione presso a la terra, una sua lavoratrice, rimasa vedova, veniva ogni quindici giorni a visitare sua mogliere.... Un di fra gli altri sendo mezo festa, havendo una filza di belle lumache, e forse da vinticinque prugnoli fra certa nepitella, in suo canestrino, venne a strarsi con la padrona; e turbatosi il tempo, venne un vento con una pioggia si terribile che le fu forza rimanersi ivi per quella sera. (*Le mari fait partie, avec trente de ses amis, d'administrer un « trente et un*[1] *» à l'appétissante fermière.*)

.... Et ordinato che doppo cena dovesse ritornare, disse a la moglie : « Metterai a dormire la lavoratora nostra ne la camera dal granaio. » (*On soupe gaiement.*)

.... La moglie, che sapeva da qual piede zoppicava il donzellone, disse con seco : «....Il mio marito.... vuole mettere a saccomanno il magazino e la guardarobba de la lavoratrice nostra; onde delibero di provare che cosa sono i trentuni di che si fanno si schife le persone, il quale veggio apparechiato da segnaci de lo infingardo a la buona donna. » (*Elle se couche au lit du grenier; plus favorisé que dans le conte des* Quiproquo, *le mari a le pas.*)

....Ella sentendosi scuotere il susino, non da marito, ma d'amante, doveva ben dire : « Il gaglioffo divora con appetito il pane altrui, sboncconcellando a quello di casa. » (*Vingt-six autres suivent; les quatre derniers reculent, allument un bout de torche..., et l'on reconnaît la maîtresse de céans.*)

.... Il marito, fattosi de la necessita virtu, le rispose : « Ben che te ne pare, moglie mia? — Me ne pare presso che bene », disse ella..... Et inteso la villanella, che l'orzo apparecchiato per lei era stato mangiato da altri, se ne torno a casa, che pareva che le fosse statto cotto il culo co ceci; e tenne la favella uno anno a la padrona.

(L'ARÉTIN, *Ragionamenti*, Ire partie, fin de la IIe journée.)

1. Une chevauchée forcée de trente et un hommes.

TABLE DES MATIÈRES

CONTENUES DANS LE SIXIÈME VOLUME.

CONTES ET NOUVELLES.
CINQUIÈME PARTIE.

Conte I.	La Clochette............................	3
Conte II.	Le Fleuve Scamandre....................	12
Conte III.	La Confidente sans le savoir ou le Stratagème.	24
Conte IV.	Le Remède.............................	39
Conte V.	Les Aveux indiscrets....................	50
Conte VI.	La Matrone d'Éphèse...................	63
Conte VII.	Belphégor, nouvelle tirée de Machiavel......	87
Conte VIII.	Les Quiproquo........................	120
Table des Contes et Nouvelles par ordre alphabétique......		139

POËMES.

Philémon et Baucis, sujet tiré des Métamorphoses d'Ovide.. 145
Les Filles de Minée, sujet tiré des Métamorphoses d'Ovide.. 169
Adonis.. 212

Poème de la captivité de saint Malo.............................. 274
Poème du Quinquina................................... 307
    Premier chant................................. 315
    Second chant 337
Appendice.................................... 359

FIN DE LA TABLE DES MATIÈRES.

18322. — TYPOGRAPHIE A. LAHURE,
rue de Fleurus, 9, à Paris.

18322. — PARIS, IMPRIMERIE A. LAHURE
Rue de Fleurus, 9.

www.ingramcontent.com/pod-product-compliance
Lightning Source LLC
Chambersburg PA
CBHW070440170426
43201CB00010B/1169